세계청소년학아카데미(WAYS) 총서 3

제2판

청소년복지론

발전적 관점

Youth Welfare: A Developmental Perspective

천 정 웅

양서원

제2판 머리말

책을 개정할 기회를 갖게 된 것은 필자로서는 무척 기쁜 일이다. 그만큼 독자들이 많이 찾아주었다는 의미가 있기 때문이다. 이 책은 몇 해 전부터 개정을 요청받았지만, 이제야 마무리를 하게 되어 독자들에게 죄송한 마음이 앞선다. 바쁘다는 핑계로 미루기만 하다가 2020년 COVID-19로 인해 언택트 수업을 하면서 교과서 내용을 더욱 깊이 보게 되었다. 비대면으로 내용을 전달해야 하는 상황은 더욱 세세한 설명을 필요로 했으며, 새로운 내용을 추가하거나 보다 쉽게 설명하는 접근이 필요하였다. 이 책의 개정 작업을 더 이상 늦추지 못할 이유는 충분하였던 것이다.

책의 머리말을 다시 읽어보면서 왜 청소년복지론의 부제를 '발전적 관점'이라고 했는지를 되짚어 보았다. 발전적 관점은 기존의 청소년복지의 접근과는 다른 "적극적 관점이며, 긍정적이고 포괄적인 접근을 가지는 것"으로 용어화한 것이다. 이는 소극적 관점이나 부정적 관점 등에 대한 대응개념이기도 하지만, 기본적으로는 청소년에 대한 긍정적이고 진취적인 지향성을 가진 실천적 노력을 한데 묶어 새롭게 조망하는 의미를 가진다. 청소년 관련 분야에 이미 존재하였으나 큰 목소리가 되지 못하고 있는 여러 가지 주제와 접근들 그리고 기존의 관점들에 대해 비판적 입장을 갖는 이론적·실천적 노력들을 하나로 모은 것이라는 점에서 "포괄적"인 관점이라 할 수 있다.

청소년복지론은 단일 교과목으로는 적지 않은 수의 저서들이 축적되어 있는 중요한 학문영역이며 실천분야이다. 그동안 사회복지는 물론 청소년학과 관련한 분야에서 다양한 발간물들을 지켜보았다. 지난 10여 년간의 추이 중 가장 눈에 띄는 변화는 이 책에서 강조했던 일부 청소년에서 전체 청소년을 대상으로 하는 발전적 접근이 증가한 것이며, 강점관점(strengths perspective)과 청소년개발(youth development)에 대한 내용이 다루어지고 있다는 점, 특히, 이 책의 초판에서 "참여복지", "인권복지"라는 용어로 강조하였던 청소년참여와 청소년인권과 관련한 챕터를 주요 내용으로 담고 있는 저작들이 많아지고 있다는 것이다. 그러나 아동복지와 구별되는 청소년복지의 정체성을 찾는 노력은 여전히 현재진행형이며, "일부 문제를 가지고 있는 청소년이나 소외된 계층의 청소년들을 대상으로 심리적·사회적·경제적으로 지원하는 사회복지의 한 분야"로 청소년복지를 보는 기존 인식이 지속되고 있음도 사실이다.

이번 개정판에서는 많은 내용을 추가하거나 보완하여 독자들에게 더 많은 관심을 받도록 시도하였는데, 그중에서도 다음과 같은 중요한 것들이 다루어졌다.

첫째, 청소년발달이론과 후기청소년에 대한 내용을 새로운 챕터(2장)로 추가하였다. 기존에는 청소년문제와 강점복지(6장) 부분에서 관련 이론을 포함하였지만, 그와 별도로 청소년 발달이론을 개관하는 것이 선행되어야 할 필요가 있다고 생각하였다. 또한, "18세 이상의 청소년"을 혹자는 청년이라고 하고 성인진입기라고도 하지만, 선거권이 18세로 변경되었고 청소년이슈가 청년문제로 연결되는 상황을 보면, 이들 18세 이상 청소년에 대한 부분을 간과해서는 안 된다고 본다.

둘째, 청소년복지의 접근방법(4장)으로 상담적 접근을 추가하였다. 전통적 접근의 가장 중요한 내용이며 멘토링 활동과 청소년프로그램 운영 등과 같은 현실적 실천과 활동에서 청소년을 직접 마주할 일들이 많아지고 있다는 점에서 청소년상담은 강조할 필요가 있을 것이다.

셋째, 청소년문제와 관련한 강점복지(6장)의 내용에서 청소년문제의 발생영역을 추가하고, 청소년문제의 범주별 내용에서는 정신장애, 자살, 스마트폰 중독 등과 관련한 주제들을 추가하였다. 또한, 청소년활동과 관련한 역량개발 복지(7장)의 내용을 지금의 청소년들이 가장 많이 경험하는 창의적 체험활동, 단체활동, 참여활동 등과 관련한 것을 중심으로 재구성하였다.

넷째, 다문화청소년과 관련한 챕터(9장)를 문화다양성의 개념을 통해 접근하면서 다문화의 인식 전환과 이주배경 청소년의 장점 등에 대한 내용을 추가하였다. 사이버복지 챕터(11장)에서는 사이버불링에 관한 내용을 다루었으며, 글로벌복지와 관련하여 지속가능발전목표(SDGs)와 관련한 내용을 추가하였다.

다섯째, 청소년연령에 대한 최근 현황을 반영하고 후기청소년의 연령적 이해와 Z세대(generation Z) 청소년 논의를 추가하였으며(1장), 청소년발달에 관한 동양적 관점이라는 주제로 『논어』에서 드러나는 청소년관을 들여다보았다(2장). 서구적 지식 속에서 동양적 지혜를 알아봄으로써 청소년복지에 대한 이해의 폭을 넓히고 균형을 잡는 데 도움이 되리라 기대한다.

여섯째, 그 밖에도 책의 전체적 틀과 구성은 유지하면서 많은 부분의 내용을 보완·추가하고 영어를 우리말로 바꾸는 등 전체적으로 보다 쉽게 읽히도록 노력하였다. 챕터별로 절의 제목을 바꾸거나 구성을 변경하고 용어와 표 등을 현재 시점에 맞도록 새롭게 추가하였다. 편집적 측면에서는 전체 챕터를 총론편(1~5장)과 각론편(6~13장)으로 크게 구분하였으며, 챕터별로 제시되었던 참고문헌을 책 말미에 종합적으로 제시하여 통일성을 갖추었으며 최근에 인용한 문헌도 추가하였다.

책의 개정을 위해 나름대로 노력했지만, 언제가 될지 모르는 다음 기회로 넘겨야 하는 부분들이 많이 남아 있어 다시 죄송한 마음이다. 무엇보다 문헌과 자료를 인용하면서 출처를 정확히 밝히지 못한 부분도 있을 것으로 생각되며, 인용의 미비와 누락 등이 있는 경우 다음 개정에 반드시 반영할 것을 약속한다. 많은 일들을 후일로 미루면서 서둘러 마무리하는 것은 아마도 청소년복지의 중요성과 발전적 관점에 대한 보다 많은 관심이 있기를 바라는 마음이 더욱 앞서기 때문일 것이다. 끝으로 여유 없이 보낸 개정 원고를 신속하고 깔끔하게 편집하여 새로운 책으로 재탄생하도록 해준 도서출판 양서원의 박철용 회장님과 직원여러분께 깊은 감사의 말씀을 드린다.

2021년 8월

천 정 웅

머리말

청소년복지는 청소년이 누구이며, 어떠한 특징을 가지고 있느냐에 따라 다양하게 논의될 수 있다. 청소년복지는 국가의 전반적인 복지수준, 그리고 청소년정책의 방향에 따라서도 다르게 이해될 수 있다. 이런 점에서 그동안 우리나라의 청소년복지는 주로 일부 문제를 가지고 있는 청소년이나 소외된 계층의 청소년들을 대상으로 심리적·사회적·경제적으로 지원하는 사회복지의 한 분야로 인식되어 왔다는 점을 기억할 필요가 있다.

청소년복지에 대한 이러한 기존의 이해는 또한 청소년을 강점이나 자원으로 보기보다는 문제나 희생자로 보는 일반적 인식과도 관련된다. 대중매체가 청소년을 다루는 내용에서도 청소년은 폭력적이거나, 약물중독, 10대 임신, 학교중퇴, 가출 등의 문제가 되는 대상으로 서술하는 경우가 지배적이다. 이러한 접근은 사회복지학에서의 청소년에 대한 다수의 관점이기도 하다. 청소년에 대한 부정적 조망은 저소득층 가정의 청소년에 대해서 보다 더 일반적임은 물론이다.

그러나 청소년과 관련한 최근의 사회참여적 현황과 글로벌화에 따른 청소년복지 영역의 발전 등은 이러한 기존의 이해가 청소년복지의 개념을 지나치게 협의적으로 접근해 온 것임을 말해주고 있다. 청소년의 역량강화가 강조되고, 인권, 다문화, 청소년참여, 사이버공간, 글로벌복지 등이 이미 청소년복지의 주요한 키워드가 되고 있다. 이런 점에서 청소년복지는 문제를 가지고 있는 청소년은 물론 일반청소년 모두를 대상으로 이들의 삶의 질을 향상시키고 잠재력을 최대한 활용할 수 있도록 도우며, 최상의 발달을 보장할 수 있는 제반 활동을 의미하는 것으로 이해될 수 있다.

청소년복지는 사회복지학(social welfare)의 분야로서는 물론, 청소년학(youth studies)의 주요 영역으로서의 전환기를 맞이하고 있다. 따라서 그에 따른 새로운 접근과 내용에 대한 이해가 필요한 시점이다. 이 책에서 말하는 발전적 관점(developmental perspective)은 청소년복지에 대해 기존과는 다른 적극적 관점이며, 긍정적이고 포괄적 접근을 가지는 것으로 용어화하였다. 발전적 관점은 소극적 관점이나 부정적 관점 등에 대한 대응개념이기도 하지만, 기본적으로는 아동과 청소년에 대한 긍정적, 진취적 관점과 그 실천적 노력을 한데 묶어 새롭게 조망하는 것이다. 청소년 관련 분야에서 기존에도 있었지만 큰 목소리가 되지 못하고 있는 여러 가지 주제와 접근들, 그리고 기존의 관점들에 대해 비판적 입장을 갖는 이론적·실천적 노력들을 한 곳으로 모은 것이라는 점에서 포괄적이다.

발전적 관점은 또한 다음과 같은 청소년에 대한 적극적 관점을 포함한다. 즉, 첫째, 아동과 청소년을 연령 구분에 입각한 발달적 시기로만 볼 것이 아니라, 사회적 지위와 역할, 세대(generation)로서 보아야 한다는 관점, 둘째, 아동과 청소년을 해결해야 할 문제의 대상으로서가 아니라, 가능성과 기회탐색의 사회적 구성원으로 보아야 한다는 관점, 그리고 셋째, 아동과 청소년들이 갖고 있는 많은 어려움을 단순히 지적하는 것에서 나아가서 이를 보다 적극적으로 함께 나눈다(share)는 관점 등을 의미한다. 더욱이 청소년 분야에서는 중요한 주제이면서도 이론과 실제, 연구나 정책 등에서 소외되어 온 많은 주제들이 있으며, 시대 변화에 따라 새로운 주제들도 많이 대두되고 있다. 이런 점에서 또한 이 책은 이러한 모든 관점들과 주제들을 하나의 틀로 엮어내는 노력의 결과물이다.

청소년복지의 새로운 조망을 위해 관점(perspective)이 중요하게 논의되는 것은, 청소년을 어떻게 인식하고 이해하며, 설명하고 또 판단하는가가 부분적으로 관점의 선택과 관련되며 동시에 그러한 관점에 따른 결과적 산물이기 때문이다. 더구나 청소년은 복합적으로 이해될 수 있기 때문에 이러한 관점의 선택은 우리의 일반적 생각과 전문적 가치에 영향을 끼치게 된다. 어떠한 관점을 선택하는가 하는 문제는 그에 따라 각기 다른 결과를 가져다주는 중요한 사안이다. 이런 점에서 발전적 관점은 그동안 사회복지에서 발전되어 온 강점관점(strengths perspective), 생태적 관점(ecological perspective), 임파워먼트 접근(empowerment approach) 등의 발전적 요소들과 청소년 분야에서 중요하게 논의되어 온 긍정적 청소년개발(positive youth development)과 레질리언스(resilience) 등의 이론적 관점들이 절충적으로 융합되는 논리를 가지고 있다.

이런 측면에서 이 책은 크게 청소년에 대한 발전적 관점의 이해, 청소년복지의 접근 방법과 발전적 관점의 논의, 그리고 발전적 관점으로 본 청소년복지의 주요 내용이라는 세 가지 부문을 중심으로 구성되었다. 첫째, 청소년의 개념은 현대사회의 청소년의 특징을 시민청소년(civic youth)적 관점으로 이해하였다. 둘째, 청소년복지의 접근법은 전통적 실천방법과 예방적 접근법을 고찰하고 그것을 바탕으로 하여 발전적 관점의 내용을 설명하였다. 잔여적 개념과 제도적 개념을 강조하는 전통적 사회복지의 접근법과는 달리 최근 강조되고 있는 발전적 접근(developmental approach)을 중심적으로 논의하였다. 셋째, 청소년복지의 주요 내용으로는 청소년문제와 강점복지, 청소년활동과 역량개발, 인권복지, 다문화복지, 청소년참여, 사이버공간과 청소년복지, 청소년 시민관여와 소셜 미디어, 그리고 글로벌청소년복지 등과 관련한 개념과 현황, 청소년복지적 의미와 함의 등을 고찰하였다.

특히, 발전적 관점의 이론적 틀로서의 강점관점(strengths perspective)과 청소년개발(youth development)에 대한 논의를 강조하였으며, 사회복지 분야에서 전통적으로 강조되어 온 청소년문제에 대한 내용은 강점복지, 인권복지, 역량개발복지 등으로 조망하였다. 또한, 청소년과 관련한 주요한 현상이지만, 청소년복지의 내용으로는 많이 다루어지지 않아 왔던 청소년참여, 사이버공간과 소셜 미디어 등과 관련한 주제들이 참여복지, 사이버복지, 미디어복지라는 새로운 관점으로 조망되며, 최근 청소년복지의 주요한 영역으로 대두되고 있는 다문화가정 청소년문제를 다문화복지로 접근하고, 지구화에 따른 청소년의 해외봉사활동과 개발NGO활동들을 글로벌청소년복지로 영역화하여 고찰하였다.

이번에 제시되는 청소년복지의 8가지 영역은 앞으로의 지속적인 노력을 통해 더욱 깊이 있는 연구가 이루어지고, 그 밖의 보다 많은 영역들이 새롭게 개발·탐구될 것이다. 이 책은 또한 청소년 분야의 다양한 학문적 동향에서 확인할 수 있는 여러 가지 접근 노력을 소개하고, 기존 이론에 대한 비평이나 업데이트된 관점들을 담으려는 특별한 노력을 기울였다. 앞으로 학제 간 접근은 물론 청소년과 관련한 적극적 관점의 이론과 실제, 정책과 프로그램을 포괄하는 방향으로 지속적으로 보완될 것이다. 한국적 관점은 물론, 외국의 학문적 내용을 포괄하면서 우리나라에 맞는 『청소년복지학』으로 발전하도록 노력할 것이다.

이 책을 활용하는 방법은 여러 가지가 있을 수 있지만, 사회복지학과 또는 청소년 관련 학과에서 한 학기 동안 강의할 수 있도록 청소년복지론을 구조화하였으며, 필자는 다음과 같은 세 가지 방법을 권한다. 첫째는 책의 목차 순서대로 강의를 중심으로 진행하는 방법이다. 강의가 12주가 넘을 경우에는 전체 12개의 챕터 중에서 앞의 4장까지에 더 많은 시간을 두는 것이 바람직하다. 둘째는 책의 4장까지를 강의를 중심으로 하고 5장부터 12장까지의 주요 영역별 내용 중에서 일부 챕터를 선별하여 강의하고 나머지 챕터 중에서 학생들이 팀별 발표를 통해 심화학습하는 것이다. 이 때 학생 팀들은 챕터를 단순히 요약 소개하는 것이 아니라 선택한 챕터의 내용과 관련한 세부주제들을 선정하여 연구발표하면 좋을 것이다. 셋째는 첫 번째와 두 번째를 응용한 형태로서 전체 12개 챕터 중에서 교수가 중요하다고 생각하는 일부 챕터는 강의를 하고, 나머지 챕터 또는 교과서 외의 주요한 내용을 선정하여 강의하거나 학생들이 발표하는 것이다. 교과서에서 포함하고 있는 이외의 주제를 추가할 수 있다는 점을 고려한 방법이다.

이 책은 "세계청소년학아카데미(World Academy for Youth Studies: WAYS)"가 기획하는 차세대 청소년학 시리즈의 세 번째 책으로 발간하였다. WAYS는 2006년 이후 격년마다 "청소년학 월드포럼(World Forum on Youth Studies)"을 한국과 외국에서 개최하고 있으며 국제적 차원에서의 청소년연구를 위한 지적공동체로서 활동하고 있다. 이 책이 청소년복지학의 새로운 변화를 요구하는 사회복지계와 청소년계의 기대에 조금이나마 부응하기를 희망한다. 이 책의 발간을 흔쾌히 맡아주신 도서출판 양서원의 박철용 회장님과 직원 여러분께 깊은 감사의 마음을 전하면서 발간사에 대신한다.

2011년 12월

천 정 웅

• 머리말 / 3

Part 01 총론편

Chapter 01 청소년의 이해 15
1. 청소년의 정의 16
2. 청소년의 발달적 특성 26
3. 청소년에 대한 3대 접근방식 32
4. 현대사회의 청소년의 위치 36

Chapter 02 청소년발달이론과 후기청소년 47
1. 청소년발달의 동양적 관점 47
2. 서양의 청소년발달이론들 50
3. 청소년발달이론과 후기청소년 논의 66

Chapter 03 청소년복지의 개념과 발전 75
1. 청소년의 사회화와 환경변화 75
2. 청소년복지의 개념적 이해 81
3. 청소년복지의 발전과정 88

Chapter 04 청소년복지의 접근방법 97
1. 사회복지의 3대 관점과 청소년복지의 접근법 97
2. 청소년복지의 예방적 접근방법 100
3. 전통적 실천방법과 청소년복지 107
4. 청소년복지의 상담적 접근 115

Chapter 05 청소년복지의 발전적 관점 125
1. 현대 사회복지의 발전적 관점들 125
2. 청소년복지의 발전적 접근들 131

3. 강점관점과 청소년개발의 접목 140
4. 청소년복지실천에서 발전적 관점의 함의 143

Part 02 각론편

Chapter 06 청소년문제와 강점복지 151
1. 청소년문제의 개념과 범주 152
2. 청소년문제의 범주별 내용 160
3. 청소년문제를 보는 이론적 관점 168
4. 청소년문제의 접근법으로서의 강점관점 179

Chapter 07 청소년활동과 역량개발복지 183
1. 청소년활동의 이해 183
2. 청소년활동의 필요성 185
3. 청소년활동의 주요내용 187
4. 청소년활동의 발전과제 192

Chapter 08 청소년과 인권복지 199
1. 인권의 개념과 특성 200
2. 인권의 역사와 청소년인권의 발달 203
3. 유엔아동권리협약과 청소년복지의 문제 214
4. 한국 청소년인권의 발전과제 218

Chapter 09 문화다양성과 청소년복지 223
1. 문화다양성과 다문화의 개념 224
2. 다문화가정 이주배경청소년의 특성 226
3. 다문화가정 이주배경청소년의 문제 229
4. 다문화의 인식전환과 이주배경청소년의 강점 235

Chapter 10 청소년과 참여복지 239
1. 청소년참여의 대두 동향 240
2. 참여의 개념과 필요성 242
3. 청소년참여의 주요 영역 253
4. 청소년참여의 모델들 255

Chapter 11 청소년과 사이버복지 265
1. 사이버공간의 특성 266
2. 청소년의 컴퓨터몰입과 정보일탈 270
3. 청소년과 사이버참여 276
4. 청소년 사이버현상의 과제 280

Chapter 12 청소년 시민관여와 소셜 미디어복지 283
1. 소셜 네트워크와 소셜 미디어의 활용 284
2. 청소년의 시민적 관여와 소셜 미디어 289
3. 청소년의 미디어 활용과 소셜 미디어의 영향 294
4. 소셜 네트워크와 청소년 인터넷행동주의 299

Chapter 13 지구화와 글로벌청소년복지 305
1. 글로벌청소년복지의 개념 306
2. 글로벌청소년복지의 유형과 범주 312
3. 글로벌청소년복지의 주요 내용 316
4. 글로벌청소년복지와 지속가능발전목표 323

참고문헌 326
찾아보기 345

Part 01 총론편

Chapter 01 청소년의 이해

Chapter 02 청소년발달이론과 후기청소년

Chapter 03 청소년복지의 개념과 발전

Chapter 04 청소년복지의 접근방법

Chapter 05 청소년복지의 발전적 관점

Chapter 01

청소년의 이해

청소년은 사회적으로 만들어진 개념이다. 청소년에 대한 학문적 관심은 청소년에 대한 이러한 인식과 흐름을 같이하고 있으며, 그동안 사회학, 사회복지학, 심리학, 교육학(사회교육), 문화인류학 등의 분야에서 부분적으로 이루어져 왔다. 특히 한국사회에서는 1960~1970년대를 거치면서 청소년이란 말이 널리 쓰이게 되었다. 그 이후 이른바 사회문제로서의 청소년문제가 부각되고 청소년복지에 대한 관심이 증가되었다.

최근에는 청소년연구가 활성화되고 청소년정책, 청소년활동, 실천현장이 발전하면서, 하나의 독립된 학문으로서 청소년학(youth studies)에 대한 논의가 형성되었고, 청소년복지학(youth welfare), 글로벌청소년학(global youth studies)의 전망에 대한 논의도 제기되고 있다. 이런 점에서 본 장에서는 청소년복지의 주요 대상인 청소년에 대한 개념을 정의하고 청소년의 발달적 특성에 대해 알아본다. 또한, 청소년에 대한 세 가지 접근방법과 청소년 이해를 위한 네 가지 차원에 대해 고찰하며, 네트워크 사회로 특징화되는 오늘날의 청소년의 위치를 파악하기로 한다.

1. 청소년의 정의

1) 역사적 정의

역사적으로 청소년이란 용어의 등장은 그리 오래되지 않았다. 농경사회에서는 어른 아니면 아이였고 청소년이란 용어는 존재하지 않았다. 그러나 산업혁명과 의무교육의 등장은 인간의 발달단계에서 청소년기를 고유한 발달 시기로 인식하게 하는 데 결정적인 영향을 미치게 하였다. 산업화는 교육받은 노동력을 필요로 하였으며, 특히 학교교육의 의무화는 청소년들에게 교육기간 동안 노동시장에 유입되지 않고 경제활동에서 제외되는 특권을 주었다. 그 결과 청소년들은 또래들과 많은 시간을 보내게 되었으며, 아동과는 구별되지만 아직 성인의 책임을 맡을 준비는 되지 않은 독특한 그들만의 또래문화를 만들게 하였다(김성이 · 조학래 · 노충래, 2010).

청소년의 개념은 사회, 문화, 시대적 상황에 따라 상이하게 정의되고 있다. 사회 · 문화적 배경에 따라 청소년기는 짧거나 길 수도 있고 심지어 존재하지 않을 수도 있다. 청소년기가 뚜렷하게 존재하지 않는 문화나 사회에서는 아동이 그 사회의 고유한 통과의례를 거치면 성인으로 받아들여졌다. 예를 들면 일부 원시문화에서의 사냥의식이나 성인의식 등이 이에 해당한다. 그러나 현대사회에서는 고등교육의 확대로 인해 재학 기간이 연장되고 직업훈련 기간이 늘어남에 따라 청소년기가 점차 길어지고 있는 것이 보편적인 현상이다(홍봉선 · 남미애, 2018).

2) 어원적 정의

청소년과 관련한 호칭에는 아동, 미성년자, 소년, 10대, 사춘기, 청춘기, 젊은이 등이 있다. 서구 영어권에서는 "adolescent"와 "puberty", "youth", 그리고 "teenager"를 사용하고 있다. 청소년과 관련한 용어들이지만, 그 용례와 의미는 상황에 따라 조금씩 다르다. 대체로 adolescent와 puberty는 심리, 생리, 발달론적 접근, youth와 teenager는 사회문화적 접근으로 이해된다(최윤진, 2008).

먼저, 일반적 의미에서 청소년은 청년과 소년(아동)을 포함한 의미로 볼 수 있다. 여기에서 '아동'은 대체로 초등학교에 다니는 어린 아이를 지칭하며, '소년·소녀'는 아주 어리지도 않고 완전히 자라지도 않은 초등학교나 중학교 재학 연령에 해당하는 것으로 보는 경향이다. 청소년과 관련하여 '10대(teens)'라는 말이 있는데 이는 20대 미만의 연령층으로서 주로 영어로 숫자 끝에 'teen'이 붙는 '13세(thirteen)'부터 '19세(nineteen)'까지에 속하는 집단을 의미한다. 우리나라에서도 20세기 초 '소년'이란 용어가 등장했는데, 당시 조혼이 유행이었던 상황에서 이 개념은 아동도 아니고 어른도 아니고 그렇다고 청소년을 지칭하는 것도 아닌 애매한 개념이었지만 17세 이상을 청년으로 지칭하였다는 점에서 소년은 그 이하 연령을 의미하고 청년과 구분하는 관념이 있었다고 본다. 소년이란 용어가 나타나기 이전에 20세 미만의 연령층에 대하여는 보통 동몽, 아해(兒孩), 아동 같은 용어가 사용되었다(권희영, 2008).

또한 '미성년자'는 주로 법적 용어로서 지능이나 신체가 완전히 성숙하지 않아 성인으로 인정받지 못하는 연령층의 사람을 말한다. 나라에 따라 차이가 있으나, 미성년자는 대략 18세 또는 20세 미만인 자로, 사회에서 법적 행위를 하려고 할 때 보호자를 필요로 하는 연소자를 말한다. '청춘기(youth)'는 보다 포괄적 개념에서 아동 및 청소년, 청년을 포함하고 있고, '사춘기'는 급속한 신체성장을 이루는 시기로서 청소년들이 신체적으로 성적 기관의 발달로 인해 출산이 가능한 기간을 가리키며, 생식기관 및 성기, 그리고 2차 성징의 발달로 특징지을 수 있다. 또한 '젊은이'란 젊은 세대나 청·장년을 지칭하는 것으로서 일상적으로 '청년'이 보다 널리 사용되고 있다(김진화 외, 2003).

다음으로 청소년과 관련한 서구적 용어와 호칭들도 우리말의 용어와 유사하게 이해할 수 있다. 첫째, 청소년이란 뜻의 "adolescent"란 청소년기(adolescence)에 있는 연령층 집단을 의미하는 것으로 학문적으로는 미국의 심리학자 스탠리 홀(Stanley Hall)이 1904년에 발간한 저서인 『청소년기(*Adolescence*)』를 통해 알려지게 되었다. 그 어원을 살펴보면, 라틴어 동사인 "adolescere"에서 유래하여 "성장하다", 또는 "성숙에 이르다"라는 뜻을 갖고 있어 미숙한 상태를 벗어나는 과정을 의미한다(김성이 외, 2010). 과거 서구 중세시대에는 시골에서 도시로 돈을 벌기 위해 출가하는 시기의 사람들로서 자신의 삶을 스스로 꾸려가기 시작하는 반 자립적 시기를 일컫던 용어로 볼 수 있다. 그러나 이 용어는 홀에 의해 인생의 발달과정 속에 독특한 특징을 보이는 시기로서 아동기와는 다른 사회·정서적 변화와 갈등을 겪는 발달적 혼란과정으로 규정되는 새로운 의미를 갖게 된다. 오늘날은 대체로 성인을 준비하는 시기로 사회적으로는 의존적이고 비자립적인 존재를 지칭하는 의미를 갖는다.

둘째, 사춘기라는 의미의 "puberty"는 청소년기의 생리적 전이과정 특히, 생식기능의 발달 시기를 의미한다. 사전적으로는 개인의 생리적 출산이 가능하게 되는 시기(협의) 또는 성장기 소년, 노소에게 나타나는 광범위한 신체적 변화의 시기(광의)를 뜻한다. 사춘기의 대표적 특징은 2차 성징의 출현과 발달이다. 따라서 사춘기에 직면한 청소년들이 겪는 스트레스, 갈등의 문제, 자기 이미지, 정체성에 미치는 영향 등에 관한 발달심리학적 연구에서 주로 사용된다. 이것은 인체 내 호르몬의 영향과 밀접한 관계 속에서 나타나는 생식기능의 변화를 의미하는데, 남성호르몬인 테스토스테론(testosterone)과 여성호르몬인 에스트로겐(estrogen)이 주요 작용을 하는 것으로 알려져 있다. 사춘기(puberty)는 20세기에 들어와 청소년기의 불안정하고 충동적인 성향과 행동을 이해하고 설명하는 과정에서 대부분의 청소년들이 겪는 호르몬의 영향으로 인한 생리적 기능변화에 주목하게 되면서 청소년기를 상징하는 주요한 호칭으로 대두된 것으로 볼 수 있다(최윤진, 2008).

셋째, 일반적 의미의 청소년으로 "youth"라는 개념은 후기 산업사회가 그 구성원, 즉 시민들에게 높은 수준의 교육적 성취를 요구함으로써 창출된 새로운 인생주기로 이해된다. youth는 사회·심리학적 관점과 깊이 관련되어 있다. 청소년기를 과도기로 인정하지 않고 이 시기를 고유한 인생의 발달단계로 인정함으로써, 이 시기에 놓인 청소년들의 자율성과 책임성, 그리고 권익옹호(empowerment)와 참여(participation), 시민성(citizenship) 등을 강조한다. 이 점에서 youth는 puberty나 adolescent에 비해 사회문화적 맥락과 깊은 연관을 가졌고, 1950년대와 60년대부터 범죄학, 사회학, 문화인류학 등 학문 분야에서 주로 다루어진 개념이다. 미트로어(Mitterauer, 1992)는 youth는 인간의 신체적·정신적 발달과 변화현상에도 관심을 갖지만, 이러한 분석에서 더 나아가 다양한 사회역사적 상황에서 성인으로서의 전이과정, 사회적 관계, 그리고 또래그룹들과 함께 표출하는 문화양상들에 근거해서 시기적 특성을 상징하는 개념적 의미가 강하다고 본다. 또한, youth는 서구사회적 개념으로 18세기 이후 아동과 성인 사이의 전이 시기적 의미를 중심으로 통용되어 왔으며, 그 후 오랜기간 동안 사회적으로 문제를 야기시키는 시기, 학교에서 직업세계로 전이하는 시기, 그리고 정치적 잠재집단으로서의 시기 등 사회적 지위, 역할 등과 연계되어 지칭하는 개념으로 사용되어 왔다고 본다(최윤진, 2008).

넷째, 십대를 말하는 "teenager"라는 용어는 1900년대 초반까지는 존재하지 않았으며 대체로 1930년대 후반에 나타난 것으로 이해되고 있다. 10대들의 소비 성향, 패션, 음악, 영화 등의 대중문화 양상과 라이프스타일을 함축하여 상징하는 호칭으로 통용되면서 보편적 용어로 자리 잡았다. 특히, 청소년의 소득 증가와 책임 감소에 따른 다양한 소비행태를 중심으로 사용되고, 힙합문화(hip-hop culture) 등 젊은 층 주도의 문화 현상과 밀접한 관련을 갖는다. teenager들은 특히, 최근 21세기에 이르러서는 급격한 미디어 및 사이버 매체의 확산과 발달, 소비주체로서의 청소년층을 겨냥한 광고 등의 영향을 받으며 대중소비 문화의 주도집단으로 위상을 높여가고 있다. 따라서, teenager라는 용어가 존재하지 않았을 때에도 10대 연령들이 있었지만, 지금처럼 10대 집단들이 보여주는 독특한 문화와 공유된 라이프스타일은 존재하지 않았다고 볼 수 있다. 서구사회에서 이전에 비해 상대적으로 풍요해지기 시작한 시기부터 청소년의 소득증가와 책임 감소에 따른 다양한 소비행태를 중심으로 10대 연령을 지칭하는 용어로 사용되었다(Nicola, 2005).

이상에서 살펴본 청소년에 관한 용어와 호칭은 결국 그것이 논의되는 상황에 따라 각기 다르게 사용되고 있다. 청소년복지와 관련해서는 주로 우리말의 '청소년', 'adolescent'와 'youth'가 사용되고 있다. 이 책에서 사용하는 청소년의 의미는 그 논의 주제가 심리적·생리적 발달과 관련한 것을 제외하고는 'youth'라는 개념으로 사용하였다.

3) 법적 정의와 연령 구분

청소년의 개념은 시대나 나라에 따라 다양하게 이해되고 있으며, 한 국가 내에서도 법률과 제도에 따라 각기 다르게 규정되고 있다. 일반적으로는 청소년의 범주를 연령으로 구분하고 있다. 먼저, 동양의 전통사회에서 청소년이란 용어는 등장하고 있지 않다. 그러나 청소년에 해당하는 연령대를 언급하면서 그 시기의 발달단계상의 역할을 제시하고 있다. 특히 신라시대의 화랑도와 『논어』와 『예기』에서 이를 엿볼 수 있다(김성이 외, 2010). 『논어』의 「위정편」에서는 "나는 나이 열다섯에 학문에 뜻을 두었고…" 라고 이야기하면서 청소년기에 해당하는 15세를 "학문에 뜻을 두는 시기(志學)"로, 『예기』의 「곡례편」에서는 "사람이 태어나서 10년이면 유(幼)라고 하여 이때부터 배우기 시작한다. 20세를 약(弱)이라 하며 비로소 갓을 쓴다 ⋯."라고 하고 있다.

『논어』와 『예기』에 나타난 청소년기의 과업을 종합해 보면 크게 두 가지로 정리할 수 있다. 우선 『논어』와 『예기』에서 공통으로 학문에 뜻을 두고 있음을 강조하고 있다. 이는 동양 전통사상에서 인간이 태어나 지식을 갖추고 배움의 덕을 갖추어야 인간다운 삶을 영위할 수 있음을 뜻한다. 다음으로는 『예기』에서 지적하는 '갓을 씀'인데, 이는 청소년에서 성인으로 전환해 가는 하나의 통과의례로 볼 수 있다. 갓을 쓴다는 것은 남자가 성인이 되어 혼인을 하고 가정을 이루는 것을 의미한다. 따라서 10대와 20대에 행해져야 할 과업이 배움과 결혼에 있다는 것을 강조하였다.

한편, 청소년의 연령 구분과 관련한 대표적인 것으로 UN의 규정을 들 수 있다. 1985년 이후 공식적으로는 15~24세 사이의 연령집단을 youth로 범주화하고 있다. 또한 UN 기구 중 국제식량기구(FAO)에서는 "10~24세 사이의 결혼 여부를 불문한 남녀 인구부문"으로 규정하고 있다. 그러나 UN사무국이 UN회원국 및 비정부단체들을 대상으로 한 조사결과에 따르면 하한 연령을 6세부터 규정하는 나라(1개국-예: 콩고)가 있는 반면, 상한 연령도 30세(10개국 이상-예: 그리스, 브라질, 인도, 중국, 스페인 등), 35세(5개국 이상-예: 불가리아, 이집트, 헝가리 등), 40세(2개국 이상-예: 네팔, 아르헨티나 등), 그리고 45세(1개국 이상-예: 레소토)까지 각기 다르게 나타나고 있다(김성이 외, 2010).

청소년의 연령을 14세 이상 18세 미만으로 규정하고 있는 국가로는 이탈리아, 스위스, 호주, 노르웨이 등이 있으며, 8세부터 17세 미만으로 보고 있는 나라는 영국이 있다. 캐나다와 미국은 각 주별로 다르게 규정하고 있는데, 캐나다는 16세까지로 보는 주가 7개, 18세까지로 보는 주가 3개이다. 미국의 경우, 청소년과 관련한 각종 연령 규정에 대해 아직도 많은 논란이 이루어지고 있지만, 대부분의 주는 18세를 성인과 청소년을 구분 짓는 연령으로 보고 있다. 그러나 일부 주는 19세 또는 21세까지로 상향된 규정을 갖고 있다(천정웅, 2009). 중요한 것은 연방정부에서는 정책대상으로서의 청소년연령을 10~24세로 규정하고 있는데, 미국의 연방기관 간 청소년정책 협의기구인 IWGYP(Interagency Working Group on Youth Programs)에서는 전통적으로 12~18세로 보던 청소년기가 문화적·경제적 변화(cultural and economic shifts)로 인하여 연장되고 있다고 보고, 청소년(adolescents)과 청년(young adults)을 포함하는 개념으로 이해하고 있다(IWGYP, 2016).

국제적인 청소년전문기관(youthpolicy.org)에서 전 세계 188개 국가의 청소년정책 연령과 주관부처 등을 조사한 바에 의하면, 대부분 30세 전후까지를 정책대상 연령으로 규정하고 있음을 알 수 있다(www.youthpolicy.org). 예를 들면, 호주는 12~24세, 중국은 14~28세, 프랑스는 3~30세, 독일은 12~26세, 이탈리아는 15~35세, 일본은 0~30세, 뉴질랜드는 12~24세, 러시아는 15~29세, 싱가폴은 15~35세, 스웨덴은 13~25세, 영국은 13~19세, 미국은 10~24세 등이다.

이와 같이 각 나라에서는 그 나라의 사회·문화적 정도에 따라 법적 차원에서 청소년의 연령 구분을 각기 다르게 규정하고 있다. 우리나라에서도 청소년은 다양한 호칭과 함께 관련 법에 따라 연령 구분이 다르게 규정되고 있다. 먼저 아동이란 호칭과 관련하여 「아동복지법」에서는 18세 미만으로 규정하고 있으며, 특수 상황에 있는 아동에게 교육이나 보호가 계속 필요한 경우에는 20세 또는 25세 미만까지 서비스를 계속 받을 수 있게 권리를 부여하고 있다. 「민법」에서는 만 20세 미만을 미성년자로, 「소년법」에서는 19세 미만을 소년으로 규정하고 있다. 「근로기준법」에서는 15세 미만인 자는 근로자로 사용하지 못하며, 18세 미만인 자는 도덕상 또는 보건상 유해·위험한 사업에 사용하지 못하게 규정하고 있다.

그러나 우리나라의 청소년과 관련한 국가정책의 기본 방향을 제시해주는 법인 「청소년기본법」에서는 청소년의 연령 범주를 9~24세까지로 규정하고 있음에 주목할 필요가 있다. 그리고 청소년을 유해환경으로부터 적극적으로 보호하기 위한 「청소년보호법」에서는 법의 적용대상이 되는 청소년의 연령을 만 19세 미만으로 규정하고 있다. 「아동·청소년의 성보호에 관한 법률」(2009)에서는 법의 적용대상을 19세 미만인 자로 규정하고 있다. 「청소년복지지원법」과 「청소년활동진흥법」 등은 「청소년기본법」에서의 청소년의 연령범주를 따로 정한 규정이 없는 경우에는 「청소년기본법」에서 정한 것에 따르고 있다.

또한, '문화관련 3법'이라고 부르는 「영화 및 비디오물의 진흥에 관한 법률」, 「음악산업진흥에 관한 법률」, 「게임산업진흥에 관한 법률」에서는 청소년을 고등학교에 재학 중인 학생을 포함하여 18세 미만인 자로 규정하고 있다. 특히, 최근 2020년 8월 5일 이후 시행되고 있는 「청년기본법」에서는 청년의 연령을 19세 이상 34세 이하로 규정하고 있으며, 2021년 7월 6일부터 시행된 「청년고용촉진특별법」에서는 청년을 취업을 원하는 사람으로서 15세 이상 29세 이하인 사람(지방공기업이 청년 미취업자를 고용하는 경우에는 15세 이상 34세 이하인 사람)으로 규정하고 있다.

이와 같이 청소년 명칭이나 연령이 법령별로 유사하거나 상이하게 나타나는 것은 각 법령별 입법 배경과 입법 목적, 적용 대상의 특성 그리고 시대적·사회적·정책적 필요성 등이 각기 다르기 때문으로 볼 수 있다. 그러나, 법적 연령규정의 문제는 관련 부처 간 정책 내용이나 적용 대상의 중복성이나 누락 등에 따른 정책적 비효율성을 초래할 수 있다는 점에서 연령기준에 대한 논의의 필요성이 제기되고 있다(문호영·최창욱, 2015; 이혜경·김도영·진은설, 2020).

한편, 「청소년기본법」에서 청소년 연령을 9~24세로 정한 것은 법치국가인 우리나라에서 1987년에 처음으로 법률 이름에 청소년을 포함한 첫 법률인 「청소년육성법」을 제정할 때 규정한 것으로 「청소년육성법」이 1991년에 「청소년기본법」으로 바뀌게 됨에 따른 것이다. 1987년 「청소년육성법」 제정 당시에는 정책대상으로서의 연령범주를 넓게 잡기 위해 청소년단체에 가입하는 연령을 참고하여 하한 연령을 정하고 유엔의 청소년(youth) 연령규정을 참고하여 상향연령을 정한 바 있다.

여기에서 고려할 점은 이러한 「청소년기본법」에서의 연령규정에도 불구하고 그동안 우리나라의 청소년정책은 주로 18세 이하의 중·고등학생을 중심으로 하는 정책과 실천, 연구를 지속하여 왔으며, 상대적으로 19세 이상에서 24세에 이르는 연령층은 주요 관심대상에서 배제되어 왔다는 것이다. 청년을 포함한 개념으로 청소년의 연령범주를 가지고 있는데도 불구하고 「청년기본법」에서 19세 이상으로 청년의 연령을 규정하고 「청년고용촉진특별법」에서 15세 이상을 청년으로 규정하는 것도 이러한 사실과 관련된다. 그러나, 청소년정책과 관련하여서는 2010년을 전후하여 18세 이상의 연령 범주에 해당하는 청소년들을 중심으로 '후기청소년'이라는 용어를 사용하면서 다양한 정책제언과 정책과제를 모색하는 노력이 지속되어 왔다(안선영·김희진·박현준, 2011; 조혜영·김지경·전상진, 2012). 이 점에서 청소년의 연령과 관련한 법적 정의와 범주에 대한 이해를 보다 분명히 하기 위해서 후기청소년에 관련한 개념에 대해 알아보기로 한다.

〈표 1-1〉 **청소년관련 법률에서의 청소년 명칭 및 연령 정의**

해당법령	명칭	연령 정의
청소년기본법	청소년	9세~24세 이하
청소년활동진흥법	청소년	9세~24세 이하
청소년복지지원법	청소년	9세~24세 이하
청소년보호법	청소년	19세 미만(단, 19세가 되는 해의 1월 1일을 맞이한 자는 제외)
아동복지법	아동	18세 미만
학교밖 청소년 지원에 관한 법률	청소년	만9세 이상 24세 이하
한부모가족지원법	아동	18세 미만(취학 중인 경우에는 22세 미만)
아동·청소년의 성보호에 관한 법률	청소년	19세 미만(단, 19세에 도달하는 연도의 1월 1일을 맞이한 자는 제외)
소년법	소년	19세 미만
청년기본법	청년	19세 이상 34세 이하
청년고용촉진특별법	청년	15세 이상 29세 이하인 사람(지방공기업 고용 청년은 15세 이상 34세 이하인 사람)
영화 및 비디오물의 진흥에 관한 법률	청소년	18세 미만의 자(「초·중등교육법」 제2조의 규정에 따른 고등학교에 재학 중인 학생을 포함한다)
음악산업진흥에 관한 법률		
게임산업진흥에 관한 법률		
근로기준법	연소자 (18세 미만)	15세 미만(초·중등교육법에 따른 중학교 재학 중인 18세 미만 포함)
형법	형사미성년자	14세 미만
민법	미성년자	20세 미만

4) 후기청소년의 연령적 이해

청소년이 안정된 성인으로서의 생활을 하기까지 걸리는 기간이 과거보다 오늘날 더 오래 걸린다. 산업화된 국가의 경제는 최근 제조업 기반에서 정보와 기술기반으로 옮겨가고 있으며, 괜찮은 직업을 얻기 위해서는 과거보다 더 많은 교육과 훈련이 요청되고 있다(Hamilton & Hamilton, 2006). 결혼과 첫 출산의 연령은 지난 50여 년간 지속적으로 상향되어 왔으며, 거의 모든 산업국가에서 적어도 20대 후반이 되어야 하는 것으로 나타나고 있다. 더욱이 오늘날 대부분의 청소년들은 성인이 되는 것에 대해 혼돈된 느낌을 가지고 있다(Arnett, 2004). 성인기로의 이행을 서두를 필요가 없으며 20대 전반에 걸쳐 준비하면서 점차적으로 성인으로서의 책임감을 가지면 되는 것을 선호하는 경향을 보이고 있다.

이런 상황은 청소년과 관련한 호칭에서도 다양하게 나타나고 있는데, 18세에서 25세에 이르는 연령시기는 청소년(youth)을 비롯하여, 늦은 청소년기(late adolescence), 후기청소년기(post-adolescence), 젊은 성인(young adulthood) 또는 성인기로의 이행(the transition to adulthood)으로 용어화하면서 18세 이전의 청소년시기와 다른 18세 이후의 연령층의 심리적·사회적 특성을 논의하고 있다. 특히, 아네트(Arnett, 2004, 2007)는 이 시기를 점차 성인이 되는 시기라는 의미를 가진 "성인진입기(emerging adulthood)"로 정의하면서 주로 산업화된 사회에서의 18~25세의 연령대가 겪는 독특한 경험과 문화적 특성을 강조하고 있다(Tanner & Arnett, 2009). 이전에는 10대 후반이나 20대 초반에 청소년기에서 성인기로 이행하여 안정된 직업을 갖고 결혼을 하고 첫 출산을 하였지만, 오늘날은 대부분 청소년기를 지나 후기청소년기를 경험한 후에 성인기로 접어들게 된다. 후기청소년기는 10대 후반(약 18세에 시작)부터 적어도 20대 중반까지 이어진다는 것이다.

특히, 21세기에 들어서 후기청소년 또는 청년층의 고용률은 가파르게 하락하였는데 우리나라의 경우 기성세대는 나이가 들수록 임금이 높아져 왔던 반면, 현재의 젊은 세대는 그와 같은 임금 상승률을 경험하지 못하게 될 가능성이 많으며, 부동산 자산의 격차가 커짐에 따라 계층간 불평등은 더욱 심화되는 모습을 나타내고 있다(주경필, 2015). 이러한 인식은 한국사회의 청소년문제는 후기청소년 또는 청년세대의 정치적·

문화적·교육적 상황과도 밀접한 관련을 갖고 있다. 청소년복지정책의 측면에서도 우리 사회의 후기청소년 또는 청년의 현실을 알아보고 이들을 위한 현실적인 복지정책의 방향을 구체화하는 것이 중요함을 알 수 있다(주경필, 2015). 「청소년복지지원법」의 경우 9~24세를 대상연령으로 규정하고 있으나, 청소년 우대, 건강보장, 위기청소년지원, 청소년복지지원기관과 시설 등과 관련한 주요 내용은 10대 후반에서 20대 중반까지의 후기청소년 또는 그 이후까지의 청년들에게 실질적인 혜택은 주지 못하고 있는 것이 현실이다. 청소년복지를 논함에 있어 후기 청소년을 포함해야 하는 이유도 이러한 문제인식과 관련된다(김지근·허경민·허다연·이기학, 2018).

이렇게 볼 때, 후기청소년과 관련한 개념적 이해는 이른바 "청년의 청소년화 경향"을 적절히 파악하기 위해 고안된 것으로 볼 수 있다(Baacke, 1999; 전상진·정주훈, 2006 재인용). 대부분의 산업화 사회에서는 청소년기의 특징이 나타나기 시작하는 연령대가 앞당겨지는 것과 달리, 취업, 결혼, 출산 등의 성인기 과업을 성취하는 연령대는 점차 높아지고 있기 때문이다(Arnett, 2004). 교육기간 연장과 직업 획득, 결혼이 20대 중반 이후 연령대로 지연되면서 과거에는 경제적·사회적 자립이 주로 20대 초반에 이루어졌지만, 오늘날에는 자립연령이 20대 후반이나 30대 초로 옮겨 가고 있다는 것이다.

후기청소년에 대해서는 여러 가지 용어들이 제시되고 있지만, 특별히 "성인진입기(emerging adulthood)"에 주목하기로 한다. 이 말은 "근접성인기" 또는 "성인도래기" 등으로도 번역되기도 하지만, 그 내용상의 의미는 앞서 언급한 바와 같이 "청년의 청소년화 경향"을 말하는 것으로 볼 수 있다는 점에서 "후기청소년기"와 다르지 않을 것이다. 그러나, "이머징 어들트후드(emerging adulthood)"에 대해서는 그 용어가 "당사자의 심리적 상태를 우선적으로 고려하기 때문에 사회구조적이며 문화적인 특성들을 적절히 포착하지 못하며, 동시에 현재 변화하는 과정에 있는 성인기를 상수로 보기에 현실과 규범의 괴리(지체)에 무관심한 한계를 드러낸다"는 지적이 있기도 하다(조혜영 외, 2012, pp, 19-20).

2. 청소년의 발달적 특성

1) 신체적·성적 발달

청소년들은 사춘기를 거치면서 신체적으로 영아기의 첫 번째 성장급등에 이어 두 번째의 성장급등을 경험한다(김혜원, 2009). 청소년기는 신장과 체중의 급격한 변화, 생식기관의 성숙과 성적 상징의 발달 등 매우 급격한 신체적 변화를 경험하게 되어, 남성은 더욱 남성다워지고, 여성은 더욱 여성다워진다. 이 시기는 또한 강한 성적 욕구와 많은 문제들이 대두되며, 적응상의 큰 부담이 되고 있다. 성별로 볼 때 12~14세까지는 여성이 더 빠른 성장을 보이다가 15세 이후로는 남성이 더 지속적으로 성장하는 양상을 보인다. 이러한 신체변화는 18~19세까지는 급격하게 이루어지고, 21~22세가 되면 성장에 의한 변화는 거의 끝난다.

과거와 비교하여 요즘 청소년들은 점차 이른 시기에 신장과 체중의 증가가 더욱 뚜렷하며, 청소년들의 체중이상, 특히 비만 문제의 심각성이 높아지고 있다. 사춘기의 성적인 발달은 여성 혹은 남성으로서의 생식 기능을 갖추게 되는 것이 그 핵심이다. 신체발달과 마찬가지로 최근 청소년들은 성적 성숙의 시기도 점차 빨라져 성장의 가속화 현상이 나타나고 있다는 지적이 있다(김혜원, 2010). 그러나 다른 한편, 오늘날의 청소년들은 신체발달 면에서 체격은 좋아졌는데, 체질은 현저하게 약화되고 있다. 예전보다 훨씬 잘 먹고 모든 면에서 풍요로워졌는데, 청소년들은 갈수록 연약해진다는 것이다.

다른 한편, 청소년 시기에 겪게 되는 이러한 신체적·성적 발달은 청소년에게 다음과 같은 영향을 미친다. 첫째, 자신의 신체변화에 대해 자각을 하게 되므로 자신의 신체에 대한 관심이 많다. 둘째, 자신의 신체변화와 친구들의 변화 정도를 비교함으로써 신체적 열등감을 갖기도 한다. 셋째, 성호르몬의 분비는 성적 욕구의 발달을 동반하며 이것은 죄의식과 충동 조절의 문제를 초래한다.

2) 인지적 발달

청소년기의 인지적 발달은 질적, 양적, 사회인지적 발달로 나눌 수 있다. 첫째, 질적 발달로 대표적인 인지심리학자인 피아제는 형식적 조작기에 해당되는 청소년들은 정신적 조작의 범위와 대상이 넓어져서 추상적이고 광범위한 부분에까지 사고가 가능하다고 하였다. 청소년들은 아동이나 성인과는 다른 독특한 인지적 특징을 보일 수 있는데 ① 추상적 개념을 다룰 수 있고, ② 현실보다는 가능성의 세계를 중요시하며, ③ 조합적 사고가 가능하고 상위인지가 발달함으로써 자기성찰에 몰두하고 정체감의 획득이 가능해지게 된다.

둘째, 양적 발달로는 정보처리 능력이 향상되어 정보를 처리하는 양, 속도, 방법 등에서 아동기에 비해 우수한 결과를 보인다. 이와 함께 기억 용량도 연령에 따라 점차 증가하여 청소년기의 시작인 12세경에 거의 성인 수준에 도달한다.

셋째, 사회인지적 발달로는 자신과 타인의 역할이나 관계, 감정, 의도 등을 관찰하고 추론하고 개념화하는 능력이 발달하여 타인의 생각을 추론하고 이해하는 능력이 더 정확해지고, 대인관계와 인간행동에 대한 이해의 폭도 넓어진다(김혜원, 2010).

이러한 인지발달은 청소년의 자아정체감 형성, 자기중심성 형성, 도덕성 발달, 그리고 사회적 상호작용에 영향을 미친다(홍봉선·남미애, 2010). 첫째, 청소년 시기에는 자아정체감이 형성하고 발전되는 동시에 정체감 형성의 위기를 또한 경험한다. 자아정체감은 자신이 평가하는 자신의 모습과 타인이 보는 나의 모습이 일관되게 통합을 이루는 것을 의미한다. 자아정체감의 형성에 따른 위기를 극복하지 못하는 경우에는 자신을 있는 그대로 수용하지 못하고 미래의 전망에 대하여 불안해지고 이에 대처할 자신의 잠재력에 자신을 갖지 못한다.

둘째, 청소년기는 자기중심적인 특성이 있다. 자아중심성(ego-centrism)은 가상청중(imaginary audience)과 개인적 우화(personal fable)의 개념에서 잘 나타난다. 가상청중은 청소년기에 나타나는 과장된 자의식을 반영하는 개념으로 자신이 타인의 집중적인 관심과 주의의 대상이 되고 있다고 생각하는 것을 말한다. 개인적 우화란 청소년이 자신을 대단히 특별한 존재로 지각하는 경향을 의미한다. 우선 청소년기는 이러한 가상청중에게 반응하려는 욕구가 있기 때문에 극단적인 자의식이 생긴다. 구내식당에서나 집에 오는 버스에서, 많은 청소년들은 자기가 주목의 대상이라고 느낀다. 어떤 경우에는 모두가 자기를 보고 있다고 믿은 나머지 멋있어 보이려고 큰 소리를 내고 도발적인 행동을 함으로써 청중들에게 반응하는 경우도 생긴다(Rice & Dolgin, 2008). 또한 가상청중에 대한 믿음, 또 아주 많은 사람들에게 있어서 자기가 중요한 존재라는 신념 때문에 청소년들은 자기 자신을 독특한 존재라고 생각하게 된다. 어떤 경우에는 자기가 죽지 않을 것이며 위험한 상황에서도 다치지 않을 것이라고 생각하기도 한다. 이는 많은 청소년들이 자신에게는 절대 원치 않는 일이 생기지 않거나 비록 자신이 난폭하게 운전해도 교통사고가 일어나지 않을 것이라고 믿는 이유 중 하나이다. 자아중심성은 청소년들의 사회 개혁에 대한 소망이나 성인의 역할을 하려는 노력과도 관련될 수 있다. 이들은 자신의 자아를 사회환경에 적응시키려고 할 뿐만 아니라, 자신이 어떻게 사회를 바꿀 것인지를 생각하기 시작한다.

셋째, 청소년기의 도덕적 사고와 행동은 아동기와는 질적으로 다르며 그들의 인지적 성숙과 사회환경적 역할 변화에 의해 크게 영향을 받는다. 청소년기의 도덕성 발달은 콜버그(Kohlberg, 1969)의 도덕성 퇴행문제, 도덕적 상대주의 개념으로 설명할 수 있다. 도덕적 퇴행은 청소년기의 최고 과업인 자아정체감의 혼미로 인해 청소년이 사회적 규범과 법률을 절대적 도덕률로 받아들이고 이를 준수하던 단계에서 사회적 구속을 벗어나기 위해 규범을 배척하는 단계로 이행하게 된다는 것이다. 도덕적 상대주의란 모든 사람들이 준수해야 할 객관적이며 보편타당한 도덕률을 부정하고 개인적이며 주관적인 관점에서 도덕성을 판단하는 것을 의미한다.

넷째, 사회적 이해력이 발달함으로써 자신이 경험하지 않았더라도 상대방이 갖고 있는 감정이나 느낌을 어느 정도 파악하게 된다. 따라서 사회적 상호작용이 활발하게 된다. 청소년은 초기 청소년기의 자기중심적 사고를 점차 벗어나 후기 청소년기에 이르러서는 타인에 대한 관심과 배려, 애정에 보다 집중하게 된다. 이러한 이타성은 이성과의 관계에서 두드러지게 나타나는 경향을 많이 보이는데, 동성친구와 이성친구와의 관계에서 균형을 유지하는 데 어려움을 겪기도 한다(김성이 외, 2010).

3) 정서적 발달

청소년기는 급격한 신체발달과 더불어 사회적으로 요구되는 과다한 과업으로 인해 정서적으로 불안정한 상태이다. 청소년기에 나타나는 정서 변화를 단계별로 살펴보면, 먼저 청소년기 초기(사춘기)는 성적 충동을 강하게 경험한다. 따라서 이들은 성에 대한 높은 호기심과 이성에 대한 관심을 갖지만 이와 동시에 수치심을 느끼고 이성에게 반발하며 주변 사람들에게 허세적인 반항을 하는 등의 이중적 정서를 표출한다. 따라서 이들의 정서는 일관성이 없고, 불안정하며, 정서의 기복이 격렬하다. 이런 가운데 주변 사람들에 대해 부정적인 태도를 보이고 자신의 공상 속에서만 만족을 추구하려고 하지만 현실적인 해결책을 찾지 못함으로써 불안이나 초조함에 사로잡히는 경우가 많다(임영식, 2004).

반면 청소년 중기(중학교 말부터 고등학교까지)에 이르면 초기보다 더욱 강렬한 정서를 느끼지만 의식적으로 억압하려는 경향을 많이 보인다. 그러나 이런 억압과정에서 자기혐오나 열등감을 갖고 내면적으로 침울하거나 정서의 불안정성이 고조되기도 한다. 이들은 또한 자아의식이 높아지면서 독선적이고 우월을 과시하며 현실을 부정하고 혐오하는 경향을 강하게 보인다. 이에 따라 기성세대, 사회구조, 사회의 도덕과 법률에 대해 의혹을 품고 자기 나름의 독특한 구조와 논리를 갖고 비판하게 된다. 청소년 후기(대학교 시기)에 접어들면 사회적으로 안정적인 방향으로의 정서경험을 하게 된다. 이 시기에는 주관과 객관과의 결합, 자기와 사회와의 타협, 현실과 이상과의 조화를 꾀하며 이를 통해 완성된 자아의식을 가지려 한다. 이와 함께 이성을 사랑하는 마음과 연애의 경험을 통해 더욱 풍부하고 윤택한 정서를 경험하게 된다.

4) 사회적 발달

인간은 전 발달단계를 거치면서 타인이나 주변 사람에 대한 친밀감과 대인관계 욕구를 갖지만 이러한 친밀감 욕구는 특히 청소년기에 가장 강한 것으로 알려져 있다. 청소년들은 자신의 사회적 지위와 역할에 따른 도덕적 책임과 의무를 중시하고 그 책무에 충실하려고 노력한다. 예를 들면 청소년기에 친구 간의 우정을 지키려는 강한 의

무감을 갖는 것이다.

또한 청소년기의 사회성 발달 중 두드러지는 점은 부모에게 의존하고 영향 받던 패턴에서 벗어나 독립과 자립의 욕구를 느낌과 동시에 동년배 또래집단에게 강한 심리적 영향을 받는다는 것이다. 이는 또래집단에 대한 동조성으로 이어져 청소년기에는 친구에게 의존하고 친구의 언행에 동조하는 경향성이 눈에 띄게 커진다. 동조성이 높은 경우 집단의 동조압력을 따름으로써 개인과 집단 간의 일치도가 증가하게 된다. 그러나 청소년들이 집단규범에 동조하는 까닭은 자신의 생각에 대한 확신의 결여 때문만이 아니라 속해 있는 집단과 자신과의 관계 때문이기도 하다. 즉, 모호한 상황에서 정보를 얻기 위해서뿐만 아니라 집단의 수용과 인정을 얻기 위해 그 집단의 행동양식에 일치하고 조화해 가려고 움직이게 된다(김혜원, 2009).

청소년기의 가장 두드러진 사회적 특성은 친교이다. 사회적 본능의 하나로 친구와 어울리게 되고, 점차 사회생활에 대한 새로운 관심이 생겨나면서 새로운 본능과 취미를 기초로 해서 친구를 사귀게 된다. 또한 청소년들은 자기가 좋아하는 스타들에 대해 이야기하면서 또래와 친밀감을 형성해 간다. 대중음악 콘서트와 같은 기회는 청소년들에게 어른이 아닌 또래들과의 관련 속에서 다양한 역할을 실험해 보도록 해 준다. 청소년들은 청소년 잡지나 대중음악, 텔레비전의 인기 있는 프로그램과 밀접한 관련을 갖는다. 특히 매스 미디어는 청소년들에게 생활에 필요한 안건을 제시해 줌으로써 그들의 사고와 판단에 크게 영향을 준다. 대중문화는 청소년들의 태도와 정서를 반영하며, 그러한 정서가 표출될 수 있는 표현적 영역을 제공해주는 의미도 갖는다.

5) 영성적·신앙적 발달

청소년기에는 영성적·신앙적 개념을 이해하기 시작하며 이를 통해 인생관을 정립해 나간다. 청소년기의 영성적 발달과 신앙은 정체성과 전망을 위한 근거와 상호 인격적인 견지에서 궁극적인 환경을 제공한다. 여기에서 영성(spirituality)은 "인간의 세속적 또는 종교적 상황에서의 자신의 실제적 자아에 대한 의미, 연결됨과 깨달음을 추구하는 것"이라는 개념으로 이해된다. 그리고 영성적 발달(spiritual development)은 "인간의 영성에 대한 발달과정"을 뜻한다(천정웅, 2007: p.362).

청소년기는 영성을 공부하고 실천하는 데 특히 중요한 시간을 보내고 있는 시기이다. 청소년의 하나의 중요한 삶의 요인으로서 영성은 그들의 삶의 의미를 인식하고 구축하는 데 중심 역할을 하고 있다. 특히 청소년기는 열렬한 이념적 갈등의 시기이며, 삶의 의미와 목적에 대해 이해하려고 노력하는 시기, 그리고 관계성과 연결됨(connectedness)을 추구하는 시기로 이해될 수 있다. 최근의 연구들은 세계 여러 나라의 청소년들이 다양한 영적 활동을 취미 삼아 해보는 양상을 나타내고 있다. 이러한 추세는 청소년들이 보다 경험적 형태의 영적 또는 종교적 체험을 하고 있음을 말해주는 것이다.

파울러(Fowler, 1981)에 의하면, 인간의 신앙발달 6단계 중에서 청소년 시기는 4번째의 비분석적, 종합적, 관습적 신앙단계로, 형식적 논리의 사고를 할 수 있는 초기의 능력과 함께 종교적 상징을 사용할 수 있고, 또 자기가 인식해 왔던 신앙의 주제에 보다 적극적인 이해를 추구함으로써 이것을 통합하고자 한다고 하였다. 많은 청소년들은 자기성찰의 능력이 확장되어 자기의 삶과 중요한 관계에 대한 의미를 고찰한다. 가족보다 더 넓은 범위의 사회집단으로부터 받는 더 큰 영향으로 인격화된 신화의 정체성과 절대자에 대한 개념들이 형성된다는 것이다(Robbins, Chatterjee, Canda & Leibowitz, 2019). 다른 한편, 청소년들은 종교적 통찰이 가능해져서 종교에 대한 강한 부정적인 태도를 나타내기도 한다. 이러한 부정적 태도는 종교에 대한 강압이나 강요, 과학과 종교의 거리감으로 인하여 실제로 자신의 삶과 관계되지 않는다고 느낄 때 보여주는 현상이다.

영적 발달과 함께 청소년은 개인적 신앙에서도 의심과 문제가 많은 시기이다. 자아에 대한 눈을 떠가면서 개인 속에 죄악감, 생사 문제, 삶의 보람 문제 등이 의식되어 종교의식과 연결되기도 한다. 그러나 궁극적인 것에 대한 관심으로 그들은 곧잘 종교에 관심을 기울인다. 이런 점에서 청소년기는 영성과 종교에 대한 관심이 나타나게 되는 동시에, 종교에 대해서는 비판적이고 부정적인 시각을 소유하게 되는 특성을 갖는다.

3. 청소년에 대한 3대 접근방식

청소년에 대한 연구가 진전함에 따라 청소년을 바라보는 관점과 이에 대한 접근방식도 다양하게 변화해 왔다. 청소년을 어떠한 존재로 정의하는가와 청소년의 사회적 지위에 따라서 청소년에 대한 접근방식은 크게 세 가지로 구분할 수 있다(최이숙, 2002). 첫째는 세대론적 접근으로 청소년기의 특징적인 전환과정에 중심을 둠으로써 비슷한 시기에 태어나 비슷한 경험을 하면서 살아간다고 본다. 둘째는 기능주의적 접근으로 청소년집단의 사회화 과정을 통해 청소년이 어떠한 역할을 부여 받는지를 강조한다. 셋째는 하위문화적 접근으로 위의 두 가지 접근과는 달리 청소년을 주체로서 인식한다.

1) 세대론적 접근

세대 이론에서는 청소년기를 변화의 과정으로 인식하고, 그 특징으로 반항·일탈, 새로운 관계의 형성과 같은 현상이 나타나는 시기라고 여기고 있다. 초기의 세대론적 접근은 생물학·심리학에 기반을 두고, 청소년기의 생리적·심리적 변화, 그리고 이 변화에 대응하는 과정에서 나타나는 갈등, 반항, 일탈에 대해서 연구하였다. 세대론적 관점에서 청소년기는 성인으로 성장하는 과정으로, 생식능력을 갖추게 되고, 본능이 폭발함에 따라 새 인성이 위협받고, 자아정체성의 혼란을 겪으며 그 과정에서 자신의 내부적 갈등과 긴장에 대응하기 위해 부적절한 행동을 할 가능성이 높은 시기로 정의하고 있다.

홀(Hall, 1904)은 이러한 접근에서 청소년은 어린이에서 성인으로 나아가는 발달과정에 있는 집단으로 혼란과 불안정 속에 살아가고 있는 미숙한 세대로 정의할 수 있다고 하였다. 그 결과 청소년은 현재를 살아가고 있는 존재가 아니라, 미래의 사회 속에서 살아갈 존재로서 그들 개인의 발달과 발전, 사회의 발전을 위해 성숙한 집단인 성인의 보호를 받아야 할 대상으로 규정된다는 것이다.

이와 달리 20세기 초반에 등장한 세대론적 관점은 이러한 가정에 반발하기 시작하였다. 미드(Mead, 1928)는 청소년문제가 어느 사회 어느 시대에나 보편적으로 나타나는 현상이 아니라고 지적하고 있다. 변화의 속도가 빠르고 개인 중심으로 구조화된 근대로 들어서고, 세대 간의 경험이 분화되고 통합적 의례가 사라지면서 나타난 것으로 성인과 청소년 간의 세대 갈등은 근대적 현상이라고 지적하였다. 하지만 미드 역시 청소년기를 성인으로 나아가는 그리고 이후의 직면하게 될 도전을 위해 배워가는 삶의 단계로 규정하고 있다는 점에서는 초기의 심리학적 접근과 유사하다.

홀에서 미드 그리고 최근의 인류학적 접근에 이르기까지 세대 이론은 동일한 시기에 태어나 비슷한 시기를 살아가고 있는 청소년들이 한 세대로서 겪는 삶에 대해 그 연구의 초점을 맞추고 있다. 하지만 세대 이론을 기반으로 한 연구는 비슷한 시대에 태어나서 비슷한 역사적 상황에서 살아가고 있는 '동시출생집단(코호트; cohort)'이라고 하더라도 그들의 사회적·공간적 위치에 따라 서로 다른 경험을 겪고 있다는 사실을 간과하고 있다. 뿐만 아니라 청소년을 삶의 한 과정을 겪고 있는 연령집단으로 인식함으로써 청소년들 스스로가 무언가를 만들어갈 수 있는 주체임을 잊고 있는 것이다.

2) 기능주의적 접근

기능주의이론 역시 청소년기를 어린이기에서 어른기로의 변화과정, 그리고 질풍노도의 시기라고 인식하는 것에 세대이론적 관점과 같이 하고 있다. 그러나 기능이론에서는 청소년이 사회에서 담당하는 역할과 어린이기에서 어른기로 이행하는 과정에서 나타나는 역할 변화에 관심을 갖고 있다.

기능이론에 의하면 어린이에서 성인으로 성장하는 최초의 사회화 과정에서 가족의 역할이 중요하며, 아이들이 성장하는 과정에서는 국가제도나 학교 그리고 또래집단에 의한 2차적 사회화의 과정을 거치게 된다. 이차적 사회화 과정을 거치면서 청소년은 가족으로부터 독립하게 되며 부모의 역할은 국가 및 다른 제도들에 이양된다. 하지만 가족과 국가 및 기타 여러 사회제도가 조화를 이루지 못할 때가 있으며, 이러한 환경에서 청소년은 자신이 사회화 제도들에서 요구받는 바를 한꺼번에 수행할 수 없다는 갈등에 휩싸이게 될 때 아노미에 빠진다.

기능주의적 관점은 1960~70년대에 접어들면서 나타나는 여러 가지 사회 현상에 대한 설명력이 떨어지면서 비판이 제기되기 시작하였다. 즉, 1960년 말부터 청소년들의 능동적인 의사 표현이 증대되고 여성의 권리가 향상되는 데에서 나타나는 변화들을 기능주의이론에서는 제대로 설명하지 못하고 있다. 특히 청소년의 범죄나 비행 등을 사회화 과정에 실패하였다고 치부하는 것은 청소년의 주변화 과정에서 관찰되는 일면만을 본 것이라는 비판이 하위문화 연구자들에 의해서 제기되기 시작하였다.

3) 하위문화적 접근

청소년을 대상이 아닌 문화적 주체로 보기 시작하는 연구들이 나타나기 시작하였다. 즉, 하위문화 연구에서는 청소년기를 성인으로의 전환기가 아니라, 독자적 삶의 시기로 보고 청소년의 삶 자체에 관심을 가지기 시작하였다. 하위문화 연구는 크게 2가지로 나누어 볼 수 있는데, ① 성인세대와 대비되는 존재로서의 청소년과 ② 세대적 측면과 계급적 측면을 결합한 청소년에 대한 하위문화 연구의 경향이다.

첫째, 기성세대에 대비되는 하위주체로서 청소년을 보는 접근이다. 청소년집단을 성인의 억압에 저항하는 하위주체로 규정하거나 어른과는 다른 독립된 집단으로 바라보기 시작한 것은 1960년대 미국의 청소년문화 연구에서 시작된다. 새로운 음악, 새로운 형식의 영화, 대중적으로 생산되는 10대 패션 등 새로운 문화 현상이 등장하자 미국의 학자들은 세대적인 변화와 이들의 새로운 생활방식에 대해서 연구하기 시작하였다.

우리나라에서도 1990년대 청소년문화 연구 및 이후 등장한 새로운 세대 집단에 대한 연구에서 많이 채택하고 있는 시각이다. 즉 가정과 학교의 억압적이고 권위적인 문화 속에서 생활하고 있는 청소년들이 대중문화를 수용하는 과정에서 또는 새로이 등장한 가상공간을 활용하는 과정에서 어른들에게 어떻게 저항하는가, 그리고 어떠한 머리 모양, 옷차림, 말투 등을 통해 자신들 고유의 정체성을 표출하는가에 관심을 기울이고 있다. 이러한 연구에서 청소년은 훈육의 대상으로서가 아니라, 공통의 경험을 공유하고 있으며, 기성세대와는 다른 고유의 문화를 생산하는 저항적인 하위주체로, 문화 생산자로 정의된다.

이러한 연구는 그동안의 연구에서 어른의 주변자 그리고 대상으로 존재하였던 청소년에게 주체의 위치를 부여하였다는 점에서 그리고 기존의 문화에 저항하는 청소년의 특성을 발굴했다는 점에서 그 의의를 찾을 수 있다. 하지만 청소년의 정체성에 초점을 둔 나머지, 청소년은 모든 사회적 모순관계에서 독립된 존재로 상정한다. 즉 동일한 시대와 장소에서 살아가는 청소년이라고 하더라도, 그들이 처한 사회적 위치에 따라서 그들이 경험하는 바에는 차이가 있음을 간과하였다.

둘째, 세대적·계급적 차원을 결합시킨 하위문화적 관점에서 청소년을 보는 것이다. 이와 같이 세대연구의 한계를 뛰어넘어 계급구조 속에서 청소년을 비추기 시작한 연구는 영국 버밍햄 대학의 현대문화연구센터(CCCS: Centre for Contemporary Cultural Studies)를 들 수 있다. 이들은 청소년의 개념이 형성되는 과정부터 계급적 불평등을 내포한 개념이며, 시대적 조건이 변해감에 따라 계급적 개념이 탈색되었다고 한다. 하지만 이들 집단 내에서도 기성세대와 마찬가지로 사회적 권력구조가 재생산되고 있음을 강조하였다.

우리나라에서도 청소년을 특정 세대 집단으로 규정하는 담론 속에서 청소년은 대학입시의 경쟁 속에서 살아가고 있는 중·고등학생을 지칭하였던 개념이었음을 지적하는 연구들이 제시되고 있다. 즉, 청소년집단 내에 존재하는 다양한 문화와 차이의 양상에 주목한다. 예를 들면, 우리사회의 청소년에 대한 상식적인 개념 규정에서는 제도교육인 학교를 중심으로 중·고등학생에 해당하는 연령집단을 청소년이라고 일컫기 때문에 "청소년=학생"이라는 등식이 성립하고 있으며, 청소년의 삶과 문화를 학교 중심으로 파악하고 있다는 지적이 있다(조한혜정, 2000). 또한, 청소년과 관련된 담론들이 신세대 혹은 X세대문화라는 고정틀에 갇혀서 청소년문화를 말할 때, 저소득층 청소년은 제외하게 된다는 주장도 있다(조은·김영지·김현진, 2000).

이와 같이 세대적·계급적 차원을 결합시킨 하위문화적 연구의 의미는 실제 우리사회에 뿌리내리고 있는 청소년 담론에서 형상화된 청소년 이미지가 특정 연령집단 내에서도 학생, 특히 입시 경쟁 속에서 살아가야 하는 집단을 청소년이라고 부르고 있다는 점을 간파하고 그 과정에서 학교에 다니지 않는 노동청소년들이 배제되고 있다는 점에서 찾을 수 있다. 청소년 개념이 형성되기 시작하는 시기부터 현재까지의 선택과 배제의 양상이 어떻게 변해 왔는지, 그리고 어떻게 구성되어 왔는지 등을 간과한 점에서 한계가 있다.

4. 현대사회의 청소년의 위치

1) 청소년 이해의 4가지 차원

현대사회에서의 청소년의 위치를 알아보기 위해서는 청소년에 대한 네 가지 차원에 대해 먼저 이해해야 한다. 스펜스(Spence, 2005)는 이를 생물학적 차원, 사회적 차원, 역사적 차원, 그리고 공간적 차원의 4가지로 설명하고 있다. 이 모델에 의하면 청소년 개인이나 청소년집단의 상황은 이러한 4가지 차원이 혼합된 상황에서만 이해할 수 있다.

첫째, 생물학적(biological) 차원은 청소년 개인의 신체적 특징 즉, 신장이나 외모와 같은 것을 말한다. 청소년들은 각 연령 시기별로 외모나 신체가 다르며, 특히 성별에 따라서 구분되고 같은 성별로도 다양하게 나타난다. 예를 들면, 신장은 특히 중요한 특징인데, 동일 연령에서 또래보다 작거나 큰 키를 가진 청소년들은 일반적 기대에 부응하는 청소년과는 다른 상황을 경험한다. 또 다른 특징으로는 사춘기 시작 연령에 대한 것이 있는데, 이는 서구 사회에서 그 중요성이 줄어들고는 있지만 역시 중요하다. 생물학적·정신심리학적 이론들에 의하면 특정 연령집단에는 그 연령에 맞는 특별한 인지적·정서적 능력을 가질 것이 기대된다고 보고 있다.

둘째, 공간적(spatial) 차원은 청소년 개인들의 지리성(geography)을 말한다. 청소년의 개념이 지역과 장소에 따라 각기 다르게 이해된다는 측면과 관련된다. 인도의 농촌 마을에 사는 청소년과 영국의 도시에 살고 있는 청소년이 다른 차이점, 또는 같은 국가의 도시 내에서도 잘 사는 이웃을 가진 동네에 살고 있는 청소년과 가난한 이웃을 가진 동네의 사회보호시설에서 살고 있는 청소년의 경우가 다르다는 점을 기억할 필요가 있다. 청소년들은 자신들이 살고 있는 물리적 공간에 따라 청소년 시기에 겪게 되는 경험의 정도와 청소년 시기 자체의 기간에서도 본질적으로 다른 영향을 받게 된다는 점이다.

셋째, 역사적(historical) 차원이란 동일한 지역과 장소에서도 역사적인 시기의 차이에 따라서 청소년에 대한 이해가 다양하게 나타난다는 사실과 관련된다. 역사적으로 각기 다른 시기마다 청소년들은 각기 다르게 이해되었으며 다른 세 가지 차원의 중요성에 대해서도 다양하게 나타난다는 것이다. 예를 들면, 공장의 성장과 관련된 산업적 변화와 기술적 변화, 그리고 성인 남성의 노동운동과 관련된 사회적 변화 등은 청소년들의 고용을 제약하는 입법화를 초대하였으며 보통교육의 도입을 가능하게 한 것으로 논의된다.

넷째, 사회적(social) 차원은 가장 중요한 것으로 이는 청소년들이 살고 있는 사회적·경제적 지위에 관련하여 볼 때 더욱 큰 의미를 갖는다. 청소년들의 삶과 기대수준은 본질적으로 그들을 둘러싼 주요한 사회구조와 제도(예컨대, 가족, 학교, 고용 등)에 의해 규정되기 때문이다. 청소년을 이해하기 위해서는 이러한 4가지 차원에 대한 개별적 이해뿐만 아니라, 각 차원들이 어떻게 상호 관련되며 또 영향을 주는지에 대해서 고려할 필요가 있다는 점을 알게 해준다.

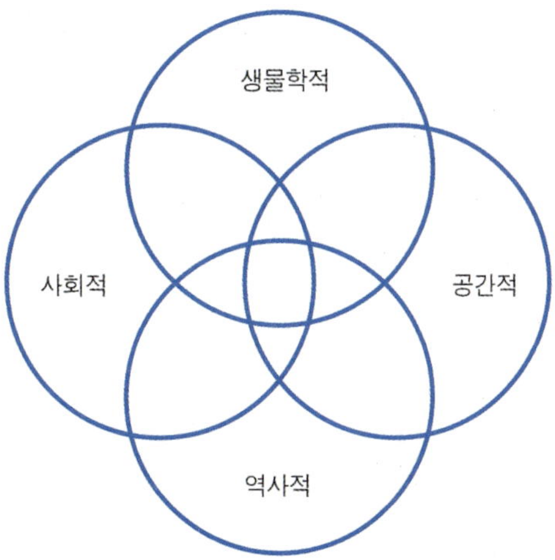

그림 1-1 | 청소년에 관한 4가지 차원

2) 현대사회의 시민청소년의 특징

이제 앞에서 알아본 청소년 이해를 위한 4가지 차원을 오늘의 시대에 적용하면, 이른바 네트워크 사회에서의 청소년으로 위치 지을 수 있을 것이다. 정보화시대, 글로벌 시대, 네트워크 시대로 특징화되는 현대사회에서의 청소년은 공간적·역사적·사회적 차원에서 매우 중요한 좌표를 갖게 되며, 그 모습은 ① 컴퓨터를 일상화하는 디지털세대, ② 출생 시부터 디지털 환경에 노출되어 성장한 오늘날의 Z세대 ③ 시민적 활동에 적극적으로 참여하는 시민청소년(civic youth), 그리고 이들 두 가지 특성이 연결된 ④ 전자시민(e-citizen)의 위치를 갖는 것으로 볼 수 있다.

(1) 디지털 세대(digital generation)

청소년을 디지털 세대로 부르는 것은 이제는 일반화되었지만, 디지털 컴퓨터 기술에 대한 경험과 그 속에서 생활하는 세대라는 뜻으로 이해된다. 이 말은 또한 청소년 관련 분야에서뿐만 아니라, 기업활동, 정부, 교육, 청소년 행동주의(youth activism)와 관련하여 사용되고 있다. 디지털세대와 관련된 용어는 이미 20년여 전부터 "닌텐도(Nintendo) 세대"로 불렸고, "플레이스테이션(playstation) 세대", "넷(net) 세대", "사이버키즈(cyberkids)", "바이오닉(bionic) 아이들", 그리고 "사이보그 베이비(cyborg babies)" 등의 말로 불렸다. "엄지족(thumb generation)"이란 말은 한국과 일본 등에서 특히 휴대전화(mobile phones)를 사용하는 청소년들의 특성을 지칭하는 말로 사용되어 왔다.

디지털 세대에 대한 이러한 용어의 변화와 함께, "세대차(generation gap)"라는 말도 중요한 의미가 있다. 사회변화의 가속화되는 속도에 대한 두려움과 과거와의 연속성을 잃는 것에 대한 성인들의 우려에서 대두된 것이다. 디지털 세대에 대한 여러 가지 생각들은 이러한 두려움과 기술에 대한 우려를 연결하는 역할을 한다. 이 말은 따라서 무엇인가가 근본적으로 돌이킬 수 없는 정도로 변화되었으며, 이러한 변화가 상당부분 기술(technology)의 발전에 따라 초래된다는 것을 의미한다.

탭스코트(Tapscott)는 그의 책『*Growing up digital: The rise of the net generation*』(1998)에서, 디지털 세대라는 생각에 우호적인 입장을 전개한 바 있다. 이 책이 근거하고 있는 것은 두 개의 양립적인 상황인데, 그 하나는 TV와 인터넷이라는 기술 간의 대조이며 다른 하나는 이른바 베이비부머들(Baby Boomers)과 넷(net) 세대라는 세대 간의 대조를 말한다. 탭스코트(Tapscott)는 우선, 1946년에서 1964년에 태어난 베이비부머들을 TV세대로 규정하고 주로 TV미디어와의 관계로 정의한다. 그 후 1977년부터 1997년까지 태어난 붐 에코(Boom Echo)들은 넷(net) 세대로 정의한다.

TV와 인터넷의 기술에 관한 대조를 통해서는, 우선 TV는 소극적 미디어이며, Net은 적극적인 것으로 본다. TV는 보는 사람들을 바보로 만들지만, Net은 지능을 일깨운다. TV가 세상에 대한 단견적 견해를 방송한다면 Net은 민주적이고 상호 교환적이다. TV가 사람들을 격리시킨다면 Net은 공동체를 구축한다는 것 등으로 그 특성을 대비한다. TV가 Net의 대조적 반테제인 것과 마찬가지로 TV세대 또한 Net 세대의 반테제인 것이다. 기술의 차이점과 같이 TV 세대의 가치는 보수적, 위계적, 비융통적, 그리고 중앙집중적이다. 대조적으로 넷 세대(N-Geners)들은 "표현, 발견, 그리고 자신의 자기개발을 갈망하고 있으며" 영리하며, 자기 의존적, 분석적, 표출적, 창조적이며, 호기심 많고, 다양성에 수용적이고 사회적 의식을 가진 것으로 특징화된다. 그리고 이러한 세대적 차이점은 다른 사회적, 역사적 또는 문화적 세력의 결과로서 생기는 것이라기보다는 기술에 의해 생산되는 것으로 본다. 부모들을 능력 없는 신기술혐오자(technophobes)로 보는 것과는 달리, 청소년들은 디지털 기술과는 본능적이고 자발적인 관계성을 갖고 있는 것으로 보는 것이다. 기술은 이들의 권한부여(empowerment)의 수단이며 궁극적으로는 "세대적 분출"을 불러일으킨다는 것이다.

(2) Z세대(generation Z) 청소년

청소년들은 급격한 변화와 특별한 사건으로 인해 태어난 시기에 따라 서로 다른 특성을 갖는데 이는 '동시출생집단(코호트: cohorts)'의 형성을 통해 알 수 있게 된다. 어떤 사건과 주제가 청소년들에게 가장 많은 영향을 끼쳤는지 명확하게 알기 위해서는 역사적 시간이 충분해야 하기 때문에, 최근에 나타나고 있는 동시출생집단들보다는 과거의 동시출생집단에 관해 보다 잘 말할 수 있을 것이다. 그러나, 보다 분명한 것은 한 사회를 구성하는 각 세대가 어떤 역사적 사건과 사회적 이슈를 비롯하여 문화적 환경에서 반응하면서 성장하는 과정에서 세대간의 차이를 나타내게 된다는 것이다. 더우기 과거와 다르게 오늘날의 세대구분은 갈수록 세밀해지고 그 기간도 짧아지고 있다(천정웅, 2020).

오늘날 우리는 2000년 이전에 태어난 세대를 밀레니얼 세대 또는 Y세대로 보고, 그 이후 태어난 세대를 Z세대, 또 그 이후를 알파세대(generation alpha) 등으로 새롭게 규정하고 있다. 이는 이전의 세대가 베이비붐세대, X세대, Y세대라고 불리는 것과 그

동시출생집단의 특성이 명확히 구분되기 때문이다(오해섭·문호영, 2020). 우리나라의 경우 경제·사회·문화적 성장과 더불어 급격한 사회변화 속에서 각 세대의 가치관 및 행동 양식의 특징과 차이를 바탕으로 비슷한 시기에 태어난 집단의 관점으로 이렇게 구분한다(송주완, 2020).

먼저, 대표적 세대로서 우리는 베이비붐 세대(Baby Boomers)를 생각할 수 있다. 이 집단은 제2차 세계대전 이후 즉, 용병들이 집에 돌아오고 정상적인 시민의 삶을 영위하기 시작한 이후에 태어난 사람들로, 높은 출생률과 경제 발전 시기에 성장하여 수적으로 거대한 세대이다. 이들은 1940년대 중반부터 1960년대 중반 사이에 태어난 사람들이다. 이들은 1950년대 최초의 로큰롤 세대가 되었고, 1960년대 후반에는 히피 세대를 구성하였다(Dolgin, 2017).

X세대(Generation X)는 이 세대가 갖고 있는 냉소주의와 소외 감정을 반영하여 명명되는 이름을 가진 것이다. 이 세대는 1960년대 중반부터 1980년대 사이에 태어난 수적으로 적은 세대이다. X세대의 구성원들은 1980년대와 1990년대에 청소년기를 보냈다. 이들은 대체로 베이비붐 세대의 자녀들이지만 부모가 물려준 세상에 매력을 느끼지 못한 세대였다. 이들은 종종 개인적 자기 충족을 추구했던 부모로부터 무시당했다고 느꼈고, 직업을 얻을 가능성과 세상을 긍정적으로 변화시킬 수 있는 능력에 관해 비관적이었다(Dolgin, 2017).

Y세대(Generation Y)는 새천년 즉, 밀레니얼세대로 알려진 집단으로 오늘날의 청소년과 청년들을 중심으로 볼 수 있다. 대략 1980년대부터 2000년 사이에 태어났으며, 개인적으로 냉전을 기억하기엔 너무 젊지만 컴퓨터, 인터넷, 그리고 휴대전화가 삶의 일부로 통합될 만큼은 충분히 젊은 사람들이다. Y세대에 속하는 많은 사람들은 지나치게 자녀중심적인 '헬리콥터 부모'에 의해 길러졌다. 밀레니얼세대들은 최근 SNS라는 플랫폼을 활발하게 구축하고 활동하면서 다양한 사회문제와 정치에 관심을 갖고 자신들의 의사를 적극적으로 표출하고 있다(오해섭·문호영·염유식, 2019).

Z세대는 이러한 추세를 반영하여 포스트 밀레니얼(post millennial)세대로 대두되었다. 정보를 손쉽고 정확하게 이용 가능한 스마트폰과 미디어를 이용하여 다양한 국내외 문화를 경험하고 적극적으로 교류하고 있다. 이 과정에서 익숙해진 문화적 감수성

과 1인 가구 증가 등 변화된 성장환경 속에서 이전 세대와는 다른 정체성을 갖게 된 것이다. 이전 세대가 주로 학교에서 배운 가치관을 중시하는 데 비해, Z세대는 자신이 좋아하고 관심 있는 대상에 대한 호불호가 뚜렷한 삶의 태도와 소비성향을 보여주고 있다. Z세대는 또한 인종, 성별, 종교, 사회·경제적 지위에서 다양성을 중시하고 편견이 없는 세대로 디지털 원주민(digital native)으로 정의되기도 한다(주희영, 김수영, 김영인, 2018).

Z세대는 스마트폰과 같은 디지털 디바이스의 보편화로 인하여 밀레니얼 세대보다 더욱 디지털 환경에 익숙해지고 있다(채희주, 이진숙, 2020). 이들은 인터넷을 통하여 상품이나 서비스 정보, 신문기사를 검색하여 정보를 획득하고, 동영상, 영화, 이미지, 음악, 게임, 인터넷, 쇼핑몰 구경 등과 같은 여가생활을 하면서, 인터넷 쇼핑몰 구매, 인터넷 뱅킹과 같은 소비금융활동을 한다. 뿐만 아니라 카카오톡 등과 같은 인스턴트 메시지는 물론 SNS 콘텐츠를 이용한 커뮤니케이션이 매우 활발하다는 것이다(김정우, 2019).

출생 시부터 디지털 환경에 노출되어 성장한 Z세대의 특성은 이전 세대에 비해 멀티태스킹은 물론, 동시에 다양한 정보를 수집하고 이를 활용하는 능력이 매우 뛰어나며, 신기술에 대한 민감성을 소비활동에 적극 활용하고 있다는 것이다(송주완, 2020). 예를 들면, 옷이나 신발, 책, 음반은 물론, 게임기 등 전자기기의 온라인 구매 비중이 모두 50%를 넘으며 소셜 미디어를 적극 활용하며 신중하게 구매하는 경향도 강할 뿐만 아니라 개인적이고 독립적이며 경제적 가치를 우선시하는 등 이전 세대와 다른 소비패턴을 보인다(박혜숙, 2016). 오늘날 청소년에 대해 디지털문화가 언급되고 시민청소년(civic youth)과 전자시민(e-citizen)이 논의되는 것은 이러한 인식과 밀접한 관련을 갖는다.

(3) 시민청소년(civic youth)

청소년을 시민청소년으로 규정하는 것은 오늘의 청소년들이 성인들이 만든 법과 정책에 따라 시민적 생활(civic life)을 하고 있다는 현실을 기반으로 하여 "오늘의 시민적 행위자"로 인식하는 것이다. 시민적 생활은 이타적이거나 자기 이익을 바탕으로 하거나, 공공 및 민간적 재화의 배분, 사회적 법과 규범에 영향을 끼치는 도덕적으로 정당한 어떤 행동으로 정의한다. 시민적 생활은 학교, 정부 및 법 집행의 국가제도를 통해 보호를 받으며 건강한 민주주의적 삶을 유지할 수 있도록 하는 권리를 부여받은 것으로 이해된다. 이는 곧, 청소년들이 투표나 정책창출, 정책 수립에 목소리를 반영하는 것과 같은 민주주의적 활동을 즐기는 기회를 갖는 것을 의미한다.

우리의 경우, 민주주의 국가로서의 정치적·경제적 발전과 함께 청소년들의 사회적·시민적 관여는 더욱 증대되고 있는 실정이다. 청소년의 긍정적 발달(positive development)과 역량개발(competence development)이 강조되면서, 청소년행동주의(youth activism)에 대한 관심도 점차 높아지고 있다. 이 점에서, 최근 들어 다양하게 나타나고 있는 청소년들의 사회적 행동, 사회적 운동, 그리고 스스로를 조직화하여 자주적으로 참여하는 활동 등도 시민청소년(civic youth)이라는 개념과 관련을 가지며 청소년의 시민적 관여(civic engagement)에 대한 관심을 증대시키고 있다. 시민적 관여(civic engagement)라는 용어는 성인들의 경우에는 시민적 영역(civil domain)에 영향을 주는 지역적·국가적·지구적 활동에 참가(participation)함으로써 초래될 수 있는 행동들을 포함하지만(Sherrod & Lauckhardt, 2008), 청소년은 이러한 활동에 참가하는 것이 제한되는 발달적·사회적 제약요건들을 가지고 있다는 점에서 중요한 의미를 갖는다.

〈표 1-2〉 **시민 정체성 모형**

의무적 시민(Dutifual Citizen, DC)	실현적 시민(Actualizing Citizen, AC)
정부에의 참여에 대한 강한 의무감	정부에의 참여 의무감 약화
투표는 핵심적인 민주적 행위	라이프스타일 정치에 초점, 정치적 소비자주의, 자발성, 사회적 활동주의
지도자와 미디어에 대한 높은 신뢰 뉴스에 따라 이슈와 정부에 대한 정보 수용	미디어와 정치인에 대한 불신, 뉴스에 등장하는 정치 문제에 비교적 덜 추종
사회조직, 이해 단체, 정당에 대한 참여, 대중매체를 통한 커뮤니케이션	사회적 행위를 위한 비교적 느슨한 네트워크에 참여, 디지털 미디어를 통한 커뮤니케이션

이런 점에서 시민청소년들이 경험하는 시민성의 본질적 특징을 강조하기 위해 몇 가지 모형이 제시되고 있는데, 청소년의 시민적 관여의 수준을 이해하는 데 도움이 된

다. 먼저, 정치학자인 달톤(Dalton)은 의무적 시민(dutiful citizen)과 관여적 시민(engaged citizen)의 스펙트럼을 제시하였다. 관여적 시민성 범주는 지역사회와 자유주의에 관련된 요소들로 구성되었다. 이 개념은 변화하는 세대의 경험을 반영하고 있으며 보이콧, 시위 및 인터넷 행동주의를 포함하는 새로운 형태의 직접적인 정치적 활동으로 이끈다.

달톤(Dalton)과 유사하지만 베네트(Bennett, 2008)는 시민성 관행의 연속체를 제시하였는데, 의무적 시민(dutiful citizens)과 실현적 시민(actualizing citizens)으로 구분하였다. 의무적 시민은 정부와 시민사회에 참여하는 것에서 높은 수준의 의무를 표현하며 투표를 민주주의적 참여에서 중심적인 것으로 본다. 실현적 시민은 증가된 '개인적 목적감'에 의해 보완되는 감소된 사회적 의무감과 공유한다. 그는 청소년들의 공공생활에 대한 정향은 공식적 집단보다는 개인적 네트워크를 통해 조직화된 개인적 동조(resonant) 형태의 행동으로 정향화된다고 하였다. 이는 개인적 관련성을 갖는 이슈에 초점을 두도록 하는데, 그 이슈가 반드시 뉴스나 공식 정치에서 대두될 필요가 있는 것은 아니며, 오히려 "소비주의, 지역사회 자원봉사 또는 횡국가적 행동주의" 등을 포함하는 다른 시민적 활동과 관련이 있다는 것이다(Bennett, 2008; 14). 그는 이러한 개인화된 시민적 정향을 '자가실현적(self-actualizing)'이라고 하여 자신의 시민적 정체성을 개발하는 개인적 책임감을 강조하였다.

(4) 전자시민(e-citizen)

네트워크 사회의 중심적 도구가 되고 있는 인터넷의 성장은 개인들이 미디어를 사용하는 방법을 드라마틱하게 대체시켰으며 청소년은 이러한 변화의 최전선에 위치하여 인터넷의 상호 교환적인 의사소통에 많이 관련되어 있다. 오늘날 청소년에 대해 디지털문화가 언급되고 전자시민(e-citizen)이 논의되는 것은 이러한 인식과 밀접한 관련을 갖는다.

도우즈(Deuze, 2006)는 "디지털 문화"라는 개념을 개발하면서 "컴퓨터화에 의해 가장 직접적으로 영향을 받는 현대사회의 거주민들이 공유하는 일련의 가치, 규범, 실천, 기대"에 대해 연구하였는데, 디지털 문화에 대한 가치와 기대를 구현하고 있는 세 가지의 "주요한 구성요소"를 강조하였다. 첫째는 '참여'인데, 이는 TV나 비디오 게임,

그리고 정치현실에 이르기까지 많은 영역과 관련된다. 의사소통과정에 참여하려는 열망은 디지털 시대 이전으로 거슬러 올라가지만, 현대사회의 디지털 소통은 급격히 거의 무한한 규모로 소통적 참여가 가능하도록 하였다고 지적한다.

두 번째의 중요한 특징은 정보를 수집하고 평가하는 개인적 시스템과 관련된다. 도우즈는 "브리콜라주(bricolage)"라는 개념을 쓰면서 어떻게 다양한 실제들이 다양한 원천으로부터 하나로 조각 모으기가 되는지를 서술한다. 분명히 손에 닿는 대로 아무것이나 이용하여 만드는 일이나 작품인 브리콜라주는 네트워크 논리의 정보수집 패턴과 유사하다. 즉, 근대사회에서 사람들이 선호하는 신문을 따라가는 것과 동일한 방법으로 디지털 미디어는 여러 가지 원천으로부터 정보를 수집하는 하나의 규범을 촉진하고 있다.

참여와 브리콜라주에 이어서 세 번째 관심 분야는 청소년들 간에 디지털 소통의 힘을 점차 더 많이 인정하고 있다는 것이다. 디지털소통은 다수의 사람들에게 이루어지며 그에 따라 정치와 경영에 놀라운 영향을 끼치고 있다(Castells, 2009). 의사소통의 힘에 대한 이러한 인정은 많은 상황에서 증명되고 있다.

콜먼(Coleman, 2008)은 시민적 관여를 위해 온라인을 활용하는 청소년을 목표대상으로 한 두 유형의 e-시민성(e-citizenship)을 구분했다. 관리적(managed) e-시민성과 자율적(autonomous) e-시민성이 그것이다. 먼저, ① 관리적 e-시민성의 옹호자는 청소년을 완전한 시민으로서의 자신의 책임감을 완수하기 위해 필요한 기술을 배울 필요가 있는 "숙련 중인 시민(apprentice citizens)"으로 본다. 그는 이러한 관리적 관점은 인터넷을 청소년들이 정치적 오정보(misinformation)와 오방향(misdirection)의 희생자로 될 수 있는 혼돈의 공간(chaotic space)으로 본다. 따라서 이러한 시민성의 옹호자는 청소년들이 책임 있는 시민성(citizenship)을 배울 수 있게 됨에 따라, 조정된 논의와 토론에 관여할 수 있도록 하는 안전하고, 모니터된 웹사이트를 선호한다(pp. 191-192). 관리적 e-시민성 웹사이트의 목적은 청소년을 정치권력에 있는 엘리트들에게 연결시키는 것이다.

다음으로, ② 자율적 e-시민성의 촉진자들은 경험의 부족에도 불구하고 청소년들은 자신의 이해관계를 반영할 수 있는 정치적 활력(agency)을 가지고 있다고 주장한다.

이러한 입장은 관여(engagement)라는 개념이 각각의 새로운 세대들에게 재협상될 수 있기 때문에, 청소년들이 책임 있는 시민이 되기 위해서 배워야 한다는 개념을 받아들이지 않는다. 인터넷의 모니터되지 않은 본질이 관리적 e-시민성을 지지하는 사람들로 하여금 청소년을 위한 안전하고 통제된 공간을 옹호하도록 하는 반면에, 자율적 e-시민성은 뉴 미디어가 제공하는 자유공간은 청소년들에게 자기자신들의 시민적 관여의 개념을 만들기 위한 보다 많은 창의성을 허용한다고 말한다. 정치적 엘리트와 연결된 것이라기보다는 자율적 e-시민성(citizenship) 웹사이트들의 목적은 “공유된 가치집단적 의식을 고무하는” 것이다(Coleman, 2008: p.195).

지금까지 청소년의 이해에 필요한 여러 가지 내용들을 청소년의 개념정의, 청소년의 발달적 특성, 청소년에 대한 접근방식, 그리고 현대사회의 청소년의 위치 등을 중심으로 고찰하였다. 시대의 흐름에 따라 청소년의 개념이 정착해 있는 것이 아니라, 사회적·문화적 환경에 따라 변함을 알 수 있었다. 청소년에 대한 인식과 정의는 끊임없는 환경 간의 상호작용과 마찰을 통해 이루어지며, 현재 청소년을 바라보는 관점은 오랜 시간동안 문화가 축적된 결과로 볼 수 있다.

세계화와 정보화라는 세계적인 흐름 앞에서 청소년기를 단순히 과도기적인 상황으로 특징짓는 것은 청소년에 대한 전통적 관념을 답습하는 것이다. 미래의 목표를 정하고 매진하는 과정을 통해 자신을 통합시키는 처방 대신 현대세계의 변화를 주체적으로 읽으면서 살아나갈 자기관리의 기술을 습득하고, 청소년으로 하여금 이를 장려하는 것이 미래를 위한 준비가 될 것이다.

Chapter 02

청소년발달이론과 후기청소년

청소년기에는 여러 가지 변화가 다양한 영역에서 나타나기 때문에 이를 설명하는 이론적 관점들도 오랜 기간을 통해 지속적으로 발전되어 왔다. 특히 청소년발달에 관한 이론들은 왜 청소년들이 그러한 행동이나 심리적 특성을 갖는지에 대한 이유를 설명할 뿐만 아니라 더 나아가 청소년들의 여러 가지 변화들을 이해하고 예측하는 데 유용하게 활용할 수 있다. 특히, 디지털시대를 살고 있는 오늘날 우리는 2000년 이후 태어난 세대를 Z세대 나아가 알파세대(generation alpha) 등으로 새롭게 규정하면서 그에 따른 사회정책적 대응을 위해 노력하고 있다. 여기에서는 우선, 동양에서는 청소년을 어떻게 보았는지를 간략히 언급하고 서양에서 발전해 온 청소년발달이론들을 개관한 후, 현대사회에서의 청소년과 관련한 논의들에 대해 알아보기로 한다.

1. 청소년발달의 동양적 관점

제1장에서 청소년의 범주에 대해 공부하면서 동양 전통사회에서의 관점을 『논어』와 『예기』와 관련하여 간단히 알아보았다. 동양고전이나 우리나라의 고서를 통해 청소년에 대한 글을 찾기는 쉬운 일이 아니다. 어떤 통일된 호칭이 있었던 것도 아니지만, 무엇보다 우리가 청소년이라고 특정 연령대를 구분지어 부른 것이 20세기에 들어

온 이후 부터였기 때문이다. 더구나 고전에서 어린 연령의 사람을 대상으로 한 내용이 매우 드물다. 공자와 맹자는 물론, 우리의 옛 문헌에서도 마찬가지이다. 가끔 한자로 이루어진 고전과 역사서들을 보면, 몽(蒙), 연소(年少), 소자(少者) 등으로 표현되고 있는 경우를 만날 수 있을 정도이다. 여기에서는 『논어』 속에서 공자의 표현이 어떠했는지를 알아보기로 한다.

「학이 제1편」에서부터 「요왈 제20편」에 이르는 『논어』 전체를 통해 오늘날의 청소년 또는 "젊은이"와 관련된 용어를 쓰면서 직접적인 관련이 있는 내용을 가지고 있는 것으로 「공야장(公冶長) 제5편」에 있는 한 개의 장과 「자한(子罕) 제9편」에 있는 다른 한 개의 장을 들 수 있다. 원문의 한문으로 된 내용을 우리말로 풀고 이해하기 쉽게 대화내용을 줄을 바꾸어 구분하고, 띄어쓰기와 방점 등을 사용하여 소개하기로 한다.

첫째는 「공야장 제5편」에 있는 내용에 관한 것으로, 마지막 구절이 유명한데 소자(少者)라는 용어가 보인다. 우선 원문에는 "子曰老(자왈) : 「老者安之 朋友信之 少者懷之」(노자안지 붕우신지 소자회지)"로 표현된 부분이다. 내용을 보면 다음과 같다.

- 안연과 계로가 공자를 모시고 있을때 공자께서 말씀하셨다: 「너희들의 포부를 한 번 이야기해보지 않겠는가?」
- 자로가 말하였다: 「수레와 말과 가벼운 갑옷을 벗들과 함께 쓰다가 낡게 되더라도 아무런 유감이 없기를 원합니다.」
- 안연이 말하였다: 「제가 잘한 일을 자랑하지 않고 제 공로를 드러내지 않고자 합니다.」
- 자로가 여쭈었다: 「선생님의 포부를 듣고 싶습니다.」
- 공자께서 말씀하셨다: 「노인에게는 편안하게 해드리고, 벗에게는 미덥게하고, 젊은이는 품어주고 싶다.」

『논어』에 대한 해설은 많은 학자들이 나름대로 하고 있는데, 필자의 한학이 부족하지만, 한국책과 영미책을 참고하여 독자들이 이해하기 쉬운 방향으로 정리하였다.

중요한 것은 마지막의 '소자회지(少者懷之)'라는 부분인데 특히 '회(懷)'자에 대한 해석을 어떻게 할 것인가가 중요하다. 필자가 참고한 한국서적에는 이를 "품어주고 싶다" 또는 "감싸주고 싶다"라는 표현을 쓰고 있으며 영어로 된 문헌에도 이를 'cherish', 'caress' 등의 여러 가지 표현으로 번역되고 있다. 공자가 젊은이들에 대해서 한 표현을 어떻게 이해하고 있는지 알 수 있다. '懷(회)'자에 대한 어떤 해석의 표현을 따르든지, 분명한 것은 소중하게 생각하는 의미를 갖고 있다는 점이다. 그래서 품어주고, 감싸주고, 'cherish'하고 'caress'한다는 것으로 표현했을 것이다. 영어의 'care for'라는 것도 생각할 수 있다. 즉, 논어를 통해 만나게 되는 젊은이에 대한 공자의 생각은 '회(懷)'라는 말로 정리될 수 있다고 볼 수 있으며 오늘의 우리 주변에서 청소년이라고 부르는 젊은이들을 대함에 이러한 마음가짐이 있는지 다시 한번 돌아보게 하는 "공자님 말씀"인 것이다. 「노인에게는 편안하게 해드리고, 벗에게는 미덥게하고, 젊은이는 품어주고 싶다.」

둘째는 『논어』「자한(子罕) 제9편」에 있는 '후생가외(後生可畏)'의 표현이다. 공자께서 말씀하셨다. 「나중에 태어나는 사람이 가히 두려우니, 앞으로 올 그들이 오늘의 우리보다 못하다고 할 수 있겠는가? 나이 사십 오십에도 도리를 깨치지 못하면 이런 사람은 또한 두려워할 것이 없을 것이다」. 여기서 원문을 보면 '후생가외(後生可畏)'로 시작하는데, 청소년을 나중에 태어나는 사람 즉, 후생(後生)이라고 칭했다고 볼 수 있다. 위의 원문에 앞서 공자가 제자였던 안연이 일찍 죽었던 것을 아쉬워하는 문장이 있는데, 이를 보아 후생을 안연을 두고 한 말로 보는 경우도 있으나 전체적으로 다가오는 젊은 세대를 말하는 것으로 볼 수 있다. 영어표현으로 '후생가외'를 'respect the young'으로 번역하거나 'young people are awe-inspiring'이라는 말로 번역할 수 있을 것이다. 후자는 아더 웨이리(Arthur Waley, 1939)의 번역인데, 특기할 것은 웨이리는 여기서 나중에 태어나는 사람이 가히 두렵다는 것은 "그들이 배움을 축적하고 덕을 함양하는 잠재력을 가지고 있기 때문이다"는 각주를 붙이고 있다는 것이다.

공자가 젊은이를 어떻게 보고, 대해야하는가를 밝히는 또 다른 말씀으로 볼 수 있다. 여기서 중요한 것은 '可畏(가외)'라는 부분인데, 곧 젊은 세대는 두려워해야 하는 존재이며, 존경하고 또 특별한 관심을 기울여야 하는 존재라는 의미로 이해되고 있다는 점이다. 따라서, '후생가외'라는 말은 젊은 후배들은 선인(先人=先生)의 가르침을 배워 어떤 훌륭한 인물이 될지 모르기 때문에 가히 두려워할 만하다는 뜻도 되겠지만, 배우고 익힌다는 의미에서는 젊은이들이 배우는 노력을 하여야 함을 강조하고 격려하는 말이며 젊음의 장래성을 강조한 말로도 볼 수 있다. 그래서 40세, 50세가 되어도 깨우치지 못하면 결국 젊은 시절을 헛되이 보낸 것이라는 말을 덧붙이고 있는 것이다.

공자가 살던 시대의 평균기대수명은 약 50세였다고 한다. 그러고 보면 73세를 산 공자는 장수한 편이다. 그의 아들도 51세에 죽었으며, 앞서 언급한 그가 아낀 제자 안연도 41세의 나이로 요절했다. 이러한 평균수명을 고려하면 공자가 말한 후생은 역시 나이가 어린 젊은 세대를 말하는 것이다. 그런 점에서 공자는 미래를 바라보는 입장에서 특히 젊은이에 대해서는 낙관적이며 높은 기대를 갖고 있었다고 볼 수 있다. '後生可畏(후생가외)'라는 말은 따라서 기성세대가 단지 젊은 세대를 두려워한다는 의미 이상의 뜻을 가지고 있다고 볼 수 있다. 젊은 세대를 이끌어주고 잠재성을 온전히 실현할 수 있도록 적극적으로 돌보아야 한다는 것이다. 오늘날의 청소년에 관한 일과 공부는 그래서 '後生可畏(후생가외)'의 업(業)이라는 것을 말해주는 "공자님의 말씀"이다. 「나중에 태어나는 사람이 가히 두려우니, 앞으로 올 그들이 오늘의 우리보다 못하다고 할 수 있겠는가?」

2. 서양의 청소년발달이론들

1) 생물학적 이론

청소년 발달에서 생물학적 요인을 강조한 학자로는 홀(Hall), 게젤(Gesell) 등이 있다. 생물학적 입장은 청소년기는 생물학적 특성으로 인해 다른 발달 단계와는 차별되는 성격을 가진다는 점을 주장하고 있고, 이러한 주장은 청소년기를 중요하고 독특한 시기로 보는 인식을 갖게 하였다. 먼저 홀(Hall, 1904)은 각 개인의 발달은 인류의 발달역사를 재현한다고 주장하여 청소년기도 인간발달상에서 자연스럽게 나타나는 시기라고 보는 관점을 갖는다. 따라서 인류의 발달이 원시적이고 야만적인 문화에서 지금의 문명사회로 발달하여 왔듯이, 개인의 발달도 원시적인 유아기에서부터 청소년기를 거쳐 성인기로 발달한다는 것이다. 홀은 인간이 자연도태(적자생존)의 과정을 통해 보다 원시적인 형태에서 진화되었다는 다윈의 진화론에 매료되어 있었으며 개체발생

(ontogeny; 개인 유기체의 발달)은 계통발생(phylogeny; 종의 발달) 과정을 따른다고 생각하였다. 홀은 이러한 아이디어를 인간 특히 청소년행동연구에 적용하였던 것이다 (Rice & Dolgin, 2008).

재현이론(recapitulation theory)으로 불리는 홀의 이러한 견해는 개인의 성장과 발달에 영향을 미치는 요인으로 문화적이고 상황적인 요인을 전혀 무시하지는 않았지만, 유전적으로 결정된 생물학적 요인이 보다 중요한 것으로 보는 것으로 사회적 구조, 부모의 가치관, 동료와의 관계, 생물학적 변화에 대한 문화적인 해석 등과 같은 환경적인 조건은 인간의 행동에 크게 영향을 미치지 못한다고 하였다.

〈표 2-1〉 홀(Hall)의 재현이론

발달단계	연령	발달적 특징
유아기 (infancy)	0-4세	유아가 동물적이고 원시적인 발달을 재현하는 시기
아동기 (children)	5-7세	아동의 술래잡기나 장난감총 놀이는 과거 인류의 동굴 생활과 수렵, 어획 활동을 재현하는 것
청소년 전기 (youth)	8-14세	인류가 인간으로서의 특성과 야만적인 특성을 동시에 가지고 있었던 시기로, 아동이 야영시대의 삶을 재현하는 시기이며, 이 시기에 연습과 훈련을 통하여 읽고, 쓰고, 말하는 기술을 획득한다.
청소년 후기 (adolescence)	14-25세	인류가 야만적인 생활에서 문명시대로 접어드는 시기, 제2의 탄생기, 급진적이고 변화가 많으며 안정적이지 못함
성인기 (adulthood)	25세-	인류의 문명적인 생활

홀의 이러한 견해는 청소년기에 나타나는 생물학적인 성숙은 불안정과 혼란을 일으킨다는 19세기의 사회적 시각을 반영하고 있는 것으로 청소년기가 급진적이고 변화가 많은 질풍노도의 시기라는 관점으로 나타나면서, 청소년들이 문제를 일으키는 부정적인 존재라는 인식을 초래하게 된다. 홀은 청소년기에는 어느 한 순간은 기분이 좋았다가 그 다음에는 울적해지는 등 정서적으로 불안정한 상태에 있다고 생각하였으며, 이러한 극단적인 정서를 오락가락하는 것이 20대 초기에 가서야 끝난다고 보았다(Rice & Dolgin, 2008). 홀의 견해가 많은 측면에서 오류가 있지만, 청소년기가 신체적·인지

적·정서적·사회적 변화와 성장이 일어나는 독특하고 중요한 시기라는 주장은 많은 후속 연구에서도 인정하고 있으며, 청소년 시기가 다른 시기에 비해 어려움이 많을 수 있으므로 더 많은 사랑과 관심으로 지원해야 한다는 당위성을 제공하는 것으로 해석할 필요성을 제시한다(임영식, 1999; 천정웅, 2017).

게젤(Gesell, 1956)은 홀의 제자로 발달의 행동적 표출에 관심이 많았으며, 출생 후부터 청소년기 동안 일어나는 인간발달에 관한 관찰로 널리 알려져 있다. 게젤에 의하면, 성숙은 유전인자와 생물학적 요인에 의해 결정된다고 봄으로써 발달에 교사가 간섭할 필요가 없는 나선형적 성장유형론을 주장하였다. 게젤은 유전자가 행동 특질의 표현과 발달의 순서를 좌우한다고 보았다. 따라서 능력과 기술은 특별한 학습이나 연습 없이 일어난다. 이는 교사와 부모들이 인간발달에 영향을 주는 어떤 일도 하지 못하게 하는 일종의 생물학적 결정주의를 내포한 것이다. 게젤은 유전적 요인이나 개인적 소질을 갖고 태어난 고유한 존재임을 인정하면서도 1차적으로 성숙을 중요시하였기 때문에 "문화변모는 결코 성숙을 넘어설 수 없다"는 점을 강조하였다(Rice & Dolgin, 2008). 게젤은 발달이 상향적일 뿐만 아니라 나선적이기도 하다는 것을 강조하였다. 나선식 발달이란 서로 다른 연령에서 상향적 변화와 하향적 변화 둘다 반복적으로 나타나는 것이다. 예를 들면 11세와 15세는 반항적이고 잘 싸우는데, 12세와 16세는 정서적으로 안정되어 있을 수 있다는 것이다.

2) 정신분석이론

정신분석이론은 지그문트 프로이트(Sigmund Freud)와 그의 딸인 안나 프로이트(Anna Freud)에 의해 많은 부분이 정립되었다. 우선 지그문트 프로이트(Sigmund Freud)는 인간의 발달은 단계적이며, 인간의 이해에 무의식적 욕구를 중요하게 고려하였다. 그는 인간의 정신세계를 빙산에 비유하여, 물 속에 잠겨 있는 많은 부분을 무의식, 수면 위에 보이는 부분을 의식, 그리고 파도에 의해 물 표면에 떠오르기도 하고 잠기기도 하는 부분을 전의식으로 나누고 인간 행동의 대부분은 무의식에 의해 지배된다고 생각하였다. 무의식이란 개인이 인식하지 못하는 정신작용을 말하며, 의식이란 자신이 알 수 있는 정신작용, 전의식이란 평상시에는 잘 인식하지 못하지만 주의를 기울이고 노력하면 알 수 있는 정신작용을 말한다.

프로이트 이론에서 성적욕구는 전생애를 통해 인간발달의 원동력이 되지만, 성적욕구의 소재는 초기발달과정에서 신체부위를 중심으로 이동한다. 프로이트는 인간의 발달단계를 구강기, 항문기, 남근기, 잠복기, 생식기의 5단계로 구분하였는데 그중 5단계인 생식기(13세 이후)를 청소년기에 해당하는 시기로 보았다. 그러나 그는 남근기 이전 단계에서 이미 성격 형성에 중요한 모든 것이 결정된다고 간주하였기 때문에 청소년기에 대해서는 덜 강조하고 있다. 특히, 남근기는 가장 중요한 단계인데, 프로이트는 그리스 신화의 주인공 '오이디푸스(Oedipus)'가 했던 것처럼 모든 아동은 동성 부모 대신에 이성 부모에게로 성적 접근을 즐기는 '오이디푸스 콤플렉스(oedipus complex)'를 경험한다고 제안하였다(Arnett 2016).

반면 안나 프로이트는 이를 보완하여 청소년기의 정신분석적 설명에 주력하였다. 그녀에 따르면 청소년 시기는 기본적으로 내적 갈등, 심적 불균형, 변덕스러운 행동이 지배하는 시기로서, 자기중심적인 면을 지니고 있는 한편 자기희생과 헌신을 보이는 면도 있다고 하였다. 또한 그녀는 발달 단계상 잠재기에 균형을 이루었다가 사춘기와 더불어 초자아와 원초아 간의 깨진 균형을 회복하려는 것이 청소년기의 주요 문제라고 보았다. 원초아(id)로 불리는 충동이 청소년기 동안 증가하는데, 이는 개인의 자아(ego)와 초자아(superego)에 직접적인 도전이 된다. 안나 프로이트에게 자아란 정신적 기능을 보호하려는 정신과정을 총칭하는 것이다. 초자아는 동성 부모의 사회적 가치를 받아들임으로써 발달한 이상적 자기(ego-ideal)와 양심을 의미한다. 그러므로 청소년기 본능의 부활은 개인의 추론 능력과 양심에 직접적으로 도전이 된다(Rice & Dolgin, 2008). 이러한 원초아-자아-초자아의 갈등이 청소년기에 해결되지 않으면 개인은 정서적으로 황폐해질 수 있다.

특히 청소년기에는 잠재된 '오이디푸스 콤플렉스'와 '엘렉트라 콤플렉스(electra complex)'로 인해 불안과 갈등, 죄의식에서 벗어나기 위해 방어기제(defense mechanism)를 사용하며 사회적으로 용인될 수 없는 가족에 대한 성적인 열망에 대한 방어로써 이성친구와의 친밀감을 추구하게 된다고 하였다. 갈등 해소를 위해 자아가 어떻게 방어기제를 동원하는지에 관한 논의를 보면, 자아는 본능을 억압하고, 대치시키고, 부인하고, 도치시키며, 자기를 향해 대항하는데, 그 결과 공포증과 히스테리적인 증상이 생기고, 강박적 사고와 행동으로 불안이 야기된다는 것이다. 그러나, 안나 프로이트는 원초아, 자아, 초자아 간의 조화가 가능하고 결국에는 대부분의 정상적인 청소년에게서 이러한 조화가 생긴다고 생각하였다(Dolgin, 2017).

3) 심리사회적 발달이론

설리반(Sullivan), 에릭슨(Erikson), 마르시아(Marcia)와 같은 심리사회적 발달 이론가들은 유기체에게 중요한 생활사건과 그 사건의 발생 시기, 타인과의 관계, 문화적인 특성 등과 같은 심리사회적 요인이 인간의 발달에 중요한 영향을 미친다고 주장한다.

먼저, 설리반(Sullivan, 1953)은 인간은 타인과 상호작용을 하면서 사회적 관계를 형성하고 유지하려는 욕구를 가지고 있으며, 각 개인이 다른 사람과 어떠한 관계를 갖느냐에 따라 상이한 발달을 경험한다고 주장하였다. 에릭슨(Erikson)은 청소년 때 경험하는 관계들에 의해 자아정체감을 형성하게 되는데 만약 자아정체감 위기를 성공적으로 극복하지 못한다면 부적응 행동을 보일 수 있으며, 건강한 성인으로의 성장도 어렵다고 본다.

에릭슨(Erikson, 1968)의 이론이 프로이트 이론과 구별되는 점은 첫째, 인간의 발달은 부분적으로는 생물학적 요인에 영향을 받지만 사회적·문화적 요인과 같이 심리사회적 요소가 더 큰 영향을 미친다고 본다. 둘째, 프로이트가 무의식에 의해 인간의 행동이 결정된다고 보는 데 반해 에릭슨은 무의식이 의식세계를 전적으로 지배하지는 않는다는 것이다. 셋째, 프로이트가 인간의 기본적인 성격 형성은 생후 5년 이내에 다 완성된다는 결정론적인 시각을 갖는 데 반해 에릭슨은 인간의 발달이 전 생애를 걸쳐 행해진다고 보았다. 에릭슨은 인간의 발달단계를 8단계로 구분하고, 각 발달단계마다 해결해야 할 중요한 발달과업과 위기가 있으며, 이러한 과업과 위기를 성공적으로 달성할 때 개인은 건강한 발달을 할 수 있다고 주장하였다.

〈표 2-2〉 에릭슨(Erikson)의 심리사회적 발달단계와 발달과업

연령	발달단계	발달과업과 발달위기
유아기(출생~1.5세)	신뢰 대 불신	보호자의 양육의 질(친밀, 일관적)이 중요
아동초기(1.5~3세)	자율성 대 수치감, 의심	자기의 새로운 능력에 대해 긍지 느낌
아동후기(3~5세)	솔선성 대 죄의식	솔선적으로 자기 행동을 계획, 달성 노력
학령기(5~12세)	근면성 대 열등감	자기 문화에 대한 기술을 배우고 익힘
청소년기(12~18세)	정체감 대 역할혼미	정체감을 확고하게 형성 못 하면 혼란
성인초기(18~25세)	친밀성 대 소외	다른 사람과의 성적, 사회적 친밀감 추구
성인기(25~65세)	생산성 대 정체	다음 세대의 복지 등에 관심
노년기(65세 이후)	자아통합 대 절망	자기의 노력과 성취에 대해 반성하는 시기

특히, 에릭슨은 자아정체감의 형성은 청소년기 동안에 이룩해야 하는 가장 중요한 발달과업이며, 나는 누구인가와 같은 일련의 의문들에 대한 답을 찾아가는 과정에서 형성해 간다고 했다. 청소년기 동안 정체감 획득이 이루어지면 성인기의 역할 수행이 용이해지는 반면, 정체감 확립이 이루어지지 않아 역할 혼란을 경험하는 청소년들은 청소년기의 비행이나 일탈 행동에 관여하게 되는 경우가 많다.

또한 마르시아(Marcia, 1980)는 청소년후기에 관한 에릭슨의 설명 중 두 가지를 착안하여, 자아정체감은 성인기에도 변화될 수 있으며 각 개인의 자아정체감 상태를 두 가지 차원 ① 역할의 시도와 의사결정 기간이라고 보는 위기(crisis)와 ② 인생의 주요 영역에 대한 관여(commitment)를 들고 그에 따라 정체감 성취(identity achievement), 정체감 상실(identity foreclosure), 정체감 유예(moratorium), 정체감 혼미(identity diffusion)의 4가지 유형으로 구분하고 있다. 여기서 위기는 자신의 가치관에 대해 재평가하는 기간을 의미하며 개인이 자기에게 의미 있는 선택사항을 적극적으로 검토하고 선택하며 의사결정을 수행하는 시기로서, 자신의 가치, 진로, 신념을 형성하기 위해 얼마나 많은 시행착오와 탐구를 하였는지를 평가한다. 관여는 의사결정 이후에 계속해서 발생하는 직업, 이데올로기 등 인생의 주요 영역에 대한 결단과 헌신을 말한다.

〈표 2-3〉 마르시아(Marcia)의 자아정체감 네 가지 범주

구분		위기	
		있 음	없 음
관여	있 음	정체감 성취 (위기 해결)	정체감 상실 (위기경험 없음)
	없 음	정체감 유예 (현재 위기 진행중)	정체감 혼미 (위기경험 없음)

- 정체감 성취(identity achievement) : 자아정체감의 위기를 성공적으로 극복하여 확고한 신념체계를 확립하여 일정한 직업과 이데올로기를 자의로 선택한 후 적극적으로 관여하고 있는 상태를 말한다. 정체감을 성취한 청소년은 삶의 목표, 가치, 직업, 인간관계 등에서 위기를 경험하여 대안을 탐색한 결과, 위기를 성공적으로 극복하여 확고한 자신의 정체감을 형성한 상태이다. 심리적으로 건강하며, 성취동기, 도덕수준, 친밀감 등에 있어서 높은 수준을 보이며 많은 문제에 대해 스스로 결정할 수 있는 능력이 있는 상태를 말한다.
- 정체감 상실(identity foreclosure) : 자신의 신념, 직업선택 등의 중요한 의사결정에 앞서 자신에게 중요한 문제에 스스로 탐구나 고민 또는 대안을 생각해 보지 않은 채 타인의 결정이나 부모나 다른 역할모델의 가치나 기대 등을 그대로 수용하여 그들과 비슷한 선택을 하는 경우를 말한다. 의사결정을 위한 고민과 위기 경험은 없었지만 직업과 이데올로기에 적극 관여한 상태이다. 이들은 자아정체감에 대한 위기를 겪지 않아 안정된 청소년기를 보내는 듯 하나, 중년기를 지나 정체감과 관련하여 혼돈을 겪기도 한다. 외견상 성취와 같으나 자기검증단계를 거치지 않았으므로 부모의 가치관이 안 통하는 상황에 접하면 당황하고 혼미에 빠진다는 것이다.
- 정체감 유예(identity moratorium) : 정체감 확립을 위한 과도기적인 단계로 자신의 정체감을 아직 형성하지는 못했지만 이를 위해 다양한 역할, 신념, 행동 등을 실험하고 있으나 의사결정을 못한 사람들을 의미한다. 이들 중 대부분은 정체감 유예 시간을 통해 정체감 성취에 도달하나 정체감 혼미 상태로 옮겨 가는 경우도 있다. 일정한 결정이 없기에 관여 정도는 애매하지만 선택을 위해 노력하고 있는 부류이다.

• 정체감 혼미(identity diffusion) : 자아에 대해 안정되고 통합적인 견해를 갖는 데 실패한 상태를 의미한다. 자신의 문제에 대해 탐구나 결정도 하지 않았으며, 의사결정을 위한 내적 고민의 경험도 없고, 일정한 행동양식에 대한 자기결정도 못 내린 상태로서 이러한 문제에 대해 아무런 관심도 없는 가장 부정적인 상태이다. 정체감 혼미의 청소년들은 일관성 있고 완전한 자기이해를 이루지 못했으며 자기의심에 빠져 있음에도 불구하고 상황을 변화시키기 위한 어떠한 노력도 시도하지 않고 있다. 자기에 대한 객관적 이해가 곤란하고 환경에 내맡기거나 주관이 없는 경우이다.

위의 네 가지 정체감 상태 외에 부모나 사회의 가치와 정반대되는 신념체계를 확립한 사람들은 부정적 정체감(negative identity)의 소유자로 분류된다. 이들은 자신의 삶에서 중요한 사람들로부터 인정받기 위해 반복적으로 노력했음에도 불구하고 실패했을 때 나타난다.

4) 인지발달이론

인지발달이론에서는 청소년의 의식적 사고를 강조하고 있다. 대표적인 인지발달이론가인 피아제(Piaget)는 자신의 세 자녀가 성장하는 모습을 지켜보면서 아동의 사고는 성인의 사고와 매우 다르다는 것을 발견하였다. 피아제(Piaget, 1952)는 인지발달이 유기체와 환경과의 상호작용으로 이루지는 적응과정으로 유기체는 다양한 환경적 요소들을 적극적이고 창의적으로 탐색하는 과정을 통해 인지적으로 발달한다고 하였다.

피아제는 인지발달단계는 감각운동기(sensorimotor stage: 0~2세), 전조작기(preoperational stage: 2~7세), 구체적 조작기(concrete operational stage: 7~12세), 형식적 조작기(formal operational stage: 13세 이후)로 구성되어 있다고 주장하였다. ① 감각운동기는 출생부터 약 2세까지의 기간으로 주변 세계의 경험을 감각 및 반사능력을 동원하여 지각한다. ② 전조작기는 2~7세까지의 기간을 말하며, 사람과 물체들 간에 관계를 이해하고 적용할 수 있는 내면화된 논리적 패턴인 조작(operation)이 이루어지지 않는 단계이다. 자기중심적 사고, 직관적 사고의 특성을 보이며 언어능력이 급격히 발달되는 시기이다. ③ 구체적 조작기는 6~7세에서 11~12세까지의 시기로 자기중심적 사고와 직관적인 판단에서 벗어나 다른 사람의 입장을 고려하고 추론할 수 있게 된다. 분류화와 서열화, 보존개념의 획득이 이루어져 탈중심적 사고 특성을 보이나 눈에 보이는 구체적인 사실들에 대해서만 사고가 가능하다. ④ 형식적 조작기는 청소년기에 해당하는 시기로 이전 단계의 아이들보다 더 고차원적인 사고를 할 수 있으며 따라서 학습과 문제해결, 지적 성장과 사회적 태도가 현저하게 발달한다. 청소년기의 인지적 발달특성으로는 추상적 사고, 가설적·연역적 사고, 체계적·조합적 사고가 가능하다는 점이다.

- 추상적 사고 : 구체적 조작기의 아동은 눈에 보이는 구체적인 사실들에 대해서만 사고가 가능한 반면, 형식적 조작기의 청소년들은 추상적이고 가상적인 사실에 대해 생각하고 논리적 추론을 할 수 있게 된다. 이러한 추상적 사고가 가능함에 따라 청소년들은 사회, 정치, 종교, 철학 등의 영역에서 자신의 사고의 폭을 확장시키게 된다.
- 가설적·연역적 사고 : 가설적 사고가 가능한 청소년들은 어떤 문제가 발생했을 때 문제해결을 위해 일련의 가설을 세우고 이러한 가설들의 검증을 통해 연역적으로 문제를 풀어나갈 수 있다. 직접 관찰 가능하지는 않지만 가능한 무엇에 대해 계획을 세우고 행동의 결과를 예측하면서 문제해결을 이루어 나간다.
- 체계적·조합적 사고 : 아동들이 시행착오를 통해 문제해결을 하는 반면, 청소년들은 사전에 계획을 세우고 모든 가능성에 대해 체계적으로 문제해결책을 시험해 볼 수 있다. 체계적이고 조합적인 사고는 과학적이고 논리적인 사고과정에 반드시 필요하며 이를 통해 고차원적인 사고를 할 수 있다.

〈표 2-4〉 **피아제(Piaget)의 인지발달 단계**

단계	연령	특징
감각운동기	0~2세	환경과 상호작용하기 위해 자신의 신체적 감각, 지각 및 신체활동에 의존한다.
전조작기	2~6, 7세	언어와 같은 상징적 기호를 사용하면서 사고능력의 진보가 이루어진다. 그러나 세상을 직관적으로 이해하고, 자아중심적이며 전조작적이기 때문에 논리적 사고가 결여된다.
구체적 조작기	6, 7~11, 12세	논리적인 사고가 가능하지만 현재 존재하는 것에 국한된다. 보존개념을 획득하고 사물들 간의 관계를 이해하기 때문에 분류하고 위계를 설정할 수 있다.
형식적 조작기	12세 이후	추상적이고 가상적인 상황에 대해서도 논리적으로 사고할 수 있고, 상대적, 다차원적 사고도 가능하다.

청소년기에 해당되는 형식적 조작기는 구체적 조작기와는 달리 문제해결에 있어 과거·현재·미래를 모두 이용할 수 있으며, 추상적이고 논리적인 사고가 가능하며, 상대적이고 다차원적인 사고, 자신의 사고과정에 대한 사고(metacognition) 능력이 생겨 아동기와는 다른 방식으로 외부세계를 지각한다는 것이다. 또한 이 시기의 청소년들은 자신이 누구인가 하는 근본적인 존재에 대한 의문을 갖기도 하고 부모와 자신을 분리해서 생각하기도 하며 부모와는 다른 의견을 주장하기도 한다는 것이다.

콜버그(Kohlberg, 1969)는 인간의 도덕 추론능력의 발달은 인지적 발달과 관련되어 있기 때문에 도덕 발달도 단계적이며, 이러한 발달 순서는 모든 사람과 모든 문화에서 동일하게 나타난다고 생각하였다. 콜버그는 가상적 도덕적 딜레마에 대한 반응을 기초로 도덕 추론 단계 즉 도덕발달을 전-인습적(pre-conventional), 인습적(conventional), 후-인습적(post-conventional) 수준의 3수준으로 구분하고, 각 수준을 다시 두 단계로 세분하여 총 3수준 6단계로 구분하였다.

- 1수준 : 전인습적 수준으로 벌과 복종을 지향하는 1단계와 개인적 보상을 지향하는 2단계로 구분된다. 전인습적 수준은 행위의 결과가 가져오는 보상이나 처벌에 의해 옳고 그름을 판단하는 수준으로, 행동의 의도보다는 결과를 중요하게 고려하며 자신이나 타인의 욕구를 충족시키는 것이 옳다고 생각한다. 이 수준에서는 자기중심적이고 다른 사람의 입장을 이해하지 못하며 쾌락적 결과나 힘·권력과 관련지어 도덕적 판단을 한다.
- 2수준 : 인습적 수준으로 대인관계의 조화를 지향하는 3단계와 법과 질서를 지향하는 4단계로 구분된다. 인습적 수준은 사회적 기대와 규칙을 중요한 판단 근거로 사용하며, 옳은 일이란 사회적 질서를 유지하는 것이라고 생각한다. 이 수준에서는 가정과 집단, 국가의 기대를 따르는 그 자체로 가치가 있다고 생각하며 사회관습에 맞는 행동을 도덕적 행동이라 간주한다.
- 3수준 : 후인습적 수준으로 사회계약을 지향하는 5단계와 보편적 원리를 지향하는 6단계로 구분된다. 후 인습적 단계는 도덕적 가치와 원리에 초점을 맞추며, 개인의 권리를 존중하고 법이나 규칙은 개인의 자유의 규제가 아닌 극대화를 위해 제정된 것이라 인식한다. 또한 사회적 약속은 대다수의 이익을 위해 변화될 수 있

다고 생각하며, 인간의 존엄성, 정의, 사랑, 공정성에 근거를 둔 추상적이고 보편적인 윤리를 지향한다. 이 수준에서는 사회규범을 이해하고 인정하지만, 법이나 관습보다는 개인의 가치기준에 우선을 두고 도덕적 판단을 하는 단계이다.

콜버그(Kohlberg, 1969)에 따르면 도덕 발달은 청소년기를 지나 성인기까지 지속되는데 모든 사람이 후인습적 수준에 이르는 것이 아니라 성인 대부분은 인습적 수준에 머물러 있다고 한다. 그는 개인이 현재의 도덕적 추론방식을 반성할 충분한 기회를 제공받지 못했기 때문이므로 교육이나 지도자의 역할이 중요하다고 생각하였다.

5) 사회학습이론

청소년의 발달을 설명하는 데 있어 사회·문화적 맥락을 강조한 사람들은 크게 반두라(Bandura)와 같은 학습 이론가들과 미드(Mead), 베네딕트(Benedict)와 같은 문화인류학자들이 있다. 먼저, 반두라(Bandura)와 왈터스(Walters)의 사회학습이론에 의하면 청소년은 다른 사람의 행동을 관찰하고 흉내 냄으로써 학습한다는 것이다. 이들은 청소년에게 공격적 행동에 대한 노출은 공격적 행동을 유발시킨다는 가설을 제시하고 효과적 사회화가 가정환경이나 생활환경에 미치는 영향에 대해 언급함으로써 청소년기의 미래행동에 있어서 강화의 중요성과 다른 사람의 반응이나 역할을 강조하였다.

사회학습이론은 인간 발달을 사회적 환경으로 설명하며, 호르몬의 역할과 같은 생물학적 요인의 중요성과 마음, 자아 등과 같은 추상적인 개념을 평가 절하한다. 왓슨(Watson), 스키너(Skinner) 등과 같은 전통적인 학습이론가들은 인간의 행동은 자극과 반응의 결합과 반응결과(즉 어떤 반응에 대한 결과가 보상 또는 처벌을 주는가)에 의해 형성된다고 보고 있다.

반면, 반두라(Bandura, 1969)와 같은 사회학습이론가들은 전통적인 학습 이론적 견해뿐만 아니라, 개인이 지각하고 해석하는 타인의 사고, 행동, 느낌을 모방하고 모델링 함으로서 자신의 사고, 행동, 느낌을 형성한다고 주장한다. 즉 인간의 발달을 자극-반응(S-R)학습 이론과 모방 또는 관찰학습으로 설명한다. 따라서 이들은 문화적 요인(예를 들어, 타인의 기대, 규범, 행동 등)이 개인의 바람직한 행동에 대해 직접적으로 강화를 주며, 사회적으로 적절한 행동에 대한 모델을 제공함으로서 개인 유기체의 사회적 발달에 영향을 미친다는 것이다. 이러한 과정을 통해 사람들은 문화적으로 적절한 행동을 학습하게 된다.

사회학습이론은 전술한 생물학적·정신분석적·인지적 이론 등과는 달리 인간의 행동은 각 발달단계에서 서로 다른 심리적 과정이 일어난다고 가정하기보다는 사회적이고 상황적인 맥락에 의해 결정되므로 인간 발달을 어떤 획일화된 단계로 구분할 수 없다고 본다. 또한 다른 이론들이 각 발달단계마다 상이한 심리적 과정이 일어난다고 보는 데 반해 사회학습 이론에서는 유아, 아동, 청소년, 성인은 모두 동일한 심리과정을 갖는다고 주장한다.

이러한 사회학습이론의 기본 가정과 개념은 청소년의 몇 가지 중요한 점을 시사하고 있다. 첫째, 청소년기가 반드시 안정적이지 못한 혼란의 시기는 아니라는 것이다. 따라서 규범에서 벗어난 일탈적인 행동을 보이는 것은 소수의 청소년들이고 다수의 청소년들은 비교적 조화로운 발달을 한다는 것이다. 둘째, 청소년의 발달은 문화적 조건화와 사회적 기대에 의해 많은 영향을 받는다. 따라서 청소년의 발달은 부모나 교사 그리고 또래 친구와 같은 주변 사람의 행동을 관찰하고 모방하고, 이들이 청소년에게 어떠한 행동을 기대하느냐에 따라 달라질 수 있다는 것이다.

한편, 문화인류학적 견해로서 마가렛 미드(Margaret Mead)와 루스 베네딕트(Ruth Benedict)는 청소년의 성격발달을 결정하는 데는 사회문화적 환경의 영향이 대단히 중요하고 각 문화에 따라 그 영향은 각기 다르다는 상대적 문화론에 입각해 있다. 문화인류학자들은 청소년기의 발달에서 생물학적인 요인을 강조한 홀이나 프로이트 등의 견해를 강하게 부정한다. 초기 문학인류학자들은 서구 문화권의 청소년들에게서 나타나는 발달 특징이 모든 문화권에서 동일하게 나타나지 않으며, 행동을 결정하는 가장 중요한 요소는 사회적 요인이라고 주장한다. 즉 발달에서 생리학적인 변화의 역할 역시 문화적인 맥락 안에서 결정된다는 것이다(임영식, 2004). 이들의 청소년기에 대한 관점은 유전생물학적 요인과 환경적 요인이 함께 고찰되어야 한다는 합성적 견해로 볼 수 있다.

대표적으로 마가렛 미드는 청소년 발달에 관한 이론을 제시하지는 않았지만, 문화적 요인이 청소년기 발달에서 매우 중요하다는 사실을 지적하고 있다. 그녀는 어떤 개인의 행동을 이해하기 위해서는 그가 어떤 문화적, 사회적 제도에 있는가를 먼저 알아야 한다고 주장한다. 즉 다른 문화는 다른 행동과 성격을 형성한다는 견해로, 이를 문화적 상대주의(cultural relativism) 또는 문화적 결정주의(cultural determinism)라 한다.

루스 베네딕트(Ruth Benedict)는 미드에 비해 청소년기 발달을 보다 이론화하였다. 그녀는 인간의 발달에 미치는 문화의 영향은 특정 문화권에서 아동기의 역할과 성인의 역할이 얼마나 유사하고 차이가 있는가에 따라 달라진다고 하였다. 어떤 문화권에서는 아동의 역할과 성인의 역할은 확연하게 구분되지만(discontinuity), 또 다른 문화권에서는 역할 간의 차이가 크지 않다(continuity)는 것이다. 베네딕트는 산업화된 서구 문화권에서는 아동과 성인의 행동 간에 상당한 불연속성이 존재하기 때문에, 아동은 성인이 되기 위해 새로운 행동을 반드시 학습하여야 하며, 아동에게 적합한 행동을 더 이상 하지 말아야 한다고 주장하였다.

6) 인본주의 이론

인본주의적인 관점의 대표적인 학자로는 매슬로우(Maslow)와 로저스(Rogers)를 들 수 있다. 매슬로우(Maslow, 1971)에 따르면, 인간은 태어나면서 욕구를 가지고 태어나며 이러한 욕구를 충족하기 위해 행동한다고 보고 인간의 욕구를 생리적 욕구, 안전, 애정과 소속, 자존심, 자아실현의 욕구로 구분하였으며, 각 욕구는 위계가 있다고 보았다. 즉 첫 번째의 생리적 욕구는 음식, 물, 공기와 같은 가장 기본적인 욕구로서 이 욕구가 충족되지 않으면 두 번째 안전에 대한 욕구는 강하게 나타나지 않는다. 안전에 대한 욕구는 위험을 느끼지 않는 안전한 상태에 대한 욕구를 말하며, 세 번째의 애정과 소속의 욕구는 타인과 어울리고 타인에 의해 받아들여지고, 어느 곳에 소속되는 것을 말한다. 네 번째 단계인 자존심에 대한 욕구는 어떤 일을 성취하고 자신의 능력에 대해 자신감을 갖고 타인으로부터 승인과 인정을 받는 것을 말하며, 마지막 단계인 자아실현 욕구는 자신의 잠재력을 최대한 발휘하여 자기를 완성하고자 하는 욕구로 인간의 욕구 중 가장 상위의 욕구를 말한다.

매슬로우의 욕구이론은 일반적으로 낮은 욕구일수록 강한 강도를 가지며 생존에 중요하다고 하였다. 비록 상위욕구가 생존에는 덜 필수적이지만, 개인의 성장에는 중요한 역할을 한다. 또한 상위 욕구일수록 진화적 발달 순서나 개인의 발달 순서로 볼 때 늦게 출현한다고 하였다. 즉 진화된 종일수록 상위 욕구를 많이 느끼며, 자기실현 욕구는 일반적으로 중년이 되어야 느낄 수 있다고 하였다.

그러나 매슬로우는 자기실현에 관한 후기연구에서 종래의 욕구계층 모델에서 한계를 발견하고 자기실현의 욕구도 인간의 최상의 욕구가 아니며, 인간은 자기실현에서도 만족할 수가 없고, 이를 뛰어 넘는 자기초월을 구하려는 여섯 번째의 욕구, 즉 자기초월의 욕구(transpersonal needs)가 존재하고 있다는 생각을 하게 된다. 매슬로우가 말하는 자아초월적 욕구는 이기적이고, 자기중심적인 것이 아니라 이타적인 것, 즉 자기보다 더 높은 목적을 위해 자신을 헌신함을 의미하는 고차원적 수준이다. 그리고 이러한 자기초월은 극히 일부의 탁월한 인물들에게서만 볼 수 있다고 한다(천정웅, 2010).

또한, 인간의 이해에 현상학적 접근을 시도한 로저스(Rogers, 1974)는 인간은 근본적으로 자기실현을 취하려는 동기와 스스로 자신의 문제를 해결하고 이해할 수 있는 능력을 가지고 있다는 관점에서 출발하기 때문에 청소년 역시 이러한 잠재력을 가지고 있다고 본다. 또한 현재 있는 그대로의 자기 모습인 실제 자아와 자기가 되고 싶은 모습인 이상적 자아와의 차이가 적절할 때 이상적인 자아가 되기 위한 노력을 기울이지만, 두 자아 간의 격차가 너무 커지면 오히려 부적응적인 문제를 유발한다고 하였다. 특히 청소년기 자아는 아동기의 경험과 주변의 의미 있는 타인과의 경험에 의해 많은 영향을 받기 때문에 주변의 부모, 교사, 친구와 얼마나 긍정적인 경험을 하였느냐가 건강한 성장에 중요한 요인이 된다는 것이다.

따라서, 그는 청소년에게 긍정적으로 대하고(positive regard) 격려해 줌으로써 청소년 스스로 자신이 가치 있다는 긍정적인 자아관을 갖도록 하는 것이 중요하다고 주장한다. 특히 어머니가 자녀에게 긍정적인 대우를 하지 않으면 자녀의 자아실현과 발달은 심각한 손상을 받게 된다고 하였다. 이와 같이 자신에 대해 긍정적인 자아관을 가져야만 인간의 궁극적인 목적인 자아실현이 가능하기 때문이다(한상철, 2008).

7) 생태학적 이론

생태학적 이론은 유전적 요소, 가정의 역사, 사회·경제적 수준, 가정생활의 질, 인종·문화적인 배경 등과 같은 가능한 모든 요인들이 청소년의 발달과 관련된다고 본다. 대표적인 학자는 브론펜브레너(Bronfenbrenner)와 엘더(Elder)가 있다. 브론펜브레너의 생태학적 접근은 인간 전 생애를 포함하지만, 특히 청소년발달에 중요한 시사점을 제공하고 있다. 그는 미시체계(microsystem), 중간체계(mesosystem), 외체계(exosystem), 거시체계(macro-system), 시간체계(chronosystem)의 다섯 가지의 환경적 체계가 서로 상호작용하여 발달에 영향을 미친다고 주장한다.

첫째, 미시체계란 얼굴을 맞대고 경험하는 관계를 말하는 것으로, 예를 들면 가족관계, 친구와의 관계, 교사와의 관계 등을 말한다. 미시체계의 다른 요소들로는 의료서비스, 종교집단, 이웃에 있는 공동놀이터, 그리고 청소년이 속해 있는 다양한 사회집단들을 들 수 있다. 청소년이 다양한 사회적 상황에 들어가고 나오게 됨으로써 미시체계는 바뀐다. 학교를 바꿀 수도 있고, 다니던 종교기관에 나가지 않을 수도 있고, 하던 활동을 그만두고 다른 활동을 할 수도 있다. 미시체계는 청소년기 동안 그 영향력이 증가하면서, 청소년들에게 수용, 인기, 우성 및 지위와 관련한 사회적 보상을 제공하며 또래집단과의 관계에서는 약물사용이나 비행 등의 부정적 행위 등을 통해 영향을 미칠 수도 있다(Rice & Dolgin, 2008).

둘째, 중간체계는 미시적 체계들이 서로 겹치는 부분에 의해서 생기는 대인관계를 의미한다. 예를 들어, 청소년들이 가족 내에서 갖는 습관이나 경험이 학교에서 영향을 미치는 것이다. 학교에서 일어난 일이 가정에서 일어나는 일에 영향을 줄 수도 있고, 그 반대도 마찬가지로 영향을 줄 수 있다. 청소년의 사회발달은 많은 원천으로부터 오는 영향을 서로의 관계 속에서 고려할 때 가장 잘 이해할 수 있는 것이다.

셋째, 외체계는 직접 경험하지는 않지만 한 사람의 경험에 영향을 미치는 사회적 구조를 말한다. 예를 들면, 아버지가 직장에서 불쾌한 일을 경험하면 이러한 경험은 청소년에게 영향을 미치게 되는데 이처럼 청소년들에게 아버지의 직장은 외적 체계로 존재한다. 부모의 직장 상사는 부모의 월급수준, 일과 휴가 일정, 그리고 작업환경을 결정하고 이러한 요인들은 부모와 청소년 자녀 간의 관계에 영향을 준다는 것이다. 이와 유사하게 지역단체들도 다양한 방식으로 청소년에게 영향을 준다. 학교운영위원회의 역할이나, 청소년을 위한 센터나 수영장을 개방하거나 폐쇄하는 등 외체계에 속하는 이러한 요인들은 청소년에게 영향을 주는 요인들을 결정하게 된다.

넷째, 거시체계는 사회문화적 규범과 같은 신념들을 의미한다. 어떤 개인이 속해 있는 문화권의 특성은 그 개인의 발달에 많은 영향을 미칠 수 있다. 예를 들어, 청소년기에 성행동을 금지하는 문화권의 청소년들이 갖는 성에 대한 태도나 시각은 청소년기에 성행동을 허용하고 권장하는 문화권의 청소년들과 많은 차이가 있다. 거시체계는 국가와 인종 및 사회경제적 수준에 따라 달라지고 각 집단 내에서도 다르다. 중류계층과 저소득계층의 가정 내 아동 양육의 목표와 철학은 다를 수 있으며, 도시와 농촌 가정도 자녀에 대한 가치는 서로 다를 수 있다. 가치와 습관의 차이는 청소년에게 차별적인 효과를 나타내는 것이다(Rice & Dolgin, 2008).

다섯째, 시간체계는 시간(전생애)에 걸쳐 일어나는 변화와 사회, 역사적인 환경을 의미한다. 즉 어떤 사건의 효과가 시간적 경과에 따라 변화되며, 동일한 사건에 대해서도 시대에 따라 그 의미와 해석이 달라질 수 있다. 예를 들어, 부모의 이혼이 아동에게 미치는 부정적인 영향은 이혼 첫해에 가장 크게 나타나지만 일반적으로 이혼 후 2년 정도 경과되면 경감되어 어느 정도 안정을 찾게 된다. 개인적 발달과 관련하여 보면 청소년시기의 실직과 45세 때의 실직은 크게 다르다. 역사적 변화와 관련하여 보면, 많은 나라에서 50년 전에 비해 오늘날의 젊은 여성들에게 직업 기회가 더 많이 열려 있음을 알 수 있다(Arnett, 2016).

한편, 엘더(Elder)는 인간 발달을 전생애 관점에서 다루고 있다. 엘더(1995, 1997)는 그의 전생애이론(life course theory)을 통해, 개인의 발달을 이해하기 위해서는 각 개인이 살고 있는 역사적 시기와 장소, 개인의 사회적 역할과 중요한 사건이 일어난 시기, 이러한 요소들의 상호관계성, 의사결정에 대한 개인의 역할과 사회적 제약 등을 고려해야 한다고 주장한다. 특히, 오늘날과 같이 급변하는 사회에서는 연령층이 다르면 서로 다른 역사적 환경을 경험하며, 동일한 역사적 변화에 의해서도 다른 영향을 받는다. 또한 역사적 영향은 장소에 따라 다르게 나타날 수 있다.

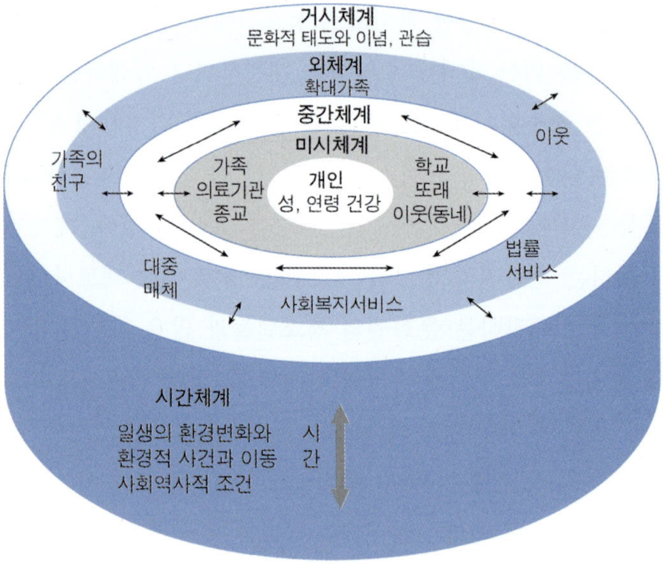

출처: Santrock(1998), p.24.

[그림 2-1] 브론펜브레너(Bronfenbrenner)의 생태학적 이론

아울러 개인에게 중요한 사건이 언제 발생하느냐는 발달과 삶에 중요한 의미를 갖는다. 예를 들어, 결혼하고 자녀를 원하는 여성의 임신과 출산은 축복받은 일이지만, 결혼도 하지 않은 청소년의 원치 않는 임신과 출산은 전혀 다른 의미를 갖는다.

또 상호의존은 전생애 이론에서 중요한 개념이다. 인간의 삶은 가족 관계, 친구 관계, 다른 사회적 관계에 의해 이루어진다. 이러한 사회적 관계는 그 관계를 구성하고 있는 사람들에게 서로 영향을 주고받는다. 전생애이론에서는 또한 사람들은 자기에게 주어진 환경적 제한 내에서 계획을 세우고 여러 대안 중 선택을 하며 자신의 삶을 살아간다고 한다.

3. 청소년발달이론과 후기청소년 논의

1) 청소년발달이론의 의미

서양에서의 청소년발달에 관한 다양한 이론들은 청소년의 행동과 심리적 특성, 여

러 가지 변화들을 이해하고 예측할 수 있는 관점을 제공해주는데, 다음과 같이 요약할 수 있다(박경일 외, 2012, 천정웅 외, 2013). 첫째, 청소년발달에서 생물학적 요인을 강조한 학자로 홀과 게젤 등이 있다. 홀의 재현이론에 의하면 모든 인간은 역사적 인간 발달을 재현하므로 청소년기도 인간발달상에서 자연스럽게 나타나는 시기라고 보는 관점이다. 게젤의 나선형적 성장유형론에 의하면 성숙은 유전인자와 생물학적 요인에 의해 결정된다고 봄으로써 발달에 교사가 간섭할 필요가 없다고 본다.

둘째, 정신분석이론에서 프로이트는 인간의 발달단계를 구강기, 항문기, 남근기, 잠복기, 생식기의 5단계로 구분하고 그 중 5단계인 생식기(13세 이후)를 청소년기에 해당하는 시기로 보았다.

셋째, 설리반, 에릭슨, 마르시아와 같은 심리사회적 발달 이론가들은 유기체에게 중요한 생활 사건과 그 사건의 발생 시기, 타인과의 관계, 문화적인 특성 등과 같은 심리사회적 요인이 인간의 발달에 중요한 영향을 미친다고 주장한다. 에릭슨의 발달단계 중에서 청소년기는 자아정체성 대 역할혼미가 중점과업으로서 이는 청소년기에 일어나는 급속한 신체적 성숙과 일치한다. 과업과 위기를 성공적으로 달성할 때 개인은 건강하게 발달할 수 있다.

넷째, 인지발달이론에서는 청소년의 의식적 사고를 강조한다. 피아제(Piaget)는 인지발달 단계는 감각운동기, 전조작기, 구체적 조작기, 형식적 조작기로 구성되어 있다고 보았고 청소년기는 형식적 조작기로 이 시기는 문제해결에 있어 과거·현재·미래를 모두 이용할 수 있고 추상적·논리적 사고가 가능하며 다차원적인 사고 능력이 생겨 아동기와는 다른 방식으로 외부세계를 지각한다고 보았다.

다섯째, 반두라와 왈터스의 사회학습이론에 의하면 청소년은 다른 사람의 행동을 관찰하고 흉내 냄으로써 학습한다는 것이다. 이들은 청소년에게 공격적 행동에 대한 노출은 공격적 행동을 유발시킨다는 가설을 제시하고 효과적 사회화가 가정환경이나 생활환경에 미치는 영향에 대해 언급함으로써 청소년기의 미래행동에 있어서 강화의 중요성과 다른 사람의 반응이나 역할을 강조하였다.

여섯째, 문화인류학적 견해로서 미드와 베네딕트는 청소년의 성격발달을 결정하는 데는 사회문화적 환경의 영향이 대단히 중요하고 각 문화에 따라 그 영향은 각기 다르다는 상대적 문화론에 입각해 있다. 그러므로 청소년기에 대한 관점은 합성적 견해로서 유전생물학적 요인과 환경적 요인이 함께 고찰되어야 한다.

일곱째, 인본주의적 관점의 매슬로우는 그의 욕구이론에서 상위 욕구가 생존에는 덜 필수적이지만, 개인의 성장에는 중요한 역할을 한다고 보았다. 진화된 종일수록 상위 욕구를 많이 느끼며 여섯 번째의 욕구인 자기초월의 욕구는 자기보다 더 높은 목적을 위해 자신을 헌신함을 의미하는 고차원적 수준이라고 하였다.

여덟째, 브론펜브레너의 생태학적 이론은 미시체계, 중간체계, 외체계, 거시체계, 시간체계의 다섯 가지 환경적 체계가 서로 상호작용하여 발달에 영향을 미치는 것으로 주장하였다.

〈표 2-5〉 청소년발달이론의 주요내용

청소년발달이론	주요내용
생물학적 이론	생물학적 특성으로 다른 단계와 차별되는 성격을 지님
정신분석이론	내적갈등, 심적 불균형, 자기중심적인 면, 희생과 헌신적인 면 초자아와 원초아 간의 깨진 균형 회복이 주요 문제
심리사회적 발달이론	중요한 생활사건, 사건의 발생 시기, 타인과의 관계, 문화적 특성이 중요한 영향을 미침
인지발달이론	의식적 사고 강조, 추상적·논리적 사고 가능, 상대적·다차원적 사고 가능, 근본적인 존재에 대한 의문, 인습적(혹은 후인습적) 수준의 도덕성
사회학습이론	인간의 행동은 사회적·상황적 맥락에 의해 결정되므로 생애별 단계는 동일한 심리 과정을 가짐. 청소년기가 반드시 혼란의 시기는 아님. 청소년에 대한 기대에 따라 행동이 달라질 수 있음.
인본주의 이론	인간은 근본적으로 잠재력을 가진 존재이므로 청소년도 동일함. 이상적 자아와 실제 자아의 격차가 커지면 부적응적인 문제 유발.
생태학적 이론	특히 청소년 단계에 환경적 체계의 상호작용이 중요.

이상에서 제시된 이론들은 가장 생물학적인 이론에서부터 점차 그렇지 않는 이론 순으로 변화된 것을 알게 해 준다. 가장 생물학적인 이론가들은 청소년기가 유전자, 호르몬 또는 진화적 과정 때문에 나타난 것이라고 생각한다. 이들은 환경적 영향을 중시하지 않고 개인이 성장한 장소에 관계없이 청소년기 경험이 비슷하다고 본다. 그러

나 사회심리학, 문화인류학, 사회학과 관련되는 이론들에서는 개인의 경험과 문화 모두가 청소년기를 조성하는 것으로 생각한다. 이러한 연구자들은 청소년기 동안 발생하는 구체적 사건에 따라 청소년들이 매우 달라질 수 있다고 생각하는 것이다(Rice & Dolgin, 2008).

인간발달의 한 시기로서 청소년기에 대한 다양한 논의들을 통해 청소년기는 성인기에 이르는 전단계로서의 의미를 가짐을 알 수 있다. 중요한 것은 그러면 어떤 과정을 통해 성인이 되는가에 대한 의문이다. 인간발달은 지속적인 역동적인 변화과정이며, 기간에 따라서 서로 다른 신체적·심리적·사회적 발달의 특성이 나타남을 알 수 있다. 인간발달은 특히 사회적 측면과도 관련되며 개인이 사회의 한 구성원으로 되어 가는 일반적인 과정으로서의 '사회화'의 개념과도 관련된다(천정웅·오정아·박선희·이승민·박주현, 2019). 이런 점에서 청소년기에서 성인기로 전환하게 되는 양상은 연령에 따른 청소년시기의 특성 변화와 밀접하게 관련된다. 특히, 청소년들이 청소년중기 이후 자신을 인지적으로 정서적으로 그리고 행동적으로 성인이라고 생각하기 시작하는 시기를 맞게 되는데 성인기는 바로 이와 같이 생겨나는 하나의 과정으로 여겨지는 것이다. 일반적으로 기술문명이 발달하지 않은 많은 사회에서 성인기에 도달하는 핵심기준은 결혼여부였다. 서구사회에서는 교육을 마치고 정규 직장인이 되고 자신의 가정을 형성하는 것과 같은 중요한 생활변화들을 사회적 성숙의 표식으로 간주한다(Rice & Dolgin, 2008).

2) 후기청소년기와 성인진입기

많은 연구들에서 청소년들은 사회적 표식보다 심리적·인지적 특성들을 더 중요한 것으로 생각하고 있음을 보여주고 있다. 그중 독립적으로 생활하고 경제적으로 자립하고, 학교를 졸업하는 것보다 더 우선시되는 것으로 '책임 있게 행동하는 능력'을 지적한 것으로 나타난 결과에 주목할 필요가 있다(Barker & Galambos, 2005). 아네트(Arnett, 2001)의 연구에서도 청소년의 90% 이상이 성인이 되기 위해 필요한 것은 '자신의 행위로 발생한 결과에 대해 책임을 지는 것'을 지적하였는데, 이는 '결혼'을 응답한 청소년이 15% 미만인 것과 비교하면 차이가 큰 것을 알 수 있다. 아네트는 성인 초기에 앞서 새로운 인생 단계인 성인진입기(emerging adulthood)를 제안하였는데, 이는 고등학교를 졸업하고 성인기를 준비하는 18세에서 29세에 해당하는 시기로 결혼, 부모되기, 직장생활 등 인생의 주요 생애구조인 일과 결혼을 준비하고 시작하는 역동적 인생 단계로 간주하여 그 중요성에 주목하였다.

특히, 최근 우리나라에서 후기청소년 연령에 속하는 고등학생과 대학생 청소년에 대한 관심이 청년문제로 이어지면서 주요한 사회문제의 하나로 논의되고 있는 것과 밀접한 관련을 갖는 것으로 볼 수 있다. 후기청소년에 대한 관심의 배경에는 여러 가지가 있겠지만, 가장 대표적인 것은 그 연령의 젊은이들이 갖는 교육, 취업, 결혼 등과 관련한 성인기 이행에 따른 모습들이 과거의 일반적인 양상이나 방식과는 다르게 전개되고 있다는 점일 것이다. 80%를 넘는 대학진학률, 고학력화에 따른 노동시장 이행의 지체, 청년실업의 장기화, 평균혼인 연령이 남녀 모두 30세를 전후한 결혼과 그에 따른 출산의 지연 등의 현상이 국가사회적 관심을 받고 있기 때문이다(안선영 외, 2011). 이러한 현상은 최근에는 취업위주의 대학교육, 스펙쌓기 열풍, 글로벌시대, 디지털시대의 무한경쟁 분위기, 등록금과 거주비용 등을 마련하기 위한 아르바이트의 일반화와 휴학률의 증대 등의 현안문제를 제기하고 있다(조혜영 외, 2011).

후기청소년에 대한 또 다른 관심은 청소년들의 권리주장, 신자유주의적 지배구조 속에서 교육제도의 억압을 경험하는 10대들의 봉기, 다른 세대와 구별되는 새로운 청소년세대로서의 의미 등으로 구별하면서 참여지향성, 탈물질적 가치관 등을 우선시하는 세대론과 참여론의 논의와 관련된다(오찬호, 2010). 이에 따라 청소년의 긍정적 발달(positive development)과 역량개발(competence development)이 강조되면서, 시민역량(civic competence), 나아가 시민적 관여(civic engagement)에 대한 관심도 점차 높아지고 있어 주목된다. 청소년의 시민성(citizenship) 함양과 시민교육의 강화 등이 오늘날의 민주시민사회의 주요한 과제로 논의되고 있는 것도 이와 맥락을 같이한다.

아네트(Arnett, 2007)는 정상적 발달의 측면에서 보면, 후기청소년기는 그 이전의 청소년기나 그 이후의 성인기와 구별되는 다섯 가지 특징을 갖는다고 보고, 이를 정체성 탐색의 시기(age of identity exploration), 불안정성의 시기(age of instability), 자기 자신에 대한 집중의 시기(self-focused age), 중간에 낀 어중간한 정체감의 시기(age of feeling in between) 및 가능성의 시기(age of possibilities)로 제시하였다. 이러한 특징들이 후기청소년기에만 고유하게 나타나는 특징은 아니지만, 다른 연령 시기보다 후기청소년기에 더욱 현저하게 나타난다는 점에서 주목할 필요가 있다는 것이다.

후기 청소년기의 이러한 다섯 가지 특징은 그 시기의 정상적 발달을 나타낸다는 경험적 연구의 지지를 받고 있다. 그러나 후기청소년기는 이질적 특성을 갖는 것으로도 잘 알려져 있다. 이 시기에는 사람들의 생활이 사회제도에 의해서는 구조화되는 것이 드물다. 달리 말하면 청소년의 생활은 가족과 학교에 의해 구조화되고 성인들의 경우는 가족과 일에 의해 구조화되지만, 이 시기에는 가족에게서는 멀어지면서 학교와 일의 패턴은 상대적으로 구조화 또는 안정화되는 것이 드물어지는 것이다. 결과적으로 후기 청소년이라는 새로운 분야에서 가장 중요한 과업은 이 시기에 존재하는 이러한 이질성을 탐색하는 것이다.

후기청소년은 바로 이러한 이질성의 중요한 부분이 되고 있다. 이들이 직면하고 있는 도전과제는 무엇이며, 이러한 도전과제와 직면한 제한된 자원들은 후기청소년에 관한 대부분의 논의에서 잘 나타나고 있다. 이런 점에서 아네트가 말하는 다섯 가지의 특질은 어느 정도로 오늘의 후기청소년들에게 적용할 수 있을지 또 이들에게 적용가능한 다른 발달적 이슈들은 없는지 등에 대해 알아볼 필요가 있다.

(1) 정체성 탐색의 시기(age of identity exploration)

생애주기에 있어 발달이론에서 정체성은 청소년기의 가장 중요한 도전과제이다. 청소년기는 사람들이 자신의 능력과 관심, 중요한 성인들과의 일체감 형성을 평가하고 이러한 지식을 사랑, 일, 그리고 이데올로기 등의 영역에서 의사결정을 하는 근거로 사용하게 된다. 청소년시기의 정체성 탐색은 특히 사랑과 일 그리고 성인으로서 생활하는 데 토대가 되는 보다 안정된 선택을 하도록 하는 과정에 대한 여러 가지 가능한 미래방향을 시도하는 데 관련된다. 이러한 사실은 적어도 1950년에 에릭슨이 그 이론을 처음 제시했을 때는 맞는 말이었지만, 그 이후 많은 것이 변하였다. 이미 교육이 오래 걸리고, 안정된 일이라는 것을 30세가 될 때까지 갖지 못하는 일이 종종 발생하고 대부분의 경우 결혼과 첫 출산이 20대 후반으로 미루어지고 있다는 점에서 정체성 탐색의 중심적 일들은 청소년기에서 후기청소년기로 연장되고 있다는 것이다.

(2) 불안정성의 시기(age of instability)

미국의 경우 20대에 갖는 평균적 직업의 수가 7번인 것으로 나타나고 있는데, 이는 전형적인 미국의 후기청소년들은 10년 동안 거의 1년에 한번 꼴로 직업을 바꾼다는 것을 의미한다. 20대는 또한 거주지를 옮기는 비율도 가장 높은 시기로 나타나고 있다. 20대 중반에 그 비율이 최고가 되는데, 약 35%의 후기청소년들이 매년 거주지를 옮긴다는 것이다. 이러한 통계결과는 집을 떠나거나 돌아오고 또 떠나고 동거하고 별거하며, 친구와 함께 이주했다가 교육이나 직업을 찾아 또 다른 지역으로 이사를 가는 등 여러 가지 다양한 측면에서 불안정성을 갖고 있음을 말해주는 것으로 볼 수 있다.

(3) 자기 자신에 대한 집중의 시기(self-focused age)

후기청소년기는 제도적 통제에 가장 따르지 않는 생애의 과정이라는 점에서 자기 자신에 초점을 두는 시기이다. 아동, 청소년, 또는 성인과 달리 대부분의 후기청소년들은 자신의 생활을 구조화하거나 속박하는 가족의무를 가지고 있지 않다. 이들은 일상에서 자신의 의사결정을 자유롭게 할 수 있다. 아침에 무엇을 먹을 것인가를 결정하는 것과 같은 작은 결정에서부터 소비를 어떻게 하고 어떤 직업을 가질 것인가를 결정하는 것과 같은 큰 결정까지 스스로 하게 되는 것이다. 대부분의 후기청소년들은 이러한 자유를 마음껏 누리면서 생활하고 있는데, 한 연구결과를 보면, 이 시기의 복리(well being) 비율이 지속적으로 증대하고 우울에 따른 영향은 지속적으로 감소하고 있는 것을 밝힌 바 있어 주목된다(Galambos, Barker, & Krahn, 2006).

(4) 중간에 낀 어중간한 정체감의 시기(age of feeling in between)

후기청소년기의 가장 두드러진 특징의 하나는 대부분이 자신들이 청소년도 아니면서 성인도 아닌 그 중간에 끼인 그러면서 성인기로 가는 도중에 있지만 아직 도달하지 않은 것으로 느끼는 시기라는 점이다. 여러 선진 산업국가에서의 연구들에서 공통적으로 나타난 결과는 18세에서 25세에 이르는 대부분의 응답자가 "당신은 성인기에 이르렀다고 생각합니까?"라는 물음에 '예'나 '아니오'가 아닌 "어떤 면에서는 '예'고 또 어떤 면에서 '아니오'"라고 대답하고 있다는 점이다(Arnett, 2007).

후기청소년들이 자신의 성인 신분이란 측면에서의 자기인식의 모호성은 이들이 성인기로 이행하는 데 가장 가치로운 것에 대한 기준이 무엇인가에 의해서도 설명할 수 있다. 아네트(Arnett, 2007)는 전통적으로 성인이 되는 것을 의미하는 역할전이의 특징인 교육종료, 정규직업, 결혼, 첫 출산 등과 같은 것을 성인 신분의 기준으로 거의 여기지 않는다는 점을 제시한다. 그들이 보는 가장 중요한 기준은 자신의 행동에 대해 책임을 지는 것, 독자적 의사결정, 재정적 자립 등과 같은 것이었다. 이러한 기준들은 각기 점차적·점진적으로 얻어지는 것이며, 이는 곧 후기청소년들의 성인기 도달에 대한 생각도 또한 점차적·점진적으로 변화하고 있다는 점을 설명해준다. 오늘날 성인이 된다는 것은 자기충족적 사람으로서 홀로 서는 것을 배우는 것을 의미한다고 본다.

(5) 가능성의 시기(age of possibilities)

후기청소년기는 두 가지 점에서 가능성의 시기이다. 첫째는 이 시기는 사람들이 자신의 삶을 잠재적으로 긍정적 방향으로 변화시키는 최고의 기회를 갖는 시기라는 점에서 가능성의 시기이다. 아동과 청소년은 부모에 따라 좌우되는 시기이다. 부모가 매우 이성적으로 제기능을 하면, 아동도 그 혜택을 입지만, 부모가 가족의 삶에 영향을 주는 심각한 문제를 가지고 있으면 아동과 청소년들은 그에 따른 고통을 겪게 된다. 이들은 집을 떠날 수도 없다. 반면에 성인은 자신의 삶에 대해 보다 통제적이 될 수 있다. 그러나 성인의 생활은 일단 정해지고 나면 변경하기 어려운 사랑과 일에 대한 이행약속들에 의해 구조화되는 것이 일반적이다. 이런 점에서 변화할 수 있는 최고의 기회를 갖는 시기가 후기청소년기인 것이다.

두 번째는 이 시기는 가장 기대가 크고 미래에 대한 희망이 크다는 점에서 가능성의 시기라고 볼 수 있다. 현재의 생활이 잘되고 있지 않다고 하더라도 대부분의 후기청소년들은 삶이란 궁극적으로는 자신들에게 도움이 된다고 믿는다. 이 시기에 자신의 이성이나 영원히 사랑할 수 있는 사람을 찾기도 한다. 보수가 좋을 뿐만 아니라 즐겁게 일할 수 있는 꿈의 직업을 찾을 수도 있다(Porfeli & Lee, 2012). 거의 대부분의 후기청소년들은 언젠가 자신들이 원하는 삶의 목표를 달성할 수 있을 것이라고 믿는다.

이상에서 살펴본 후기청소년의 다섯 가지 특질은 우리나라의 후기 청소년에게도 적용 가능할 것이다. 대부분의 경우 정체성의 탐색, 불안정성, 자기 자신에 대한 집중, 청소년과 성인의 중간에 낀 어중간한 정체감, 그리고 가능성의 범위가 넓은 생애의 시기라는 느낌 등을 경험할 수 있다. 물론 사람에 따라 그 경험의 정도와 내용이 다소 다를 수 있고 또 어렵거나 쉬울 수도 있을 것이다.

Chapter 03

청소년복지의 개념과 발전

1. 청소년의 사회화와 환경변화

1) 청소년의 사회화기구와 환경

청소년을 이해하고 효율적으로 지원하기 위해서는 청소년 시기에 발생하는 신체적 특성, 심리·사회적 특성 등에 대한 이해와 함께 그들의 현재 행동에 영향을 미치고 있는 환경에 대해 알아볼 필요가 있다. 특히, 청소년기는 환경과의 상호작용이 급격히 증가하고 있지만, 성인과 달리 스스로 통제하고 조절하기 어렵다는 점에서 청소년을 둘러싼 환경에 대한 이해가 매우 중요하다(김성이·조학래·노충래·신효진, 2010).

첫째는 가정환경이다. 가정은 청소년의 제1차 사회화기관이며, 가족 구성원, 가정 분위기, 부모의 태도 등에서 청소년에게 중요한 영향을 준다. 일반적으로 가정의 기능은 다음과 같은 몇 가지로 요약할 수 있다.

① 청소년에게 만족감을 주어 안정성의 기반이 된다.

② 능력계발과 발달의 장소이다.

③ 청소년의 인격대우를 충족시켜 사회적 인격의 기반을 만들어 준다.

④ 가족과의 인간관계를 통해 타인 중심적 행동의 중요성을 학습한다.

⑤ 가족 간의 상호작용을 통해 교육받을 수 있는 편리한 수단인 언어를 학습한다.

⑥ 청소년은 지배·복종·협동·대립·경쟁 등의 체험으로 사회생활에서의 인간관계에 대한 준비를 한다.

⑦ 가정을 통해 사회생활에 필요한 습관·예의·태도 등을 배운다.

둘째는 지역사회환경이다. 청소년의 인격형성을 위해 지역사회와의 제휴와 협력은 청소년의 생활에서 다음의 몇 가지 점에서 매우 중요한 역할을 한다.

① 지역사회는 무엇보다 먼저 청소년들에게는 구체적이며 원천적인 생활의 거점으로서의 의미를 갖는다.

② 지역사회에 존재하는 모든 물질적, 문화적, 인간적 자원은 청소년을 위한 교육의 장이 된다.

③ 지역사회는 또한 유용한 잠재자원들을 가지고 있다. 따라서 이러한 자원을 발견하고, 조직화하고 관리함으로써 인적·물적자원의 동원을 통한 복지서비스의 효과를 제고할 수 있다.

④ 지역사회는 정부의 각종 복지시책이나 서비스 등이 실현되는 곳이며, 청소년의 사회참여가 발휘되는 곳이기도 하여 청소년이 삶의 질에 중요한 영향을 미친다. 특히 지방자치제의 도입과 발전에 따라 지역적 상황과 특수성을 고려한 정책의 수립과 시행이 중요하게 논의되고 있다.

셋째는 학교환경이다. 학교는 가정으로부터 교육기능의 전담을 부여받은 유일한 형식화된 곳으로 청소년들이 거의 대부분의 시간을 보내고 있어서 청소년의 삶에서 학교가 차지하는 비중이 더욱 높아지고 있다. 그럼에도 불구하고 학교현장은 다음과 같은 청소년 성장을 저해하는 문제점들이 제기되고 있다.

① 학교는 우선 성적제일주의 가치 지배로 입시 중심의 주입식 교육의 문제점을 갖는다.

② 성적중심의 경쟁으로 인한 이기주의적 사고가 증대되고 있으며, 경쟁에서 뒤지는 경우 좌절감과 패배감을 경험함으로써 부정적 자아감을 갖게 되기 쉽다.

③ 학교에서는 교사와의 상호작용에 관련된 문제가 지적되기도 하며, 비인간적 처우에 따른 문제나 학교폭력문제 등이 발생된다.

④ 학교는 비행과 관련된 문제해결뿐만 아니라, 청소년을 바르게 성장하도록 지원

하는 중요한 역할을 할 수 있는 풍부한 자원과 능력을 갖고 있다.

⑤ 최근 학교는 더 이상 교육적 기능만을 전담하는 사회제도 또는 사회화기구가 아니며, 청소년의 잠재력 개발과 삶의 질을 향상시키는 사회복지적 기능이 강조되고 있다.

넷째는 또래관계에 관한 것이다. 청소년 시기는 가족과의 상호작용이 줄어들면서 점차 또래나 친구가 차지하는 비중이 양적·질적으로 증가하고 있다. 이 점에서 또래관계가 청소년의 성장발달에 미치는 중요성과 의미는 다음과 같이 논의된다.

① 또래관계는 청소년들에게 정서적 지지를 제공한다. 신체적·심리적·사회적 변화에 따른 비슷한 발달적 특성을 경험한다.

② 가정 외의 세계에 대한 다양한 정보를 제공하고, 가정에서 얻기 어려운 지식과 기술을 습득하는 기회를 갖도록 하여 성인으로 성장하는 데 필요한 사회적 능력을 함양한다.

③ 청소년의 또래관계는 시간을 같이 보내고, 필요한 자원과 도움을 제공하는 등의 물리적으로 지원하는 기능을 갖는다.

④ 청소년 시기의 또래관계는 각자의 청소년들이 그 영향을 얼마나 기꺼이 받아들이려는가에 따라 차별화된다.

다섯째는 대중매체 환경이 중요한 역할을 한다. 오늘날의 대중매체는 특히 가치교육에서 가정이나 학교보다 더 큰 영향을 가지는 것으로 여겨지고 있다. 대중매체가 청소년발달에 갖는 중요성은 다음과 같은 몇 가지로 볼 수 있다.

① 대중매체는 광고수업의 증대, 판로의 확장 등에 따른 극단적 상업주의에 빠져 있다는 비판을 받는다.

② 그 결과 선정적인 자극은 감수성이 예민한 청소년들에게 부정적인 영향을 미치게 된다. 대중매체 속에서 나타나는 범죄적·폭력적 내용들은 범죄학교의 역할을 하거나 방아쇠 효과를 갖는다.

③ 특히, 폭력적이고 범죄적인 내용에 많이 접촉하는 청소년일수록 비행 가능성이 높다.

그러나 다른 한편,

④ 대중매체는 청소년의 문화를 창조하고 변화시키는 긍정적인 작용을 하기도 한다.

⑤ 여러 가지 악조건과 연결되기 쉽고 비행의 준비상태에 놓인 자에게는 비행수단이나 기술을 시사하거나 비행화를 촉진하는 작용을 할 수도 있다.

이와 같이 청소년의 발달과 관련하여 가정, 학교, 지역사회, 또래집단, 대중매체의 중요성은 아무리 강조해도 지나치지 않다. 그럼에도 불구하고 오늘날 청소년의 성장환경은 가족구조의 변화와 청소년의 욕구변화, 사회변동에 따른 가치관의 변화와 사회경제적 위기 등의 다양한 요인으로 인해 많은 변화와 도전을 받고 있는 것이 현실이다. 청소년복지의 필요성이 점차 강조되고 있는 것도 이러한 청소년을 둘러싼 사회적 환경과 각종 사회화 기구들의 역할과 기능이 제대로 수행되고 있지 않기 때문이기도 하다.

2) 청소년환경의 변화와 청소년복지의 필요성

우리나라에서의 지난 수십 년간의 산업화와 경제성장으로 인한 사회변동은 인구사회학적 변동과 함께 가족구조의 변화와 청소년의 가치관 변화, 사회경제적 위기 등의 수많은 사회문제를 제기하고 있다.

첫째, 가장 대표적인 것은 가족구조의 변화이다. 이는 특히 다음과 같은 특징이 있다.

① 출산율의 감소로 인한 저출산 문제

② 이혼율의 증가로 인한 가족해체

③ 결혼의 연기와 가정해체로 인한 여성가구주 비율의 증가

④ 고령인구의 증가로 인한 문제

⑤ 취업여성의 급격한 증가와 그에 따른 저출산과 자녀양육의 문제 대두

⑥ 대가족제도의 붕괴와 부모-자녀 중심의 핵가족화 경향

둘째, 인구사회학적 변동과 함께 청소년의 문제와 욕구가 변하고 있다. 이러한 청소년 욕구의 변화는 그에 따른 청소년정책이나 서비스의 변화가 필요함을 말해준다. 먼저,

① 청소년문제와 욕구의 다양성을 지적한다. 청소년비행과 같은 문제는 어느 시대와 문화를 막론하고 존재해 왔으며, 그에 따른 대응도 다양하게 나타나고 있다.

특히 최근에 올수록, 다문화가정 자녀, 이혼가정 청소년, 만성질환을 가진 청소년 등 특수 욕구를 가진 청소년이 증가하고 있으며, 이는 일반 문제행동을 가진 청소년과는 다른 다체계적인 개입을 필요로 한다.

② 청소년문제와 욕구의 복합성이 특징으로 나타나고 있다. 이전에는 청소년문제가 단순한 형태였으며 그에 따라 해결방안도 다체계적인 접근보다는 개별적인 접근을 중심으로 모색되었다. 그러나 오늘날의 청소년문제는 다양한 형태로 서로 얽히게 되어 해결의 실마리를 찾기 어려운 형태로 나타난다. 예컨대 청소년 가출 문제의 경우에도 과거에는 주로 상담을 통해 해결하는 방법이 효과적이었지만, 이제는 다양한 문제가 복합적으로 연결되어 나타남으로써, 복합적인 서비스가 요청되고 있다.

③ 청소년문제의 심각성도 문제행동의 저연령화와 여자 청소년의 문제행동 증가 등에서 보는 바와 같이 중요한 특징으로 볼 수 있다.

④ 청소년문제의 접근방법에서도 변화가 나타나고 있다. 이전에는 의료모델에 입각한 단순원인론적 결정주의에 중점을 두는 문제해결방법을 사용하였지만, 이제는 통합접근법을 중심으로 생태체계적 관점과 강점관점 등 적극적이고, 긍정적이며, 발전적인 접근에 중점을 두고 있다.

셋째, 경제발전에 따른 사회변동은 우리 청소년의 가치관에도 큰 변화를 초래하였다.

① 자녀양육에 관한 사회적 가치관이 점차 변화하고 있다. 오늘날의 부모들은 지날 세대에 비해 자녀지향적 가치보다는 부부 또는 자기지향적 가치가 지배적이 되고 있으며, 이혼 등의 여러 가지 원인으로 가족해체의 위기 상황에서 부모로부터 적절한 양육을 받지 못하고 성장하는 아동과 청소년이 늘어나고 있다. 이 점에서 이러한 아동과 청소년에 대한 국가의 책임이 증대되고 있으며, 청소년의 권익을 대변할 수 있고, 이들에게 필요한 심리·사회적 욕구를 충족시켜 줄 복지서비스가 요청되고 있다.

② 성가치관이 변화하고 있다. 점차 서구적 가치관을 따라가고 있고, 선정적인 문화와의 접촉 기회가 증대되고 있으며, 미혼모가 증가하고 있다. 이런 점에서 올

바른 성윤리와 가치관을 심어줄 수 있는 노력이 보다 적극적으로 시행되어야 할 필요가 있다.

③ 균등교육 기회권에 대한 태도와 가치관의 변화가 나타나고 있다. 기존 교육제도에 대한 거부감으로 대안학교 및 대안교육에 대한 욕구가 증가하고 있으며, 이제까지 교육제도권 밖에서 교육을 부정적으로 보고 사회적 낙오자로 인식하였지만, 점차 동등한 교육의 수혜자로서의 권리를 주장하고 이에 따른 정부와 사회의 대책과 해결 노력을 적극적으로 요구하고 있다.

넷째, 청소년을 둘러싼 환경은 1997년 말의 외환위기와 2010년을 전후한 세계금융위기, 그리고 2020년 이후의 세계적 대유행, 코로나 팬데믹(COVID-19 Pandemic) 등에서 보는 바와 같은 사회경제적 위기에 따라 여러 가지 사회문제를 초래하였다. 이러한 국제사회의 경제적 어려움과 정치적 불안정 등의 상황은 대량실업과 절대빈곤층 및 차상위계층의 증가, 이혼과 가정해체, 시설보호아동의 증가, 노숙자문제, 우울(코로나 블루), 자살 등의 다양한 심리적·사회적·정치적·경제적 사회문제를 유발하게 된다. 또한 이렇게 사회가 취약해짐에 따른 여파는 청소년들에게도 직접적 또는 간접적으로 영향을 끼치게 되면서 청소년복지에 대한 욕구를 증가시킨다.

이상과 같이 우리 사회의 인구학적 변동과 청소년문제 및 욕구의 변화, 그리고 가치관의 변화와 사회경제적 위기 등의 청소년환경의 변화는 청소년복지의 필요성을 더욱 증가시키고 있으며, 종전과 다른 국가사회적 개입을 요청하고 있다. 청소년과 관련한 정책과 서비스는 이러한 다양한 체계의 영향을 받게 되며, 시대적·문화적 상황에 따라 변동하고 있다. 그러나 어떤 사회나 시대를 막론하고 새로운 세대를 이끌어가는 주체로서의 청소년의 성장과 발전에 많은 관심을 갖는다.

특히, 사회는 신체적으로나 정서적으로 잘 발달된 동시에, 올바른 교육과 건전한 사회규범을 익히는 사회화 과정을 통해 사회의 생산적 활동과 폭넓은 목표들을 수행할 수 있는 고도의 자질을 갖춘, 높은 수준의 인적자원으로서의 준비된 청소년을 필요로 한다.

이런 점에서 청소년복지는 국가나 사회가 청소년복지에 대한 책임을 인식하고 청소년복지 증진에 적극적이고 주도적으로 개입함으로써 청소년들이 가정적·사회적 위험요소에서 보호받으면서, 자신들의 과업이나 문제를 원만하게 해결할 수 있도록 도울 뿐 아니라, 그들의 잠재능력을 최대한 발휘하여 자아실현은 물론, 책임 있고 건강한 사회 구성원으로 기능할 수 있도록 돕는 데 그 의의가 있다.

2. 청소년복지의 개념적 이해

1) 청소년복지의 개념

(1) 복지와 사회복지

청소년복지는 문제를 가지고 있는 청소년만을 대상으로 한정한 것이 아니라, 모든 청소년의 복지를 추구한다. 이런 점에서 청소년복지를 일부 소외된 계층의 청소년들을 심리적·사회적·경제적으로 지원한다는 개념으로 해석해 온 것은 지나치게 협의적으로 이해하는 것이다. 이는 복지의 어의적 배경과 개념, 사회복지의 개념과 중심 테마를 보면 잘 이해할 수 있다.

먼저, 복지란 사회구성원 다수가 평안하고 만족스럽게 잘 지내는 상태를 의미하는 어의적 배경을 갖는다. 즉, 영어로 "welfare"는 "well(잘)"과 "fare(지내다)"가 합쳐진 단어로 이해되는 것이다. 프리드랜더(Friedlander)와 압테(Apte)는 국민의 복지를 도모하고 사회질서를 원활히 유지하는 데 반드시 필요하다고 생각되는 사회적 욕구를 충족시키는 입법, 프로그램, 급여(benefits)와 서비스를 포함하는 제도라고 사회복지를 정의한다. 다시 말해서 사회복지는 가족체계와 시장체계의 붕괴로 보편화된 사회문제를 해결하고, 충족되지 않은 개인 욕구를 사회적으로 충족시켜주는 제도이다.

다음으로 사회복지의 중심테마(themes)는 다음과 같은 몇 가지로 이해할 수 있다(Morales, Sheafor, & Scott, 2010). 첫째, 사회적 향상에 대한 약속이다. 이는 모든 사람들을 위한 사회적 상호작용의 질을 개선시키는 것이 근본적으로 중요하다는 점을 믿는 것으로 사회복지의 핵심적 가치이다. 사회복지는 모든 사람들이 자신의 사회적 욕구충족을 위한 지원을 받을 기회를 가져야 한다는 입장을 갖는다.

둘째, 사회적 기능 증대를 목적으로 한다. 사회복지사는 사회적 향상이란 문제를 개선하는 것 이상의 어떤 것을 포함한다는 입장을 가져야 한다. 사회적 향상이란 "문제"로 여겨지지 않는다 하더라도, 자신의 삶의 어떤 측면을 개선하기를 원하는 사람을 지원하는 것을 포함한다. 사회복지는 사람들이 다른 사람들과 사회적 제도와 상호작용을 하는 양식인 각자의 사회적 기능(social functioning)을 증대하도록 돕는 일에 관심을 갖는다.

셋째, 행동지향성이다. 사회복지는 실천하는 하나의 전문직이다. 사회복지사들은 사회적 이슈를 조사하는 것에 만족하지 않는다. 그보다는 오히려 문제가 일어나지 않도록 예방하기 위해 행동하며, 변화할 수 있는 문제적 상황을 해소하고, 사람들이 변화될 수 없는 성가신 상황에 대처하도록 돕는다.

넷째, 인간적 다양성에 대한 존중이다. 사회복지가 맡고 있는 광범위한 변화를 효과적으로 가져오기 위해 사회복지는 다양성을 특징으로 하는 하나의 전문직이 되었다. 클라이언트들의 다양성, 지식과 기술의 다양성, 그리고 제공되는 서비스의 다양성 등을 포함한다. 실제로 사회복지사들은 형태, 피부색, 연령 등을 구별하지 않고 모두를 상대한다.

다섯째, 다재다능한 실천 관점이다. 사회복지사가 맡고 있는 광범위한 인간적 조건, 고용되어 있는 다양한 직무상황, 광범위한 제공서비스의 범주, 그리고 상대하는 다양한 대상자 등의 여러 상황은 사회복지를 하는 데 하나의 단일한 실천적 접근으로는 실현불가능하다는 것을 알게 해준다. 오히려 사회복지사는 클라이언트 개인과 클라이언트 집단들의 특수한 욕구를 충족시킬 수 있는 지식과 테크닉의 종합 저장소를 가지고 있어야 한다.

사회복지는 이와 같은 다섯 가지의 테마를 가지고 있는 전문직으로 이해되는 것이다. 그러나 사회복지는 위에 말한 어느 한 테마로 이야기할 수는 없다. 모든 테마가 합쳐져서 사회복지실천을 이해하기 위한 하나의 토대가 되는 것으로 볼 수 있다. 이런 점에서 사회복지는 일부 대상들만 편안하고 잘 살 수 있게 해주는 것으로 볼 수 없으며, 그렇게 하는 것을 복지라고 함은 너무나 좁게 해석하는 일이다.

(2) 청소년복지의 개념

일반적으로 청소년복지의 의미를 새겨보면, 청소년복지와 청소년문제를 유사한 개념으로 인식한 것이 사실이다. 즉, 10대 미혼모, 가출청소년, 비행청소년, 학교중퇴청소년 등과 같이 문제행동을 가지고 있는 청소년을 대상으로 서비스나 정책을 시행함으로써 청소년복지의 실질적인 범위를 축소하여 이해한 것이다. 실제에서는 청소년복지는 문제행동을 가지고 있든 일반 청소년이든, 모든 청소년이 청소년복지의 대상이다. 이는 곧 문제행동 청소년과 일반 청소년 모두를 대상으로 이들의 삶의 질을 향상시키고 잠재력을 최대한 활용할 수 있도록 도우며, 최상의 발달을 보장할 수 있는 모든 활동을 의미한다.

청소년복지의 개념은 청소년이 누구이며 어떠한 특징을 가지고 있느냐에 대한 관점, 국가의 전반적인 복지수준, 그리고 청소년정책의 방향에 따라 다양하게 논의될 수 있다. 예를 들면, 청소년과 관련된 국가정책과 법제와 관련하여 정의하는 견해도 있는데, 한국의 청소년정책과 관련된 기본법제인 「청소년기본법」 제3조 제4호에서 청소년복지라 함은 "청소년이 정상적인 삶을 영위할 수 있는 기본적인 여건을 조성하고 조화롭게 성장·발달할 수 있도록 제공되는 사회적·경제적 지원을 말한다"고 규정하고 있다. 「청소년복지지원법」에서도 용어를 정의하면서 청소년복지는 「청소년기본법」 제3조 제4호에 규정된 내용을 말한다고 적고 있다(한국청소년개발원, 2006).

(3) 사회사업과 청소년복지의 정의

한편, 청소년복지가 사회사업(social work)이라는 용어와는 어떤 관계가 있는지를 살펴볼 필요가 있다. 앞서 제시한 청소년복지의 정의가 미국 사회복지교육협의회에서 제시한 사회사업의 네 가지 목적과 일맥상통하기 때문이다. 미국 사회복지교육협의회에서는 사회사업의 목적을 다음과 같이 제시하고 있다.

① 개인, 가족, 집단, 조직 그리고 지역사회가 삶의 과업을 성취하고, 이들의 고통을 예방 또는 감소시키며, 자원을 활용할 수 있도록 도움으로써 이들의 사회적 기능을 촉진·회복·유지 또는 향상시키는 것이다.

② 인간의 기본적인 욕구를 충족시키고 인간의 잠재능력 및 가능성의 개발을 돕기 위해 사회정책, 서비스, 자원 및 프로그램을 계획·개발·수행하는 것이다.

③ 사회적 혹은 정치적 행동(위험에 처한 집단의 권익을 강화시켜주는 것 포함) 및 조직적 또는 행정적 옹호를 통해 위의 정책이나 서비스, 자원, 프로그램을 추구하는 것이다.

④ 이러한 목적과 관련된 모든 전문적인 지식과 기술을 개발하고 시험하는 것이다.

이상과 같은 사회사업의 목적에서 처음 두 가지 목적은 앞서 제시한 청소년복지의 정의와 많은 부분을 공유하고 있다. 즉, 청소년문제를 예방하거나 감소시키는 것 이외에도 이들이 자원활용을 통해 사회기능을 촉진·회복·유지·향상시키는 것을 목적으로 하며, 청소년들의 기본 욕구 충족과 함께 능력 및 가능성을 개발하기 위한 청소년복지정책, 서비스, 자원 및 프로그램의 계획·개발·수행하는 것을 뜻한다(김성이·조학래·노충래, 2006).

2) 청소년복지의 특징

(1) 청소년복지와 아동복지실천

청소년복지의 개념 이해는 또한 아동복지의 개념과 어떻게 다르고 또 유사한가를 이해하면 보다 분명해진다. 프리드랜더(Friedlander, 1961)는 아동복지를 "단지 빈곤, 방임, 질병, 결함 등을 지닌 아동, 혹은 환경에 적응하지 못하는 비행 아동들에게만 관심을 두는 것이 아니다. 아동복지란 모든 아동이 신체적·지적·정서적 발달에서 안전하고 행복하게 살 수 있도록 위험으로부터 지키며 보호하기 위하여, 공적·사적 제 기관에서 실시하는 사회적·경제적·보건적인 제 활동"이라고 정의하고 있다.

이러한 아동복지의 기본 신념은 청소년복지에도 적용될 수 있는 것이다. 이러한 인식에서 우리나라에서도 청소년복지를 아동복지와 구분하지 않고 아동·청소년복지라고 혼합적으로 사용하기도 하고(장인협·오정수, 2006; 표갑수, 2000), 아동복지와 구별되는 독립된 사회복지의 한 분야로서 이해하는 경우도 있다(김성이 외, 2010; 홍봉선·남미애, 2018).

아동의 특성은 미성숙한 상태, 의존과 보호를 받아야 할 대상, 생리적 욕구와 인격적 욕구가 함께 충족되어야 할 존재, 민감하며 가정을 중심으로 사회화되어 가는 시기로 규정하고, 청소년은 아동으로부터 성인으로의 신체적 성숙, 지적·정서적 발달과 함께 독립적 의존의 갈등, 자아정체감의 확립, 저항과 비판의식 등의 특성을 지닌다고 본다(장인협·오정수, 2002). 이런 점에서 청소년은 아동과 분리된 정책대상이 되어야 하며, 이를 위해서는 그동안 아동복지의 범주에서 논의되던 청소년복지의 내용과 실천적 방법이 차별적인 방향에서 고찰되어야 한다고 본다. 그리고 청소년복지의 실천은 개발적 개념을 지표로 삼는 "개발적 복지"로 나아가야 한다는 주장이 제기되고 있다(김선애, 2010). 여기서 개발적 복지는 청소년의 긍정적 발달을 사회적 개발로 전환시키려는 복지적 노력으로 규정한다. 또한, 청소년복지에서 중요한 것은 청소년이 자신의 삶을 주인으로서 살아가는 것이며 그 대표적인 방식은 자기결정이고 자기선택이라고 보았다. 청소년복지는 주인인 청소년이 원하고 바라고 잘하는 것을 파악하고 이를 이를 수 있도록 지원하는 대행자(agent)의 역할을 하는 것이며 이를 위해서 청소년 강점 중심의 관점으로 전환하는 것의 중요성을 강조하고 있다(최경일, 2012).

아동복지실천에서는 기능적 분류에 의한 서비스 유형이 많이 언급되는데, 그 내용은 카두신(Kadushin, 1984)이 주장하는 지지적(supportive) 서비스, 보완적(supplementary) 서비스, 대리적(substitute) 서비스가 중심이 된다. 첫째, 지지적 서비스는 아동이 가정 내에 거주하는 것을 원칙으로 하고 있으며 부모가 아동과 함께 거주하면서 부모로서의 역할을 감당할 의지와 능력을 어느 정도 갖추고 있지만, 부모–자녀 간의 갈등이나 부부갈등으로 그 관계가 역기능적일 경우에 제공한다. 가족 서비스 기관 및 아동상담소 등을 통해 개별상담, 집단상담, 가족치료, 지역사회조직 등의 방법을 활용한다. 둘째, 보완적 서비스는 부모의 역할을 어느 정도 제한한 상태에서 제공되며, 부모의 역할을 기관을 대표하는 보완적인 부모(supplementary parents)가 일부분 대행하게 된다. 소득보장, 어린이집, 가사관리 서비스 등이 있으며, 사회보험이나 공적 부조가 포함된다. 셋째, 대리적 서비스는 제3자가 양육 및 보호에서 부모의 역할을 전적으로 대신하는 것을 의미한다. 새 가정이나 시설로 이주해야 하며, 필요에 따라 친구관계의 변화나 형제자매와의 분리 등의 경우도 발생한다. 법적 양육권을 위임받아야 하지만,

부모가 권리가 전혀 없는 것은 아니며, 아동은 변함없이 부모의 '소유물'로 간주된다. 가정위탁서비스, 시설보호, 입양 등이 이에 해당한다(김성이 외, 2004). 특히, 우리나라의 아동복지가 한국전쟁 이후 전쟁고아에 대한 지원과 보살핌으로 시작되어 입양과 시설보호를 중심으로 나타난 것은 대리적 서비스에 속한다. 이후 보육 등의 문제에 관심을 가짐으로써 보완적 서비스에 관심을 갖게 되었고 최근에 와서 보호 대상을 일반 아동으로까지 확대하게 되었다는 것이다(김경중, 2009).

(2) 청소년복지의 성격

청소년복지는 아동과 구분한 청소년을 복지대상으로 관심을 두기 시작한 이후 발전되어 온 것이며, 그 과정은 1987년 「청소년육성법」과 1991년 「청소년기본법」이 제정되고 그 후 2005년도 「청소년복지지원법」 등이 법체계를 구성하게 된 것과 밀접한 관련을 갖는다. 이들 법체계를 통해 9~24세까지를 정책 대상 청소년으로 규정하고 이들 중 취약계층 청소년과 일반 청소년에 대한 복지적 지원 근거를 공식화한 것이다. 청소년은 아동과 다르게 세상을 이해하고 경험하기 때문에 아동복지를 위한 실천방법으로 청소년에게 접근하는 것은 한계가 있기 때문이다(Thomas, 2005). 아동연령의 연장선에서가 아니라, 사회의 변화상황으로 청소년의 사회적 역할을 구분하게 되었고 그에 따라 아동복지와 다른 수준에서 청소년복지의 내용과 방법이 필요하게 되었다는 것이다(김선애, 2010).

아동에게 '보호'의 사회적 지원이 필요하다면, 청소년에게는 "보호와 참여"가 중심이 되어야 하며, 아동복지 서비스가 '적응'에 초점이 있다면 청소년서비스는 "자립"을 위주로 한 활동이 이루어져야 한다. 또한 아동복지는 '발달과업의 이수'에 복지역량의 관점이 있다면 청소년에게는 발달과업의 이수에 더하여 "개발"의 관점을 적용하여야 한다고 본다(김선애, 2010). 부연하면, 아동은 "보호에 초점을 두어야 하며, 친사회적 적응을 위한 기반 마련과 아동기 연령에 필요한 발달과제를 이해하는 데 역점을 두어야 한다." 그리고 청소년은 "보호와 함께 자아정체성을 확립하는 데 필요한 사회적 참여의 기회도 확장되어야 하며, 아울러 청소년후기에 직면하게 될 생애과정에서의 경제사회적 자립에 중점을 두어야 할 것이다."(p.284)

이상의 논의들을 종합하면, 청소년복지는 아동복지와 구별되는 독립된 사회복지의 분야 중 하나로서 청소년의 기본적 욕구의 충족과 건강한 성장, 발달의 촉진은 물론 청소년이 현재 사회 구성원의 한 사람으로서 주체적인 삶을 영위하도록 하고, 더 나아가 청소년을 둘러싼 환경이 청소년의 성장을 돕기 위해 최적의 기능을 발휘할 수 있도록 청소년과 가정, 사회를 통해 직·간접적으로 제공되는 모든 사회정책과 관련 제도 및 전문적 활동을 의미하는 것으로 정의할 수 있다(홍봉선·남미애, 2018).

(3) 청소년복지의 특징

일반적으로 청소년복지의 의미를 이해하면 다음 몇 가지의 특징을 갖는 것으로 볼 수 있다. 첫째, 청소년복지는 청소년문제와 밀접히 관련을 갖는 것으로 보는 측면이 있다. 청소년가출, 청소년폭력, 청소년성문제 등의 청소년문제와 관련한 청소년을 대상으로 서비스나 정책을 시행함으로써 청소년복지의 범위를 축소하여 이해하는 것이다.

둘째, 청소년복지는 문제행동 청소년이든 일반 청소년이든, 모든 청소년이 대상이 될 수 있다고 보는 측면이다. 문제행동 청소년은 물론 일반 청소년 모두를 대상으로 그들의 삶의 질을 향상시키고 잠재력을 최대한 활용할 수 있도록 도우며, 최상의 발달을 보장할 수 있는 모든 활동을 의미하는 것으로 이해한다(한국청소년개발원, 2000).

셋째, 보다 광범위하게는 요보호청소년과 같은 특정 집단에만 국한되는 것이 아니라, 일반 청소년과 청소년의 생활에 가장 직접적인 영향을 미치는 가족까지를 포함하며, 청소년에 대한 직접적인 서비스와 간접적인 서비스(정책, 제도)를 모두 포괄적으로 이해한다. 청소년복지는 정부와 민간의 협력은 물론, 전문가에서부터 지역주민 등 다양한 사람들의 협조가 필요한 분야이기도 한 것이다.

이러한 다양한 입장이 존재하지만 최근으로 오면서 점차 청소년복지는 가정이나 사회에서 방임되거나 적응하지 못하는 청소년뿐만 아니라, 모든 청소년의 안녕에 관심을 가지고 있음을 알게 된다(이용교, 2009). 이 점에서 사회의 일부 소외된 계층의 청소년들을 심리·사회적 및 경제적으로 도와준다는 개념은 잘못된 것이라는 지적이다. 따라서 청소년복지는 모든 청소년들의 복지를 추구하는 것이며, 기본 욕구 충족을 넘어서 주체적인 삶을 위해 청소년의 발달과 기능을 최적으로 촉진하고 발휘할 수 있도록 보장하는 것이다.

넷째, 청소년복지를 위한 정부와 민간의 협력이 강조되고 있는 특성이 있다. 청소년은 보는 관점에 따라 문제집단, 사회안정의 위협집단, 혹은 사회적으로 불리한 집단으로 여겨지기도 하였지만, 오늘날 청소년은 다양한 성격의 집단으로 인식되고 있다. 따라서 청소년집단을 위해서는 소득, 보건, 교육, 여가서비스 등을 단일한 방식으로 제공하기보다는 국가와 지방자치단체, 그리고 민간이 다양한 방식으로 접근하는 것이 바람직하다.

다섯째, 최근에는 청소년을 복지의 대상으로만 인식하지 않고 사회변동의 주체로 인식하는 경향이 높아지고 있다. 청소년의 권리가 강조되면서 청소년과 관련된 정책의 의사결정에 청소년의 참여(participation)와 시민적 관여(civic engagement)가 증대되고 있다(천정웅, 2009). 청소년들이 자원봉사활동을 통해서 지역사회문제를 해결하도록 장려되고, 미래의 주인으로서뿐만 아니라 현재 한 시민으로서 권리를 행사하는 동시에 책임을 다하도록 강조되고 있다.

3. 청소년복지의 발전과정

1) 청소년복지의 변천

청소년복지는 역사적·문화적 산물이다. 산업화의 진전에 따라 개별기업은 연소노동자를 혹사하였고, 국가는 총노동력을 보존하기 위해 아동보호를 위한 공장입법을 제정하였다. 산업기술 발전은 질적 노동력을 키우기 위해 공교육 기간을 늘려 왔다. 전통적으로 아동과 청소년을 양육하는 것은 가정의 역할로 인식되어 왔다. 국가 개입은 처음에 매우 한정적이었다. 그러나 최근에 아동과 청소년은 부모의 부속물이라는 시각을 벗어나서 청소년의 요구와 이익은 부모와 다를 수 있다는 인식이 대두되었다. 그러나 아직도 아동과 청소년보호를 적절하게 하지 못할 때에만 복지가 필요하다는 생각이 일부 존재하고 있다.

예컨대 영국의 경우 1948년에 「아동법」이 통과되었고, 아동부를 설치하였으며, 독립적인 서비스를 실시하였다. 그에 반해 한국에서는 전통적으로 가정의 영역으로 인식되어 왔으며, 「아동복리법」이 제정된 1961년에는 요보호아동이 주요 대상이 되었다. 이후 1981년 「아동복지법」이 제정됨으로써 전체 아동으로 정책 대상이 확대되었다. 아동과 별도의 청소년 복지대상의 정책은 1987년 「청소년육성법」을 제정한 이후부터이다. 청소년육성에 대한 정부 책임과 의무강화, 청소년전담 행정부서 설치, 이후 청소년정책 장기계획인 "한국청소년기본계획"을 수립하고 1991년에는 「청소년기본법」을 제정했으며, 2004년에는 「청소년복지지원법」을 제정하였다.

2) 청소년복지의 발전

청소년복지의 개념이 점차 광의적인 것으로 확장되어 온 것은 청소년복지의 역사적 발전과정을 통해서도 확인할 수 있다. 한국의 청소년복지는 해방 후 상당기간은 아동복지만 존재했던 시기가 있었고, 그 후 아동복지의 연장선에서 청소년복지가 다루어지다가 「미성년자보호법」의 제정(1961)과 중앙청소년보호대책위원회의 설치(1964) 등으로 아동과 다른 '청소년 영역'이 설정되고, 세계청소년의 해(1985)를 계기로 하여 「청소년육성법」이 제정(1987)되면서 청소년복지가 하나의 독립된 영역으로 발전하게 된다.

실제로, 한국의 청소년정책을 특별히 복지정책적 차원에서 접근하는 경우에는 크게 ① 해방 이후~1961년까지의 시기, ② 1962~1987년까지의 시기, ③ 1988년 이후 현재까지의 시기로 청소년복지의 발전과정을 구분하고 있다(홍봉선·남미애, 2018; 이용교, 2020). 또한, 세 번째 시기를 1988~2003년까지로 하고 그 이후 2004년~현재까지를 또 하나의 시기로 구분하고 있다(조선화 외, 2005; 조성연 외, 2008), 또한, 김경준 외(2005)는 청소년복지의 발달과정을 ① 해방 이후~1961년 「아동복리법」 제정까지의 시기를 '청소년복지의 잠복기,' ② 1962~1987년의 「대한민국 헌법」 개정 및 「청소년육성법」 제정 때까지의 시기를 '청소년복지의 태동기,' ③ 1987~2004년까지의 시기를 '청소년복지의 확립기' 등으로 구분하고 있으며, 최근에는 여기에 2005년 이후~2019년 현재까지를 '청소년복지의 확대기'로 하여 추가하여 구분한 것을 찾아볼 수 있다(김도영·이혜경·조자은, 2019). 청소년복지는 단일법령인 「청소년복지지원법」이 제정됨으로써 그동안 미진했던 청소년복지가 본격적으로 발전할 수 있는 계기를 제공하게 되었다. 「청소년복지지원법」은 많은 부분에서 보완 및 수정이 필요하지만 청소년복지를 위한 단일법령이라는 점에서 의의가 있으며, 청소년복지를 수행하는 근거법이 될 수 있다는 점에서 평가된다.

이상의 논의를 통해 몇 가지 공통되는 특징을 알 수 있다. 첫째, 「청소년육성법」이 제정·시행되고 중앙부처의 전담조직으로 청소년국이 당시 체육부에 설치되었던 1987년을 기준으로 하나의 시기를 구분하는 데에는 많은 의견의 일치가 이루어진다. 이 점에서 1987년은 정책발전의 하나의 전환점으로 볼 수 있다.

둘째, 일부 연구에서는 1987년 이전의 시기에서는 「아동복리법」과 「미성년자보호법」이 제정된 1961년과 청소년보호대책위원회가 설치된 1964년으로 시기구분을 하고 있다. 특히 청소년복지정책 영역에서는 1961년을 복지정책의 도입 시기로 보고 있다.

셋째, 1987년 이후의 청소년정책은 몇 차례로 나누어 시행된 "청소년육성5개년계획"의 특성과 「청소년활동진흥법」, 「청소년복지지원법」 등의 제정과 관련하여 시기 구분이 논의되고 있다. 우선 1998년이 중요하게 논의되는데, 이때는 제2차 청소년육성5개년계획을 전후한 청소년정책의 방향 전환과 청소년전담부서의 개편 등이 있었던 때이다. 다음으로는 2004년도를 기준으로 시기 구분을 하는데, 이는 「청소년기본법」이 개정되면서 「청소년활동진흥법」 등 이른바 4개 개별 법률이 제정 시행된 때이다.

넷째, 대부분의 연구가 청소년정책과 관련한 전담부서의 설치와 개편, 청소년관계 법령의 제·개정, 청소년육성5개년계획 등을 시기 구분의 중요한 기준으로 삼고 있다. 이에 따르면 정부수립부터 현재까지를 대체로 ① 1948년 정부수립 이후~청소년보호대책위원회가 설치된 1964년 9월까지(부처별 산발 추진), ② 1964년 9월~1977년 8월 청소년대책위원회가 설립된 시기까지(부처 차원의 조정), ③ 1977년 8월~1988년 6월 「청소년육성법」이 제정된 시기까지(정부차원의 조정), ④ 1988년 6월~2005년 4월 청소년위원회가 설치된 시기까지(정부차원의 조정, 부처차원의 총괄집행), ⑤ 2005년 4월~2008년 2월까지 (국가)청소년위원회 운영을 중심으로 한 시기(청소년조직 통합, 단일 청소년전담 조직 출범), ⑥ 2008. 3~2010년 2월까지 보건복지가족부 소관시기(아동정책과 청소년정책의 통합), 그리고 ⑦ 2010년 2월 이후 청소년업무가 여성부로 이관되면서 현재까지 여성가족부 소관으로 수행되는 시기(여성가족부 개편 및 이관) 등으로 구분된다(여성가족부, 2020; 배정수·노자은·이혜경, 2021).

3) 청소년복지의 시기 구분과 특징

이러한 분석을 바탕으로 우리나라 청소년복지의 발전과정을 청소년정책 전반의 정책제도의 변화 추이와 함께 정책의 형성배경과 정책내용의 특성 변화에 주목하여 이해하기로 한다. 특히 「청소년육성법」 제정을 전후한 1980년대 중반과 IMF 국가위기와 함께 전개되었던 1998년을 전후한 시기는 한국 청소년복지의 종합적 이해에 특별한 의미를 갖는다. 이 점에서 다음과 같이 시기를 구분할 수 있다.

첫째, 1948년 이후 1987년 「청소년육성법」이 제정되고 체육부에 청소년국이 전담부서로 설치될 때까지의 시기이다. 주로 문제청소년에 대한 대책중심의 노력이 정부 관련 부처별로 부분적·산발적으로 이루어졌다.

이 시기에는 우리나라 최초의 청소년이라는 용어를 가진 전담기구와 법령 및 전담부서가 설치되었다. 사회안정과 경제발전이라는 당시의 사회적 여건과 관련하여 대두되는 청소년문제에 대해 주로 규제와 보호를 통한 대책을 모색함으로써 청소년정책의 제도화를 위한 국가차원의 노력이 부분적으로 전개되고 청소년정책의 필요성이 인식됨으로써 "청소년정책"이 처음으로 국가정책의 하나로 인정받게 된 것이다.

전체적으로 1960년대 이전까지는 별도의 청소년정책으로 명명된 정책은 존재하지 않았다. 1960년대로 들어오면서 교육정책이 먼저 정비되기 시작하였으나 학교교육만을 대상으로 한 정책이었으며, 청소년의 전체적 삶을 아우르는 큰 틀 속에서 정비되지 못한 실정이었다. 「청소년육성법」이 제정되기 이전까지 청소년에 대한 시각은 경제발전을 위해 사회정화 차원에서 문제를 일으키지 않도록 대책을 강조하거나 보호해야 하는 대상으로 부각될 수밖에 없었다. 마찬가지로 청소년정책 또한 사회부문별로 문제의 소지가 있는 분야에 국한된 소극적 보호정책만 있었을 뿐이었다.

전체 청소년을 위해서는 형식적이고 캠페인적 성격의 활동범위 안에서 비체계적으로 접근하는 데 그쳤다는 점에서 전체적으로 보아 청소년의 중요성은 인정하면서도 여전히 청소년문제 자체를 처방하는 데에만 비중을 두는 수준의 업무를 수행한 것으로 평가된다. 이 시기는 청소년정책이 문제청소년에 대한 선도·보호·규제 중심의 청소년대책에서 전체 청소년을 대상으로 잠재력을 개발하고 전인적 성장을 돕는 내용의 사업과 건전 지도와 같은 적극적인 의미의 육성업무가 강화되었음을 확인할 수 있다.

둘째, 청소년정책이 독자적 영역을 갖는 수준으로 발전한 것은 전담부서가 설치된 이후, 「청소년기본법」이 제정되면서 '한국청소년기본계획'이 수립되고 시행된 1991년을 전후한 시기이다. 정책내용은 전체 청소년의 전인적 성장과 잠재력 개발을 지향하는 종합적인 방향으로 전환하였다.

이 시기는 청소년업무 전담부서로 청소년국이 체육부에 설치된 1988년부터 1993년의 문민정부를 거쳐 1998년 '국민의 정부'가 들어서고 1998년 제2차 "청소년육성5개년계획"이 수립·공포되는 이전까지의 단계이다. 이 시기 동안 청소년행정체계는 중앙부처에 청소년국이 생기고 시·도에 청소년과가 생김으로써 중앙과 지방을 연결하는 청소년정책의 전달체계가 비로소 확립되었다. 해방 이후 줄곧 지속되어 온 선도·보호·단속·규제 위주 '청소년대책'이 지원·육성·조장하는 청소년정책으로 보다 더 적극적이고 긍정적이며 진취적인 내용으로 전환하게 되었다.

이 시기 한국청소년정책의 발전과정을 정책 방향과 성격 및 영역 확보라는 측면에서 보면 청소년수련활동중심의 정책업무 영역화로 규정되며, "한국청소년기본계획"(1991.6)이 중요한 의미를 갖는다. "한국청소년기본계획"은 청소년활동의 협의적 개념으로 이해되는 '수련활동'을 중심으로 하여 한국청소년정책의 업무 영역을 확립하고 이를 제도화하도록 함으로써 정책기반으로 확립한 것으로 평가되기 때문이다. 청소년수련활동은 1991년 수립된 '한국청소년기본계획'의 추진을 위한 구체적 정책사업과 프로그램들을 단계적이고 체계적으로 수행함으로써 정책제도화되었다. 수련활동은 수련거리, 수련시설, 청소년지도자, 청소년단체에 관한 것을 중심으로 하는 구체적인 정책과제를 통해 시행되었으며 이후의 '청소년육성5개년계획'을 통해 지속적으로 추진됨으로써 청소년정책의 가장 큰 영역으로 발전되었다.

셋째, 청소년정책은 또 한 번의 획기적인 변화를 갖게 되는데, IMF 국가위기 극복의 국가적 과제를 안고 1998년 '국민의 정부'가 출범하던 시기부터 시작한다. 이때에는 제2차 "청소년육성5개년계획"을 수립하여 시행함으로써 새로운 세기를 위한 정책비전과 전망을 제시하고 종전과는 다른 정책방향의 전환을 이루었으며, 이후 2003년 「청소년기본법」과 「청소년보호법」의 개정 및 「청소년활동진흥법」과 「청소년복지지원법」을 제정 시행하고 이원화되어 추진되었던 청소년업무가 다시 통합되면서, 현재는 여성가족부를 중심으로 청소년정책이 수행되고 있다.

〈표 3-1〉 **청소년복지의 발전과정**

구 분	형성기 (1961-1987)	성장기 (1988-1997)	전환기 (1998-현재)
기본 시각	보호, 대책(미성년자, 소년)	육성, 수련, 보호(청소년)	참여, 활동(시민청소년)
정책 대상	일부 문제청소년	전체 청소년	전체 청소년 (위기청소년 학교밖 청소년 등)
정책 목표	문제 대책	문제 예방	개발과 참여
정책 특성	정책 영역으로 인정 (전담업무 필요성 인식)	청소년육성중심 독자적 영역 확립 (정책 조정 필요)	정책 전환과 정책영역 확대 본격화 (자율참여)
행정 조직	전감기구 최초 설치 (보호대책위원회) 전담행정조직 최초 설치 (체육부 청소년국)	청소년육성위원회 체육청소년부-문화체육부 (보호위원회)	문화관광부 보호위원회 - 국가청소년위원회 보건복지부 여성가족부
법령	미성년자보호법 아동복리법 - 아동복지법 청소년육성법	청소년기본법 청소년헌장 청소년보호법	청소년헌장 개정 청소년활동진흥법 청소년복지지원법 청소년기본법 개정 청소년보호법 개정
정책 계획	청소년문제개선종합대책(1984) 제6차 경제사회발전5개년 - 청소년부문	최초 청소년정책 시작 한국청소년기본계획 (1992-2001) (청소년수련활동의 제도화) 제1차 청소년육성5개년계획 (1993-1997)	청소년정책 본격화 제2차 청소년육성5개년계획 (1998-2002) (정책방향 전환, 정책비전 변화) 제3차(2003-2007), 제4차(2008-2012), 제5차(2013-2017), 제6차(2018-2022) 청소년정책기본계획 지속
청소년 기관	한국청소년단체협의회	한국청소년연구원 (한국청소년개발원)	한국청소년정책연구원 한국청소년상담개발원 한국청소년활동진흥원
종합	전담화	체계화	특성화

이 시기는 제2차 청소년육성5개년계획의 수립·시행으로 우리나라 청소년정책의 기본발상과 정책방향에서 일대 전환점을 맞이한 시기로 평가된다. 제2차 청소년육성5개년계획은 당시 같이 제정되었던 새로운 청소년헌장(1998년 10월 25일)과 더불어 한국사회에서 청소년세대의 주체적 역량에 대한 사회적 인준으로 받아들여질 정도였다. 즉, 기존의 청소년정책들이 청소년의 존재의의를 공부하는 "학생"과 "미래의 주역"으로 바라보고 선도·보호·교화 위주의 청소년정책 중심이었다면, 제2차 계획을 통해 비로소 청소년세대는 오늘의 구성원으로서 당당한 동반자적 사회 지위와 권리를 획득하고 이를 통해 삶의 질 향상을 위한 보편적인 방향의 정책으로 전환하게 된 것이다.

이 시기는 오랫동안 이원화되어 왔던 청소년업무가 국가차원의 새로운 통합을 이루어냄으로써 외형상으로는 헌정사상 가장 존재감 있는 청소년기구로 등장하게 되었다. 청소년 관계법들이 제·개정되었고, 청소년보호와 육성정책의 이원화 체제를 통합하는 시기였다. 따라서 2004년도에 「청소년기본법」을 청소년육성의 기본원리와 정책적 근간에 관한 사항을 중심으로 규정하고, 청소년활동과 관련되는 규정을 「청소년활동진흥법」으로, 청소년의 복지에 관한 규정을 「청소년복지지원법」으로 제·개정하여 청소년보호에 관하여 규정된 「청소년보호법」 등과의 연계로 청소년활동, 청소년복지, 청소년보호에 대한 정책을 종합적·체계적으로 이루어지도록 하였다.

그러나, 중요한 것은 한국의 청소년복지의 발전은 정책적 측면에서는 앞서 구분한 세 개의 시기 구분(1961년부터의 형성기, 1988년부터의 성장기, 1998년 이후의 전환기)에 또 다른 시기 구분을 추가할 정도의 근본적 정책변화와 특징을 1998년 이후에는 찾아보기기 쉽지 않다는 점이다. 첫째, 우리나라에서 청소년분야 최초의 입법인 「청소년육성법」이 제정된 1988년과 그 후 1990년을 전후하여 청소년복지를 비롯한 현재의 청소년업무의 종합적 기본 틀을 제시한 것으로 평가되는 '한국청소년기본계획(1992-2001)'을 수립하고 기존의 「청소년육성법」을 개편하여 '한국청소년기본계획'의 주요 내용을 추가하고 「청소년기본법」을 새롭게 제정했던 일과 같은 획기적인 정책화의 노력은 그 후 나타나지 않았다.

둘째, '한국청소년기본계획' 이후 이를 5년 단위로 다시 구분하여 제1차 청소년육성5개년계획(1993-1997)을 수립하고 그 후 제2차(1998-2002), 제3차 청소년정책기본계획

(2003-2997), 제4차(2008-2012), 제5차(2013-2017), 그리고 제6차 청소년육성기본계획(2018-2022) 등으로 지속적으로 실시되었다. 그러나, 청소년정책의 성격과 내용은 물론, 철학과 이념을 제시한 측면에서 볼 때, 1998년의 제2차 '청소년육성5개년계획'에서 제시되었던 '자율과 참여'의 정책방향 전환에 비길 정도의 정책적 전환이나 적극적 내용 발전은 다른 중장기정책계획에서 담고 있다고 보기 어렵다.

특히, 오늘날의 청소년정책의 주요한 내용이 되고 있는 청소년인권이나 청소년참여 등과 관련한 정책내용은 제2차 청소년육성5개년계획에서 대두된 것으로 매우 중요한 의미를 갖는다. 2004년도에 「청소년복지지원법」과 「청소년활동진흥법」 등을 제정함으로써 청소년정책 관련 법체계를 확보했다는 평가가 있지만, 이는 기존의 「청소년기본법」의 주요내용을 중심으로 활동과 복지지원 등으로 구분한 법률명으로 형태를 갖추고 내용을 보완하여 새롭게 시행한 것으로 볼 수 있는 것이다(김민, 2018; 조혜영, 2019).

이런 점에서 청소년복지뿐만 아니라 청소년업무 분야의 전반적 발전을 위해서는 지금까지의 청소년업무의 정책철학과 이론적 토대를 다시 마련하고, 청소년과 청소년업무에 대한 기본발상을 새로운 차원으로 크게 전환할 필요가 있다. 이는 오늘날의 시대가 제4차 산업혁명의 시대, SNS시대, 글로벌화의 시대 등에 따른 인간 소외와 생명의식, 상실과 단절 등의 총체적 위기 속에 나아가고 있으며, 더욱이 최근의 COVID-19 팬데믹(pandemic)에 따른 코로나의 세계적인 대유행에 따른 청소년들의 생활과 삶의 모습 변화상황을 볼 때 이에 대응하는 복지적 노력과 청소년업무분야의 효과적 대응은 가장 중요한 국가사회적 과제가 될 필요가 있다는 점에서 더욱 중요한 것이다. 청소년복지의 기본 방향은 청소년의 '삶의 질'을 향상시키고 '청소년에 의한 청소년정책'을 제대로 하는 것이 요청된다.

Chapter 04

청소년복지의 접근방법

청소년복지를 이해하기 위해서는 청소년복지에 대한 기본적인 시각 전환이 필요하다. 청소년복지를 청소년의 욕구와 사회환경 간의 상호작용에서 적응하지 못할 때 일어나는 문제로 볼 것인가(잔여적 개념), 정상적이고 일반적인 경우에도 도움을 필요로 할 때가 있다고 이해할 것인가(제도적 개념), 아니면 이상의 두 가지 개념에서 전제하고 있는 문제와 무관하게 모든 청소년의 삶의 질을 향상시키고 인간발달을 완성하는 것을 청소년복지의 목적으로 볼 것인가(발전적 개념) 하는 것에 대한 검토가 요구된다.

이를 위해 먼저 사회복지에서의 3대 관점과 그에 따른 청소년복지의 세 가지 관점에 대해 고찰한다. 이러한 상호 관련된 여러 가지 관점과 접근법에 대한 종합적인 이해는 향후, 청소년복지의 성격과 영역 또는 분야를 어떻게 이해하고 규정해야 할 것인가에 대한 분석틀로서의 의미가 있다.

1. 사회복지의 3대 관점과 청소년복지의 접근법

1) 사회복지의 3대 관점

사회복지의 접근에는 세 가지 관점이 있다. 즉, 잔여적 접근(residual approach), 제도적 접근(institutional approach), 발전적 접근(developmental approach)이 있다(Homan, 2007). 첫째, 사회복지에서의 잔여적 접근은 가족과 시장경제가 사람들의 욕구에 대한 적절한 자원으로 사회복지는 틈새에 놓인 개인들을 위해 보충적인 서비스 안전망을 제공한다. 즉, 사회적 기능을 수행하지 못하는 계층에게 프로그램과 서비스를 시혜적으로 제공하는 것을 말한다. 이런 잔여적 개념에서의 청소년복지서비스는 일반 가정의 청소년들에게 필요하지 않다는 전제에서 출발한다. 그래서 특정 집단에게 시혜적으로 제공되는 정책 서비스들은 제한적이고 일관성이 없고 부정적으로 나타난다. 또한 이미 피해를 받고 있는 청소년들에게 개별단위로 지원함으로써 가족으로부터 해체되고 지역사회로부터 소외되는 과정으로 이어진다.

둘째, 제도적 접근은 복지노력을 사회문제에 대한 반응으로 보고, 이러한 문제들은 일반적으로 대부분의 사람들에게 영향을 미치고 있다는 것이다. 또한 이러한 접근에서는 서비스를 문제의 성격과 심각성의 차이에 관계없이 클라이언트의 권리라고 본다. 제도적 프로그램은 일정하게 접근과 이용이 가능하고, 그것은 욕구에 대한 일차적인 자원으로 보이기 때문에 낙인(stigma)이 거의 없다. 다시 말해 제도적 개념의 관점에서는 정상적이고 일반적인 가족들도 현대의 복잡한 사회 속에서는 공동의 인간적 욕구를 가지고 있으며 수시로 도움을 필요로 한다고 본다. 이 개념에서는 청소년과 가족들은 보호적·치료적 서비스는 물론 예방적 서비스를 받게 된다. 특히 이런 서비스를 받을 때 낙인이 찍히지도 않으며 가족 구성원으로부터 해체되는 일도 없게 된다.

제도적 개념은 또한 많은 보충적 서비스를 필요로 한다. 즉, 한 가족이 현재 생활을 영위하는 데 필요한 사회적 지지 서비스가 필요하다. 다양한 가족보호사업, 가족관리사업, 지역사회 연계사업, 야외활동 등으로 청소년들은 가족 및 지역사회의 관계를 맺게 하는 사업이 필요하다. 이와 같이 제도적 개념의 청소년복지는 일부 청소년만을 보호하는 것이 아니라, 모든 청소년을 보호하는 사회적 유용성이 높은 개념이다(김성이 외, 2010).

사회복지의 세 번째 주요 관점은 발전적 접근이다. 이러한 접근은 지역사회가 보다 나은 삶을 만들어 가는 사회복지제도의 설정을 가능하게 한다. 이 접근법을 사용하여, 서비스 전달은 문제중심적 정향에서 벗어날 수 있다. 이 견해에 따르면, "사회가 반드시 문제를 해결하기 위해서뿐만 아니라, 삶을 더 향상시키고 인간발달을 충족하기 위해서 사회복지제도를 만들 수 있다"는 것이다(Dolgoff, Feldstein, & Skolnik, 1997: 139).

발전적 개념은 제도적 개념을 넘어 인간발달 또는 사회발전에 초점을 맞춘다. 제도적 접근도 사회문제를 전제로 하고, 그러한 문제를 예방하거나 교정하기 위해 사회복지제도를 마련해야 한다고 본다. 발전적 접근은 바로 이러한 문제를 전제하지 않고 인간의 잠재력 발달과 삶의 질 향상을 목적으로 접근하는 점에서 근본적으로 차이가 있다.

예를 들면 미국의 경우 지방정부의 공원관리 및 레크리에이션 부서가 청소년을 위한 다양한 프로그램들을 제공하고 있는데, 그것이 단지 문제를 고치거나, 결점을 극복하기 위한 것이라기보다는 사람들의 잠재력을 확장하고 삶의 질을 더 높이도록 하기 위한 것이 목적이라면 그러한 서비스 제공은 발전적 접근의 관점을 갖는다. 발전적 접근은 또한 앞서 언급한 공원관리 및 레크리에이션 부서의 사례와 같이, 개인에 초점을 가질 수도 있고 가족의 강점을 구축하는 것과 같이 집단에 초점을 맞출 수도 있으며 주거나 일자리 마련을 위해 일하는 것과 같이 지역사회 수준의 접근을 가질 수도 있다(Homan, 2007).

2) 청소년복지의 3대 접근관점

이상에서 알아본 사회복지의 잔여적·제도적·발전적 관점들은 청소년복지를 보는 관점과의 관련성에서도 중요한 의미를 갖는다. 청소년복지 분야를 보는 관점은 청소년을 어떻게 보는가에 따라 크게 문제중심적(problem-focused) 관점과 예방적(preventive) 관점, 그리고 청소년개발(youth development) 관점으로 구분된다.

문제중심적 관점은 청소년을 사회적 지위나 역할의 관점에서 보기보다는 하나의 인간발달적 시기로서 본다. 예방적 관점은 문제중심적 견해들이 비판되면서 강조되기 시작한 것으로 문제가 생기고 난 뒤에 해결하려고 애쓰기보다는 문제가 처음 생기는 것을 예방하는 것이 보다 비용효과적이고 또 효율적일 수 있다는 이해에서 비롯된다(Small & Memmo, 2004). 청소년개발 관점은 예방적 관점에서 나아가 문제가 발생하거나 위기상황이 생기지 않도록 예방하는 것뿐만 아니라, 더 나아가 긍정적 발달과 청소년의 건강과 안녕(well being)에 기여하는 조건들을 적극적으로 주장하는 데 있다(Cheon, 2008).

이렇게 보면, 사회복지의 3대 관점은 청소년복지를 보는 3대 관점과 상호 유사한 특성이 있다. 즉, 잔여적 관점과 문제중심적 관점이 유사성을 가지며, 제도적 관점은 예방적 관점과 그 내용이 밀접히 관련되고 있다. 또한 사회복지의 발전적 관점의 경우는 청소년개발적 관점과 상호 연결되는 것으로 볼 수 있다.

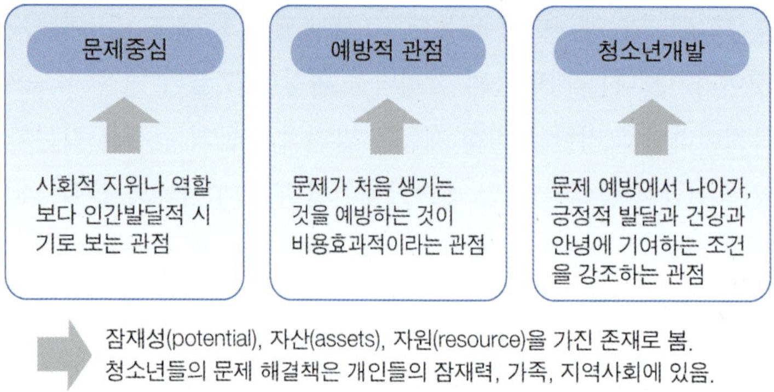

[그림 4-1] 청소년복지의 관점

2. 청소년복지의 예방적 접근방법

1) 일차적, 이차적, 삼차적 예방모델

청소년복지를 보는 접근방법으로는 문제중심적 관점, 예방적 접근, 청소년개발적 관점 이외에도 구체적인 문제 영역과 관련하여 보면 다음과 같은 몇 가지 접근방법들이 제시되고 있다. 첫째, 가장 대표적인 것은 세계보건기구가 강조하고 있는 3대 예방모델이다(Caplan, 1964). 예방모델은 일차적 예방(primary prevention), 이차적 예방(secondary prevention), 삼차적 예방(tertiary prevention)으로 구분된다. 일차적인 것은 새로운 문제나 병의 출현율(incidence)을 줄이는 것을 말하고, 이차적 예방은 이미 발생한 문제나 병에 대한 조기 발견과 개입을 통해 유병률(prevalence)을 낮추는 것을 목적으로 한다. 삼차적인 것은 현존의 문제나 병으로 인한 장애 및 복합적인 문제를 예방하는 것을 목적으로 한다.

청소년문제와 관련하여 보면, 일차적 예방에서는 정상적이고 건강한 심신의 발달을 위해 조기에 투입되고, 장기적으로 지속되며, 평생교육적인 성격을 지닌 예방활동이다. 여기에서는 일반적인 일탈행동의 예방적 차원이 강하다. 내적 대처기술과 외적 요인 또는 모두를 변화시키거나 강화함으로써 문제의 발생률을 줄이는 것이다. 아동들은 그들의 문제 상황에서 자율적이고 사회적으로 책임성 있게 행동할 수 있는 교육이 있어야 한다. 일차적 예방법의 예로는 아동학대 예방을 위한 부모교육, 성병 및 에이즈 감염, 10대 임신을 예방하기 위한 성교육, 학교 중퇴를 예방하기 위한 중퇴예방 프로그램 등이 있다.

이차적 예방의 목적은 이미 존재하고 있는 또한 현저한 상태의 일탈행위자, 소위 위험한 사람 또는 위험집단을 치료하는 것이다. 문제가 있는 사람의 조기발견을 통해 문제의 영향을 최소화하고 이전 기능을 조속히 회복하도록 하는 데 중점을 둔다. 이차적 예방법의 예로는 친구의 갑작스런 죽음을 경험한 청소년들을 위한 자조집단의 구성과 활성화, 음주 및 약물남용 청소년들을 위한 통원치료시설, 가정폭력을 목격하는 청소년을 위한 상담서비스 등이 있다.

넓은 의미에서의 삼차적 예방은 심리, 사회적인 측면의 도움이 제공되는 영역이다. 이는 문제의 해결 이후에 잔존하는 문제를 줄이는 것으로 이 차원의 예방목적은 과거 일탈청소년이 자기신뢰감의 강화와 가족에로의 복귀를 통하여 개인이나 가족 구성원들이 다시금 정상적 일상생활을 영위할 수 있도록 도움을 주는 것이다. 삼차적 예방의 예로는 약물남용 프로그램을 통해 치료받은 청소년이 매주 자주집단에 참여하여 재발을 방지하는 노력을 하는 것을 들 수 있다.

2) 예방 – 치료 – 유지 모델

청소년복지를 위한 두 번째 접근방법으로는 정신건강 영역에서 발전되어 온 예방–치료–유지 모델이 있다(Mrazek & Heggerty, 1994). 문제의 예방에서부터 이미 발견된 사례에 대한 치료와 장기적 치료, 그리고 사후관리가 필요한 사례에 대한 유지까지 전 과정을 포함하고 있다.

(1) 예방(prevention)

먼저 예방(prevention)은 크게 보편적, 선별적, 표적 예방의 세 가지로 구분한다(김성이·조학래·노충래, 2006).

① 보편적 예방(universal prevention)은 일반 청소년 모두를 대상으로 하며, 문제를 전혀 가지고 있지 않은 청소년도 모두 포함한다. 예를 들면, 흡연예방교육이 있는데, 청소년 모두에게 흡연에 대한 정확한 정보와 교육을 제공함으로써 청소년 흡연을 사전에 예방하는 것이다. 성교육의 경우도 이에 해당한다. 청소년 모두에게 성 관련 정보를 체계적으로 전달함으로써 이들에게서 원치 않는 임신, 성병, 에이즈 감염 등을 예방하는 것이다. 이런 모델은 개개인에 드는 비용이 적고, 일반 대중에게 많은 호응을 얻을 수 있으며, 개입 자체가 개인에게 위험이 거의 없다.

② 선별적 예방(selective prevention)은 문제에 빠져들 수 있는 집단이나 일반적으로 문제에 빠져들 가능성이 높은 특정 청소년을 대상으로 한다. 이들 집단은 가정, 사회, 경제적 환경 또는 신체적·심리적·사회적 요인들에 의해서 문제를 일으킬 가능성과 스트레스에 노출될 가능성이 많은 경우이다. 예를 들면, 저소득층의 청소년이나 공단 주변의 청소년을 대상으로 한 집중적인 성교육이나 금연교육을 실시하는 것이다. 이들의 가정환경이나 주거환경이 스트레스를 유발할 요인들이 많이 있다고 여겨 이들을 선별적으로 모아서 예방교육을 실시함으로써 문제를 감소시키는 것이다. 이 모델의 경우도 상대적으로 비용이 적게 들고 부정적인 영향도 거의 없다.

③ 표적 예방(indicated prevention)은 문제에 빠져들기 바로 직전의 청소년이나 빠졌다고 해도 그 정도가 매우 가벼워 아직 충분한 회복 가능성을 갖고 있는 청소년을 대상으로 한다. 조기 개입의 형태를 띠고 있지만, 치료의 개념과는 구별된다. 예를 들면, 음주 및 흡연을 하는 청소년을 대상으로 금주교육, 금연교육을 실시하는 경우이다. 또한 성관계 경험을 가진 청소년을 대상으로 집중적으로 임신

및 성병, 에이즈 예방 등에 관한 교육을 실시하는 것이다. 이 모델은 비용이 들기도 하고 개입 자체가 약간의 위험요소를 갖고 있기도 하다.

(2) 치료(treatment)

다음으로 치료(treatment)는 크게 ① 사례발견(case identification)과 ② 알려진 사례에 대한 기본적 치료(standard treatment)를 포함하는 것으로, 문제 영역에 있는 청소년을 대상으로 직접적인 치료를 제공하는 것을 말한다. 예를 들면 개인상담, 집단상담, 약물치료, 입원치료 등을 통해 청소년을 대상으로 직접적인 치료를 제공하여 문제를 해결하는 것이다. 이러한 치료모델은 청소년이 갖고 있는 문제의 정도 내지는 기간을 줄이고, 문제가 심각한 상태로 진행되는 것을 방지하며, 문제해결이 어려울 경우에는 재발의 가능성을 줄이는 데 역점을 둔다. 문제를 가진 청소년은 다른 문제들도 복합적으로 가질 수 있으므로 다른 문제의 발생을 억제하는 데 초점을 둔다. 예를 들면, 잦은 결석과 성적 부진 학생에 대해 부모 지지와 또래집단 모임을 통해 일차적 개입을 할 수 있지만, 동시에 그 학생의 우울증 발생 여부에도 관심을 가지고 개입한다.

(3) 유지(maintenance)

유지(maintenance) 모델은 장기치료나 보호를 요하는 청소년을 대상으로 치료 내지는 보호의 목적에 맞게 협조할 수 있도록 하며, 재활을 포함한 후속적 조치와 약물치료를 포함하여, 재교육 및 여러 가지 지원을 해주는 것을 의미한다. 유지모델에는 ① 치료 및 보호를 필요로 하는 청소년의 문제가 재발되는 것을 줄이기 위해 장기적 치료를 받도록 하는 것(compliance with long-term treatment)과 ② 재활을 포함한 후속서비스를 제공하는 것(after-care including rehabilitation)을 의미한다. 이 두 가지 모두 문제와 상관이 있는 다른 문제 및 장애를 줄이는 것을 목적으로 하는 공통점을 갖는다. 예를 들면, 가출청소년이 귀가했다면, 이 청소년이 학교에 적응할 수 있는 프로그램을 제공해 주고, 부모-자녀관계를 향상시킬 상담과 치료 서비스 및 사회적응기술을 향상할 수 있는 서비스를 제공해 줌으로써 다시 가출을 하지 않도록 하는 것이다.

3) 위험요인 – 보호요인

청소년복지의 또 다른 접근법으로 청소년의 발달과정상의 개인적 특성과 환경적 특성들을 위험요인(risk factor)과 보호요인(protective factor)으로 구분하여 이해하는 것이 있다. 첫째, 위험요인은 부적응적 결과의 가능성을 증가시키는 환경 또는 개인의 특성들을 의미한다(Compas et al., 1995). 스트레스 상황에서 청소년의 심리적·행동적 문제를 일으킬 가능성을 증가시키는 요인을 말하며 나아가 보다 심각한 상태로의 일탈, 문제 상황을 증가시키는 영향력으로 정의된다(박재연, 2010). 특히 청소년의 부적응에 영향을 미치는 위험요인은 다양한 영역에 걸쳐 존재하며 상호 누적적으로 영향을 미치고, 위험사건의 종류에 따라, 발달적 과업에 따라 탄력성의 효과도 달라질 수 있다. 또한 위험요인은 개인적·가족적·사회적 맥락과 개인과 환경과의 상호작용 모두를 포함한다(Kirby & Fraser, 2000).

둘째, 보호요인은 위험요인에 노출되었을 때 나타날 수 있는 부정적인 영향력을 중재하거나 완화시켜 결과적으로 문제행동이 야기될 확률을 낮추는 요인을 말한다. 보호요인이란 취약한 환경조건 하에서도 위험과 작용하여 부정적인 산물의 가능성을 경감시키고, 긍정적인 발달이나 행동을 증진시키는 요소이다(Kirby & Fraser, 1997). 달리 말하면, 위험요인을 가진 개인들의 심리적·행동적 문제발생을 완화시키는 요인으로 작용하는 개인이나 상황, 환경 및 생활사건 등이 갖고 있는 특성들을 말한다. 따라서 보호요인은 위험이나 스트레스 상황에 저항하게 만들고, 개인의 적응방식이나 능력을 키워준다(박재연, 2010).

위험요인과 보호요인의 종류 등에 대해서는 연구자에 따라 다양하게 분류된다. 예컨대, 커비와 프레저(Kirby & Fraser, 1997)는 생태체계적 관점에서 위험요인과 보호요인을 개인적 특성, 가족 및 인접환경의 특성, 그리고 환경적 특성으로 구분하여 설명하였다. 예를 들면, 개인적 특성에 의한 위험요인으로는 성별의 차이, 의료문제 등을 들고 있으며, 보호요인으로는 유순한 영아인 경우, 자긍심과 자기효능감이 높은 경우, 일상적인 역할 수행의 능숙성, 그리고 높은 지능 등을 들고 있다. 가족 및 인접환경의 특성에 따라서는 아동학대, 대인 간 폭력, 부모의 정신병리, 미숙한 부모역할 등을 위험요인으로 보고 사회적 지지, 지지적인 성인, 긍정적인 부모–자녀관계, 그리고 효과적인 부모역할 등을 보호요인으로 열거하고 있다. 또한 환경적 특성으로는 교육 및 고용기회의 부족, 인종차별과 불평등 상황, 빈곤 및 낮은 사회적 지위 등을 위험요인으로 보면서, 교육과 고용의 기회 및 자기 성장을 위한 기회가 풍족한 환경을 보호요인으로 규정하고 있다.

또한, 미국의 서치연구소(Search Institute)에서는 발달적 강점의 관점에서 보호요인의 개념을 설명하고 미국 청소년들을 대상으로 한 대규모의 실태조사를 지속적으로 실시하고 있는데, 보호요인을 크게 환경적 보호요인과 내적인 보호요인으로 구분한다. 환경적 보호요인에는 지지, 역량함양의 기회(힘 북돋우기), 행동기준 설정과 기대, 생산적인 시간활용으로 분류하며, 내적인 보호요인으로는 배움에 대한 열의, 긍정적 가치관, 사회적 역량, 긍정적 자아정체감 등으로 분류하고 있다.

한편 보호요인은 크게 개인적 특성, 가족적 특성, 사회환경적 특성의 세 가지로 분류하기도 한다. 예를 들면, 가메지(Garmezy, 1993)는 기존연구에서 일관되게 나타나는 보호요인들의 결과를 개인적·기질적 요인, 가정적 요인, 그리고 학교, 직장, 교회 등의 측면에서 요약하고 있다. 활동수준, 반영성, 인지적 기술, 타인에 대한 긍정적 반응성과 같은 것을 잠재적인 기질적 요인으로 보고, 온정성, 응집력, 조부모와 같이 반응적인 부모의 책임을 해줄 수 있을 만한 성인의 존재와 같은 가정적 요인, 그리고 개인의 능력에 대해서 보상하고, 어떻게 살아야 할지에 대한 신념체계를 제공하는 외부의 지지체계로서 학교, 직장, 교회 등이 보호요인으로 그 역할을 담당하고 있다고 본다.

이러한 보호요인들을 자세히 살펴보면, 청소년들이 어려움이나 문제행동에 처했을 때 이를 극복할 수 있는 이유는 궁극적으로 자신의 길을 개척해 나가려는 강한 의지가 있기 때문이며, 이에 부응하여 청소년을 돕는 성인이 있기 때문이다. 이렇게 강한 의지를 가진 청소년을 경로개척자(path-maker)라고 부르기도 한다. 특히 청소년이 문제상황을 벗어날 수 있도록 돕는 멘토(mentor)들의 역할은 중요한 사회적 자원으로 논의하고 있다. 이제 이와 관련하여 청소년의 발달경로와 궤적(developmental pathways and trajectories)에 대해 알아보기로 한다.

4) 청소년의 발달경로

청소년의 발달궤도(trajectories of development)는 청소년들이 유아기, 아동기에서 청소년기로, 그리고 성인기로 성장하면서 이들이 어떠한 경로를 따라 변화해 가는지에 대한 개인차를 그림으로 표시한 것이다. 콤파스, 힌덴, 게르하르트(Compas · Hinden & Gerhardt, 1995)은 일반 청소년과 문제행동 청소년의 발달과 관련한 기존의 선행연구들을 근거로 청소년의 발달경로를 다섯 가지로 제시하였는데, 이들 발달경로는 청소년의 적응기능이 순기능적인지 역기능적인지에 따라 변화하게 된다(김성이 · 조학래 · 노충래, 2006).

[그림 4-2]에서 제시된 바와 같이 [경로 1]에 해당하는 청소년들은 지속적으로 순기능(stable adaptive functioning)을 하는 대부분의 청소년들로서, 상대적으로 저위험의 환경 상황에서 성장을 하며, 비행이나 반사회적 행동 혹은 정서문제가 없거나 경미한 상태로 볼 수 있다. [경로 2]의 경우는 청소년들이 지속적으로 역기능(stable maladaptive functioning)을 하는데, 청소년기 이전부터 문제나 장애, 극심한 스트레스와 악조건적인 상황 속에 놓여 있으면서, 이를 중재해 줄 많은 자원이 결핍된 상태를 의미한다. [경로 3]은 특정 생활사건이나 변화의 계기를 통해 역기능적인 상태에서 발달경로가 전환하거나 회복되어 순기능적인 상태로 되는 경우를 말한다(turnaround or recovery). 문제행동을 보였던 청소년이 문제행동이 감소되고 정상적인 적응 또는 순기능적인 적응을 보이게 되는 경우를 말한다. [경로 4]의 경우는 순기능적인 적응 상태를 보이다가 급격히 기능이 저하되는 경우의 청소년이 해당한다(decline). 예컨대 부모의 이혼이나 친구들에 의한 집단따돌림 등의 환경적인 요인으로 인해 적응기능에 급격한 변화를 가져오는 것이다. [경로 5]의 경우는 일시적으로 비행행동이나 위험행동을 보이는 청소년들로서 호기심이 발동하거나 다른 요인으로 인해 일시적으로 역기능적인 행동에 빠져드는 청소년이 해당한다(temporary deviation or maladaptation).

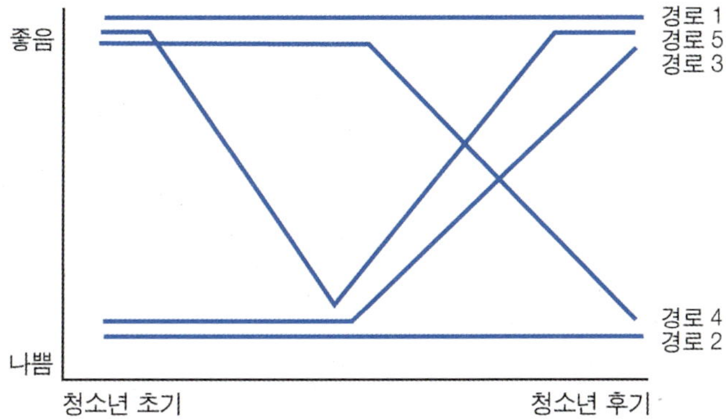

[그림 4-2] 청소년의 발달궤도

3. 전통적 실천방법과 청소년복지

이제까지 청소년복지의 접근방법으로 사회복지와 청소년복지의 3대 접근관점, 예방적 접근법, 그리고 위험요인-보호요인에 의한 접근법 등에 대해 논의하였다. 여기에서는 전통적인 사회복지실천방법과 관련하여 청소년복지에 활용되는 개인접근방법, 집단접근방법, 지역사회개발 접근에 대해 알아본다. 일반적으로 사회복지실천은 1970년대 이전에는 개인접근방법, 집단접근방법, 지역사회복지 등의 실천방법론에 의해 정의되거나 아동복지, 가족복지, 의료사회복지, 정신보건사회복지, 교정사회복지 등 사회복지실천이 행해지는 현장에 의해 정의되었다. 청소년복지에 활용되는 실천방법은 실천현장과 관련한 접근방법보다는 실천방법론에 의한 세 가지 접근으로 이해하는 것이 보다 적합할 것이다. 청소년복지는 청소년을 대상으로 하는 실천영역별 차이가 있기보다는 청소년과의 관계에서 전문적인 지식과 경험을 가진 사회복지 또는 청소년실천가와 전문가에 의한 다양한 실천기술이 작용하는 특별한 관계라고 볼 수 있기 때문이다. 따라서 일반적인 사회복지실천론이나 실천기술론에서 다루고 있는 전문적인 원조기술들이 청소년복지실천현장에도 적용된다.

1) 개인접근방법

청소년복지에서의 전통적 실천방법으로서 개인접근방법은 청소년과 청소년복지실천가, 청소년지도자, 청소년상담사 등을 포함한 실천가와 전문가들의 일대일 관계를 통해 개인의 변화를 추구하는 것으로서 개인이 주어진 환경에 보다 조화로운 적응을 할 수 있도록 돕는 것이다. 따라서 사회복지실천의 개인적 접근방법에 근거한 다양한 이론 지식과 기법을 활용할 수 있으며, 궁극적으로 사회복지가 추가하는 목적, 가치 및 윤리를 그 기반으로 하고 있다.

대표적인 개입과정과 면담기술로 다음 몇 가지를 들 수 있다.

① 탐색질문: 내담자의 대인관계, 문제, 그리고 상황에 대한 과거, 현재, 미래의 과정을 탐색하는 것으로 청소년에 대한 이해를 향상시키는 초기단계에서 많이 사용한다. 또 사회복지실천 전 과정에서 지속적으로 활용한다. 예를 들면, 어린 시절, 부모, 형제들과 관계에서 상실감을 느꼈을 때는 언제였는가? 또는 친구들과 무엇을 같이 하였을 때 소속감을 느끼는가? 등의 질문을 생각할 수 있다.

② 내용반영기술: 메시지나 정보에 대한 이해를 전달하기 위한 감정이입기술로서, 내담자가 말한 내용을 부연하고 다시 내담자에게 표현하는 것을 의미한다. 예를 들면, 내담자가 "가족과 함께 있을 때 마음이 불편하고 말을 하고 싶지 않아요." 라고 한 경우 상담자가 "가족들이 너를 이해하지 못한다고 느끼네요. 가족에게 이해받고 싶은데 말이지요. 그렇지요?"라고 표현하는 경우를 생각할 수 있다.

③ 감정반영기술: 내담자가 표현한 감정을 이해하고 반응하는 것을 의미한다. 이 기술은 내담자의 감정을 정확하게 이해하고, 이를 공감하며 이해했다는 반응을 보이는 것으로 문제해결의 선행조건이 된다. 그러나 내담자의 감정을 이해하지 못하고 문제에 접근하려 한다면 내담자가 마음을 닫는 부작용을 초래할 수 있으므로 신중히 사용하여야 하며, 상담가의 기술이 요구된다.

④ 감정과 의미반영기술: 감정이입과 적극적 경청으로 청소년의 감정과 사실 혹은 생각을 반영하는 것이다. 이 기술은 청소년의 경험과 일치시켜야 하지만 의미를 부여하거나 해석하지 않는다.

⑤ 명료화: 내담자의 말 속에 포함되어 있는 불분명한 측면을 분명하게 밝히는 것

이다. 예를 들면, 내담자가 "우리 엄마는 나를 만나러 자주 오시지 않으며, 나를 창피하게 생각하는 것 같아요. 할머니도 그런 엄마를 보면서 화를 내세요."라고 했을 때, "엄마와의 관계에서 갈등이 많고 나에게 관심과 신경을 많이 써 주지 않는 엄마를 만나고 싶지 않다는 말이지요?"라고 반응하는 것이다.

⑥ 직면: 내담자가 자신의 문제를 합리화하든지 회피하든지, 왜곡하든지 할 때, 혹은 내담자의 언행에서 불일치가 발견될 때, 내담자가 문제해결을 위한 조치를 취하지 않거나 문제해결과 관련한 과제를 다루지 않으려고 할 때 사용한다. 그럼으로써 직면은 변화를 방해하는 부정적 감정, 생각, 행동을 클라이언트가 인식하도록 돕는 것으로 매우 직접적인 방법이다. 이 기술을 사용할 때는 청소년이 청소년실천가나 전문가의 도전적 질문을 수용할 수 있는 관계가 형성되어 있어야 하기 때문에 상담 초기에는 가급적 사용하지 않는다.

⑦ 세분화: 복잡한 현상을 쉽게 다루기 위해 처리가 용이한 단위로 나누는 기술로서 탐색과정에서 유용하다. 예를 들면, 내담자가 학교생활에 적응하지 못할 때, 이 문제를 쉽게 다루기 위해 친구관계, 교사와의 관계, 성적 등으로 나누어 살펴볼 수 있을 것이다.

⑧ 일반화: 내담자의 문제를 생각하는 감정, 태도, 그리고 행동이 다른 사람들과 비슷하거나 다른 사람들도 그렇게 느끼고 행동한다는 것을 설명하는 기술이다. 예를 들면, "나는 시험 때만 되면 많이 졸려서 공부를 할 수가 없어요."라고 하는 경우 "많은 사람들이 꼭 해야 하는 일이 있을 때 그 부담감 때문에 집중을 못하고 회피하는 경우가 많아요."라고 말하는 경우를 생각할 수 있다.

⑨ 조언: 청소년이 해야 할 것을 추천하거나 제안하는 사회복지사 또는 청소년실천가, 전문가의 진술을 의미한다. 이때의 조언은 새로운 방향을 제시하는 수준이지 사회복지사 또는 청소년실천가의 의도대로 강요되거나 개인적 판단에 의해서는 안 된다.

개인적 접근방법에 의한 주요 개입 및 면담기술에는 이 밖에도 경청기술, 바꾸어 말하기, 요약하기, 해석하기, 지지기술 등이 있다(김성이·신효진, 2007).

청소년복지실천가나 전문가들은 이러한 개인적 접근방법에 필요한 다양한 이론적 지식과 기술을 실천현장에서 적용할 수 있다. 그러나 청소년의 개인의 발달특성과 사회문화적 환경을 고려하여 차별적으로 적용할 수 있어야 한다. 절충주의적 접근방법을 활용할 수 있으며, 보다 전문적 개입을 위해서는 각 이론에서 제공하는 개입기술을 심화하는 훈련을 통해 개입전문기술을 향상시켜야 한다.

2) 집단접근방법

청소년 분야에서의 집단접근방법은 매우 광범위하게 활용되고 있다. 개인접근방법이 주로 상담을 통해서 이루어진다면, 집단접근방법은 청소년활동시설에서 인간관계 훈련이나 수련활동 등의 형태로 이루어지거나 상담사업의 경우에는 상담실에서 집단상담의 형태로 실시된다. 1930년대부터 본격적으로 사회복지실천의 주요한 접근방법으로 자리 잡은 집단접근방법은 가장 초기에는 YMCA나 YWCA에서 집단 프로그램과 활동을 제공하는 등 종교와 자선조직의 실천모델로서 개발되었다. 19세기 인보관 운동의 시작과 함께, 런던의 토인비 홀(Toynbee Hall)이나 시카고의 헐 하우스(Hull House) 등에서 집단 프로그램을 통해 소외계층을 도왔다. 20세기 초에는 보이 스카우트, 4-H 클럽 등의 집단활동 단체들이 등장하였으며 이 당시 집단은 주로 사회화, 기술표현, 교육, 레크리에이션 등을 통해 활용되었다(김성이 · 조학래 · 노충래, 2006; 한국청소년개발원, 2005).

청소년은 발달단계가 유사하기 때문에 그 단계에 맞는 발달과업을 수행하는 과정에서 다양한 욕구와 문제에 직면하게 된다. 이때 청소년 개별접근방법보다는 집단접근방법을 통해 접근하는 것이 보다 더 효율적이고 효과적인 경우가 많다. 집단접근방법은 집단 구성원이 서로 영향을 주고받는 과정에서 생기는 집단역동에 의해 그 효과가 더욱 커질 수 있기 때문이다. 청소년들에 대해 집단접근방법이 효과를 거두기 위해서는 어떤 일정한 기본 원리나 지표에 입각해서 전개하는 것이 바람직하다. 여기에서는 먼저 트랙커(Tracker, 1972)가 주장한 일반적인 집단사회사업의 기본원리를 활용하여 집단적 접근방법의 기본원리를 다음과 같이 제시하였다(한국청소년개발원, 2005).

① 계획적인 집단형성: 청소년들은 자연발생적 집단에 의해 개입하기보다는 어떠한

관심이나 흥미 또는 어떤 능력개발을 위해 의도적으로 계획된 집단을 형성하게 함으로써 제반 욕구 충족과 문제해결에 보다 나은 성과를 올릴 수 있다.

② 특정한 목적: 집단접근방법 또는 집단사회사업에서는 구체적으로 문제청소년을 위한 치료라고 하는 특정한 목적을 가지고 집단활동을 하면 그만큼 성과가 더 클 수 있다.

③ 목적을 갖는 집단사회사업가와 집단의 관계: 집단적 접근을 사용하는 청소년복지 실천가는 청소년들과의 관계를 수립하는 과정을 마련함과 동시에 청소년들 간의 친화관계를 높이기 위한 효과적인 상호작용 과정의 조성을 배려할 필요가 있다.

④ 개별화: 집단은 청소년복지실천의 한 가지 수단이며 집단 속 개개인의 건전한 성장과 발달이 목적이 된다. 다른 청소년들과의 집단활동을 통해서 청소년들의 자기발전을 도모케 하는 것이다.

⑤ 집단 상호작용: 인간은 사회적 동물로 인간관계, 즉 인간들의 상호작용 과정을 통해서 존재한다. 어려서부터 집단 속에서 상호작용 학습과정을 거쳐야 전반적인 사회적 기능도 잘 수행할 수 있는 것이다.

⑥ 자기결정: 청소년들은 다른 청소년들과 협조하고 협동할 수 있는 필요한 도움을 주면 자기들 스스로 힘을 합해서 무엇인가를 결정하고자 하는 힘이 생긴다. 집단적 접근을 활용하는 실천가는 집단 청소년들의 자기결정에 따른 프로그램을 촉진케 하는 역항을 수행하는 경험에서 자기활동과 상호활동의 경험을 기른다.

⑦ 융통성을 갖는 기능적 조직: 집단 조직이 어떠한 획일적인 기능에 국한되는 것이 아니라, 당시의 상황이나 분위기에 적응할 수 있는 융통성을 지니는 가운데서 보다 많은 성과를 거둘 수 있다.

⑧ 점진적 프로그램 경험: 청소년들의 성장과 발달에 자극이 될 수 있는 집단 구성원의 흥미, 욕구, 경험과 능력의 수준에 입각하여 프로그램의 활동이 전개되어야 한다.

⑨ 자원활용: 모든 집단활동 프로그램을 실시할 때에는 필요한 도구나 장소가 요구되며, 필요한 자원이 충분히 동원됨으로써 보다 높은 효과를 거둘 수 있다.

⑩ 평가: 부적응 문제를 가지고 있는 청소년들은 집단 경험을 통해 문제점이 해결

되는지의 여부를 과학적으로 평가해야 한다. 평가란 기록을 통해 집단사회사업가의 반성 자료가 될 뿐만 아니라 대상 청소년들의 상황을 집단 사회환경과의 관련에서 객관적으로 파악할 수 있으며 계획이나 투여할 활동내용을 준비하는 데에도 필요한 것이다.

3) 지역중심 접근방법

지역중심 접근방법은 청소년의 욕구와 문제해결을 위해 좁게는 지역사회의 자원을 활용하고 넓게는 지역사회의 변화를 통해 청소년을 원조하는 방법이다(송주미·강경미, 2011). 지역대상 접근방법은 지역사회실천, 지역사회조직 등의 용어와도 관련된다. 지역사회조직은 지역주민들이 복지와 관련한 보건, 주택, 소득, 교육, 기타 사회봉사 등의 계획과 조정이 요구되는 사회복지의 한 실천방법이며, 인간관계나 사회제도에 바람직한 변화를 일으키는 사회복지적 개입과정이다. 또한 지역사회실천은 지역사회조직사업, 지역사회개발, 사회계획, 사회행동, 사회행정 등과 관련된 기술을 포함한다. 청소년을 위한 지역원조는 지역사회를 단위로 발생하여, 청소년에게 영향을 미치는 각종 문제에 대해 지역사회 내·외적 자원을 동원하고 조직화함으로써 문제해결을 시도하는 방법이다. 이런 점에서 지역사회 청소년복지는 지역사회가 지닌 청소년 관련 문제 및 욕구 등을 예방하고 해결하기 위해 지역사회 내 청소년복지 관련 전문가와 지역주민들에 의해 이루어지는 지역청소년복지정책과 서비스를 포함하는 모든 노력의 총체이다.

지역사회중심의 실천방법에 의해 청소년이 당면하는 문제를 해결하기 위해서는 전문가가 지켜야 할 원조의 원칙이 있는데 다음 몇 가지로 정리할 수 있다(이종복 외, 2001).

① 자주적·자발적 원칙: 지역사회의 문제해결을 위한 목적 설정이나 활동의 실시에서는 지역주민의 자주적 참가와 자발적 협동이 모든 활동의 성취기반이 될 수 있다.

② 합리적 계획과 과정의 원칙: 지역사회의 요구나 문제들에 대처하기 위해서는 합리적인 계획을 세우고 진행해 나가야 한다. 이와 같은 과정을 통하여 지역사회

의 단결과 협력적 태도가 형성될 수 있는 계기가 주어지기 때문이다.

③ 조정의 원칙: 지역사회의 여러 문제나 갈등을 일으킬 수 있는 지역주민들 간의 마찰은 지역주민 간의 상호작용 방법에 따라 조정해야 한다.

④ 합의의 원칙: 지역사회의 문제해결이나 목표달성을 위해 지역주민의 적극적인 참여는 물론 지역주민의 합의에 의해 운영되어야 한다.

⑤ 능력 참여자로서의 역할의 원칙: 바람직한 지역사회 환경을 조성하기 위해서는 주민의 자발적인 참여와 더불어 지역사회를 변화·발전시킬 수 있는 능력이 있는 사람에게 그 역할을 부여해 주어야 한다는 것이다.

한편, 지역사회 청소년복지는 다양한 유형으로 실천되고 있는데, 직접적 서비스를 제공하는 형태와 간접적 서비스를 제공하는 형태로 구분하여 볼 수 있다(송주미·강경미, 2011). 간접적 서비스 형태에는 ① 지역사회 청소년복지를 위한 지방자치단체, 지역사회기관의 정책 중심의 유형(지방단체 중심의 청소년복지 정책과 행정 및 조례 등), ② 각종 위원회와 협의회를 통한 유형(한국청소년단체협의회, 사회복지협의회, 청소년지도위원 등), ③ 재정지원과 모금 등을 통한 유형(사회복지공동모금회 등), 그리고 직접서비스 형태로 ④ 청소년복지 관련 기관과 단체 등을 통한 복지사업 유형(청소년수련시설, 청소년단체, 청소년쉼터, 사회복지관, 기타 청소년관련 기관 등)을 들 수 있다.

이제 이러한 지역사회복지의 대표적 유형들을 간단히 고찰하면 다음과 같다.

① 청소년수련시설: 「청소년활동진흥법」 제10조의 규정에 의한 청소년수련관, 청소년수련원, 청소년문화의 집, 청소년특화시설, 청소년야영장, 유스호스텔 등이 있다. 이들 시설들은 지역사회에 위치하고 있으나 청소년활동시설로서의 역할을 수행하는 데 중점을 두고 있으므로 복지적 측면에서 보다 많은 지역사회와의 연계와 협력이 필요하다.

② 청소년단체: 「청소년기본법」 제40조에 의해 설립된 한국청소년단체협의회와 여타의 청소년 관련 단체들은 지역사회 청소년복지를 위한 중요한 역할을 하고 있다. 특히 한국청소년단체협의회는 회원단체가 행하는 사업과 활동에 대한 협조와 지원, 외국 청소년단체와의 교류 및 지원, 청소년활동에 관한 조사·연구·지원, 그리고 지방청소년단체협의회에 대한 협조 및 지원 등의 여러 가지 활동을

수행한다.

③ 청소년쉼터: 「청소년복지지원법」 제14조에 의하면 국가 및 지방자치단체는 가출청소년의 일시적인 생활지원과 선도·가정·사회로의 복귀를 지원하기 위하여 청소년쉼터를 설치·운영할 수 있도록 하고 있다. 현재 청소년쉼터는 가출 청소년을 위한 일시적 보호와 사후조치를 통한 지역사회복지를 시행하고 있다.

④ 청소년지도위원: 「청소년기본법」 제27조에 의하면 시장·군수·구청장은 청소년 육성을 담당하게 하기 위하여 청소년지도위원을 위촉하여야 한다고 규정하고 있으며, 이에 필요한 사항은 조례를 통해 정하도록 하고 있다.

⑤ 사회복지관: 지역사회복지관 또는 종합사회복지관으로 불리는 것으로 지역사회 내에서 일정한 시설과 전문인력을 갖추고 지역사회의 인적·물적자원을 동원하여 지역사회복지를 중심으로 한 종합적인 사회복지사업을 수행하는 사회복지시설을 말하는 것으로 정의하고 있다.

⑥ 사회복지협의회: 지역사회복지의 가장 대표적인 기관으로서 지역사회 내에 있는 각종 사회복지시설 및 사회복지에 관심을 가지는 민간단체나 개인의 연합체 또는 협회를 말한다. 지역사회에서 요구하는 사회복지가 가장 적절히 효과적으로 달성될 수 있도록 상호 협동계획이나 활동을 조정하는 기구로 볼 수 있다. 사회복지에 관한 교육훈련, 회원단체 상호 간의 연락과 조정 및 합의, 지방사회복지협의회의 육성 및 연락 조정, 지역복지봉사센터의 설치·운영, 종합사회복지관, 영유아보육시설 등 사회복지시설의 수탁운영, 자원봉사자의 개발·교육·활용 등 자원봉사활동의 육성 등의 주요 사업을 하는 것으로 규정된다.

⑦ 공동모금회: 사회복지와 관련한 재정의 확보를 시민과 사회복지기관의 협동적·자발적 조직화를 통해 도모하는 지역사회복지사업의 중요한 한 형태이다. 지역사회의 복지사업과 관련된 계획·조정·운영 등을 촉진시키고, 많은 기금, 다수인의 참여, 경비의 절약, 노력과 시간의 절약, 지속적 관심의 촉구, 책임감의 부여, 확신과 능률의 고양 등 지역사회복지사업의 촉진과 활성화에 기여한다.

4. 청소년복지의 상담적 접근

1) 청소년상담의 개념

청소년복지의 실천방법으로 청소년을 위한 개별상담과 집단상담 등과 같은 상담적 접근이 있다. 청소년상담은 상담의 한 분야로 나타나고 있지만, 비중을 크게 차지하고 있다(한국청소년개발원, 2006). 상담(counseling)과 유사한 개념으로 생활지도(guidance), 심리치료(psycho therapy) 등을 생각할 수 있는데, 이러한 용어들은 서로 중복적으로 사용되거나 각기 다른 의미로 사용되기도 한다. 생활지도는 학교현장에서의 상담을 의미하며, 심리치료는 심리·정서적 장애의 치료를 목적으로 하는 경우를 말하는 것이 일반적이다. 상담은 청소년을 대상으로 적응, 의사결정, 문제해결, 성장 등을 돕는 포괄적인 활동으로 볼 수 있다(이세형, 2020).

상담이라는 말은 법률 상담, 결혼 상담 등 해당 분야의 관련문제에 도움을 주기 위해 필요한 정보를 제공하고 자문을 해주는 것을 의미하는 등 다양하고 폭넓게 사용하고 있다. 상담에 대한 여러 학자들의 정의를 종합하면 다음과 같은 몇 가지로 정리할 수 있다(남상인: 1999; 천정웅·이지민·성윤숙, 2020; 한국청소년개발원, 2006).

첫째, 상담이 성립되려면 도움을 필요로 하는 클라이언트와 도움을 주는 상담가가 있어야 한다. 상담은 상담자와 내담자 중 어느 한 사람만 있어서는 성립되지 않으며, 상담자와 내담자가 개인 혹은 집단의 형태를 유지하고 양측 모두 존재할 때 상담이 이루어질 수 있다.

둘째, 상담은 전문직으로 교육과 훈련을 받은 상담가에 의해 제공되는 전문적 활동이다. 상담관계는 상담자가 내담자를 긍정적인 방향으로 변화시켜야 하는 책임을 가지고 수행하는 전문적 관계이므로 상담자는 이에 요구되는 전문적 지식과 기술을 갖추고 있어야 한다.

셋째, 상담은 상담가와 내담자의 상호협력관계에 기초를 둔 과정이다. 바람직한 상담관계는 상담자와 내담자가 동등한 위치에서 상담에 임하고, 서로 합의에 의해 상담목표를 설정하며 그것을 구체화한다.

넷째, 상담은 의사결정과 문제해결에 관여한다. 상담은 내담자가 의사결정과 문제해결에 직·간접적으로 관여한다. 내담자가 의사결정과 문제해결 기술을 습득하도록 조력하는 것은 상담의 주요한 기능 중의 하나이다.

다섯째, 상담은 내담자로 하여금 새로운 행동을 학습하거나 새로운 태도를 형성하도록 하는 것이다. 내담자의 행동변화는 상담의 효과를 측정하는 척도가 될 수 있다.

여섯째, 상담은 내담자의 문제를 예방하고 성장과 발전을 안내하고 조력한다.

청소년상담은 청소년을 대상으로 청소년들이 안고 있는 신체적·심리적·사회적 문제를 해결하기 위해 자신과 환경의 변화에 잘 적응하고 자신의 잠재 능력을 최대한 발휘할 수 있도록 도와주는 전문적 활동으로 볼 수 있다. 청소년상담은 청소년과 이와 관련이 있는 사람이나 기관을 대상으로 청소년기에 갖는 특정한 문제를 해결하도록 하는 조력활동으로 규정한다(이혜성·이재창·금명자·박경애, 1996). 청소년상담은 또한, "청소년이 현재 가지고 있는 문제와 욕구를 완하하거나 해결하도록 돕고 아울러 청소년 자신이 갖고 있는 잠재적 역량과 가능성을 최대한 실현하는 데 장애가 되지 않도록 돕는 예방과 치료 그리고 발달을 고려한 포괄적인 전문활동"으로 정의한다(노혁, 2020, p.112). 청소년상담은 청소년집단을 대상으로 하는 상담, 청소년의 발달특성과 관련된 적응의 문제를 다루는 상담, 청소년에게 특히 더 발생하는 문제를 다루는 상담 등의 세가지 기준으로 구분한다(이재창, 1993).

청소년상담은 청소년기의 특수성, 문제의 특수성, 환경의 특수성 등을 고려하는 특성을 갖는다. 이런 점에서 효과적인 청소년 상담은 내담자인 청소년뿐만 아니라 청소년 문제에 관련이 있는 사람과 기관을 포함하여 상담이 이루어질 필요가 있다. 따라서 청소년 개인뿐만 아니라 청소년과 밀접한 관계에 있는 사람들(부모, 교사, 청소년 지도자)과 청소년이 속해 있는 기관(가정, 학교, 청소년 고용업체)까지 포함해야 한다. 청소년들은 발달 특성상 환경의 영향을 많이 받으며 청소년 문제들은 환경과의 관계에서 야기되는 경우가 많으므로 청소년 개인만 노력하는 경우보다는 환경의 변화를 가져오도록 하는 것이 보다 해결 가능성을 높일 수 있다.

청소년상담의 목표는 치료적인 측면과 예방적인 측면으로 크게 구분할 수 있다(천정웅·이지민·성윤숙, 2020). 치료적 측면에서의 청소년상담은 청소년들이 직면하고 있는 문제들을 해결하는 것이다. 청소년들은 우울이나 불안, 학교 부적응, 성적, 진로,

대인관계, 부적절한 행동, 가정불화 등 다양한 문제들을 경험할 수 있으며, 특히 최근에는 학교폭력이나 집단 따돌림, 성폭력, 인터넷 중독 등의 문제로 인한 상담의 필요성이 증가하고 있다. 청소년 상담은 청소년들의 이러한 문제를 해결하도록 도움을 주게 되는데, 심리검사와 다양한 매체 활용이나 약물치료 등이 병행되기도 하며 교육기간, 의료기관, 복지기관, 사법기관 등과 긴밀한 협조가 필요할 수도 있다.

예방적 측면에서의 청소년상담은 청소년들이 그들의 발달과업을 달성하고 건강한 사회구성원으로 성장하도록 문제가 발생하기 전에 예방하도록 도와주는 것이다. 문제해결 능력, 스트레스 대처능력, 대인관계 기술, 자기성장 프로그램 등과 같은 사전 교육적 활동들은 예방적 도움이 될 수 있다. 문제가 발생한 후에 치료하기보다는 발생하기 전에 사전 조치를 적절하게 하는 것이 보다 효과적이고 경제적이기 때문이다. 예방적 활동으로는 좋은 습관과 태도를 길러주기 위한 생활지도, 자아존중감과 자기효능감 향상을 통한 정신건강 증진, 전인적 인성 함양을 위한 수련활동, 청소년 문제 예방과 치료에 적절한 상담이론 구축 및 프로그램 개발 등이 있다.

2) 청소년상담의 방법

청소년상담의 방법은 상담자와 내담자의 접촉방식에 따라 크게 대면상담과 매체상담으로 구분한다. 대면상담은 전통적인 상담방식으로 상담자와 내담자가 직접 만나서 문제해결을 위해 상담하는 방식이다. 반면 매체상담은 전화나 이메일, 온라인, 서신 등의 매체를 이용해서 상담하는 방식으로, 인터넷의 발달 이전에는 전화상담이 주를 이루었으나 최근 들어서는 이메일 상담이나 온라인에서 1:1로 진행되거나 집단으로 진행되는 상담이 활성화되고 있다. 청소년 상담의 독특한 유형으로 또래상담이 있는데, 또래친구를 통한 현장상담 프로그램으로 훈련을 받은 청소년이 어려움을 겪는 또래친구를 지지하고 지원하는 과정을 통해 문제해결을 돕는 프로그램이다. 도움이 필요한 청소년과 도움을 주는 청소년 모두가 성장할 수 있는 청소년상담의 방법으로 볼 수 있다(이세형, 2020; 천정웅·이지민·성윤숙, 2020).

대면상담은 또한, 내담자가 한 명인가 혹은 여러 명인가에 따라 개별상담과 집단상담으로 구분할 수 있다. 개별상담과 집단상담은 상담의 목적은 유사하지만, 이루어지는 방식이나 개인의 치료적 경험에는 많은 차이가 있을 수 있다. 개별상담은 상담자와 내담자가 1:1로 상담하는 방식으로 대부분의 경우에 해당한다. 내담자의 주요한 호소문제에 초점을 두고 철저히 개별화의 원리를 적용하여 상담을 진행해 나간다. 그러나, 개별상담은 청소년 개인의 정서적 문제나 학습문제를 다루는 경우에 적절하지만, 경제성이 부족하다는 비판이 있을 수 있다.

(1) 청소년개별상담

청소년복지의 접근에 있어서 개별상담은 청소년이 직면한 문제와 욕구에 대한 심리적 갈등과 태도상의 문제, 즉 심리상담을 넘어서 보다 포괄적인 형태로 규정될 필요가 있다. 청소년들이 갖는 내면과 그로 인해 발생한 사회(인간)관계 등의 문제를 개별상담을 통해 의도적인 변화 노력을 하고자 한다면, 필요에 따라 조언, 충고, 생활지도, 심리상담 및 심리치료적 접근방법까지 다양하게 활용하는 것이 요구되기 때문이다(노혁, 2020). 따라서, 청소년 개별상담의 목표는 문제를 완화 또는 해결하기, 인간관계 개선하기, 사회환경변화 조정하기뿐만 아니라, 잠재적 역량 인식 및 개발을 통해 해결능력 등을 고려할 수 있다. 청소년복지의 접근에 있어서 개별상담이 추구해야할 목표를 다음과 같이 제시한다(홍봉선·남미애, 2018).

첫째, 행동변화의 촉진이다. 청소년으로 하여금 보다 생산적이고 만족스러운 삶을 살 수 있도록 청소년의 행동에 변화를 가져오는 것이 필요하다.

둘째, 적응기술의 증진이다. 건강한 성인으로 성장하기 위해 요구되는 청소년기의 발달과업을 달성하기 위해 다양한 환경으로부터의 요구와 자신의 욕구를 조율해서 원만한 사회적 기능을 수행할 수 있도록 하는 적응기술을 어떻게 습득하느냐가 중요하다.

셋째, 의사결정기술의 함양이다. 청소년들의 대부분은 합리적 의사결정에 익숙하지 않고 즉각적이며 충동적인 의사결정을 하는 경우가 많다는 점에서 자연스럽게 합리적인 의사결정과정을 체험하고 학습하는 것을 익힐 필요가 있다.

넷째, 인간관계의 개선이다. 청소년기는 아동기에 비해 대인관계가 확대되고 대인

관계에 의해 자아정체감을 형성하기도 하고 사회생활의 적응력도 높일 필요가 있다는 점에서 인간관계를 원만히 할 수 있도록 하는 것은 청소년 개별상담의 중요한 목표가 된다.

다섯째, 청소년의 잠재력 개발이다. 청소년들은 성장과정에 있으며, 변화 가능한 무한한 잠재력을 갖고 있다. 따라서 청소년들이 자신의 능력을 올바로 인식하고 잘못 알고 있거나 미처 발견하지 못한 자신의 특성이나 잠재력이 있다면 이를 발견할 수 있도록 해야 한다.

여섯째, 자아정체감 확립과 긍정적 자아개념의 형성이다. 자아정체감 확립은 청소년기에 가장 중요한 발달과업으로 자아정체감을 확립하지 못하면 정체감의 위기(identity crisis)를 경험할 수 있다. 긍정적인 자아개념은 자기 자신에 대해 자신감을 갖고 행동할 수 있게 하고 원만한 인간관계 형성에 도움이 된다.

(2) 청소년집단상담

집단상담은 상담자와 내담자가 1대 다수로 이루어지며 집단구성원 간의 관계와 역동이 핵심적인 요소로 다루어지는 특성을 갖는다. 청소년 내담자의 수는 4~12명 정도가 적절하다. 타인의 다양한 시각을 접할 필요가 있거나 사회기술 습득이 필요한 내담자에게 유용하다. 집단상담을 통해 청소년들은 정서적 유대감과 소속감을 경험할 수 있으며 다른 집단원들과의 교류를 통해 새로운 각도에서 자신의 문제를 볼 수 있고 대인관계 기술 등 사회적인 기술들을 배울 수 있기 때문이다. 집단상담은 집단치료와 달리 구성원의 태도나 행동변화가 주된 관심사이며, 집단이라는 구조와 과정 속에서 상호존중, 수용, 자기이해를 경험할 수 있으며, 대면상담과 달리 개인의 주도성을 크게 요구하지 않는다는 점에서 청소년들에게 안전감을 줄 수 있다.

집단상담이 갖는 목표로는 다음과 같은 몇 가지를 생각할 수 있다(한국청소년개발원, 2006).

첫째, 자기에 대한 이해를 증가시키고 개인적 성장에의 자신감을 갖도록 한다.

둘째, 개인 및 사회생활 면에서의 발달과제를 해결해 나가는 데 필요한 사회적 기술과 대인관계 능력을 발전시킨다.

셋째, 자기통제, 문제해결, 의사결정 능력을 개발하고 이러한 능력을 학교, 가정, 직장 등의 다른 사회적 장면에서도 발휘할 수 있게 한다.

넷째, 타인과의 대화에서 공감적 경청자가 되는 동시에 자기가 생각하고 믿는 바를 정확하게 표현할 수 있는 의사소통 능력을 향상시킨다.

다섯째, 각자가 자신에게 필요한 구체적인 행동목표를 설정하게 하고, 그의 생산적인 시련과정을 촉진시킨다.

집단상담은 집단자체와 집단의 역동성을 변화의 매개체로 집단성원의 문제해결이나 갈등을 해결하고 자기성장 및 변화를 도모한다. 노던과 커랜드(Northern · Kurland, 2001)는 집단의 역동적이고 치료적인 요인에 대해서 상호원조(mutual support), 집단응집력, 관계의 질, 보편성, 희망의 고취, 이타심, 지식과 기술의 습득, 정화, 현실검증, 집단의 통제 등 열 가지로 제시한 바 있다. 이들 요인들은 특히 청소년기의 발달특성과 많은 연관성이 있다고 볼 수 있는데, 청소년기는 또래집단의 중요성으로 인해 정체감 형성, 소속감 및 수용, 친구에 대한 배려와 지지의 교환, 또래 집단 친구들과 새로운 기술을 실험해 보고 피드백을 받는 것 등이 장점으로 작용하는 것으로 볼 수 있다(김성이 · 조학래 · 노충래, 2010). 이와 관련하여 집단상담의 치료적 효과에 대해 다음과 같이 여섯 가지로 제시한다(홍경자 · 김태호 · 남상인 · 오익수, 1996).

첫째, 모방행동이다. 집단상담에 참여하는 청소년들은 상담가나 다른 동료 참여자들의 바람직한 어떤 측면들을 모방하게 된다. 개인상담보다 집단상담에서 모방과정이 보다 확산된다.

둘째, 이타심이다. 집단참여자들은 상호 간 지지, 위로, 제안, 통찰을 제공하며 이를 진지하게 경청하고 수용한다. 일상생활에서 발달상의 많은 문제들을 원만하게 해결하지 못한 채 지쳐 있는 청소년들은 의기소침해져서 자신은 남에게 아무것도 줄 만한 가치 있는 것이 없다고 느낀다. 이러한 경험은 그들에게 생기를 주며 자존심을 키워준다고 본다.

셋째, 보편성이다. 청소년들이 겪는 어려운 문제의 대부분은 자기 자신과 주위환경에 대한 객관적인 이해의 부족에서 비롯되기 쉽다. 청소년들은 자기중심적인 사고에서 완전히 벗어나지 못한 채 청소년들 대다수가 겪는 보편적인 문제조차도 자신만의 문제로 여기며 대응하기 쉽다. 집단상담에 참여함으로써 그러한 것이 자신만의 문제가 아님을 알게 됨으로써 문제의 본질과 비중의 측면에서 객관적으로 대처할 수 있게 되는 것이다.

넷째, 안전감과 긴장감이다. 집단 참여자들이 집단에서 편안함을 느낄 때 자신의 본래 모습과 느낌을 개방하게 된다. 그러나 성장과 발달의 필수과정은 긴장 국면도 포함된다. 집단상담에 참여한 청소년들이 집단상담 과정에 일시적으로 어떤 긴장감에 직면하게 되는데 그것이 변화의 시초일 수 있다.

다섯째, 변화를 시도하는 자유이다. 집단은 새로운 행동을 실제로 시도해보기 위한 안전한 장소가 된다. 참여자들은 현재의 행동을 얼마만큼 변화시킬 수 있는지를 시도해 본 후에 결정할 수 있다. 상담가는 집단상담에 참여한 청소년들로 하여금 상호작용에 관련한 과거와 미래의 태도 변화를 점검하고 확인할 수 있다.

여섯째, 피드백이다. 집단 참여자들은 다른 사람들로부터 피드백을 받음으로써 다른 사람들에게 보이는 그들의 행동효과를 점검한다. 만약 피드백이 솔직하고 관심과 사랑으로 주어진다면 참여자들은 다른 사람에게 보이는 그들의 행동효과를 보다 분명히 이해할 수 있게 된다.

집단상담은 청소년들로 이루어진 집단과 집단상담가가 집단과정을 통해 접근하는 방법으로 청소년기에 또래들과의 상호작용이 증가하고 성인보다는 또래들을 통해 더 많이 영향을 받는다는 측면에서 널리 사용되고 있다. 청소년기는 다른 세대보다 주변 환경에 민감한 반응을 보이고 특히 중요한 타인, 즉, 친구와 부모, 교사 등으로부터 많은 영향을 받으면서 성장한다. 그 중에서도 청소년들은 기성세대의 충고나 개입보다는 동료집단 속에서 영향을 주고 받는 것을 선호한다.

또래집단은 사회적 기술과 전략을 배우고 습득할 수 있는 사회적 배경으로 청소년들에게 매우 중요한 인적 자원으로 청소년 개개인 행동과 인격에 많은 영향을 준다. 또한 또래 집단은 준거집단의 기능을 가지고 있기 때문에 청소년들이 접하는 일체의 정보가 개인에게 중요한 준거집단에 의해 타당성과 적합성이 검토된 후에 수용되거나 배제된다(한국청소년개발원, 2006). 따라서 이러한 또래들의 집단화는 청소년이 지지와 격려, 나아가 건강한 행동을 촉진하는 긍정적 자아개념의 형성에도 크게 기여한다. 실제, 청소년문제의 해결을 위해서는 부모, 가족, 학교 등의 환경의 영향이 매우 큰데 만약 청소년을 둘러싼 환경이 적절한 기능을 수행하지 못할 때는 청소년의 환경을 개선하고 조정하는 일이 절대적으로 중요하다(홍봉선·남미애, 2019).

3) 청소년상담의 기본자세와 핵심역량

청소년 상담자들은 모든 상담자가 갖추어야 할 인간적인 자질과 함께 청소년 상담자에게 필요한 전문적인 자질들을 갖추어야 한다. 첫째, 인간적인 자질에는 ① 인간에 대한 깊은 이해, ② 심리적 안정과 성숙, ③ 전문성, 일치성, ④ 윤리성 등을 생각할 수 있다. 둘째, 전문적인 자질로는 ① 청소년의 발달적 특성에 대한 이해, ② 청소년 상담이론에 대한 이해와 실습 경험 및 훈련, ③ 청소년상담 프로그램의 개발과 운영 역량, 그리고 ④ 청소년 상담에 따른 행정역량 등이 필요할 것이다(천정웅·이지민·성윤숙, 2020). 셋째, 청소년들을 돕기 위하여 어떠한 기법과 이론으로 접근하든지 기본적으로 갖춰야 할 자세는 다음 몇 가지로 꼽을 수 있다(김삼화, 2005).

① 긍정적인 관심이다. 긍정적인 관심은 청소년들의 장점을 알아주고 아낌없이 칭찬해 주는 행위로 표현이 된다. 긍정적인 관심은 미래에 대한 희망을 가지게 하고, 위기에 처했을 때 탄력 있게 회복하는 힘을 가지게 하며, 좌절을 극복하고, 재기할 수 있다는 자신감을 가지게 한다. 청소년들이 싫어하고 성인들과 대화를 거부하는 이유는 어른들의 자기중심적이고 가식적인 관심과도 관련된다. 이기적인 목적을 위하여 청소년들에게 관심을 갖는 것이 아닌 진심으로 긍정적인 관심을 갖는 것이 필요한 것이다.

② 공감능력이다. 공감이란, 나의 경험과 감정과 상관없이 상대방의 경험과 감정을 있는 그대로 정확하게 이해하고 반영해 주는 의사소통방식이다. 많은 사람들은 동감과 동정을 공감과 같은 것으로 생각하는데 동감은 본인도 유사한 경험을 했거나 유사한 감정을 가졌을 때 상대방의 의견과 감정에 동의하는 표현이고, 동정은 상대방의 주관적인 경험세계에 완전히 빠져들어 상대방의 감정을 자기의 감정처럼 느끼고 반응하는 것이다. 사회생활에서 동감과 동정은 많은 사람들이

흔히 취하는 반응이지만, 보다 전문적인 도움을 제공하려면 훈련을 통하여 공감 능력을 발휘하는 것이 효과적이다.

③ 이해심이다. 이해는 상대방의 신념, 생각, 감정, 의도를 있는 그대로 알아주는 심리적인 과정이다. 자신의 선입견이나 부분적으로 알았던 것이 해체되고, 새롭게 좀 더 정확하고 구체적으로 상대방에 대한 지식을 가지게 되는 의미도 갖는다. 이를 위해서는 훈련된 대화기술이 중요하며, 상대방이 자신의 경험을 잘 표현할 수 있도록 적절한 때에 적절한 질문을 하고, 수용적인 태도를 보여줘야 한다.

④ 돕고자 하는 의지가 있어야 한다. 타인들의 복지에 대한 진정한 관심은 존경, 잘되기를 바라는 마음, 신뢰, 타인의 가치를 인정하는 것 등에서 나온다. 돕고자 하는 의지를 가지면 청소년들에게 자연스럽게 관심이 간다. 효과적으로 돕기 위해서는 청소년의 정상적인 발달을 이해하고, 그들의 눈높이에서 대화하며, 그들의 선호방식을 사용하고, 역기능적인 심리기제를 기능적인 것으로 바꿔주는 능력이 있어야 한다.

⑤ 진정성이다. 이는 자신이 경험하고 있는 현상학적 세계를 부정하지 않고 있는 그대로를 경험하게 한다는 의미이다(김삼화·김창대, 2008). 진정성은 자기에게 더욱 정직해지고, 타인을 신뢰할 수 있으며 자기가 무엇을 원하는지, 원하는 것을 얻으려면 무엇을 해야 하는지를 알게 해준다. 진정성이 없으면 사람과 사람 사이에 신뢰가 생길 수 없고 피상적인 교류만 하기 때문에 삶의 생기를 잃을 수도 있다.

Chapter 05

청소년복지의 발전적 관점

1. 현대 사회복지의 발전적 관점들

청소년복지의 접근법으로서 예방적 접근법과 청소년개발적 접근법이 많은 관심을 받고 있음은 앞에서 논의하였다. 이러한 인식은 청소년복지의 개념이 보다 광의적인 것으로 확장되고 있는 오늘날에 더욱 중요한 의미를 갖는다. 특히, 청소년의 긍정적인 측면과 강점(strengths)에 관심을 갖는 접근법들이 지난 수십 년 동안 청소년복지는 물론, 인간개발이나 사회복지 등의 여러 분야에서 계속 증대되어 왔음을 지적할 필요가 있다(Benson, 1997; Saleebey, 2005). 발달심리학은 물론 강점관점(strengths perspective), 삶의 질, 심리적 안녕(wellbeing), 가족 지지(family support) 운동, 자산 중심(asset-based) 지역개발 등과 관련한 학문적 또는 실제적 발전이 많은 주목을 받고 있다(Maton · Schellenbach · Leadbeater, & Solarz, 2004). 특히 레질리언스(resilience)와 청소년개발(youth development)의 개념은 아동과 청소년들이 유능하고 책임감 있는 성인으로 성장하도록 돕는 하나의 방법으로서 중요하게 논의되고 있다(Benard, 2004).

여기에서는 청소년복지의 발전적 접근의 구체적 내용으로 논의되는 강점관점과 청소년개발의 원리와 특성을 고찰하기에 앞서서 그 토대가 되는 현대사회복지의 이론인 생태학적 모델, 임파워먼트 모델, 그리고 레질리언스 모델에 대해 논의한다.

1) 생태학적 모델

생태학적 관점(ecological perspective)은 환경이 인간에게 영향을 미치는 방법과 인간이 환경에 영향을 미치는 방법을 바라보는 하나의 틀을 제공하고, 인간과 환경의 상호 교류가 일어나는 접점(interface)에 개입한다. 기존에 개인, 가족, 집단을 돕는 방법에서 보다 넓은 개입 영역으로 지역사회, 조직, 입법, 정치 등에 영향을 미치는 방법과 기술을 제공한다. 저메인과 지터만(Germain · Gitterman, 1996)은 사회복지실천에서 생활모델(life model)로 알려진 생태학적 접근을 제시함으로써 이전의 치료적 접근모델과는 달리 클라이언트를 동반자로 여기며 생활과정상에서 사람의 강점, 복지안녕과 자기성장을 추구하려는 선천적인 내적 동기, 잠재력의 활용, 그리고 개인, 가족, 집단, 지역사회에서의 인간과 환경과의 조화 수준 증대 등에 역점을 두게 하였다(김성이 · 조학래 · 노충래, 2006).

청소년복지에서 생태학적 관점은 첫째, 청소년 클라이언트를 동반자적 관계로 인식하며 이들의 잠재력을 발견하고 활용할 수 있도록 하고 이들의 능력 고취를 강조하여 개인의 성장을 도모한다. 특히 생태학적 관점은 청소년을 문제학생이나 수동적인 서비스수혜자로 여기는 것이 아니라, 서비스의 제공 · 개발 · 시행 · 결과의 모든 과정에 청소년이 참여하고 적극적으로 문제해결에 동참하는 것을 의미한다.

둘째, 생태학적 관점에서 논의하는 비공식적 자원의 하나인 사회지지체계로서의 또래집단과 교사집단은 친구관계를 가족관계보다 더 중요시 여기게 되는 청소년기에 많은 영향력을 주게 된다. 예를 들면, 비행청소년집단의 경우 청소년또래집단은 때로는 집단의 소속감이나 응집력을 강화하는 일정의 통과의례방식으로 부정적인 행동을 하도록 영향을 주어 오히려 역효과를 내게도 한다. 물론, 또래집단을 잘 활용하면 집단접근방법에서와 같이 청소년들 스스로 친구들과 함께 자연스럽게 집단활동에 참여하는 것을 볼 수 있다.

셋째, 생태학적 관점에서는 청소년을 둘러싸고 있는 다양한 체계에 대한 동시적 개입을 지향하고 있다. 따라서 청소년의 즉각적인 환경인 가족과 학교 및 또래집단을 비롯하여, 청소년에게 영향을 미칠 수 있는 거시체계인 사회정책이나 청소년 관련 정책에 영향을 줄 수 있다. 예를 들면, 집단따돌림은 단순히 가해－피해 학생의 문제가 아니라, 학교 차원에서 이러한 집단따돌림을 예방할 수 있는 프로그램을 운영하거나 가해-피해 학생들을 위한 적절한 상담이 이루어져야 한다. 가정 내에서는 자녀들의 집단따돌림을 피하기 위해 부모가 해야 할 일을 잘 알고 있어야 하며, 학교와 정부 당국에서는 명확한 지침을 마련하는 등의 노력이 필요하다. 청소년복지실천가는 해당기관에 관련 기구의 설치를 요구하거나 예산 배정 및 프로그램 개발의 필요성을 개진하는 등의 노력을 할 수 있다. 물론 청소년들이 주체가 되어 입법기관을 방문하여 의견을 제시하거나 편지를 보내는 방법 등을 강구하는 것도 생각할 수 있다.

이와 같이, 생태학적 관점의 장점은 여러 체계에 동시적인 개입이 가능하다. 청소년복지에 영향을 주는 다양한 체계에 개입과 변화의 필요성을 강조하며, 청소년복지실천가들 역시 개인이나 가족, 집단의 문제해결에 국한하지 않고, 보다 제도적·사회적 변화를 도모하는 전략을 적극적으로 모색할 필요가 있다.

2) 임파워먼트 모델

임파워먼트(empowerment)는 사회복지실천에서 개인의 내·외적인 변화뿐만 아니라, 집단경험을 통한 지역사회의 소속감 및 관심 증대, 정의롭고 균등한 사회를 구축하기 위한 지역사회의 변화 및 정책변화, 균등분배와 정책결정에의 참여 등을 포괄하는 개념이다. 특히 임파워먼트는 불평등하고 형평성이 결여된 사회와 억압받고 짓눌린 개인의 변화를 도모하기 위해 박탈당하거나 상실한 권리·기회·자원·서비스 등을 되찾고 자신과 환경에 대한 통제력을 회복하는 것이다. 이런 점에서 임파워먼트란 서비스의 주체가 되는 클라이언트의 삶의 질이나 능력을 향상시키는 데 억압요소나 방해요소를 제거하기 위한 과정이며, 클라이언트의 잠재적 능력과 권한을 강화시켜 주는 과정이다.

청소년복지에서 임파워먼트는 청소년을 서비스의 대상자로 보는 의존적인 존재가 아니라, 서비스의 내용이나 질, 종류 등을 주체적으로 결정할 수 있는 주도적인 청소년임을 의미한다. 청소년복지실천가나 전문가도 기성세대의 시각에서 청소년의 문제나 활동과 관련된 정책과 프로그램, 서비스를 일방적으로 결정하는 방식에서 탈피하여 청소년을 청소년복지실천의 주도자로 인정하고 상호 협력하는 관계로 전문 관계가 변화하는 것을 의미한다. 이런 점에서 청소년복지와 관련한 임파워먼트 접근의 의미는 다음과 같이 몇 가지로 정리할 수 있다.

첫째, 청소년에 대한 개인차원의 접근에서 청소년복지실천가는 청소년의 장점과 잠재력을 파악하고, 이를 향상할 수 있도록 도와야 한다. 예를 들면, 청소년들이 자신에게 필요한 서비스나 프로그램을 결정하고 참여하는 데, 자신의 권리를 인식하고 행사할 수 있도록 돕는 것이 필요하다.

둘째, 청소년들이 대인관계에서 문제가 되는 영역을 파악하고, 자기주장을 적절하게 표현할 수 있도록 도우며, 자신에게 도움을 줄 수 있는 자원을 파악하고 활용할 수 있도록 할 필요가 있다. 예를 들면, 집단따돌림을 당하는 청소년은 자신의 문제를 혼자서 해결하려고 하는 경향이 있어서 주변에 적절한 도움방법이 있음에도 불구하고 보복이 두려워 도움을 요청하지 않는다. 그러나 임파워먼트 과정을 통하게 되면 이러한 문제가 자신의 일상생활과 가족관계, 또래관계, 학업성적 등에 미치는 영향을 이해함으로써, 이 문제를 해결하려는 용기를 갖게 되고 전문적인 도움을 요청함으로써 보다 적극적으로 문제해결을 하려고 한다.

셋째, 청소년복지실천가는 환경의 통제 내지 변화보다는 개인의 변화가 보다 쉬우므로 청소년의 문제해결을 개인차원에서 접근하기 쉽다. 예를 들면 가출청소년이 임금착취를 당하는 경우에도 고용주의 잘못을 해결하기 위한 방법으로 접근하는 것은 너무나 장벽이 많이 있기 때문에 이들의 권리를 제대로 옹호하지 못할 경우가 많다. 이런 측면에서 청소년이 함께 문제해결을 위한 전략을 모색하고 자신들의 권익을 옹호해 줄 수 있는 기관을 파악하여 도움을 요청할 수 있도록 도와야 하며, 이를 위한 정치적·경제적 지식을 갖추고 있어야 한다.

청소년들은 자신이 처한 지위로 인해 남들을 돕는 입장이 못 된다고 생각하기 쉽지만, 청소년들의 사회참여 및 사회적 공헌을 보다 적극적으로 모색할 필요가 있다. 예를 들면, 청소년들의 자원봉사는 단순한 교과과정상의 의무사항이 아니라, 현재 위치에서 사회를 위해 기여할 수 있는 자신의 잠재력을 파악할 수 있는 기회가 될 수 있다.

3) 레질리언스 모델

레질리언스(resilience)는 적응유연성, 탄력성, 회복력, 역경극복 등으로 번역되고 있는데, 라틴어의 '레질리언스(resiliens)'에서 유래된 용어이며 본래 물체의 신축적 혹은 유연한 성질을 일컫는 데 사용되었다(Greene, 2002). 사전적 정의로는 "압축되었거나, 구부러지거나, 늘어나 있는 상태에서 원래의 크기나 형태로 튀어 오르거나 원래대로 회복하는 능력 또는 불행이나 변화로부터 회복하거나 조절하는 능력"으로 규정된다. 청소년복지와 관련하여 개인이 빈곤이나 아동학대 등 여러 가지 어려운 상황에도 불구하고 이를 극복하고 성공적인 삶을 영위하는 것을 의미한다고 이해할 수 있다.

개념정의는 학자에 따라 다양하게 이루어지고 있는데, 예를 들면, 가메지(Garmezy, 1993)는 위험요인과 보호요인이 복합적으로 결합되어 있어 궁극적으로는 긍정적인 적응결과를 가져오는 것이라고 하였다. 왈스트(Walst, 1998)는 역경을 통해 더 강해지고 더 많은 자원을 보유할 수 있는 능력이자, 위기나 도전에 반응하여 이를 감당하고 스스로 바로 세우며 성장하는 적극적 과정이라는 개념으로 설명한다. 여기서 역경은 학대나 폭력의 경험, 경제적 어려움, 인종적 차별, 가족의 정신질환, 부모의 이혼 등을 포함한다(양옥경·최명민, 2001). 프레이저(Fraser)와 동료들(1999)은 레질리언스에 대해 고위험에 노출됨에도 불구하고 역경을 극복하고 성공적으로 적응하는 것이라고 규정하면서, 최근까지 연구자들이 이 개념과 관련하여 언급해 온 핵심개념을 세 가지 요소로 파악하고 있다. 첫째, 고난 극복으로써 높은 위험에 노출됨에도 불구하고 성공적인 상태를 유지하는 것, 둘째, 어려움 속에서의 효능감 유지, 즉 위험한 상황에 성공적으로 적응하는 것, 셋째, 정신적 외상으로부터의 회복, 즉, 부정적인 사건을 성공적으로 조절하는 것 등이다.

청소년복지와 관련한 탄력성의 의미는 청소년기의 특성과 밀접한 관련을 갖는다. 청소년기는 발달적인 변화로 인해 많은 긴장을 경험하게 되므로 다른 시기보다 적응이 더 요구되는 시기이며, 자신을 둘러싸고 있는 환경에 적응하여야 하는 신체적·정신적·사회적으로 과도기 상태에 놓여 있기 때문에 많은 갈등이 야기되고 내재되어 있던 문제들이 밖으로 표출되기도 하기 때문이다(Bonanno, 2004).

탄력성은 청소년들이 생의 도전들을 성공적으로 이루어냄으로써 긍정적으로 발달,

성장할 수 있도록 해주는 핵심적 기술과 태도들, 능력들을 밝히는 데 유용한 개념적 틀이다. 통합된 수행능력과 적응적인 융통성 등 개인적·인지적 영역에서 문제해결 자원으로서의 청소년 탄력성은 적응적이고 효율적인 지적 기능과의 관련성 또는 자신이 처한 어려운 상황이나 불확실한 조건에서 역경에 성공적으로 대처하는 능력으로 보고 있다.

시쉐티와 토츠(Cicchetti·Toth, 2000)는 같은 위험스러운 환경에서 다른 사람들이 발달적 이탈을 일으키는 데에도 불구하고 환경에 굴하지 않는 개인의 능력을 이해하고 연구할 필요성을 강조하고 있으며, 이러한 강한 개인적 특성인 청소년 탄력성은 어려운 환경에서 부적응을 방지하고 대처의 효율성을 증가시킬 수 있다고 하였다. 청소년 탄력성은 당면한 상황에 대처하기 위해 자아통제의 수준을 변화시키는 자아의 동시조절 능력과 인지적 능력 등을 포괄하는 개념이다. 즉, 탄력성은 모든 아동과 청소년이 갖고 있는 것으로 빈곤, 폭력, 음주와 약물남용과 같은 스트레스, 충격과 역경 속에서도 성공적으로 적응할 수 있는 능력을 말한다. 그리고 탄력성은 하나의 특징이 아니라 과정이다(천정웅 외, 2009).

다음은 탄력성에 관한 연구결과에 의해 입증되고 있는 네 가지 중요한 결과를 제시한 것이다(Benard, 2004; Werner & Smith, 1992; Weick & Chamberlain, 2001).

① 고위험 환경, 충격과 역경에 노출된 대다수의 개인들은 '성공'적인 삶을 살아간다. 개인들이 보이는 부정적이거나 문제 있는 행동이 그들의 변화능력을 반영하는 것은 아니다.

② 어떤 강점들은 개인의 건강한 성장과 성공적인 삶이 관계가 있는 것으로 나타났다. 이러한 강점들에는 사회적 유능감, 자립심(자아존재감), 문제해결능력, 목적의식과 미래의식이 포함된다.

③ 개인적 강점의 개발과 육성은 가족, 학교와 지역사회의 특정 조건, 즉 보호요인과 관련이 있다. 어떠한 환경 한 곳에서만이라도 세 가지의 중요한 보호요인이 존재하면 개인의 욕구를 충족시킬 수 있을 뿐 아니라 위험과 역경을 완화·완충해 주는 탄력성을 육성한다. 이러한 보호요인으로는 애정어린 관계(의지할 수 있는 사람이 적어도 한 명은 있다), 높은 기대(자신이 성공하는 데 필요한 능력들이 있

다는 메시지를 듣는다), 그리고 참여와 기대(어딘가에 소속되어 있고, 누군가에게 자원이 되고, 도움이 될 수 있는 기회를 갖는다) 등이 있다.

④ 아동과 청소년의 인생 궤도를 위험으로부터 탄력성 있는 것으로 바꾸기 위해서는 먼저 그들에 대한 가족, 학교와 지역사회 내 성원들의 믿음을 변화시켜야 한다.

한편, 탄력적인 청소년들의 특성으로는, 첫째, 스트레스 상황에서의 융통성 있고 통합된 수행(스트레스 대처능력, 다양한 문제해결 책략 소유), 둘째, 성격 안정성(덜 불안해함, 덜 의심함, 덜 뿌루퉁함), 셋째, 자신감(자기확신, 자기수용), 넷째, 학교와 사회에 대한 능동적 참여와 융통성 있는 적응(창조성, 새로움 추구), 다섯째, 또래관계(정서표현의 적절성, 공감), 여섯째, 인지능력(유능성, 유창성, 영리함) 등이다. 이러한 탄력성 특성을 지닌 청소년은 가족 또는 타인에게서 긍정적인 반응을 이끌어내는 성격적 특성을 가지고 있고, 자기효능감과 자기존중감이 높고 전반적으로 긍정적인 자아상과 정체성에 대한 명확한 느낌을 가지고 있다(천정웅 외, 2009).

2. 청소년복지의 발전적 접근들

청소년의 긍정적 측면과 강점(strengths)에 대한 관심은 지난 수십 년 동안 사회복지 분야는 물론, 인간 개발이나 청소년 분야 등의 여러 분야에서 계속 증대되어 왔다(Benson, 1997; Saleebey, 2005). 특히 청소년개발(youth development)의 개념은 아동과 청소년들이 유능하고 책임감 있는 성인으로 성장하도록 돕는 하나의 방법으로서 중요하게 논의되고 있다(Benard, 2004).

그럼에도 불구하고 청소년을 사회적 지위와 역할의 관점에서 보기보다는 하나의 인간발달적 시기로 보는 기존의 관점이 여전히 지배적이다. 청소년을 해결해야 할 문제의 대상으로 보는 이른바 "문제로서의 청소년(youth as problems)"의 이미지가 일반담론에서는 물론, 전문적 실천 분야와 학문연구 분야에서도 아직도 많이 볼 수 있기 때문이다. 청소년문제를 접근하는 데 강점(strengths)이나 자원(resource)으로 보는 관점보다는 문제나 결함(deficits)으로 보는 전통이 더욱 오래 자리하고 있는 것이 청소년과 관련한 분야이기도 하다(Checkoway, 1998; Scales, 2001). 최근 들어 강점관점과 청소년개발의 원리를 강조하는 접근 노력이 강조되고 있지만 얼마나 제대로 이러한 노력을 하고 있는가는 또 다른 과제이다.

이러한 인식에서 청소년발달을 위한 "발전적 관점(developmental perspective)"의 접근으로 강점관점(strengths perspective)과 청소년개발(youth development)에 주목하고 이러한 개념에 대한 학문적·실제적 관심이 제기되고 증대되어 온 배경을 역사적 및 현대적 상황과의 관련에서 조망하고 그 의미를 고찰해 보기로 한다.

1) 문제중심적 관점과 비판

앞서 언급했지만, 청소년을 강점이나 자원으로 보기보다는 문제나 희생자의 어느 하나로 보는 것이 일반적 인식이고 동시에 전문 분야에서의 다수의 관점이기도 하다. 대중매체가 아동을 다루는 내용은 대체로 희생자의 관점이 많으며 청소년은 폭력적이거나, 약물중독, 10대 임신, 학교중퇴, 가출 등의 문제가 되는 대상으로서 서술하는 경우가 지배적이다(Matrese·McGinnis, & Mora, 2005). 미국에서는 인종적으로는 백인이 아닌 경우, 지역적으로는 도시 지역, 사회경제적 지위로는 노동계급과 저소득층 가정의 아동과 청소년에 대해서 보다 더 부정적으로 조망되고 있는 것이 일반적이다. 이른바 결함관점(deficit perspective)으로 논의되는 것이다.

특히 청소년이라는 개념은 사회적으로 만들어진 개념이다. 1904년 홀(Hall)은 인간발달 시기로서의 청소년기(adolescence)를 이른바 "질풍과 노도(storm and stress)"의 시기라고 보면서 청소년의 행태를 설명하였다. 그의 책 『청소년기(*adolescence*)』의 서문에서도 청소년기를 "고대의 질풍과 노도의 시기와 비슷한 것이다"(Hall, 1904: xiii)라고 언급하고 있다. 이러한 그의 관점에서 기술된 그의 책 내용은 성인들에게 청소년기를 인생에서 질풍의 시기로서 보는 인식을 심어주게 되었으며 이것이 사회 속에서 전형적인 10대를 서술하는 한 방법으로 내면화되어 왔다는 지적이다(Nicols & Good, 2004). 핀(Finn, 2001)은 이에 대해 청소년기가 인간의 삶의 하나의 시기로 분리되면서 이상한 단계로 보이기 시작하게 된 것은 "생물학의 지식이 사회적 영역에 원용된 것"(p.171)이라고 주장한다.

청소년에 대한 이러한 질풍노도적 견해가 점차 사회 일반에 내면화되면서, 아동·청소년을 위해 일하는 많은 전문가들에게도 청소년은 하나의 해결되어야 하는 문제아 또는 구제되어야 하는 희생자로 보는 관점이 보다 더 일반화되었다. 와익(Weick), 랩(Rapp), 설리반(Sullivan) 및 키스타르트(Kisthardt, 1989)는 이에 대해 "문제의 존재는 전문가의 도움이 필요하게 되는 당위성을 제공하게 된다"고 말한 바 있다(p.351). 즉, 청소년을 문제적으로 보면 볼수록 전문가들이 더욱 필요하게 되고 이는 또한 전문가들의 존재를 위해서도 청소년들은 더욱 문제적이 되어야만 한다는 역설적인 의미를 갖게 되는 것이다. 흔히 말하는 청소년분야가 더욱 발전하기 위해서는 청소년들이 큰 사건의 희생자가 되거나 큰 문제를 일으켜 사회적으로 큰 이슈가 되는 상황이 더 많이 발생할 필요가 있다고 말하는 것과 같은 역설이다.

이러한 관점은 1940년대의 정신분석학적 접근으로 더욱 강화되는데, 예컨대 프로이트(Freud, 1946)는 청소년은 불가피하게 부모-자녀 갈등으로 가득 찬다고 가정하였다. 정신분석가들은 "청소년기의 발달과정을 오이디푸스적 또는 이전 오이디푸스적 갈등을 다시 경험하는 것을 통하여 이전의 유아기 발달단계가 반복 발생되는 것"으로 본다. 정신분석학적 이론과 그 분파들의 연구는 청소년복지의 실천에서 병리학적 이론을 한층 더 촉진하는 데 기여하게 된다. 청소년기에 대한 부정적 개념화는 1960년대의 정신사회적 접근법이 발달함으로써 더욱 심화된다. 예컨대, 에릭슨(Erikson, 1963)은 청소년기를 정체성 위기(identity crisis)의 결과로 특징화되는 혼란과 스트레스의 시기로 보았다. 에릭슨에게 청소년 시기는 생리적 변화와 분리된 별개의 성인 정체성의 개발을 함께 뜻하는 것이었다.

문제중심, 결함중심의 이러한 관점과 실천은 1980년대를 거치면서 더욱 지배적으로 되는데, 미국에서는 정신보건(mental health) 분야가 대두되면서 청소년에 대한 병리학적 이미지가 더욱 심화되어 이른바 문제청소년에 대한 의미 속에서 더욱 많이 전유, 전개되기 시작하였다. 핀(Finn, 2001)은 이에 대해 "청소년들은 위기, 위험, 그리고 병리학이라는 영원히 확대되는 분류 속에 평가되고 진단받았다"고 주장하고 있다(p.184).

2) 강점관점과 청소년개발의 전개

청소년에 대한 문제중심적 관점이 모두 잘못된 것만은 아니다. 그러나 중요한 사실은 이러한 문제중심적 이해가 지나치게 지배적이었다는 것이다. 데이몬(Damon, 1997)은 문제청소년의 전통은 대중문화에서의 청소년의 이미지에 영향을 끼쳤으며 그 결과 사람들의 마음속에서의 모습에도 영향을 끼쳤다고 지적했다. 지나친 문제중심의 청소년에 대한 접근은 청소년의 "사회적 활력(social agency)"을 방치하였고(Mayall, 2002), 사회는 청소년들을 계속해서 긍정적 궤도(trajectory)에 있도록 하는 중요한 기회를 상실했던 것이다.

사실, 청소년을 문제중심적으로 보는 관점에 대한 비판은 청소년기의 개념화와 동시에 제기되었다. 생물학적 결정주의에 대한 많은 비판이 제기되었으며, 특히 청소년 문화에 대한 연구물들은 청소년 시기를 질풍과 노도의 보편적 인생의 발달단계라고 이해하는 것에 반대하였다. 예컨대, 미드(Mead, 1928)는 일찍이 사모아에서의 청소년기 소녀들에 대한 연구에서 청소년들은 혼란된 시기를 경험하지 않는다고 주장하였다. 오히려 적절한 문화적 상황을 전제하면, 10대 청소년기 소녀들은 점진적이고 평화적으로 성인기로 이행을 할 수 있었다고 주장했다. 그녀는 "스트레스는 우리의 문명화 속에 있으며, 우리 아이들이 겪어나가는 신체적 변화 속에 있는 것은 아니다"(p.234)라고 하였다. 1960년 이후 대중매체가 청소년의 행태를 선정적으로 표현하는 문제들이 비판되기 시작했으며, 사회 일반에서 청소년에 대한 부정적 견해의 많은 부분이 직접적인 지식과 경험에 근거하기보다는 대중매체의 부정적 보도에 입각하였다는 점이 지적된다(Bandura, 1964; Scales, 2001).

이러한 일련의 관점 변화와 지적에 따라 기존의 문제중심적 견해들이 비판되면서 예방적 접근법(prevention approach)들이 점차 강조되기 시작하였다. 이러한 예방접근법은 문제가 생기고 난 뒤에 해결하려고 애쓰기보다는 문제가 처음 생길 때 예방하는 것이 보다 비용효과적이고 또 효율적일 수 있다는 이해에서 비롯된 것이다(Small & Memmo, 2004). 지난 수십 년간 전개되어 온 청소년에 대한 긍정적 관점과 문제중심의 관점에 대한 비평은 점차 청소년을 위해 일하는 사람들을 중심으로 청소년들의 강점과 긍정적 측면에 초점을 맞춘 대안적 접근법의 힘을 인식하게 만들었다.

이러한 발전적 접근법에 의하면, 문제와 희생으로 청소년을 보는 견해와는 달리, 청소년을 강점, 자산, 잠재성 및 자원을 가진 존재로 본다. 사실 청소년들은 성공적인 성인기로의 전이를 위해서도 또 그들이 받는 서비스의 질을 높이기 위해서도 이러한 발전적 관점을 필요로 하는 것이다(Matareses et al., 2005). 이러한 접근법의 지지자들은 청소년들이 직면하고 있는 많은 문제들이 바로 청소년 개인 자신들의 강점, 가족, 그리고 지역사회에서 그 해결책을 발견할 수 있다는 점을 인식하였다(Maton et al., 2004).

3) 강점관점의 발전과 특징

한편, 강점(strengths)이라는 용어는 청소년 분야의 오랜 역사를 통해 사용되어 왔지만, 그것이 하나의 관점으로서 개념화되어 사용되기 시작한 것은 1980년대 이후 사회복지 분야에서였다(Weick et al., 1989).

강점관점의 대두 배경으로 살펴본 청소년과 사회복지 분야의 관계는 사회복지학이 청소년들의 문제를 해결하는 데 중요한 역할을 했음에도 불구하고 그 접근법에서 지나치게 정신분석학적, 치료적, 정신보건적 문제 진단과 해결을 중심으로 전개되어 왔다. 이러한 문제중심, 결함중심의 견해와 실천에 대해서는 지속적인 비판이 전개되어 왔음은 물론이다. 청소년과 관련한 기존의 문제중심의 관점에 대해서도 청소년기 자체를 병리학적으로 이해하도록 촉진한 것으로 비난받기 시작하였다.

예컨대, 골드스타인(Goldstein, 1990)은 병리학 접근은 인간상태의 복잡성을 진단표의 좁은 칸으로 축소해 버리는 경향이 있다고 지적하였다. 와익(Weick), 랩(Rapp), 설리반(Sullivan) 및 키스타르트(Kisthardt, 1989) 등은 이러한 문제중심 실천에 따른 문제점을 세 가지로 요약하였다. 즉, "① 문제는 반드시 영향을 받는 당사자의 결함 또는 무능으로 보이게 한다. ② 문제의 본질은 전문가들에 의해 정의된다. 그리고 ③ 문제의 핵심에 있는 결점을 극복하는 방향으로 치료가 이루어진다"는 것이다(p.352).

이러한 결함관점에 대한 비판과 함께 기존의 부정적 관점들은 새로운 관점 내지 실천모델들에 의해서도 계속적으로 도전받았다. 세틀먼트 하우스(Settlement House)를 중심으로 한 사회사업가들의 능력함양(capacity-building)에 대한 관심이 제기되었으며

(Addams, 1910 / 1972; McMillen et al., 2004), 소셜 케이스워크(social casework)와 관련하여 동기와 기회(motivation and opportunities)가 언급되었다(Ripple & Alexander, 1956). 이어서 상호 행동적 접근(interactional approach, Schwartz, 1971), 생애모델(life model, Germain & Gitterman, 1980) 및 역량분석틀(competence framework, Maluccio, 1981) 등이 제안되었다. 특히 생태적 모델(ecological model)과 힘부여 모델(empowerment model)은 이러한 기존의 결함적 정향에 대한 도전적인 관점으로 큰 관심을 받게 되었다(Lee, 2001).

비록 사회복지가 문제해결의 전문직으로서 자부심을 갖지만, 기존의 문제중심, 결함중심의 치료실천은 많은 비판을 받으면서 그 대안으로 예방접근법(prevention approach)이 강조되기 시작하였다. 한 예로 골만(Goleman, 1995)은 예방접근법의 필요성을 논의하면서, 위기개입은 "해당 문제가 유행병같이 만연하게 되고 또 청소년들의 인생에서 아주 깊이 뿌리를 내리게 된 후에야 뒤늦게 나타나는 것이다"고 지적한 바 있다(p.256). 또한 핀(Finn, 2001)은 많은 문제중심 치료 프로그램은 청소년을 생산적으로 준비시키는 것이 아니라고 주장하였다. 오히려 "많은 청소년들은 일련의 보호, 통제 및 봉쇄의 연속선상에 놓이도록 준비되고 있다"(p.168)고 지적하였다.

다른 한편, 이러한 종전의 결함중심, 문제중심 관점에 의한 청소년 이슈에 대한 접근은 청소년에 대한 긍정적 관점이 최근 증대되면서 그 적실성이 더욱 의문시되었다. 비록 강점관점(strengths perspective)이라는 용어가 나타난 것은 1980년대 후반 들어서이지만, 앞서 언급한 여러 가지 새로운 관점과 실천모델들에서와 같이, 긍정적 측면이나 강점에 대한 강조는 사회복지역사 전반을 통해 언급되어 왔다(Rapp, 1998; Weick et al., 1989).

특히, 최근에 강조되어 온 적극적인 접근법으로서의 강점관점은 어떤 문제해결을 위해 문제 자체에 초점을 맞추는 것은 오히려 문제해결을 더 어렵게 할 수 있다는 인식을 기반으로 하여 대두된 것이다. 이 관점은 "사람들은 지속적으로 성장하고 변화할 수 있고, 자원에 동등하게 접근해야 한다"(Chapin, 1995: 507)는 신념에 뿌리를 두고 있다. 강점(strengths)이란 개념이 다양한 형태로 표현되었지만, 세리비(Saleebey, 2005)는 강점관점의 본질은 "3P" 즉, 가망성(promise), 가능성(possibility), 긍정적 기대

(positive expectations), “3C” 즉, 역량(competence), 능력(capacities), 용기(courage), 그리고 “3R” 즉, 레질리언스(resilience), 준비성(reserve), 자원(resources) 등으로 제시하였다. 강점관점에서는 개인들이 정신질환 같은 역경에도 불구하고 문제를 넘어서 삶을 이끌어갈 수 있다는 것을 전제하고 있다.

랩과 고스차(Rapp·Goscha, 2006)는 정신장애를 가진 사람들의 강점 사례관리 모델에 대한 논의와 설명에서 “기운을 꺾는 행동(spirit-breaking behaviors)”과 ”희망을 가져오는 행동(hopeinducing behaviors)”의 중요한 차이점을 구별했다. 기운을 꺾는 행동은 청소년이 성공을 위해, 미래를 위해, 삶을 진전시켜 나가기 위해 가지고 있는 희망을 조력자들이 의도적 또는 우연히 감소시키거나 심지어 소멸시키는 행태를 말한다. 여기에는 형식적 또는 비형식적으로 의사소통한 청소년에 대한 부정적 평가 또는 인식, 제약적 실천, 청소년이 할 수 있고 또 해야 하는 것에 대해 부수적이며 부적절한 생각을 강요하는 것, 청소년에 대한 무례하거나 비하적인 행동, 또는 청소년의 희망과 꿈을 망가뜨리거나 무시하는 것 등이 포함된다. 다른 한편, 희망을 가져오는 행동에는 다음을 포함한다. 즉, 청소년이 이야기하고 싶을 때 응할 수 있으며, 참된 보호와 친절을 표시하고, 존중으로 대하며, 성공과 실패에 상관없이 청소년을 근본적으로 받아들이며, 당신이 그들을 위해서 있으며 그들에 대해 신념을 갖고 있다고 알리는 상호작용, 개인이 목표를 성취하도록 도우며, 그들의 성취와 성공을 적절히 축하하는 것 등이다.

강점관점은 인간의 의미, 활기 및 능력에 관심을 둔다. 따라서 이러한 강점을 개발하는 일은 동시에 개인과 지역사회의 잠재성을 극대화하는 것에 이바지한다. 페트르(Petr, 2004)는 “강점관점은 성인중심주의(adultcentrism)와 맞서고, 가족중심 실천을 활용하고, 다양성과 차이점을 존중하는 것에도 불가결한 것이다”(p.155)고 적고 있다. 강점관점에서는 개인을 둘러싼 환경적(ecological) 요소들은 개인을 위한 기회의 원천이며, 자원의 수를 증대시킨다고 본다. 이런 점에서 강점관점은 지역사회 관심사에 대해 지역사회 해결책을 개발하는 데 기존의 자원들을 찾아내고, 동원화하고, 재강화하고 또 증대시키는 데 이바지한다.

4) 청소년개발의 관점과 원리

청소년개발의 관점은 “청소년은 관리될 수 있는 문제로서가 아니라 개발될 수 있는 자원으로” 본다(Roth & Brooks-Gunn, 2000: 3). 이 관점은 모든 청소년들을 서비스를 통해 개발할 수 있는 잠재력을 가진 개인적·생태적 자산성을 소유하고 있다고 전제하면서 그들의 건강한 삶의 기회를 증대시키려고 한다. 청소년개발의 개념과 특성이 앞에서 언급된 예방적 접근법(prevention approach)과 구별되는 점은 청소년개발은 문제가 발생하거나 위기상황이 생기지 않도록 하는 것뿐만 아니라, 더 나아가 긍정적 발달과 청소년의 건강과 안녕(well being)에 기여하는 조건들을 적극적으로 주장하는 데 있다. 청소년개발 옹호자들은 단순히 문제를 예방하는 것은 청소년을 성인으로 준비시키기 위해서 충분하지 않다고 주장한다(Benson, 1997; Small & Memmo, 2004).

비록 단일 개념이 존재하지는 않지만, 청소년개발은 “모든 청소년들이 그 시기 전반을 통해 욕구에 부응하고 역량을 함양하기 위해 경험하는 과정”으로서 정의될 수 있다(Nixon, 1997: 571). 청소년개발은 건강한 조건의 존재를 특히 강조하고 건강이란 개념을 기술(skills), 친사회적 행태 및 앞으로의 고용, 교육, 시민생활에서 성공하는 데 필요한 역량(competence)을 포함하는 것으로 확대한다(Bazemore & Terry, 1997). 특히, 청소년개발은 그 과정의 중요한 부분으로서 가족, 친구, 이웃, 학교, 지역사회 집단 및 여타 지지의 중요성을 인식한다(Villarruel·Perkins·Borden, & Keith, 2003).

청소년개발 프로그램과 절차(protocols)는 본질상 몇 가지 전제에 입각하고 있다. 가장 중요한 것은 모든 청소년들은 지지와 지도를 받으면 성공적 성장(thriving)을 도모할 수 있다는 점이다. 그들 삶의 일부인 위험부담(risk)과 환경에 대한 강조는 그들이 가지고 있는 능력과 재능을 부인하는 것이다. 사실, 문제로 둘러싸여 있고, 때로 위험부담이 있거나 문제적 행동에 빠지기도 하지만 대부분의 청소년들은 생존해가고 있으며, 많은 청소년들은 성공적 성장(thrive)을 도모한다.

어떻게 그렇게 할 수 있는가? 그 질문에 대답하는 일은 청소년의 내·외부에 존재하는 레질리언스(resilience)의 힘을 이해하고, 개인적·환경적 강점과 자원을 알게 되는 핵심이다. 또 다른 핵심 전제는 모든 청소년들이 자신의 희망을 실현하고, 문제를 해결하고, 위험부담을 최소화시키는 기회와 통로(pathways)를 필요로 한다는 점이다. 그러나 모든 청소년은 동일한 프로그램과 기회를 필요로 하는 것이 아니다. 청소년들의 삶과 생활스타일에 맞추어야 한다.

또 다른 암묵적 전제는 상황주의(contextualism)에 대한 것이다. 첫째, 기본 아이디어는 유기체적 발달모델을 거부한다. 즉, 발달은 어떤 종착점인 성숙을 향해 전진(progression)하는 것이란 생각과 초기 이벤트(event)는 그 이후의 이벤트와 인과적 관계에 있거나 아니면 연계되어 있다는 것이다. 상황주의적 사고에서 보면, 청소년의 삶에 존재하는 레질리언스는 정서와 사고, 자원과 도전, 동기와 기회 등에서 우발적으로 함께 생겨나오는 문제이다(Saleebey, 2009).

서치연구소(Search Institute)의 초기 연구에는 모든 청소년들이 소유할 수 있는 40개에 이르는 발달자산(development assets) 즉, 내적자산(internal assets)과 외적자산(external assets)의 틀(set)이 있었다. 외적자산은 청소년들이 지역사회의 사회적 환경 속에서 갖게 되는 긍정적 경험과 사회적 여건을 말하며 지지(support), 역량함양의 기회(empowerment), 행동기준 설정과 기대(boundaries and expectations), 생산적인 시간 활용(constructive use of time) 등 네 가지 범주가 포함된다. 내적자산은 개인적 가치와 신념을 의미하며 배움에 대한 열의(commitment to learning), 긍정적 가치관(positive values), 사회적 역량(social competence), 그리고 긍정적 정체감(positive identity) 등의 범주가 포함된다.

서치연구소(Search Institute)에서 지난 10여 년간 연구한 결과는 청소년들이 더 많은 "발달자산들"을 경험할수록, 위험성 많은 행태들에 그만큼 연류될 가능성이 더 적으며, 긍정적으로 처신하는 일이 더 많아진다는 것을 나타내주고 있다(Scales & Leffert, 1999). 25개의 청소년개발 관련 연구를 조사한 한 연구에서는 광범위한 긍정적인 청소년개발 접근법은 결국 긍정적 성과와 문제행태의 예방을 가져다 줄 수 있다는 것으로 결론짓고 있다(Catalano · Berglund · Ryan · Lonczak, & Hawkins, 1999).

〈표 5-1〉 **발달자산 지표**

영역		개별지표
외적 자산	지지	가정의 지지, 가족 간의 긍정적인 의사소통, 다른 성인들과의 관계, 우호적인 이웃, 우호적인 학교환경, 학교생활에 대한 부모의 참여
	역량함양의 기회	청소년을 존중하는 지역사회, 청소년에 대한 역할부여, 청소년의 지역사회에 대한 봉사, 안전감
	행동기준 설정과 기대	분명한 가정규범, 명확한 학교규범, 이웃의 청소년에 대한 감독, 성인들의 청소년에 대한 역할모델 수행, 긍정적인 또래친구의 영향, 높은 기대
	생산적인 시간활용	창의적인 활동참여, 청소년프로그램 참가, 종교기관의 활동참여, 가족과 함께하는 시간
내적 자산	배움에 대한 열의	성취동기, 학교생활에 대한 적극적인 참여, 과제수행, 학교와의 결속력, 즐거움을 얻기 위한 자발적인 독서
	긍정적 가치관	타인을 돕는 것에 대한 가치부여, 사회정의 실현에 대한 가치부여, 자신의 신념에 대한 충실성, 정직성, 책임감, 위험행동 억제력
	사회적 역량	계획수립의사결정 능력, 대인관계능력, 타문화의 수용능력, 위험상황에 대한 저항기술, 평화적인 갈등해결능력
	긍정적 자아정체감	자신의 운명에 대한 통제감, 자아존중감, 목적의식, 자신의 미래에 대한 낙관적인 관점

출처: Benson(1997). Development Asset Framework

3. 강점관점과 청소년개발의 접목

이러한 강점관점과 청소년개발의 원리들이 종래의 문제중심적 접근의 문제점을 극복하고 예방적 접근법의 한계점까지도 지적하고 있는 점은 주목할 필요가 있다. 이러한 인식은 청소년과 관련한 이론 분야는 물론, 실천적 분야에서도 청소년을 제반 서비스 등의 연결성·계속성·고결성 및 기회의 여러 요소들이 어우러지도록 하는 적극적인 접근법을 제시하는 의미를 갖는다. 특히, 베나드(Benard, 2004)는 “문제예방에 대한 가장 효과적·효율적이며 나아가 보상적이며 즐거운 접근법은 건강한 청소년개발을 통하는 것”(p.2)이라고 강조하고 있다.

강점관점과 청소년개발의 기본적 공통점은 이들이 모두 기존의 문제중심의 관점에 대한 비판에서 대두, 발전되어 왔다는 점이다. 이 점에서 두 관점이 모두 결함중심의 기존의 아동·청소년에 대한 접근을 적극적 관점으로 전환하고 있다고 볼 수 있다. 강점관점은 강점에 입각한 개입을 구축하고 병리적 측면을 강조하지 않는다. 청소년개발 관점은 단지 특정의 위기상황에 반응하는 데 초점을 맞추기보다는 가치, 강점 및 아동과 청소년의 잠재력을 그 상황과 관계없이 강조한다.

샐리비(Saleebey, 2009)는 지난 2007년 미국 캔사스대학교(University of Kansas)에서 개최된 세계청소년학아카데미 제2회 월드포럼(World Forum)에서 강점관점과 청소년개발 접근법 사이에 유사점과 차이점이 있음을 지적한 바 있다. 우선, 두 가지 접근법에는 적어도 사람을 이해하고 도우는 데 몇 가지 유사점이 있는데, 사람의 삶에서의 문제, 결점, 그리고 장애에 대해서는 이를 부인하거나 적어도 침묵한다는 것이다. "두 접근법은 사람의 실제에서 – 내적으로 그리고 환경(가족, 학교, 지역사회)에서 – 의식적으로 자산과 강점을 추구한다. 두 접근법의 정향은 이러한 자산을 보다 나은 삶을 위한 필수요소(building block)로 사용한다. 끝으로 두 접근법은 긍정적 기대가 개인에 대해 유용한 효과를 가질 수 있는 것과 같이, 낮은 기대나 부정적 기대는 동기, 자아정체감, 가능성을 약화시키는 작용을 한다는 것을 알고 있다."

한편, 긍정적 청소년개발 접근법은, 서치연구소의 발달자산과 같이, 여러 측면에서 미리 만들어진 목록, 즉 무엇이 개인이나 지역사회 모두에게 자산이고, 자원이며, 강점으로 중요한지에 대해 매개변수를 설정하는 목록표에 의지하는 것처럼 보인다. 강점관점의 아름다움은 무엇이 개인이나 지역사회의 강점이 될 수 있는지에 대해 미리 알 수 없다는 점이다. 우리는 개인(또는 가족이나 지역사회)을 먼저 만나야 하고, 그 후에 그들의 관심, 재능, 그리고 희망에 대해 알기 시작할 수 있다. 무엇이 잘못된 것인지(진단법 같은 경우)에 초점을 맞추거나, 이미 만들어진 강점 도표를 적용하는 것으로는 사람에 대해 알 수는 없다. 진단법에서는 그 진단을 받은 사람이 어떤 사람인지에 대해 알지 못한 채, 동일한 진단을 받은 다른 사람들과 함께 동일 부류로 분류한다.

그러나 강점관점과 청소년개발의 이러한 차이점에도 불구하고, 두 관점들은 문제중심적 접근법으로부터 벗어나는 차별적이고, 유용하며, 중요한 수단을 제공하고 있음은 사실이다. 이러한 생각을 실천에 적용하면, 서비스를 찾는 사람들을 도우는 데 우리의 에너지 수준, 의식, 창의성에서 차이가 있음을 알게 된다.

청소년과 함께 하는 사회복지실천에서 강점관점이 보다 강조될 필요가 있다. 실제로 사이타(Seita, 2000)는 복지실천 분야를 청소년과 일하는 데에서의 연결성·계속성·고결성 및 기회의 여러 요소들을 어우러지도록 하는 것을 포함하는 보다 적극적 접근법으로 전환할 것을 요청하였다. 왓킨스와 아이버슨(Watkins· Iverson, 1998)은 청소년의 자산성을 체계적으로 평가절하하는 사회환경을 고려할 때, 사회복지는 청소년의 강점을 찾아내고 활용하는 데 초점을 맞추도록 그 노력을 배가할 필요가 있다고 강조하였다.

이러한 이해는 강점관점을 청소년 사회복지실천에 적용하는 것에 대한 관심이 최근 더욱 증대되고 있다는 것으로도 지지된다. 말할 필요도 없이 강점관점은 청소년의 정신보건, 약물남용예방 및 소년사법 등 청소년 사회복지실천 전반을 통해 실행되고 있다. 특히 랩(Rapp, 1998; 2002)은 강점중심 사례관리(case management) 모델을 개발했으며 프레이(Frey, 1999)는 사회봉사활동을 정서적·행태적 어려움을 가진 학생들의 본래적 강점을 바탕으로 구축될 수 있는 하나의 강점중심개입임을 지적하고 있다.

강점관점은 사회복지 분야에만 국한되는 것이 아니다. 그것은 청소년개발(youth development)과 관련한 분야에도 넓게 적용된다. 레질리언스 연구는 강점관점을 청소년개발에 성공적으로 적용시킬 가능성에 강한 지지를 제공한다(Pittman, Irby, Tolman, Yohalem, & Ferber, 2003). 레질리언스가 있는 아동과 청소년은 그것의 바탕이 되는 일련의 강점과 역량을 갖고 있다는 것이다. 이에 따라 최근에는 강점관점의 청소년개발, 레질리언스 등 관련 분야와의 응용 및 수렴(convergence)에 대한 논의가 제기되고 있다. 예컨대 샐리비(Saleebey, 2005)는 발달적 레질리언스, 보건과 복리, 그리고 해결중심 접근법(solution-focused approach) 등은 강점관점을 지지하는 중요한 "연구와 실천의 수렴선"의 영역이란 점을 지적하고 있다.

4. 청소년복지실천에서 발전적 관점의 함의

이와 같이 강점관점은 아동·청소년 실천에 더욱 폭넓게 자리매김하고 있다. 기존의 문제중심, 결함중심의 관점과는 달리, 강점관점은 강점에 입각한 개입을 구축하고 병리학을 강조하지 않는다. 그럼으로써 청소년들의 발달, 삶의 질, 건강과 정신적 복리를 증진하고 옹호하는 방향을 지향하고 있다. 강점관점은 "거의 어떤 것이든, 주어진 환경과 상황이 강점 또는 자산이 될 수 있다"(Saleebey, 2005: 301)고 본다. 강점관점은 개인 내부, 가족 및 지역사회의 강점, 자원, 자산성 및 능력을 이용한다. 더욱이 강점관점은 강점의 개입을 계획하고, 실행하며 평가하는 데 실천가들이나 직원들의 강점을 활용함으로써 강점을 개입과정의 중심이 될 것을 목표로 한다. 청소년과 관련한 정신건강 분야에서의 적극적 관점의 이론적 기초로서 강점관점에 주목하는 것은 바로 이러한 인식에 따른 것이다.

또한, 청소년개발 관점은 단지 특정의 위기 상황에 반응하는 데 초점을 맞추기보다는 가치, 자산성, 청소년의 잠재력을 그 상황과 관계없이 강조한다. 최근 청소년개발은 아동복지와 청소년 사회복지 분야에 응용되고 있다. 맬피그나노(Melpignano)와 콜린스(Collins, 2003)에 의하면, "아동복지제도에서 아동과 청소년을 다루는 데 관련된 발전 상황은 전체 청소년이 성공적 삶의 성과를 성취하도록 도우는 적극적 청소년개발의 원리로 증대되었다"(p.160). 정신보건(mental health) 분야에서도 청소년개발 원리를 바탕으로 한 청소년참여를 확대하는 관심이 계속 진전되고 있다(Matarese et al., 2005).

이와 같이, 강점관점과 청소년개발을 비롯한 발전적 관점의 관심과 중요성은 특히 약물남용예방, 정신보건문제, 소년사법 등의 청소년문제와 관련된 영역은 물론, 아동복지, 아동인권 분야와 방과후 활동, 지역사회 청소년개발(community youth development), 청소년참여 등의 청소년활동과 관련한 여러 분야로 더욱 확대되고 있는 실정이다. 발전적 관점은 이러한 모든 영역에서 청소년의 발달, 삶의 질, 건강과 정신적 복리를 증진하고 옹호하는 동일한 방향으로 향해가도록 하는 기반이 되고 있다.

더욱이 발전적 관점은 개인, 가족 및 지역사회의 긍정적 잠재성에 초점을 맞추는 것으로 시작한다는 점에서 강점관점(strengths perspective)이나 청소년개발(youth development) 자체에 대한 이론적 또는 실제적 탐색은 물론, 청소년과 관련하여 지역사회(community), 참여(participation), 인권(rights), 나눔(sharing), 영성(spirituality) 및 사이버스페이스(cyber space) 등의 여러 영역과 관련한 논의를 전개하는 데 매우 중요하게 기여할 것이다. 발전적 관점은 청소년을 보는 우리의 인식, 판단, 가치를 새롭게 하며 그에 따른 결과적 산물로서 우리 청소년의 모습을 새롭게 자리매김해 줄 수 있기 때문이다.

지금까지의 논의를 통해 청소년복지는 사회복지의 한 분야이며 모든 청소년의 삶의 질을 향상시키고 안녕을 추구하기 위해 국가와 사회 전체가 수행하는 전문적 접근임을 알 수 있었다. 청소년복지는 사회복지의 한 분야라는 측면에서 사회복지의 기본 이념이나 가치, 방법 등을 활용하게 되지만, 청소년기의 특성과 청소년계층이라는 집단에 초점을 맞춤으로써 차별화되는 영역이 있다.

그럼에도 불구하고 실제로는 청소년복지의 영역이나 분야에 대해서는 일정한 합의가 존재하고 있다고 보기 어려우며, 사회복지의 다른 영역에 비해서는 학문적 정체성과 발달이 미흡한 것이 현실이다. 이러한 상황은 독립된 학문 분야로 발전되고 있는 청소년학, 청소년복지학 등의 정체성에 대한 논의와 청소년정책의 범위 등과 관련하여 그 경계를 수립하고 정체성을 확립하는 데 어려움을 겪게 하고 있다.

대체로 「청소년기본법」에서는 청소년복지 영역이 청소년정책의 포괄적인 범위 안에 포함하여 논의하고 있다. 실천 영역에서는 제한적 의미로 사용되고 있지만, 그 실제를 보면 모든 청소년 행위의 궁극적인 달성 목적이 되어야 한다는 목적적·당위적 개념으로 볼 때 모든 청소년정책의 결과로서 기능을 한다고 본다(김경신 외, 2007).

다른 한편, 학문적으로는 그 목적과 접근 범위라는 측면에서 청소년 당사자의 요건, 환경적·제도적 행위의 모든 것을 포함하는 매우 포괄적인 개념으로 이해될 수 있다. 이런 점에서 청소년복지가 어떠한 범주와 영역을 가질 것인지는 이러한 제반 여건을 고려하여 심도 있게 논의되어야 할 것이다. 여기서는 관련 법률과 정책의 청소년복지의 내용과 여러 학자들의 논의들을 알아보고 청소년복지와 관련한 발전적 관점의 함의에 대해 생각해 보기로 한다.

첫째, 「청소년기본법」에서 규정된 청소년복지를 지원하기 위한 법률인 「청소년복지지원법」에서는 청소년복지의 분야를 인권보장정책, 청소년의 자치권 확대, 청소년 우대, 건강보장, 특별지원 청소년, 청소년가출, 그리고 청소년선도 등으로 규정하고 있다. 보다 구체적으로는 청소년참여를 강조하고, 청소년증, 체력검사와 건강진단, 청소년쉼터, 비행 및 학교부적응 등에 대해 규정하고 있으며, 조화로운 성장과 정상적인 생활에 필요한 기초적인 여건이 미비하여 사회적·경제적 지원이 필요한 청소년을 특별지원 청소년으로 정의하고 있다.

둘째, 청소년복지의 주요 수단으로 청소년복지서비스, 교육기회 확대, 근로조건 개선, 청소년활동사업이나 청소년행정 등이 포함되는 것으로 보는 견해가 있다(조흥식, 1999). 과거에는 청소년복지의 주요 대상이 요보호청소년과 문제청소년이었으나 최근에는 전체 청소년으로 확대되고 있음을 지적하고 있다.

셋째, 청소년복지의 서비스 영역을 가족의 양육을 보완하는 청소년복지, 청소년문제를 예방하고 치료하는 청소년복지, 그리고 사회문제의 예방과 피해자를 돕는 청소년복지 등의 세 가지 범주로 구분하는 견해가 있다(이용교, 2006). 현대사회에서 청소년복지가 요청되는 요인이 이들 세 가지와 관련되어 있다고 이해한 것이다. 하나는 양육비의 증가와 부모의 결손 등으로 청소년이 자라기에 가족의 양육환경이 적절하지 못한 경우이고, 다른 하나는 청소년이 고민을 가지거나 문제행동을 하는 경우이며, 그리고 연령차별과 유해환경과 같이 사회환경에 문제가 있는 경우 등으로 보고 그에 따른 청소년복지의 실현이 필요하다고 인식한다.

넷째, 청소년복지의 대상을 중심으로 영역을 구분하는 견해가 있다(김경준 외, 2005). 일반 청소년, 빈곤가정 및 결손가정 청소년 등 양육과 보호가 필요한 청소년, 장애청소년, 가출 및 비행청소년 등 사회적·법적 보호가 필요한 청소년, 학교부적응 및 학교밖 청소년, 근로 및 농어촌 청소년, 미혼모 청소년, 외국인 노동자 자녀, 에이즈감염 청소년, 탈북청소년 등 특별보호 청소년으로 나누어 이해하는 것이다. 일반 청소년의 경우 청소년복지의 주요 내용은 인권 및 건강보장, 활동지원 및 환경개선을 통한 문제예방 감소 등을 강조하고 있다. 최근에는 이주청소년, 새터민 등과 관련한 내용도 소개된다(이혜원·이봉주·김혜래·오승환·장익중 외, 2008).

다섯째, 청소년문제를 중심으로 청소년복지를 논의하는 견해가 있다(조선화 외,

2005; 홍봉선·남미애, 2010). 가출청소년, 학교중퇴, 장애청소년, 미혼모 청소년, 비행청소년, 학교폭력, 인터넷중독, 집단따돌림, 청소년성문제, 약물남용청소년 등을 청소년복지의 주요 각론으로 논의하고 있는 경향이다. 빈곤, 학대, ADHD(주의력결핍과잉행동장애), 최근에는 인터넷중독, 우울, 학업중단, 성소수자, 다문화와 관련한 주제도 논의되고 있다(구은미·박성혜·이영미·이혜경, 2009).

여섯째, 청소년과 관련한 사회환경, 생활양식 또는 활동 분야와의 관련을 중심으로 이해하는 견해가 있다(이용교, 2006; 홍봉선·남미애, 2010; 조선화 외, 2005). 청소년가정환경, 청소년의 학교환경, 청소년의 여가, 청소년의 일과 복지, 청소년의 문화와 복지 등을 주제로 논의하고 있음을 알 수 있다.

일곱째, 청소년과 관련한 서비스 및 활동 분야를 중심으로 청소년복지의 영역을 제시하는 견해가 있다(김경신 외, 2007; 노혁, 2010; 천정웅·이용교·김혜원, 2009). 청소년상담서비스, 수련활동, 자원봉사활동, 방과후 활동, 역량개발과 청소년활동, 진로 및 직업능력 개발, 학업 및 생애지도, 청소년시설보호서비스 등이 포함된다.

여덟째, 청소년복지와 관련된 주요 주제정책이나 이슈(issue)를 중심으로 청소년복지를 이해하는 견해가 있다(천정웅·이용교, 2007; 이용교·천정웅, 2009). 청소년복지정책의 비전, 청소년 성매매 정책분석, 학교 연계 아동·청소년 통합적 접근, 청소년들의 공동체 의식함양, 청소년의 디지털 소비격차, 청소년우대정책, 이주 아동·청소년의 사회적 보호, 청소년쉼터 직원의 전문성 등이 예시될 수 있다.

이상과 같이 청소년복지의 분야나 주요 영역에 대해서는 학자들에 따라 다양하게 논의되고 있음을 알 수 있다. 전체적으로 보아 공통적으로 강조하는 분야가 있기도 하지만 상이한 내용에 대해서도 다루고 있는 연구물들이 많이 나타나고 있다. 그리고 학자별로 위에 말한 여러 가지 주요 영역이나 분야 중의 어느 한두 가지만을 포함하여 논의하는 경우는 드물며 여러 가지 영역을 동시에 청소년복지에 포함시키고 있는 것이 일반적 경향이다.

이런 점에서 청소년복지의 내용을 발전적 관점에서 새롭게 이해할 필요성을 제시한다. 우선, 앞에서 논의한 사회복지의 관점과 청소년복지의 관점, 현대 사회복지의 발전적 이론들, 그리고 청소년복지의 발전적 접근들의 관계를 정리하면 다음 표와 같다.

사회복지의 개발적 관점은 현대사회복지이론의 임파워먼트 접근과 특별히 관련을 가지며 이는 곧 청소년개발(youth development)의 접근방법과 연결되고 있음을 알 수 있다. 아울러 제도적 관점은 현재 사회복지이론의 생태학적 관점으로 이어지면서 강점관점(strengths perspective)의 접근방법으로 나타나고 있다. 개발적 접근과 제도적 접근의 유사점은 두 접근이 모두 전체 청소년을 대상으로 한다는 점이지만, 개발적 접근은 삶의 질 향상을 목적으로 하고 청소년의 성장과 발전을 도모하는 것이며, 제도적 접근은 청소년에 대해 문제중심적으로 접근하지만 예방을 목적으로 한다는 특징을 갖는다.

사회복지관점	목적(대상)	주요 이론/모델	발전적 관점
개발적 (Developmental)	삶의 질 향상 - 성장, 발전(전체 청소년)	**– 임파워먼트** - 권익옹호	**청소년개발** (Youth Development)
제도적 (Institutional)	문제중심 - 예방(전체 청소년)	**– 생태학적 관점** - 해결중심 이론	**강점관점** (Strengths Perspective)
잔여적 (Residual)	문제중심 - 치료, 유지(일부 청소년)	- 위기개입이론 - 인지행동이론	

또한, 이러한 발전적 관점에서 청소년복지는 다음과 같이 다양한 영역을 갖고 있는 것으로 이해할 수 있다. 즉, 청소년복지의 실천 영역으로는 강점복지, 역량개발복지, 교육복지, 참여복지, 인권복지, 나눔복지, 다문화복지, 영성복지, 정보복지, 사이버복지, 소셜 미디어복지, 글로벌복지 등의 여러 가지를 포함하고 있는 것으로 나타난다. 청소년복지의 실천 영역에 대한 이러한 이해는 사회복지의 3대 관점을 관점의 프리즘을 통해서 볼 때 나타난다. 기존 청소년복지의 주요 내용의 대상을 중심으로 보는 것이나, 청소년문제의 유형을 중심으로 보는 것이나, 사회환경, 생활양식, 또는 활동 분야와의 관련을 중심으로 이해하는 것 등과 확연히 구분되는 접근으로 볼 수 있다. 발전적 관점에 의한 청소년복지의 주요 내용에 대해서는 다음 장에서 차례로 구체적으로 고찰할 것이다.

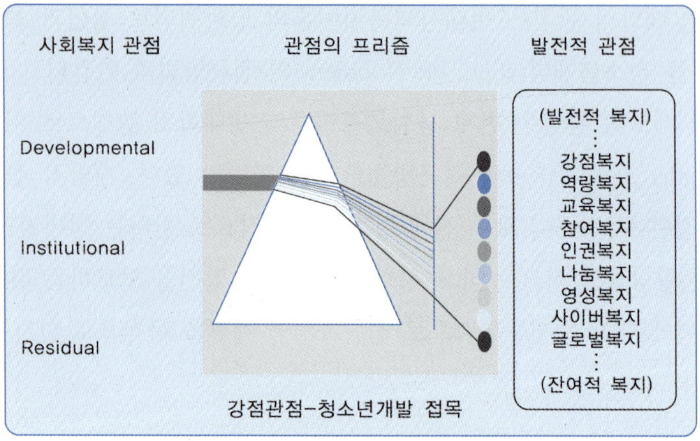

[그림 5-1] 관점의 프리즘과 발전적 관점

Part 02 각론편

Chapter 06 청소년문제와 강점복지
Chapter 07 청소년활동과 역량개발복지
Chapter 08 청소년과 인권복지
Chapter 09 문화다양성과 청소년복지
Chapter 10 청소년과 참여복지
Chapter 11 청소년과 사이버복지
Chapter 12 청소년 시민관여와 소셜 미디어복지
Chapter 13 지구화와 글로벌청소년복지

Chapter 06

청소년문제와 강점복지

청소년문제라고 하면, 청소년일탈, 청소년비행과 동일시하거나 문제청소년을 상정하는 것이 일반적 경향이다. 그러나 현안이 되는 청소년문제는 보다 포괄적인 의미를 갖는 것으로 생각할 필요가 있다. 사회문제로서의 청소년문제라는 인식이 전제되어 있기 때문이다. 사회문제는 '판단하고 경험할 수 있는 사회의 한 측면'이라는 '객관적으로 실제하는 상황(objective condition)'과 그러한 상황에 대해 영향력 있는 집단이 가지고 있는 '주관적 관심(subjective concern)'이라는 두 가지 요소를 갖는다. 따라서 "사회에 존재하는 청소년들에 관련된 어떤 현상에 대해 영향력 있는 집단이 관심을 갖게 되는 경우"를 청소년문제로 규정할 수 있다(Sullivan, 2006).

이 점에서 청소년문제는 청소년비행뿐만 아니라 청소년들의 일상생활과 활동, 고민, 가치관 등의 여러 측면에서 사회구성원들의 관심을 초래하는 모든 현상들을 포함한다. 청소년 안전사고, 청소년의 가출, 약물오남용, 자살 등의 문제행동, 청소년과 청년층의 실업문제와 아르바이트 등에 따른 문제, 집단따돌림, 학교폭력, 학교붕괴 현상 등과 관련한 현안문제, 음주, 영양, 체격, 체력, 식습관 등 청소년 건강문제, 스타열병과 팬덤활동 등에 따른 생활문화적 차원의 문제, 부모와 교사에 대한 청소년의 폭력행위, 청소년무면허 운전과 교통사고문제, 10대 매매춘문제와 미혼모문제, 청소년인권문제 등은 청소년들이 고민하고 경험한 문제인 동시에 대표적인 청소년관련 사건과 이슈들로 사회문제화 되었던 것이다. 사회문제로서의 청소년문제에 대한 최근의 동향은 청소년범죄나 일탈행동이 지속적으로 발생하고 있는 가운데 일상생활과 문화적 차원에서는 기성세대와는 크게 다른 모습으로 이슈화되고 있다. 그 가운데에서도 특히, 컴퓨터 사용과 관련한 인터넷·게임중독, 사이버따돌림, 소셜미디어 과몰입 등은 최근에 대두된 대표적인 청소년문제로 논의되고 있다.

이러한 인식에서 본 장에서는 청소년문제의 범주를 크게 청소년의 내적 문제, 청소년에 의한 일탈행동, 그리고 청소년에 관한 복지적 차원의 현안문제 등으로 구분하여 이해한다. 또한, 청소년문제를 보는 여러 가지 이론적 관점을 고찰하고 이의 해결을 위한 발전적 관점의 접근법으로서 강점관점의 의미와 사례관리방법의 특징에 대해 알아본다.

1. 청소년문제의 개념과 범주

1) 청소년문제의 개념

청소년문제를 포괄적으로 이해하는 경우, 일반적으로 혼용되고 있는 청소년비행(juvenile delinquency), 일탈(deviance), 문제행동(problem behavior), 지위비행(status delinquency) 등의 용어와는 다른 측면에서 접근할 필요가 있다. 기존의 유사개념들은 청소년에 의한 일탈행동, 사회적 부적응행동 또는 청소년이기 때문에 사회적 제재를 받는 지위비행, 비사회적 행동을 중심으로 보고 있다. 이러한 점에서 청소년문제의 개념적 논의와 관련하여 다음의 몇 가지를 생각할 수 있다(천정웅 외, 2000).

첫째, 청소년문제에 대한 개념적 논란은 청소년문제에서 '문제'를 어떻게 규정할 것인가와 관련된다. '문제'는 '바람직하지 못한 상태'로 기술하기도 하고 '무엇이 충족되지 못한 상태'로 기술되기도 한다(Heiner, 2009). 우선 문제를 '바람직하지 못한 상태'로 규정할 경우, '문제'로 인해 사회 구성원들은 그들이 속한 사회로부터 느낄 수 있는 질서감, 가치관 등이 위협받게 되고 사회는 문제에 대응하고 개선하기 위해 개입한다. 청소년문제 중에서 가출이나 절도, 반사회적으로 표현된 공격성 같은 것들은 사회의 질서감이나 가치관 등을 위협하는 요소들이며, 이 경우 사회는 다양한 방법으로 개입한다.

문제가 '무엇이 충족되지 못한 상태'를 의미하는 경우는 청소년문제 중에서 '공부를 잘하고 싶은데 안 된다', '친구를 사귀고 싶은데 사귈 수 없다' 등을 예로 들 수 있다. 이러한 문제는 '공부를 잘하는 상태' 또는 '친구를 쉽게 사귈 수 있는 성격이나 조건'과 같은 이상적인 상태에 비추어볼 때 '부족한 상태'를 의미하며, 문제를 느끼는 사람들에게 무엇이 또는 어떤 요소가 '필요'한지에 대해서 전자의 경우보다 다소 명시적으로 표현된다.

둘째, 청소년문제를 개념화하는 일은 청소년의 '바람직하지 못한 상태'나 '충족되지 못한 상태'의 원인이 어디에서 기인하는 것인지를 결정하는 것과도 관련이 있다. 의학에서는 문제의 원인을 신체부분의 결핍된 조건 등과 같이 비교적 구체적인 것에서 찾을 수 있지만 인간의 마음과 행동을 다루는 사회과학의 학문 영역에서는 문제의 원인을 설명하는 방법이 학문체계에 따라 달라지고 같은 학문체계 내에서도 학자와 이론에 따라서 다르게 규정한다.

셋째, 청소년문제의 개념은 또한 문제를 규정하는 사람이 누구인가에 따라서 달리 규정된다. 청소년들이 생각하는 문제, 부모나 교사 혹은 전문가들이 생각하는 문제가 다를 수 있다. 많은 경우 부모나 청소년지도자의 입장에서 본 청소년문제가 청소년들 자신의 입장에서는 전혀 문제가 아닌 경우가 있다. 문제해결 노력에도 불구하고 청소년들의 입장에서는 오히려 자신들을 제대로 이해하고 있지 못하다는 느낌을 주는 경우도 있으며 같은 부모나 지도자 집단에서도 무엇을 문제로 보는지와 청소년에 대한 이해 수준 등에 따라 다르게 나타나기도 한다.

넷째, 일반적으로 청소년문제라고 하는 경우 우리는 성인적 관점에서 문제라고 하는 것이 전제되어 있음을 유의해야 한다. 어른들이 청소년문제를 규정하고 제재를 가하고 교정하려고 한다. 성인 입장에서는 청소년은 신체적·정신적으로 아직 미숙하여 생활에 책임을 질 수 없으며 따라서 법에 저촉되는 문제가 생기기 전에 통제하고 예방하려고 한다. 이 경우 기득권을 가지고 있는 성인집단이 규정하는 청소년문제는 그 대상이 되는 집단의 성격을 왜곡할 가능성이 있음을 인식할 필요가 있다.

다섯째, 청소년문제는 행위자의 연령과 성별, 사회와 문화권의 관습과 가치 및 시대 변화 등에 따라 구체적인 내용을 달리할 수 있다. 지난 세대에 중요했던 문제가 오늘날은 더 이상 큰 문제가 아닐 수 있고 십년 전에 문제로 규정되지 않은 것이 지금 중요한 문제로 부각되기도 한다. 교복을 입고 통일된 머리 모양을 하고 학교에 다닌 시대에 비해 오늘날은 옷차림, 머리모양 등으로 부모와 갈등을 겪는 청소년이 많이 있는 것도 이러한 예로 들 수 있다.

여섯째, 청소년의 내적 문제에 속하는 것이라고 해도 모두가 사회적으로 관심을 받는 청소년문제는 아닐 수 있다. 청소년문제에 대한 포괄적 정의와 사회문제로서의 청소년문제의 차이점에 대한 이해가 필요하다. 모든 청소년문제가 사회문제화 될 수 있는 가능성은 항상 있지만 청소년들 자신들의 고민 또는 문제라고 생각하는 것이 모두 사회문제는 아닌 것은 분명하다. '사회문제'가 된다는 것은 객관적인 행위나 사실의 존재가 있어야 함은 물론 대다수의 구성원들이 그 문제에 대해 우려하는 집단적 관심과 공동의 노력으로 변화시키기를 원해야 하기 때문이다.

일곱째, 청소년문제에 대한 개념이 이렇게 다양하게 논의될 수 있음에도 불구하고 일반적인 경우 청소년문제는 문제행동, 청소년비행(delinquency) 또는 일탈행동(deviant behaviour)이라는 말과 같은 뜻으로 쓰거나 비슷한 개념으로 이해되고 있음을 부인할 수 없다. 청소년문제는 여러 형태의 문제행동으로 드러난다. 여기서 문제행동은 사회적으로 나쁜 영향을 주거나 사회적 관계를 불편하게 하는 일탈행동, 범죄행위들을 모두 지칭하는 개념이다. 유사한 개념으로 이상행동, 탈선행동, 부적응행동 등을 들 수 있다.

여덟째, 청소년문제에 대한 인식과 시각이 종전의 성인중심에서 최근에는 청소년중심으로 바뀌고 있다는 점이 주목된다. 요즘 사회문제가 되고 있는 청소년폭력이나 집단따돌림 등 청소년문제는 그 원인과 대책을 청소년 스스로가 더 잘 알 수 있다. 따라서 청소년 스스로 청소년문제를 인식하고 해결할 수 있도록 적극적인 지원을 해야 한다는 인식이 가능하다. 청소년문제를 피상적으로 접근하는 것이 아니라 문제의 주체인 '청소년참여'를 소홀히 함으로써 청소년문제의 본질을 제대로 규명하지 못하였다는 것이다.

오늘날의 청소년들은 문맹, 조혼, 노동에서 해방되었지만, 여전히 보호받아야 할 대상, 풍기문란, 불량화라는 낙인에서 자유롭지 못하다. 오늘날 청소년들은 미래의 희망일 순 있어도 지금 당장 책임 있는 성인이 되기를 기대 받지 못하고 있다. 청소년문제의 근본적인 원인은 청소년들 자신에게 있는 것이 아니라 사회에 있다는 인식을 간과해서는 안 된다. 특히 정보화시대의 진전과 더불어 청소년들의 집단적인 목소리가 사이버공간을 통해서 나오고 있다는 점에서 이제 청소년들이 '성인의 문제'에 대해 규정하고 해결점을 제시하게 될 수도 있으며 적어도 더 이상은 일방적으로 성인들이 규정하는 '청소년문제'가 청소년들에게도 그대로 받아들여지지는 않을 것이라는 말이 설득력을 갖는다.

2) 청소년문제의 범주

청소년문제는 청소년이 내면적으로 갖고 있는 고민이나 가치의식 같은 '청소년의 내적 문제'를 의미하기도 하고 청소년비행, 범죄 등 청소년일탈과 문제행동으로 논의되는 '청소년에 의한 일탈행동'일 수도 있다. 그러나 청소년실업 문제 등과 같이 청소년이 내재적으로 가지고 있거나 청소년에 의해 초래된 문제가 아니지만 '청소년에 관한 복지적 현안문제'의 차원이 있음을 알 수 있다(천정웅 외, 2000).

첫째, '청소년의 내적 문제'는 '청소년에 의한 일탈행동'이 본인 이외의 다른 사람에게 피해를 준다는 점에서 구분될 수 있다. 청소년의 신체적·정신적 고민과 우울, 자살, 섭식장애 등과 같은 문제가 여기에 포함된다. 범죄, 폭행과 같은 반사회적 행동은 문제를 "행동화"하는 점에서 외형적인 것(externalizing)이지만 정신적 장애와 같은 문제는 내향적인 것(internalizing)으로 간주된다.

이런 문제들은 청소년기 동안 증가되는 내재적 반응의 대표적인 예이다. 약물과 알코올의 사용도 '행동화'의 형태일 수도 있지만 이러한 물질을 청소년들이 불쾌한 상황이나 감정으로부터 회피하기 위해 또는 탈출하기 위해 사용할 경우 문제의 내재화를 반영하는 것일 수 있다. '청소년의 내적 문제'도 관찰되는 측면에 따라서는 행동적 측면, 정서적 측면, 인지적 측면을 토대로 규정하기도 하고 외적 문제행동과 밀접히 관련되어 있음이 관찰되기도 한다.

폭력이나 절도, 가출 등과 같은 청소년의 외현적 문제행동은 그것이 일시적일 수 있고, 어떤 계기로 인하여 제거되거나 사라짐으로써 문제행동 이전의 생활로 회복될 수 있다. 그러나 정신적 장애는 자신의 심리적 고통은 물론 다양한 외적 문제행동을 강화시키거나 확대시키는 결과를 초래함으로써 그 심각성과 폐해가 매우 클 수 있다. 또한 청소년기의 내적 문제행동은 외적 문제행동과 상호 결합되어 있으며, 양방적 작용에 의해 문제행동을 상호 간에 강화시키는 작용을 한다.

예를 들어, 심리적 고통과 우울을 탈피하기 위하여 가출을 시도한 청소년을 생각해 보자. 이 청소년은 가출 이후 우울에서 탈피하기보다 일반적으로 더욱 심각한 우울증을 겪게 된다. 심각한 우울증은 가출 후 비행행동이나 자기 문란행위에의 개입 가능성을 강화할 것이며, 이것은 또 다시 공황이나 극단적 우울증으로 발전하여 종국에는 자살과 같은 극단적인 행동을 선택할 수도 있다. 이러한 시나리오는 가상이라기보다 현실성이 매우 높은 것으로 많은 연구자들에 의해 밝혀지고 있다.

둘째, '청소년에 의한 일탈행동'의 유형이 있다. 일탈(deviance, deviant behavior)은 모든 규칙 및 규범 위반행위를 의미하여 형법을 위반한 행위인 범죄(crime)를 포함하는 것으로 이해된다. 이 점에서 일탈행위는 범죄, 사회적 일탈 및 사회적 다양성이라는 일련의 연속선상에 순서대로 위치 지을 수 있는 범주를 가지고 있음을 알 수 있다. 좁은 의미에서 일탈의 범주에 넣을 수 있는 행위는 사회적 관습이나 전통, 에티켓, 또는 조직의 규율, 학교의 학칙 등을 위반하는 행위이며 범죄행위만큼 강한 반응이나 제재가 부여되는 것은 아니지만, 여전히 부정적 사회 반응을 이끌어 내며, 어떤 경우에는 형사사법기관 이외의 시설에 수용되거나 형사처벌이 아닌 형태의 처벌을 받기도 한다. 가장 대표적인 예가 지위비행에 속하는 행위들이다. 부모나 교사에 대한 반항, 음주, 흡연, 유흥업소 출입, 패싸움, 불량서클 가입 등이 이에 속한다.

존 헤이건(John Hagan)은 이러한 규범위반 행위를 그러한 행위들로 인한 사회적 피해에 대한 평가, 사회적 반응의 심각성, 규범에 대한 합의 정도를 기준으로 다음과 같은 네 가지로 유형화한 바 있다(Hagan, 1987).

① 합의범죄(consensus crimes)로서 살인, 강도, 강간, 유괴, 절도 등 전통적인 약탈

및 폭력범죄들과 같이 사회 구성원 등이 그 행위가 범죄를 구성한다는 것에 대해서 특별한 이의를 표하지 않는 유형이다.

② 갈등범죄(conflict crimes)로 이 행위유형에 속하는 행위도 형법에 의해 범죄로 규정된다. 사회적 피해의 정도는 합의범죄 다음으로 크며 사회적 반응도 상당히 부정적일 수 있다. 그러나 인공유산, 안락사 등의 예와 같이 그것이 범죄냐 아니냐에 대해 논쟁적인 여론이 존재하는 행위 유형이다.

③ 사회적 일탈(social deviations)의 범주에 넣을 수 있는 행위들이다. 사회적 관습이나 전통, 에티켓, 또는 조직의 규율, 학교의 학칙 등을 위반하는 행위이며 범죄행위만큼 강한 반응이나 제재가 부여되는 것은 아니지만 여전히 부정적 사회반응을 이끌어 내고, 어떤 경우에는 형사사법기관 이외의 시설에 수용되거나 형사처벌이 아닌 형태의 처벌을 받기도 한다.

④ 사회적 빗나가기(social diversions)의 범주에 드는 행위유형이다. 청소년이 귀뚫기 등을 통해 주위 사람들의 관심을 끄는 것과 같이 개성을 지나치게 표현하는 행위를 하는 경우를 예로 들 수 있다. 일반적인 평범한 행동에서는 조금 벗어나 사회적 논란이 되기도 하지만 그것 때문에 사회적 처벌을 받지는 않는다.

일탈에 관한 이러한 유형화는 청소년문제의 개념적 범주를 정하는 데 일탈행동의 유형에 무엇이 포함될 수 있는가에 대해 시사점을 주고 있다. 위에서 든 헤이건(John Hagan)의 일탈개념의 네 가지 유형은 일탈행위가 일련의 연속선상에 순서대로 위치지을 수 있는 범주를 가지고 있음을 말해준다. 즉, 일탈 개념의 한 극단에는 범죄행위로 규정되는 행위들이 있고 또 다른 극단에는 사회적·개인적으로 별로 피해가 없는 행위가 있으며 그 중간에 행위에 대한 평가가 다양하게 나타날 수 있는 행위들이 있는 것이다.

이렇게 보면, '청소년에 의한 일탈행동'은 살인이나 해킹 등 행위에 대한 처벌이나 규제 등의 사회적 반응이 매우 강하고 사회적 피해 정도가 큰 '범죄행위'로 규정되는 것에서부터 가출, 컴퓨터를 이용한 불건전 정보유포 등 중간수준의 일탈행위 및 위에서 예로 든 귀뚫기 등과 같은 '문화적 일탈행위' 또는 컴퓨터게임에 지나치게 빠지는 인터넷몰입 현상 등과 같이 다른 일탈 현상에 비해 부정적 반응이 상대적으로 약하고 물질적인 피해가 별로 없지만 사회적으로 청소년에 대한 관심을 끄는 행위 등이 포함되어 있음을 알 수 있다.

셋째, 청소년문제라고 하는 용어에는 청소년의 내적 문제도 아니면서 청소년에 의한 일탈행동에도 포함되지 않는 사안(matters)들이 있다. 즉, 청소년에 의한 복지적 문제가 그것이다. 청소년실업과 같이 사회구조적으로 청소년이 피해자가 되는 경우, 학대, 결식에서 보는 바와 같은 청소년인권 침해사례, 청소년이 피해자가 된 화재사건 등에서 보는 바와 같이 청소년에 대한 사회적·정책적 관심을 크게 제기한 청소년문제(youth problem)가 아닌 청소년과 관련한 사회적 현안문제(current issues)들이 발생하고 있다.

3) 청소년문제의 발생 영역

청소년문제가 주로 발생할 수 있는 영역은 크게 가정과 학교, 그리고 사회로 나누어 볼 수 있다. 가정생활에 관한 문제행동은 형제나 부모에 대한 반항이나 폭력, 도박, 가출 등이 있으며, 학교생활에 관한 문제행동은 무단결석, 집단따돌림, 학교폭력 등을 생각할 수 있으며, 사회생활에 관한 문제행동에는 자살시도, 흉기소지, 패싸움 등이 포함된다. 물론 이 밖에도 인터넷 중독이나 청소년범죄와 같이 한 영역에만 관련되기보다 개인적인 문제와 여러 영역의 문제가 복합적으로 작용하여 만들어지는 청소년문제들도 있다(이해주 외, 2008).

(1) 가정문제와 청소년

가정은 부부간의 애정이 존속하고 부모와 자녀 간의 존경과 사랑을 바탕으로 유기체적 관계 속에서 혈연으로 맺어진 특수한 체계이다. 그러나 가정이 불행하다면 성장하는 청소년은 정서적으로 불안하고 다양한 문제를 일으킬 수 있으며, 성인이 되어서까지도 영향을 끼칠 수 있다. 가정이 자녀양육에 관해 생물학적·문화적·심리적 자극을 줄 수 없을 때 결손가정이 될 수 있는 것이다. 여기서 생물학적 결손은 가족 구성원 중 어느 부분이 결여되어 있는 것으로 볼 수 있다. 문화적 결손은 자녀의 성장과 학습에 자극을 줄 수 없는 환경을 말한다. 심리적 결손은 양육에 관한 부모의 통제와 보호 기능이 결여된 것을 의미한다(한준상, 2006). 가정문제와 관련된 현상으로는 핵가족, 한부모가정, 빈곤가정, 맞벌이가정, 미혼모가정, 재혼가정, 조손가족 등을 들 수 있으며, 부모와의 갈등, 결손가정으로 인한 문제, 우울, 스트레스, 가출 등의 문제가 관련된다.

(2) 학교문제와 청소년

청소년 시기에 있어서 학교기능은 청소년의 개성에 따라 능력을 배양해 주며 가정과 사회에 잘 적응할 수 있도록 도와주는 데 있다. 그러나, 입시위주의 학교교육 문제와 이로 인한 등교거부, 학교중퇴, 집단폭력 등의 문제가 지적되고 있다. 학교생활은 학생인 청소년에게 소중한 시기로서 밝은 분위기 속에 각자의 가치관의 의지력 등을 형성하는 교육과정이어야 한다. 그럼에도 불구하고 현재 학교는 입시와 경쟁위주의 학습을 강요하는 등 청소년에게 정신적인 상처를 주거나 원만한 활동에 장애요인이 되고 있어, 반사회적이고 반항적인 비행집단화의 문제를 야기하기도 한다. 따라서 학교 주변의 환경적인 악화는 물론 경쟁위주의 학습강요 등은 청소년문제와 연관하여 해결해야 할 학교문제로 볼 수 있다(박용순, 2007).

(3) 사회문제와 청소년

청소년들은 아동기와는 달리 부모와 형제를 중심으로 한 가족환경에서 벗어나 또래관계와 더 밀착된 관계를 지니며, 또한 각종 멀티미디어 매체발달에 따른 감각적인 자극에 많은 영향을 받게 된다. 전통사회가 붕괴되고 산업화, 도시화, 정보화 등의 과정 중에 많은 청소년들이 갈등을 겪는 경우가 많다. 사회와 관련해서는 매스미디어의 영향으로 폭력, 흡연, 음주, 마약 등의 증가와 함께 불필요한 소비성향의 증가, 성의 문란, 사회문제나 참여에 대한 수동성 등의 문제가 관련된다. 청소년을 유혹하는 유흥음식점, 향락업소, 노래방, 도박장 등이 늘어나고 있고, 흡연, 약물남용, 성일탈, 정치적 무관심이나 도덕적 해이 등의 문제가 대두되고 있다.

2. 청소년문제의 범주별 내용

1) 청소년의 내적 문제

첫째, 청소년흡연과 음주에 관한 이슈는 꾸준히 제기되는 현안의 하나이다. 언론보도를 통해서는 지속적으로 사회문제화 되고 있다. 둘째, 청소년문제 가운데, 다수의 청소년이 갖고 있는 문제이면서도 사회의 주목을 크게 받고 있지 못하는 것으로 청소년의 무기력감과 우울증 등의 정신장애와 관련한 문제를 들 수 있다. 셋째, 영양섭취 불균형, 여중·여대생 식습관 실태 문제점과 다이어트 등과 같은 문제가 제기되었고 초·중·고교생들이 체격은 커지고 있지만 체력은 떨어지고 있다는 것이 보고되었다. 넷째, 청소년문제로서 청소년자살은 전체 자살에서 차지하는 비율이 점차 증가되고 있으며 최근 들어 급격히 증가되는 양상을 나타내었다.

(1) 정신장애

정신장애의 원인은 크게 개인 내적 원인, 기질적 원인, 심리적 원인, 사회적 원인으로 나눌 수 있는데, 대체로 단 한 가지 원인으로만 일어나는 경우는 드물다. 그중 가장 중요하고 핵심적인 원인이 있겠지만 대개 여러 요인들이 합쳐지거나 누적되었을 때 발병하게 된다(최정윤·박경·서혜희, 2006). 청소년기는 심리적 격동기로서 다양한 정신장애를 일으킬 가능성이 높으며 정신분열증, 불안장애, 공포증, 우울증, 자살, 약물남용 등이 주로 발병한다. 지나친 입시경쟁으로 인한 시험불안은 고3증후군이라고 불리기는 하지만 거의 대부분의 청소년이 경험하고 있는 심리적 증상이다.

특히, 청소년의 우울증은 성인의 경우와 달리 우울한 기분보다는 과민한 기분을 나타내는 경우가 많고 과잉행동이나 등교거부와 같은 행동문제와 두통, 복통과 같은 신체증상이 주로 나타나는 경우가 빈번하다. 우울한 청소년은 대인관계능력이 부족하거나 스스로 낮다고 지각하고, 또래에 대해 부정적 견해를 가지며, 사회적 문제해결능력이 낮다. 또한 사회적 단서에 대한 정보처리과정에서 인지적 왜곡을 보이는 특징이 있다. 청소년의 보호자인 부모는 청소년의 심리적 문제나 증상보다는 학업이 가장 중요한 일이라 생각하는 경우가 많다. 청소년 부모의 협력은 청소년을 지원하기 위해 매우 중요하기 때문에 부모 및 가족을 위한 프로그램을 개발하여 실시해야 한다.

청소년복지를 위해서는 개별상담을 통해 청소년의 이야기를 충분히 경청하고 공감해주어야 하며 서로 간 신뢰가 형성됨에 따라 청소년의 억눌러 놓은 감정을 표현하고 발산할 수 있는 기회를 제공한다. 증상이 완화되고 에너지가 회복되면, 부적응적 인지를 적응적 인지로 변화시키는 인지적 접근과 문제해결기법 및 사회기술훈련 등 행동적 접근을 사용하는 것이 효과적이다. 또한 스트레스 예방 및 관리방법, 약물 교육 및 치료프로그램 등을 개발하여 실시하고 정신과 전문병원과 연계하여 약물치료를 병행할 수 있도록 하여야 할 것이다.

(2) 자살

일반적으로 자살이란 한 개인이 죽기 위해 행하는 자발적인 행동이라고 할 수 있다. 자살행동은 한 번쯤 일시적으로 갖는 '죽고 싶다'는 생각과 같은 보편적인 현상에서부터, 죽기 위해 구체적인 계획을 세우는 것까지 포함하는 자살생각, 자살행동을 통해 타인의 관심을 끌거나 위협을 하기 위한 것, 죽으려고 하였으나 다른 사람의 개입으로 실패한 경우를 말하는 자살시도로 구분할 수 있다. 또한 완전한 자살은 자살행동과 결과가 죽음으로 나타나며 자신이 죽으려는 의도를 가지고 있는 것이다.

청소년들의 자살원인은 가정불화, 신체결함, 신병비관, 경제적 어려움, 결손가정, 부모의 과잉보호, 학업문제, 이성문제, 정신장애, 약물사용, 모방 등 다양하며, 외부자극 변화에 민감하여 충동적으로 자살을 하는 경우가 많다. 또한 사소한 일에도 쉽게 충격을 받아 자살로 이어지는 경우가 있으며, 오랫동안 생각을 한 결과라기보다는 감정적이다. 모방자살과 자신의 심적 고통을 외부에 알리고자 하는 호소형 자살, 가정의 불화를 자신의 탓으로 생각하는 죄책감으로 인한 자살, 성적 및 학교생활과 관련된 문제로 인한 자살, 친구와의 동일시로 인한 자살이 많은 특징을 보인다.

청소년복지실천을 위해서는 청소년 자살에 대한 관심을 가지고 지속적이며 체계적인 연구에 참여하여야 하며, 자살예방에 있어서는 위기개입이 중요한데, 사회적 차원에서 도움을 필요로 하는 청소년들에게 도움을 줄 수 있는 위기개입체계를 구축해야 한다. 또한 자살을 시도한 청소년들과 가족을 중심으로 자살예방에 대한 교육과 상담을 실시하고, 자살 충동의 자극을 줄일 수 있는 환경을 조성하도록 상담교사 또는 정신과 전문가의 협조를 구한다.

2) 청소년에 의한 일탈행동

청소년에 의한 일탈행동과 관련하여 살인과 폭력 등의 '범죄행위'로부터 가출과 10대 매매춘, 원조교제 및 폭주행위에 이르는 중간 수준의 '사회적 일탈'이 지속적으로 나타났으며 머리염색과 귀뚫기, 오빠부대, 스타열병, 마니아 팬 현상 등과 같은 '문화적 일탈행위'도 사회문제로 많이 논의되었다.

(1) 청소년범죄

첫째, 청소년범죄에 속하는 살인, 강도 등의 청소년문제 사례는 지속적으로 사회문제화되고 있다. 둘째, 청소년문제와 비행을 논의할 때 가장 심각하면서도 광범위한 주제가 청소년폭력이다. 흡연이나 음주, 가출 등은 그 행위가 청소년이기 때문에 문제시되는 지위비행의 성격을 내포하고 있지만, 폭력은 어떤 연령기에서도 문제시되는 것으로 청소년폭력은 어떤 형태의 것이든 그리고 그것을 어떻게 개념 규정하든 궁극적으로 인간의 존엄성과 생명의 소중함을 무시하는 행위라는 점에서 다른 어떤 문제행동보다 심각한 것이다. 셋째, 청소년폭력과 관련하여 또 하나 지적할 것은 청소년에 의한 집단따돌림 현상이다.

① 집단따돌림

집단따돌림이란 같은 학교 학생들 간에 일어나는 일로서, 여러 명 또는 우월한 위치에 있는 한 명의 학생이 약한 입장에 있는 학생을 지속적으로 고립시키고 괴롭히는 것을 말한다. 이러한 집단따돌림 현상은 그 양상에서도 다양성을 보이고 있을 뿐만 아니라 그 발생 빈도도 심각한 정도에 이르고 있다.

집단따돌림 현상은 다음 몇 가지 점에서 다른 청소년문제와는 구별되어 그 예방과 지도가 쉽지 않다는 특징을 갖고 있다. 즉, 집단따돌림은 ① 지속적 상호작용을 전제로 하는 집단 내에서 발생하는 행위로서 접촉 자체의 차단이 원천적으로 불가능할 뿐만 아니라, ② 다양한 형태로 일상화되어 있어 구체적 실상이나 증거를 포착하기가 힘들며, ③ 차후의 보복에 대한 우려로 피해자 측이 고통을 당하고 있다는 사실을 애써 은폐하고자 하며, ④ 보다 결정적으로는 다수의 소수에 대한 행위라는 점에서 잘못을 피해자 측에 전가시키려는 경향이 크기 때문이다(박진규, 1999).

② 성폭력

성폭력은 강간, 윤간, 성추행, 언어적 희롱, 음란전화, 성기노출 등 상대방의 의사에 반(反)하여 가하는 성적 행위로 모든 신체적·언어적·정신적 폭력을 포괄하는 광범위한 개념이다. 청소년성폭력은 만 13세 이상 19세 이하의 청소년에게 발생하는 것으로 어린이나 성인의 피해에 비해 윤간이나 강도강간 등 특수강간의 비율이 높으며, 친족 내의 피해, 선배나 동급생, 교사나 강사 등에 의한 피해의 비율이 높게 나타난다. 또한 남성피해자도 상당수 있는데, 이는 청소년들이 학교폭력, 집단폭행, 강도, 흉기사용 등의 주요 표적이 되고 있기 때문이다. 어린이성폭력은 폭력사용, 동의, 저항 여부와 무관하게 범죄로 취급되어 엄한 처벌을 받지만 청소년의 경우 때때로 동의된 성관계로 오인받기도 하고, 피해자에 대한 비난여론이 형성되기도 한다. 이는 현재의 청소년들이 성에 대해 개방적이고 자발적이며, 어느 정도의 판단능력과 방어능력이 있다는 이중적 통념이 있기 때문이다.

이러한 청소년성폭력에 대한 접근으로는 교육적·법률적·사회적 접근이 가능하다. 교육적 접근으로는 학교를 중심으로 폭력예방관련 프로그램을 개발하여 실시하거나, 폭력예방교육, 성교육, 이성교제 교육 등 실제적 교육과 학부모 대상 성교육을 실시한다. 법률적 접근으로는 아동·청소년의 성보호에 관한 법률에 근거하여 지원하고, 사회적 접근으로 성문화환경의 개선방안이 모색되어야 하고 건전한 놀이문화를 형성해 나가려는 분위기 형성을 위해 노력해야 한다.

(2) 사회적 일탈행동

첫째, 청소년의 가출이 공식적 집계보다 훨씬 많은 것으로 추정되면서 가출 후의 경로와 관련한 불법고용 및 자발적 향락산업 유입이 문제가 되고 있다. 공식적으로 집계된 가출청소년의 수보다는 실제의 가출청소년은 훨씬 많을 것으로 추정된다. 둘째, 청소년의 사회적 일탈과 관련하여 가장 많이 문제가 되고 현안이 된 것으로 약물중독과 청소년 매매춘 문제를 들 수 있다. 정부는 「아동·청소년의 성보호에 관한 법률」을 통해 미성년자 매매춘을 알선한 윤락업주와 미성년자와 성거래를 한 수요자에 대한 형벌을 대폭 강화하고 이들의 명단을 공개하는 등 미성년자 매매춘의 수요를 막는 데 집중하고 있다.

① 가출

가출청소년은 일반적으로 부모나 보호자의 동의 없이 24시간 이상 집에 들어가지 않은 18세 미만의 청소년을 말한다. 우리나라의 「소년법」에서는 가출청소년을 지나치게 개인의 문제행동에 초점을 두고 '우범소년'으로 다루고 있다. 청소년들의 가출 원인은 부모와의 불화, 가정문제, 학교생활의 어려움, 학업스트레스 등이 있지만 청소년을 가정 밖으로 유혹하는 사회환경적 요인과 개인적 성향 또는 또래집단의 영향으로 가출이 행해지는 경우도 있다.

가출청소년의 대다수는 구조적·기능적 결손가정 출신으로 복귀할 가정이 없다. 가출청소년 대부분의 경우 학교에서도 이탈되는데, 학업흥미상실, 무단결석 등으로 학교생활을 자진포기하거나 학교로부터 퇴학처분을 받아 사회생활의 장애요인이 되며 성인이 된 후에도 빈곤의 악순환을 초래하는 등 사회로의 복귀에 어려움이 많다. 또한 이들은 가출 후 여러 곳을 배회하다가 가출이 장기화될 경우 유흥업소에 유입되어 각종 문제에 연루되는 경우도 있다. 이로 인해 임신·낙태·출산의 경험 및 성병의 문제를 갖게 되기도 하고, 정서적·심리적 불안으로 정신적 치료를 요하는 경우나 지나친 음주와 흡연, 약물남용 등으로 약물치료가 필요한 경우도 발생한다.

이러한 가출청소년을 위한 복지실천은 청소년관계법령 재조정과 지원규정을 제시한 근거법 마련을 위해 사회적 책임을 강조하고 사회적 분위기 조성을 해야 한다. 또한 가출청소년들에게는 청소년쉼터를 안내하여 안전하게 가정과 학교에 복귀하고 사회에 적응할 수 있도록 지원하여야 하며, 등교거부 및 무단결석, 각종 문제행동에의 개입 등 학교생활에 부적응을 보이는 청소년에 대하여 가출이 발생하기 전에 개별적이고 전문적으로 대응하기 위한 학교사회복지사업이 확대되어야 할 것이다.

② 약물중독

약물중독은 약물의 과다한 사용을 의미하는 전문용어로서 인간의 약물사용 행위에 관련된 개념으로 약물사용, 약물남용, 약물오용, 약물의존, 내성 등이 있다(조성연 외, 2012; 홍봉선·남미애, 2018). 약물중독은 약물사용에 대한 강박적 집착, 스스로의 의지에 의한 자기조절 불능, 해로운 결과가 있을 것을 알면서도 강박적으로 사용하는 상태를 말하며 매우 심한 심리적·신체적 의존상태이다. 약물사용이란 의사의 처방 유무에 상관없이 질병치료 효과가 있고 위험성이 적은 약물을 사용하는 것이다. 약물 본래의 효과 이외에 다른 효과는 개인이나 사회에 별다른 위험이나 해악을 주지 않는 경우의 약물사용을 말한다.

또한 약물남용은 의학적 상식, 법규, 사회적 관습으로부터 벗어나 쾌락이나 사용자의 기분을 전환할 목적이라든가 주변의 상황이나 자신에 대한 인식을 바꾸기 위해 또는 새로운 경험을 얻고 사회적·개인적·성적으로 어떠한 능력을 발휘하기 위해 의료의 목적과는 관계없이 약물이나 어떤 화학물질을 한 번 이상 사용하는 것이다. 약물오용이란 처방된 약을 제대로 사용하지 않는 경우를 뜻하며 사용하는 약물의 용량이나 상황면에서 그 개인에게 위험을 줄 수 있다. 한편 약물의존은 마약류 및 약물을 지속적·주기적으로 사용한 결과 정신적·신체적으로 변화를 일으켜 사용자가 마약류 및 약물을 중단하거나 조절하는 것이 어렵게 된 상태를 뜻하는 것이며 내성은 약물을 사용했을 때 효과가 점차 감소하거나 동일한 효과를 얻기 위하여 약물의 용량을 점점 증가시켜야 하는 경우를 의미한다.

(3) 청소년의 컴퓨터 활용과 사이버일탈

첫째, 최근 청소년에 의한 컴퓨터게임 몰두 현상, 음란물 접촉, 해킹과 바이러스 유포 등 청소년에 의한 컴퓨터 관련 일탈행동과 범죄가 크게 사회문제화 되면서 청소년 관련 현안으로 새롭게 논의되고 있어 주목된다. 둘째, 사이버일탈은 해킹이나 바이러스 유포 등의 '범죄행위'에서 음란물 유포, 인식공격 등의 중간수준의 일탈행위 및 컴퓨터중독을 유발할 수도 있는 인터넷몰입 등과 같은 일탈현상에 이르기까지 매우 광범위한 범주로 나타나는 특성을 갖는다. 셋째, 청소년의 컴퓨터 활용과 관련된 문제 특히, 사이버일탈과 관련하여 우리가 주목해야 할 것은 청소년이 사이버범죄의 가담자로서만이 아니라 많은 경우 청소년은 피해자가 되는 사례가 빈발하고 있다는 것이다.

① 사이버범죄

사이버문화 또는 사이버일탈로 말할 수 있는 이러한 컴퓨터와 관련된 청소년문제는 다른 어느 세대보다도 컴퓨터 활용 정도나 능력 면에서 앞서고 있는 청소년의 특성을 고려할 때 향후 가장 중요한 현안 청소년문제가 될 것이라는 점에서 유의할 필요가 있다. 현실생활에서 일어나는 많은 형태의 일탈행위가 가상공간에서 모두 나타날 수 있으며 가상공간의 매개체적 특성에 의해 문제의 행태와 수준을 더욱 복잡하고 새롭게 나타나게 하고 있는 것이다.

사이버 성폭력, 사이버스토킹, 인터넷 매매춘, 인터넷 도박 등은 청소년이 피해자로 될 수 있는 사이버범죄의 대표적인 유형이 되고 있다. 현실공간에서의 성폭력행위와는 달리 정보통신수단을 이용하여 다수 또는 특정인을 성적으로 괴롭히는 행위가 사이버성폭력이며 가해자나 인터넷을 이용하여 타인의 신상정보를 공개하고 거짓메시지를 남겨 이들을 괴롭히는 인터넷스토커범죄는 이러한 사이버 성폭력의 대표적인 유형이 되고 있다. 인터넷에 아동 및 성인 매춘을 알선하는 불건전 사이트가 급격히 증가하고 있으며 도박 사이트는 미성년자에게 여과 없이 개방되어 사행심을 조장하는 등의 문제점을 갖는다.

② 스마트폰 중독

스마트폰 중독은 스마트폰을 과다하게 사용하여 금단과 내성을 지니고 있으며, 이로 인해 일상생활 장애가 유발되고 가상세계를 지향하는 상태를 말한다. 스마트폰 중독유형으로는 자신에게 정말 필요한 것이라기보다 정보수집 자체에 집착하여 강박적으로 웹사이트나 자료를 검색하는 정보검색중독, 모바일 메신저를 통한 인간관계에 몰두해 실제 인간관계를 등한시하는 모바일 메신저 중독, SNS 중독, 모바일 앱을 끊임없이 내려받는 앱중독(앱피로 증후군), 스마트기기를 통한 게임을 과다사용하는 모바일게임중독, 음란채팅·음란물 공유·야설 등의 콘텐츠를 강박적으로 드나드는 모바일 성인용콘텐츠 중독 등이 있다.

성인들과 비교하여 청소년들의 스마트폰 중독 성향이 상대적으로 높은 수준이다. 과도한 스마트폰 사용은 수면장애를 유발하고, 디지털 격리 증후군(Dogital isolated syndrome: 스마트폰으로 소통할 때는 편하지만 직접 만나면 어색한 상태. 다른 사람과 함께 있으면서도 스마트폰만 하고 놀고 있는 모습), 거북목증후군 및 손목터널증후군(스마트폰을 장시간 사용하여 목 뒤가 찌릿찌릿해지면서 목뼈가 휘고 손(엄지손가락과 손바닥)과 손목이 저리고 통증이 심해지는 현상), 팝콘브레인(Popcorn Brain: 현실에 무감각해지고 주의력이 크게 떨어져 팝콘처럼 강한 자극에만 반응을 하는 뇌를 말함. 잦은 게임 및 동영상 시청으로 강한 정보에는 익숙하고 현실세계의 느리고 약한 자극에는 뇌가 반응을 하지 않는다) 등을 경험할 수 있기 때문에 성장이 진행 중인 청소년들에게 더욱 위험하다.

청소년복지 실천을 위해서는 청소년들 스스로 스마트폰 과다사용으로 인해 발생하는 문제점들을 경험하고 있음을 파악하게 하고, 자신의 스마트폰 이용행태를 중심으로 한 생활일지를 작성하게 하며, 정서적 원인을 찾는 등 인지행동치료 방법을 활용하여 스마트폰 이용 생활규칙을 지도하고, 필요한 경우 전문가의 상담을 받을 수 있도록 지원할 필요가 있다.

3) 청소년에 관한 복지적 문제

첫째, 청소년이 문제를 야기하는 당사자가 아니라 문제의 피해자가 되거나 사회구조적인 희생자로 되는 문제유형을 생각할 수 있다. 가정파괴현상과 관련하여 피해받는 청소년문제와 결식문제가 제기되고 있다. 우선, 경제적 어려움으로 가정 울타리가 무너지는 경우 최대의 피해자는 부모로부터 '버려지는' 청소년 자녀들이 될 수 있다. 경제적 고통과 그에 따른 가족 간의 정서적 유대 단절 등의 문제는 고스란히 자녀의 몫이 될 수 있기 때문이다. 다음으로 결식아동의 문제는 '잉여의 풍요'가 사회문제로 대두될 정도인 오늘날에도 초·중·고교의 결식 어린이·청소년의 문제는 여전히 존재하고 있는 실정을 기억할 필요가 있다.

둘째, 최근 우리사회에서 학대와 방임에 노출된 아동과 관련한 사건·사고가 지속적으로 보도되고 있으며, 수적으로도 증가하고 있다는 점이다. 한국복지재단과 전국의 아동보호전문기관 등에 접수되는 신고건수는 늘어나고 있으며, 실제로는 감시의 눈이 미치지 못하는 집안에서 학대 앞에 방치되고 있는 아동과 청소년들이 적지 않을 것으로 볼 수 있다.

셋째, 청소년들의 아르바이트와 실업 및 일자리와 관련한 인권침해사례들과 불안한 고용현실 등이 주요한 청소년관련 현안으로 대두되었다. 청소년과 청년의 실업이 급증하고 있는 현실과 함께 그에 따라 취업과 고용에서 불이익을 감수하거나 착취받는 청소년들의 실상이 많이 지적되고 있다. 음식 배달, 전단지 돌리기, 주유소 급유, 패스트푸드점 등에서 주로 일하는 10대들의 아르바이트 기회가 줄고 있으며, 업주들의 노동력 착취도 지속적으로 나타나고 있다. 임금 체불은 물론 일방적으로 해고를 당하고 밤 늦게까지 일하면서도 최저 임금에 못 미치는 돈을 받는 등과 같은 청소년들의 일자리현장의 불이익 등이 사회문제화 되고 있는 것이다. 법적·제도적 장치가 청소년 근로를 원칙적으로 규제할 뿐 아르바이트를 원하는 학생들이 늘어나는 현상을 제대로 반영하지 못하기 때문이다.

3. 청소년문제를 보는 이론적 관점

청소년문제를 보는 이론적 관점에는 여러 가지가 있다. 여기에서는 이러한 다양한 접근들 가운데, 개인에 초점을 둔 심리학적 접근과 사회구조적 원인론, 문화일탈적 이론 등을 중심으로 내용을 고찰한다. 청소년문제를 설명하는 이러한 접근법과 이론들은 여러 가지 현안 청소년문제의 원인을 분석하고 대책을 마련하는 데 활용될 것이다.

1) 심리학적 원인

(1) 생물학적·심리적 변인

청소년문제의 원인을 설명하기 위한 이론은 일반적으로 개인변인과 환경변인 그리고 양 변인의 상호작용으로 구분된다. 유전과 환경 가운데 어떤 변인도 청소년문제행동을 완전히 설명해 줄 수 없지만, 양 변인의 어느 것도 그 설명력이 과소평가 될 수 없을 만큼 중요성을 지니고 있다. 그러나 양 변인이 청소년의 문제행동을 설명한다고 하더라도 그 책임과 대책을 마련하는 데는 유전과 환경변인만으로는 한계가 있다(한상철, 2008).

첫째, 청소년문제의 원인으로 유전 및 생물학적 변인을 강조한다. 여기에는 유전적 결함, 체형, 건강 및 선천적 질병, 자율신경계의 활동성과 비행 간의 관계, 반응성 및 자극추구 성향, 과잉행동과 주의력결핍, 염색체 이상 등의 요인들이 상당한 관련성이 있는 것으로 지적된다. 둘째, 개인의 심리적 요인 즉, 지적장애와 성격적 장애도 청소년문제행동의 많은 부분을 설명해 주고 있다. 지능과 비행과의 관계, 비행과 기질적인 특성 간의 관계가 연구되었으며 성격이론에 따르면 비행은 개인의 특수한 성격과 관련이 있으며 정신병적 요소 간의 관련성도 주장되고 있다. 셋째, 최근 인지주의자들은 문제행동의 원인으로 개인의 자유의지를 중요하게 생각한다. 청소년이 문제행동에 개입하는 것은 문제행동에 대한 그들 자신의 의사결정과정이 왜곡되어 있기 때문이며 비행의 선택은 지각과정에 의한 것이며 사건에 대한 해석이라는 것이다.

(2) 정신분석적 이론

프로이트의 정신분석적 이론은 비행을 저지르는 사람은 내면의 정신세계를 조종해 주고 있는 잠재의식이 건전하지 못할 뿐만 아니라 비행행동을 통제해 줄 수 있는 분별력이 약한 상태로 잠재해 있기 때문에 그것이 외부로 나타날 때 비행반응을 보이게 된다는 것이다. 프로이트(Freud, 1948)는 인간에게 성욕과 공격욕이라는 두 가지 기본적인 동기가 있다고 믿었다. 이러한 동기는 생래적인 것일 뿐만 아니라 무의식 상태가 잠재해 있는 것으로 비도덕적이고, 충동적이고, 비논리적이며, 사회적으로 금기시되는 특징을 지니고 있다.

프로이트는 인간의 성격을 구성하는 세 가지 요소로서 원욕(id)과 자아(ego) 그리고 초자아(superego)를 가정하였으며, 이 세 가지 요소들의 역동적 상호작용에 의해 개개인의 성격이 결정된다고 하였다. 그런데 어떤 사람의 경우 어린 시절에 정신적 외상

(trauma)이나 근심, 걱정, 부정적 사건 등을 많이 경험함으로써 자아나 초자아의 발달이 건강하지 못함과 동시에 원욕을 내포하고 있는 무의식의 세계는 더욱 불건전하게 억압되어 있을 수 있다. 따라서 청소년의 많은 문제행동은 직접적인 공격이나 성폭력으로 나타나기도 하지만 위장된 공격(절도, 거짓말, 괴롭힘 행동, 학대 등)이나 상징화된 성행위(도벽, 몽정, 공상, 대리경험 등)로 나타난다.

(3) 행동주의 이론

행동주의 이론은 비행이 환경적 자극에 따라 학습된 결과로 본다. 스키너에 의한 조작적 조건화이론에서는 인간의 모든 행동이 보상과 무관심의 방법에 의해 습득된 것임을 설명해준다. 반두라(Bandura, 1977)는 청소년의 비행이 모방과 관찰의 결과라고 주장한다. 그는 실험을 통해 공격행동이 모방과 모델링을 통해 학습될 수 있음을 증명하였는데, 모델의 공격적 행동에 강화를 주었을 때 관찰자의 공격 반응률이 더욱 증가한다는 사실을 보여주고 있다. 대부분의 청소년비행은 모방과 모델링을 통해 학습되는 것이라고 볼 수 있다. 모방학습은 동기나 정서의 영향을 받기도 하는데, 특정 범죄자가 부득이한 상황에서 높은 동기수준을 갖고 범죄행위를 저질렀다면 나중에 그와 유사한 조건일 때 동일한 범죄를 일으킬 가능성이 높아진다.

(4) 생태학적 이론

한편 생태학적 이론에 의하면 비행은 인간과 환경의 역동적 상호작용을 전제로 하는 생태학적 조건에 의해 발생한다고 본다. 다시 말하면, 청소년비행은 청소년만이 가지고 있는 독특한 개성과 자신만이 접하게 되는 고유한 환경의 상호작용의 산물인 것이다. 가족 간의 관계, 부모와의 상호 관계, 교우관계 등은 청소년의 대표적인 생태적 환경으로써 그들 개인의 고유한 특성에 적합하지 않은 생태적 환경 즉, 가족기능의 약화나 가정의 불화, 부모 간의 지속적인 대립, 교우집단의 폐쇄성, 열등감을 확산시키는 집단분위기 등은 그들로 하여금 갖가지 문제행동을 유발시키게 된다.

2) 사회구조적 원인론

청소년에 의한 일탈행동이나 비행은 가난 자체가 직접적 원인이 아니라 그들이 비제도화된 수단(불법)에 의존할 수밖에 없도록 만든 사회구조에 더 많은 문제가 있다는 관점이 있다. 일탈의 원인을 문화적 목표와 제도화된 수단 간의 불일치라는 사회구조적 모순에서 찾는 아노미이론은 특히 일탈행위가 왜 하층에 집중되어 있는가를 설명해주고 있다. 문화적 이상 혹은 목표와 이를 실현할 수 있는 경제적 기회구조가 통합되지 않은 사회에서는 개인적 목표와 수단의 괴리가 불가피하고 이와 같은 목표, 수단의 괴리는 규범체계의 와해 혹은 비행을 저지르게 하는 구조적 압력으로 작용한다고 본다.

(1) 뒤르켐의 아노미이론

아노미(anomie)이론은 뒤르켐(Durkheim)에 의해 시작되었으며, 머튼(Merton)에 의해 일탈행위에 대한 일반이론으로 정립되었다. 뒤르켐(1949)은 현대사회와 같이 분업화된 상태에서 사회 각 부분 간에 서로 밀접한 관계를 갖지 못하거나 공통으로 받아들일 수 있는 규칙을 만들지 못하면 사회 각 부분 간에 부조화가 존재하거나 사회적 연대가 약화되어 결국에는 사회해체 현상을 야기할 수 있다고 본다. 사회해체로 인한 이러한 무규범(normlessness) 혹은 규칙붕괴(deregulation)의 상태를 아노미(anomie)라고 하였다.

특히 그는 청소년기의 자살원인을 아노미로 보았다. 그는 자살론에서 자살의 원인이 개인보다는 사회에 있다고 생각하여, 유럽 각국들과 미국에서의 자살률을 여러 사회학적 변인들 상에서 비교하였는데 그 결과 자살률은 개인이 속한 사회의 통합된 정도에 반비례한다는 결론에 도달하였다. 평시의 인간은 그를 둘러싸고 있는 규범에 의해 욕망을 제어 받고 있으나, 사회가 급격히 변동하여 이제까지 그의 욕망을 규제해주던 규범이 와해되면 욕망은 한없이 치솟게 되어 그 결과 자살에 이르게 된다고 하였다(아노미적 자살). 아노미에 의한 청소년자살은 갑자기 변화된 심리-환경적 상황 속에서 그에게 기대되는 적절한 기준을 설정하지 못하여 발생한다. 이에 따라 그는 행동통제에 실패하고 여기서 생기는 기대와 성취 간의 차이를 극복하지 못하여 자살행동에 이르게 되는 것이다.

(2) 머튼의 아노미이론

한편 머튼(Merton, 1957)은 사회의 규범적 통제력의 부재가 아노미상태를 이끈다는 뒤르켐의 개념을 버리고 구조기능주의의 이론을 배경으로 '문화적으로 규정된 목표'와 이 목표를 달성하게 하는 '제도화된 수단' 사이에 간극이 있을 때 긴장이 생기고 이러한 긴장이 아노미를 초래하게 된다고 하였다. 즉 사회가 문화적 가치에 너무나 큰 비중을 두는 반면에 이를 성취할 수 있는 방법은 소수의 인구에게만 제한되어 있을 때 높은 일탈 또는 범죄율이 초래된다는 것이다.

여기서 '문화적으로 규정된 목표'란 한 사회에서 거의 모든 성원이 바람직하다고 규정한 것이며 동시에 소유하기를 원하는 대상인 것이다. 예를 들면 부귀영화나 권력, 명예와 같은 것을 말한다. 제도화된 수단이란 그러한 문화목표를 달성하는 데 합당한 방법을 말하는데, 부자가 되기 위해 열심히 노력하여 돈을 버는 것과 같은 것이다. 이때 문화목표는 수용하였으나(즉, 돈을 벌고 싶으나) 제도화된 수단이 결여되면(합법적인 방법으로는 원하는 돈을 벌 수가 없으면) 아노미를 경험하게 되며, 그 결과 비합리적인 방법으로라도 원하는 문화목표를 달성하려고 할 때 사회적 일탈행위 또는 범죄를 저지르게 된다.

머튼은 개인이 목표달성을 위해서 주어진 사회의 각종 규범에 적응하여 나가는 양식(modes of adaptation)이 각각 다르다고 보고 다섯 가지 유형의 적응양식 즉, 동조형(conformity), 혁신형(innovation), 의례형(ritualism), 도피형(retreatism), 반항형(rebellion)을 제시하였다. 이 유형 중에서 가장 중요한 유형은 혁신형인데, 화이트칼라 범죄나 하층의 일탈행위를 설명하는 데 유용한 개념틀이 되고 있다. 이들의 경우 문화목표를 달성하기 위하여 그들에게 비효과적인 제도화된 수단보다는 효과적이며 손쉬운 비제도화된 수단에 호소하게 됨으로써, 이러한 계층에 일탈이 집중된다고 해석하였다.

3) 사회통제에 초점을 두는 이론

(1) 사회유대이론(social bond theory)

허쉬(Hirschi)는 가정에서 시작되어 다른 사회기관들로 확대되는 사회에 대한 개인의 유대(bond)가 통제력이 되어 사람으로 하여금 법을 지키게 한다고 주장한다. 개인의 사회에 대한 유대가 약하거나 손상될 때 범죄나 비행이 생겨난다는 것이다. 그는 모든 사람이 잠재적으로 비행, 일탈을 감행할 수 있게 동기화되어 있다고 보았지만, 이러한 행동으로 인해 받을 해악에 대한 두려움에 의해 비행, 일탈행동이 통제된다고 보았다. 이 점에서 사회통제이론(social control theory)으로 불리기도 한다.

허쉬(Hirschi, 1977)는 청소년들의 비행원인을 규명해내기보다는 어떤 이유로 모든 청소년이 비행을 저지르지 않으며 자제하게 되는지에 대해 관심을 가지는데 그 원인을 사회유대(social bond)로 보았다. 그에 의하면 비행자들은 친밀한 애착, 포부, 그리고 법규로 사람들을 결속시키는 도덕적 신념으로부터 구애받지 않은 사람들이다. 즉, 비행은 개인이 젊은 시절에 그를 사회에다 묶어두는 결속이 약했기 때문이라고 하였으며 모든 사람은 잠재적인 법률 위반자라고 보고 있다. 그러나 비합법적인 행동이 친구, 부모, 이웃, 그리고 학교, 직장 등과 같은 사회제도들과의 관계에 회복할 수 없는 해를 가져다 줄 수 있다는 두려움에 의해서 통제를 받고 있다고 확신하고 있다.

허쉬는 최근 그간의 축적된 연구결과의 토대 위에 갓프레드슨(Gottfredson)과 함께 새로운 자기통제이론을 발표하였다. 갓프레드슨과 허쉬는 특히 범죄행위가 가져올 장기적인 손해를 고려하는 능력에서는 개인 차이가 존재한다고 보고 이런 차등적인 경향을 자기통제력이라는 개념으로 설명하고 있다. 여기서 자기통제력은 "사람이 그 처한 환경에 상관없이 범죄 행위를 회피하는 차등적 경향"으로 정의한다. 개인의 자기통제력은 인생의 초기단계에 형성되며 자기통제력에 의해 범죄나 비행이 전적으로 결정되는 것은 아니지만 자기통제력이 낮은 사람은 높은 사람에 비해 여러 가지 범죄행위와 함께 약물사용, 음주, 사고와 같은 다양한 유사행위들도 저지르는 확률이 높다고 본다.

(2) 중화이론(neutralization theory)

중화이론은 비행청소년들도 인습적 가치를 수용하고 있으나 비행을 하기 전에 중화를 통해 내적 통제가 느슨해져서 비행을 저지르게 된다고 주장한다. 즉, 청소년들이 자신의 행동이 잘못됨을 알고도 비행을 하는 이유는 어떤 상황에서 자기의 행동을 정당화 또는 합리화시켜주는 중화 기술의 유형을 습득했기 때문이라고 한다. 이를 제창한 마쯔(Matza)와 사이크스(Sykes)는 이러한 중화기술의 유형을 다음과 같이 다섯 가지로 제시하고 있다.

① 책임의 부정(denial of responsibility): 자기의 비행에 대해 사실상 책임이 없다는 것으로 합리화한다. 자기가 비행청소년이 된 것을 세상 탓으로 돌리거나 무책임한 부모 탓으로 돌림으로써 자신을 합리화하는 것이다.

② 가해의 부정(denial of injury): 자기의 행위로 말미암아 손상을 입거나 재산상 피해를 본 사람이 없음을 이유로 자신의 행위를 합리화한다.

③ 피해자의 부정(denial of victim): 상대방에게 피해를 주었을 경우 피해자는 당해도 당연한 것으로 간주함으로써 합리화한다. 피해자가 비행을 자초하거나 유혹한다는 것이다.

④ 비난자 비난(condemnation of the condemners): 자신을 비난하는 자들을 비난함으로써 자신의 행위를 합리화한다. 모두가 다 나쁜 사람들인데 왜 나만 가지고 야단이냐고 반문하며, 이를 통해 인습적 가치를 중화한다.

⑤ 고도의 충성심 호소(appeal to higher authorities): 자기가 속해 있는 집단에 대한 의리 혹은 충성심 때문에 할 수 없이 나쁜 짓을 하지 않을 수 없다는 식으로 중화를 한다.

4) 문화적 일탈이론

(1) 하위문화이론(subcultural theory)

하위문화(subculture)는 주문화(dominant culture) 내의 한 부분으로 주문화와 구별되는 그 자체의 규범과 가치를 갖는다. 대개의 경우 그 가치와 규범이 주문화와 반목하지는 않지만 일부 하위문화는 상충하기도 한다. 주문화의 가치를 부정하고 뒤엎는 경향의 하위문화를 반문화(counter culture)라고 부르고 비행 또는 범죄활동을 적극적으로 지지하는 범죄 또는 비행의 하위문화가 그 대표적인 예가 된다.

하위문화론에서는 하층에는 중산층과 다른 하위문화가 존재하며 그중 어느 특정 부분이 하층 청소년으로 하여금 비행을 저지르기 쉽게 한다는 것을 가정한다. 일탈행동은 개인적 반응이 아니라 집단적 반응이라는 것을 강조한다. 하위문화는 대개 주류사회로부터 고립된 비슷한 환경의 사람들이 서로를 돕기 위해 뭉치면서 형성되기 쉽기 때문이다. 하류층의 비행을 중류계급 가치관에 대한 반발에서 오는 것이라고 보아 비행하위문화론을 제시한 코헨(Albert Cohen), 기회구조차이 이론을 제시한 클로와드(Cloward)와 올린(Ohlin), 하위계층의 하위문화 자체가 하류계층 소년비행의 발단이 되고 있다고 주장하는 밀러(Miller) 및 울프강(Wolfgang)과 페라쿠티(Ferracuti) 등이 연구하였다.

첫째, 코헨(Cohen, 1995)에 따르면 모든 인간행동은 문제해결을 위한 것이며 이는 인간이 당면한 문제 상황을 바꾸기보다는 그 상황을 보는 준거틀(frame of reference)의 변경을 통해서 더 효과적으로 이루어진다는 점과 또한 문제는 사회체계 내에서 상이하게 배분되어 있다는 두 가지 점을 하위문화 발생의 전제조건으로 하고 있다. 이러한 전제조건에서 어떻게 하위문화가 발생하는가? 이에 대해 그는 "동일한 적응문제를 갖고 있는 다수의 행위자 간의 상호작용에 의해 가능하다"고 한다. 즉 공통의 문제를 갖고 있는 다수에 의해 새로이 공유된 준거틀의 출현에 의해 새로운 하위문화가 발생한다는 것이다. 코헨은 이 하위문화이론을 미국사회의 하층 청소년들의 비행문화를 설명한다.

둘째, 클로와드와 올린은 사회계층에 따라 합법적인 기회와 비합법적인 기회 모두 차등적으로 배분된다는 사실을 전제로 기회구조차이 이론(opportunity structure theory)을 주장했다. 머튼의 경우는 합법적 기회구조의 결여가 곧 비합리적 수단으로의 접근으로 이어지는 것으로 보았으나 클로와드와 올린은 청소년들은 합법적 수단을 배우는 기회뿐만 아니라 비합법적 수단을 배우는 기회에서도 차이가 있다는 것이다. 즉, 돈을 벌기 위한 수단도 계층에 따라 차별화되어 있고, 도둑질을 배우는 기회까지도 누구에게나 열려 있는 것이 아니라 차별화되어 있다는 것이다. 이와 같이 차별적인 기회구조 속에서 하층의 청소년들은 자기들 나름대로의 하위문화를 형성하여 기회의 구조적 불평등 현상을 극복하고자 한다. 이것은 지배 규범의 합법성을 거부하는 것이다.

클로와드와 올린(1960)은 비행 하위문화를 '어떤 특정한 형태의 비행활동이 그 집단이 지지하는 지배적인 역할을 수행하는 데 필수조건이 되는 집단'이라고 보았으며, 현존의 가치를 인습가치라고 하고, 새로운 가치를 일탈적 가치라 하면서 양자가 어떻게 통합되어 있는가에 따라 범죄하위문화(criminal subculture), 갈등하위문화(conflict subculture), 도피하위문화(retreatist subculture)의 세 가지 하위문화가 발생한다고 주장하였다.

셋째, 밀러(Miller, 1958)는 하위계층의 하위문화 자체가 하류계층 청소년비행의 발단이 되고 있다는 하층계급문화이론(lower class culture theory)을 주장하고 있다. 그는 하층계급사회는 그 자체의 고유한 문화체계를 가지고 있는데 이것은 중산층 지배문화에 반항적인 것이 아니며, 기회의 구조적 불평등과 차별화를 거부하기 위한 것도 아니다. 하층계급 자체적으로 오랫동안 존속시켜 왔고, 통합력을 가지고 있으며, 유형화된 전통을 지니고 있다.

밀러는 하층 청소년들은 지위 획득을 위해 다음의 여섯 가지 관심의 초점을 과시하거나 과잉 사용하게 됨으로써 알게 모르게 비행을 저지를 가능성을 높게 하고 있다.

① 말썽 또는 사고(事故; trouble): 사직당국이나 기관에 의해 환영받지 못할 결과를 초래할 행위나 여건을 말한다.

② 강인 혹은 거칠음(toughness): 힘, 용감성, 대담성, 남자다움, 문학이나 예술에 대한 무관심 등으로 표현된다.

③ 재치 또는 기망성(smartness): 남을 잘 속이는 반면 남에게 속임을 당하지 않는 것을 말한다.

④ 흥분 또는 자극(exciteness): 여가를 활용할 능력이나 경제적 여건이 부족한 데서 생기는 것으로 지루한 생활을 참지 못하고 신나는 어떤 자극을 찾고자 하는 욕구이다.

⑤ 숙명(fate): 하층 청소년들은 그들의 인생이 통제할 수 없는 외적인 요소에 의해 지배된다고 믿고 있다.

⑥ 자율(autonomy): 누구의 간섭도 받기를 싫어하는 방종과 같은 태도를 말한다.

넷째, 울프강(Wolfgang)과 페라쿠티(Ferracuti)는 폭력의 하위문화(subculture of violence) 가설을 주장한다. 그들(1967)에 의하면 사람은 자신이 속한 집단의 범죄적 가치를 학습함으로써 범죄자가 된다고 가정한다. 자기가 속한 집단의 기준에 순응하는 것이 주문화의 법을 위반하는 행동이 된다는 문화갈등의 시각에 뿌리를 내리고 있다. 폭력의 하위문화 가설에 따르면 어떤 하위문화의 가치체계는 특정한 사회상황에서 폭력의 사용을 분명히 요구한다. 일상행동에 영향을 미치는 이러한 규범은 결국 중간계급의 통상적 규범과 갈등관계에 놓이게 된다는 것이다.

(2) 차별접촉이론(differential association theory)

서덜랜드(Sutherland, 1939)가 제시한 차별접촉이론에서는 인간은 비행을 조장하는 하위문화와 비행에 대하여 비판적인 상위문화의 상반된 문화적 역동과 대립 속에 살고 있으며 비행에 대하여 비판적인 문화유형보다 비행을 조장하는 하위문화에 빈번히 접촉하게 되면 그 차별접촉에 의해 비행자가 된다고 하였다.

범죄 및 범죄의 과정에 일차적인 관심을 갖는 그의 이론은 범죄행위는 주로 일차적이고 친밀한 집단에서 집단성원과의 상호작용을 통하여 학습된다는 아홉 가지 명제에 의해 서술되고 있다. 그 가운데 6번째 명제가 이 이론의 핵심적 내용을 담고 있는데 "법위반에 호의적인 정의가 비호의적인 정의보다 클 때 행위자는 비행을 저지르게 된다"는 것이다. 이것이 "차별접촉의 원리"이다. 차별도 먼저 발생하고 오래 지속될수록, 자주 발생할수록, 행위자와 밀접한 관계를 갖을수록 더 큰 영향력을 미치게 된다.

(3) 사회학습이론(social learning theory)

사회학습이론에서도 개인의 학습바탕은 원래 백지상태라고 규정하고 청소년의 일탈행동은 관찰이나 모방에 의해 학습된 현상으로 보고 있다. 이러한 관점들은 청소년이 비행에 호의적인 정의보다 비호의적인 정의와 더 많이 접촉하게 되면 비행을 저지르지 않게 될 수 있다는 논리로 이어질 수 있다.

청소년의 폭력적인 행동의 경우에도 관찰이나 모방에 의해 학습되는 현상으로 보면 다음과 같은 세 가지 측면으로 설명된다. 첫째, 폭력행동을 관찰하고 이를 모방함으로써 학습하는 과정을 고찰하는 측면이고, 둘째, 폭력경험과 폭력노출 정도가 폭력을 인정하는 학습된 규준으로 받아들이게 함을 고찰하는 것이며 셋째, 역할 모델의 접근으로서 이는 적절한 역할 모델 내에서 폭력을 관찰함으로써 학습되는 것을 본다. 청소년은 다른 사람의 폭력행위를 관찰 모방함으로써 새로운 폭력행위의 기술을 습득하고 또한 폭력행위에 대한 억제력이 감퇴되어 양심의 가책이나 죄의식 없이 폭력을 사용할 수 있으며 타인의 공격행동을 모방하여 정적인 강화를 받게 되면 그 행동은 더욱 더 가속되어 문제해결 방법으로 폭력행동을 학습하게 된다.

5) 범죄화과정에 초점을 둔 이론

범죄가 생성되는 사회구조보다는 과정에 관심을 두는 관점이 있다. 낙인이론은 일탈을 행위의 속성으로 보지 않고 사회적 규정으로 보며, 사회가 개인의 행위를 일탈행위로 어떻게 낙인하여 행위자의 태도와 행동에 영향을 끼치게 되는지에 초점을 두고 있다(이성구, 2000). 대표적으로 베커(Becker, 1963)에 의하면, 일탈은 사회집단들이 규칙을 만듦으로써 생성되며 단계적으로 발전해 간다고 본다. 따라서 어떤 사람이 일탈을 하는가보다는 누구의 법에 의해 통제되는가에 관심을 두고 있다.

그에 의하면 일탈은 단계적으로 발전해 가며 ① 의도적이건 비의도적이건 비동조적인 행위를 범하는 것, ② 일탈적 동기와 관심의 발전, ③ 공식적으로 일탈자로 낙인찍히는 경험을 하게 되는 것, ④ 조직화된 일탈집단으로 들어가는 것 등과 같은 과정을 거쳐 일탈경력(career deviance)으로 진행된다. 특히 셋째 단계에서는 개인의 공적 정체감(identity)에 급격한 변화를 겪으며 넷째 단계에서는 일탈에 대한 합리화와 범죄기술을 배우게 된다. 탈선은 사람이 저지르는 행위의 특성이 아니라 타인이 행위자에 법과 제재를 가한 결과일 뿐이라는 주장이다.

레머트(Lemert, 1967)는 '일차적 일탈'과 '이차적 일탈'이라는 개념을 사용하여 그 전환되는 과정에 이론의 초점을 두고 있다. 그는 일탈이 사회통제를 낳게 하는 것이 아니라 사회통제가 일탈을 낳게 한다고 주장한다. 일차적 일탈은 일시적이고 다양한 조건에 의해서 형성되는 것이며, 개인의 심리적 구조와 사회적 역할 수행에 영향을 주지 않는 일탈을 말하며 이차적 일탈은 일차적 일탈에의 사회적 반응에 의해서 초래되는 여러 가지 문제나 조건에 대한 반응으로 발생하는 것으로, 일반적으로 장기간에 걸쳐 일어나고 심리적 구조 및 사회적 역할 수행에 큰 영향을 주는 것으로 규정한다.

4. 청소년문제의 접근법으로서의 강점관점

청소년문제를 예방하고 발생한 문제를 해결하기 위한 방안은 여러 가지로 논의된다. 다양한 문제유형별로 각기 다른 대책들이 가능하고 정책적·실천적 방안들이 마련될 수 있다. 한 가지 지적할 것은 청소년문제의 근본적인 원인은 청소년들 자신에게 있기보다는 우리 사회에 있다는 인식을 간과해서는 안 된다는 점이다. 이런 측면에서 청소년문제를 지나치게 결함중심, 문제중심으로 접근하는 기존의 관점을 비판하는 강점관점은 청소년문제의 해결을 위한 새로운 방법으로 고찰할 필요가 있을 것이다.

1) 강점관점의 주요 개념

강점관점은 우리가 일하는 사람들과 관련된 하나의 태도와 틀이다. 모든 사람에게는 자연적인 힘이 있으며 이러한 잠재력을 지지하면 긍정적 성장을 위한 가능성이 강화된다(Weick, 1992). 이러한 시각에 기초한 강점관점은 문제 자체에 대한 관심보다는 해결점을 발견하고 강점을 강화시키는 데 주요 초점이 있다. 따라서 강점관점은 인간의 존엄성과 사회정의를 실천하고자 하는 사회복지의 기본적 가치와 맥을 같이 하는데, 이런 점에서 샐리비(Saleebey, 1992)는 '강점관점이 사회복지의 전문적 가치를 실천하는 데 필수적이다'라고 지적하였다. 즉, 인간의 존엄성, 가치, 자기결정을 증진시키고자 하는 사회복지의 가치는 클라이언트의 내재된 잠재력, 능력, 강점을 인지하여 이를 발현할 수 있도록 한다.

샐리비(Saleebey, 1997)는 강점관점(strengths perspectives)의 주요 개념으로 권한부여(empowerment), 멤버십(membership), 탄력성(resilience), 치료(healing), 대화와 협력(dialogue and collaboration), 그리고 불신에 대한 걱정(suspension of disbelief)을 강조한다.

첫째, 권한부여는 개인, 집단, 가족, 그리고 지역사회가 그들 주위에 있는 자원과 도구를 확장하고 발견하는 것을 돕는 과정이다. 즉 권한부여는 사람들의 자원과 자연적 가능성을 지지하고 강화시켜 주는 것과 관련이 있다. 또한 잃어버린 기회를 찾게 해준다는 의미를 가지고 있기도 하다.

둘째, 멤버십은 우리가 돕고 있는 사람들은 지역사회의 멤버로서 존중받을 자격을 가지고 있는 사람이라고 인정하는 것이다. 대체로 도움을 필요로 하는 사람의 경우 실제로 자신이 소속된 곳을 알지 못하는 경우가 많기 때문에 그들이 멤버십을 회복할 수 있도록 하는 것과 관계가 있다.

셋째, 탄력성은 사람들과 지역사회가 그들이 직면하고 있는 다양한 문제를 극복하고 성장할 수 있는 능력을 가지고 있음을 인정하는 것이다. 즉 문제가 존재할지라도 지속적인 능력과 지식을 키워 이에 대항하여 문제를 극복함으로써 원래의 위치로 되돌아가는 것이다.

넷째, 치료는 자기-갱생(self-regeneration)을 위한 내면적이고 본질적인 능력이 있음을 인정하는 것이다. 강점모델의 전제는 마치 회복에 대한 긍정적인 기대를 가지는 것과 같으며, 지역사회의 보호를 전제로 질병과 회복의 과정에 대한 통제와 자율성을 유지하는 것이다. 이때 유머, 즐거움, 웃음 등을 사용해 면역체계를 강화하는 것도 포함한다.

다섯째, 대화와 협력은 이를 통해 사람들이 다른 사람들과 창조적인 관계를 형성할 수 있다는 것이다. 따라서 사람들의 대화할 수 있는 능력을 강화하는 것과 관련되어 있다.

여섯째, 불신에 대한 걱정은 사람들의 문제에 대한 정당성에 있어 그 신념을 인정해 주는 것이다. 그리고 그것을 극복하기 위한 가능성을 찾는 것이다.

2) 청소년문제와 강점관점

청소년문제를 갖고 있거나 문제로 인식된 청소년에게 청소년복지실천에서 강점관점이 보다 강조될 필요가 있다. 이는 강점관점을 청소년의 사회복지실천에 적용하는 것에 대한 관심이 최근 더욱 증대되었음을 제시해준다. 최근 들어 청소년의 강점관점이 정신보건, 약물남용예방 및 소년사법 등 청소년의 사회복지실천 전반을 통해 실행되고 있다. 미국에서는 청소년을 대상으로 강점관점을 기반으로 한 개입모델이 대두되기 시작했으며 고위험 청소년을 대상으로 그들의 잠재력과 변화가능성에 대한 믿음을 중심으로 개입하는 접근법이 점차 대중화되고 있다고 한다(Oldham & Rapp, 2007). 우리나라에서는 최근 아동을 중심으로 한 강점중심적 사례관리 접근이 진행되고 있어 주목된다(노혜련, 2008).

3) 강점관점을 기반으로 한 여러 가지 접근법

강점관점 사례관리는 문제해결 과정에서 클라이언트가 주체가 되어 문제보다는 강점과 자원을 발견·동원하는 데 초점을 맞춘다. 아울러 가족 전체와 그 구성원의 욕구를 함께 고려한 서비스를 계획·제공하고, 클라이언트가 거주하고 있는 지역사회와 가정으로 직접 찾아가 협력적 파트너십을 이루면서 클라이언트가 처해 있는 상황과 욕구에 따라 유연하고도 통합적인 서비스를 제공하는 것을 목표로 하고 있다.

이러한 맥락에서 볼 때 강점관점 사례관리는 ① 클라이언트중심, ② 해결중심, ③ 가족중심 접근을 토대로 클라이언트에게 ④ 직접 찾아가 ⑤ 통합적 서비스를 제공하는 것을 기본으로 하고 있다(천정웅 외, 2009). 첫째, 클라이언트중심의 접근은 인간의 성장과 변화에 대한 믿음과 클라이언트에 대한 존중, 공감적 이해와 긍정적 관심을 기본으로 한 실천가와 클라이언트 간의 관계를 토대로 이루어진다. 이러한 접근은 클라이언트의 주관적인 경험과 클라이언트가 긍정적이고 건설적이며 의식적인 선택을 할 수 있는 능력을 가지고 있다고 신뢰하고 존중하는 가운데 진행된다(김미옥 외, 2000).

둘째, 해결중심적 접근이다. 강점관점실천으로의 전환은 실천방법에 있어서 패러다임의 전환도 의미한다. 해결중심적 접근은 크게 두 가지 실천활동을 중심으로 이루어지게 된다. 첫 번째는 참여자가 원하는 해결책을 모색하는 과정으로 잘 형성된 목표(well-formed goal)를 발전시키는 것이고, 둘째는 이미 해결책이 조금이라도 이루어지고 있는 '예외 상황'에 기초해 해결방법을 발전시켜 나가는 것이다.

셋째, 가족중심적 접근은 개인의 생활 속에서 가족의 중요성을 인정하고, 가족이 충분한 정보를 숙지한 후 내린 선택을 기초로 이루어지며 가족의 강점과 능력에 초점을 맞춘다. 모든 사람들, 특히 아동과 청소년의 경우 개인적 차원에서의 원조만으로는 문제해결에 한계가 있다. 따라서 개인 특히 아동의 건강한 성장은 가족이 건강할 때 이루어질 수 있다는 것을 전제로 하여 서비스의 제공은 가족과 그 구성원의 강점을 기반으로 한 가족 전체에 초점을 맞추어야 한다.

넷째, 찾아가는 접근이란 클라이언트가 기관에 찾아와서 자신에게 필요한 서비스를 요청하기를 기다리는 것이 아니라 스스로 도움을 요청할 기력이나 용기가 없는 클라이언트에게 직접 찾아가 서비스를 제공하는 것을 의미한다. 즉, 클라이언트가 거주하고 있는 지역사회로 나아가 서비스 제공과 연결을 시도하는 개입과정인 것이다. 이러한 접근은 클라이언트가 소속되어 있는 체계에 대한 이해와 개입을 통하여 클라이언트를 지지하거나 문제에 대한 해결책을 찾는 것을 목적으로 한다.

다섯째, 통합적 접근으로 사회복지실천의 본질적인 개념, 활동, 기술, 과업 등에 공통적인 기반이 있음을 전제하고, 클라이언트의 욕구와 문제해결을 위한 필요성에 따라 개인, 가족, 집단, 지역사회, 더 나아가서는 제도의 변화를 위해 노력하는 것을 의미한다(양옥경 외, 2000). 클라이언트들이 종종 처해 있는 복합적인 문제 상황에서 벗어나도록 원조하기 위해서는 개인과 그를 둘러싼 여러 체계들을 포괄할 수 있는 서비스 전달이 필요하다.

Chapter 07

청소년활동과 역량개발복지

1. 청소년활동의 이해

청소년활동은 우리나라 청소년 분야의 형성과 발전의 역사를 통해서 그 성격을 특징짓는 가장 핵심적인 것으로 자리매김해 왔다. 초창기 청소년활동은 주로 민간의 청소년단체를 중심으로 전개되었기 때문에 청소년단체활동으로 설명되었으나, 1990년 이후 「청소년기본법」의 제정으로 청소년 분야가 제도화됨에 따라 정책적으로 시행되고 있다.

우선, 청소년활동은 청소년을 대상으로 하는 활동으로서 활동의 목표나 과제는 인간의 발달단계에 따른 과업과 관련되어야 한다는 발상에 기초한 개념이다. 청소년과 관련한 "활동"을 광의적으로 보면 청소년들의 삶 자체로 볼 수도 있고, 협의적으로 보면, 야외에서 이루어지는 신체중심의 프로그램에 참가하는 활동으로 생각할 수 있다. 그러나 청소년 분야의 정책화와 관련하여 청소년활동을 이해하면 광의적이기보다는 협의적으로 이해되고 있음을 알 수 있다(천정웅, 2009).

첫째, 우리나라에서의 청소년활동에 대한 이해는 법적 개념과 분류를 통해 규정된다. 여기에는 두 가지 정의가 있는데, 먼저 1991년 「청소년기본법」에서는 청소년활동을 "고유활동, 임의활동, 수련활동"으로 구분하고 특히 수련활동을 중심으로 청소년정책 영역을 규정한 바 있다. 여기서 수련활동 영역이란 일반사회의 생활권이나 자연권에서 배움을 실천하는 체험활동 영역으로 심신단련, 자질향상, 취미개발, 정서함양, 사회봉사 등의 활동을 의미한다. 다음으로는 2004년 청소년 관련법 정비를 통해서, 청소년활동은 "청소년의 균형 있는 성장을 위하여 필요한 활동과 이러한 활동을 소재로 하는 수련활동, 문화활동, 교류활동 등 다양한 형태의 활동"으로 정의하였다. 이러한 정의는 청소년활동을 수련활동으로 보는 것에서 확장하는 의미를 가지는 것으로 보이지만, 실제로는 방과후 활동, 국제교류사업, 청소년수련활동인증제 등의 용어에서 알 수 있는 바와 같이, 단순히 활동 종류를 구분한 것에 지나지 않으며, 수련활동과 유사한 개념으로 정의하는 것과 크게 차이는 없어 보인다.

둘째, 청소년활동에 대한 이해는 우리나라 청소년정책의 흐름과 변화과정을 통해서 이루어질 수 있다. 우리나라 청소년정책은 당초 요보호청소년을 위한 "복리적 서비스"와 비행을 범한 청소년에 대한 "선도와 교화" 중심으로 시작되었음은 논란의 여지가 없다. 그러나 "일부 청소년"에서 "모든 청소년"을 위한 청소년정책의 필요성이 대두되었고, 그 핵심에는 "청소년활동"이 있었음을 지적할 필요가 있다. 학교의 "교육", 복지사업 등과 구분되는 고유의 정책 영역으로서 청소년활동을 중심으로 한 청소년정책이 자리 잡게 되었던 것이다. 특히, 1990년대 후반부터는 "참여와 권리"가 청소년정책의 중요한 이념으로 부각되었는데, 2000년대 중반 이후 그 방향은 "청소년의 역량개발"을 중요한 내용으로 전개하게 되었다. 우리나라의 청소년 주무부서의 업무를 기준으로 보면, 「청소년활동진흥법」에 따른 청소년수련활동, 청소년문화활동, 교류활동을 중심으로 참여활동, 진로개발활동 등 다양한 측면에서의 청소년역량개발을 위한 정책기반을 조성하고 이를 위한 사업을 활동정책의 주요 과제로 추진하고 있음을 알 수 있다.

이렇게 보면, 우리나라에서는 청소년정책과 관련하여 "청소년활동"에 대한 개념은 학문적 접근보다 법적으로 정의된 개념이 수용되어 왔던 것이 일반적인 상황이었다. 정책영역 또는 업무실제에서는 수련활동과 문화활동, 교류활동, 참여활동, 진로개발활동 등과 관련한 과제들이 실질적인 활동정책으로 추진되고 있음을 알 수 있다. 그러나 법적 정의나 정책적 업무 영역에 따른 것이 지배적 개념으로 수용되고 학문적 정의를 규정하고 또 현실을 규제하는 상황은 바람직하지 않은 것이다. 정책적 개념규정이 정책적 영역을 구분 짓는 효과도 있지만, 시대변화를 따라가지 못하는 개념적 한계도 갖게 되기 때문이다. 이 점에서 학문적 정의가 강조될 필요가 있다.

청소년활동이란 청소년들이 주어진 환경 속에서 개인적 또는 사회적 가치나 목표를 실현하기 위해 행하는 모든 정신적·신체적 행위 일반을 지칭하는 것으로 볼 수 있다. 선진 외국의 경우, 청소년활동을 청소년업무(youth work)라는 영역으로 관장하고 있으며, 청소년활동을 수행하는 관련 기관, 협회, 조직, 관련 사업 및 청소년지도자를 총칭하여 청소년부문(youth sector)으로 지칭하고 있음을 알 수 있다. 이렇게 보면 청소년활동은 청소년업무의 대표적 영역 전반을 지칭하는 것으로 이해된다. 청소년업무는 또한 그 특성에 따라 유기적 활동, 전문화된 활동, 운동중심활동 등 세 영역으로 분류하고, 청소년활동을 다시 사교 및 여가, 개인 및 사회적 발달, 복지, 인격형성, 정치화, 구제 등 몇 가지 분야로 구분한다(Smith, 1988).

이와 같이 청소년활동의 개념이 다양하게 논의됨에 따라 청소년활동의 범주도 청소년들의 참여형태나 방법, 유형, 기타 활동 유형에 따라 여러 가지로 구분한다. 예를 들면, 영역에 따라서는 수련활동, 단체활동, 동아리활동, 학교 특별활동, 종교단체나 시민단체 등의 청소년활동으로 분류될 수 있고, 공간에 따라서는 학교 청소년활동, 지역사회중심 활동, 야외활동 등으로 나뉠 수 있다. 청소년 관련법에 따라서는 수련활동, 교류활동, 문화활동 등으로 구분할 수 있고, 활동 프로그램에 따라서는 스포츠활동, 문예활동, 봉사활동, 전통문화활동, 과학활동 등 다양하게 분류될 수 있다(천정웅·김윤나·이채식·전경숙, 2011).

2. 청소년활동의 필요성

청소년활동에 대한 이해는 그 개념정의를 어떻게 하든지, 학교의 정규학업 시간과는 구분하여 이해되고 있음은 부인할 수 없을 것이다. 이런 점에서 청소년활동의 기본관심은 "청소년들이 학교를 마친 후에는 어떤 일로 시간을 보내는가?" 하는 질문과 관련된다. 사실, 청소년들의 학교 외 시간의 활용에 대해 국가·사회적 관심이 증대된 것에는 그만한 이유가 있다. 많은 청소년들이 스포츠, 특기 배우기, 종교활동, 청소년단체활동 등으로 유익한 시간을 보내고 있지만, 반면에 제대로 효과적으로 시간을 활용하지 못하고 사회적 부담을 주는 결과를 초래하는 청소년들도 있기 때문이다. 후자에 속하는 청소년에 대한 "우려"와 "관심"에서 청소년활동 분야가 대두되어 왔으며, 그 구체적 내용의 하나로서 청소년체험활동 등의 다양한 활동이 오늘날 전개되고 있는 것이다.

청소년들이 어떻게 시간을 보내는가에 대한 흥미 있는 이야기가 있다. 1년을 전체적으로 8,760시간으로 보고 청소년들이 시간을 보내는 내용을 알아본 자료를 보면, 약 3,232시간을 수면에, 1,660시간을 학교생활과 공부, 일하기 등으로 보내고 있으며 그 다음 3,844시간은 식사나 잡일 등 개인적 생활관리 시간과 취미생활, 놀이, 텔레비전 보기 등 여가시간으로 보내고 있다는 것이다. 문제는 이 3,844시간 가운데 50%인 1,922시간은 가족과 함께 있거나 다른 어른들과 같이 보내는 데 반해서 또 다른 50%인 1,922시간은 이러한 구조가 없는 가운데에서 자유시간을 보내고 있다는 점이다. 후자의 자유시간 1,922시간 중의 반(961시간)은 식사나 세면 등의 자기관리와 관련되지만 나머지 50%(961시간)는 특별히 하는 일 없이 시간을 보낸다는 것이다.

또 다른 자료는 전체 8,760시간 중에서 수면시간이 38%, 학교에서 보내는 시간이 14%, 가족과 함께 보내는 시간이 27%라고 보면서, 나머지 22%는 설명이 되지 않는다고 하였다. 즉, 학교와 집이 아닌 다른 곳에서 보내는 시간이라는 것이다. 그리고 이러한 시간이 바로 청소년들의 문제행동이 증대되는 것과 깊은 관련이 있다고 분석한다. 다시 말해 청소년들은 하루 중 깨어 있는 시간의 반 정도는 여가 또는 자유활동에 보내고 있다고 보고, 이러한 시간을 어떻게 하면 가장 잘 이용하도록 할 수 있는가를 논의해 왔던 것이다. 일부는 청소년들이 학교 밖에서 보내는 시간들은 청소년의 건강과 복리에 그다지 도움이 되지 않으며 심지어 "반생산적"이라고 보기도 한다(천정웅, 2008).

발달심리학자인 리드 라슨(Reed Larson)과 그 동료들이 청소년의 시간 사용 패턴을 몇 년 동안 연구한 바 있는데, 특히 학교 밖에서의 시간 사용에 대해 관심을 가졌다. 그들은 청소년들이 어느 정도의 시간을 "생산적" 활동(숙제, 허드렛일, 시간제 일하기 등), 유지활동(식사, 이동, 개인 볼일) 및 레저(leisure)에 사용하는지에 대해 연구했다. 그들의 연구에서는 레저 참가에 대해서는 다양한 범주로 분류했는데, TV시청, 음악감상, 창조적 활동, 담화, 놀기, 게임, 운동, 대중레저(레저쇼핑, 영화관람, 외출) 및 그냥

시간 보내기(아무것도 하지 않는 것, 생각하기, 기다리기 등) 등을 포함하였다(Larson, Richards, Sims, & Dworkin, 2001).

라슨과 그 동료들은 또한 이러한 내용을 미국과 유럽 및 아시아 청소년들을 비교 조사하였는데, 그 결과에 의하면, 미국 청소년들은 하루에 6.5~8시간 정도의 자유 시간을 가지고 있는데, 이는 유럽 청소년의 경우 5.5~7시간, 아시아 청소년의 경우 4~5.5시간 정도의 자유시간을 갖는 것과 비교되었다. 모든 청소년들이 하루에 약 1.5~2.5시간 정도를 TV를 보면서 보내고 있다는 것은 흥미로운 사실이다. 미국과 유럽의 청소년은 동아시아 청소년들보다 운동에 더 많은 시간을 보내고 있는 것으로 나타났다. 미국은 약 30분~1시간, 유럽은 20~80분 정도였다.

지금까지 소개한 청소년들의 시간 활용의 내용과 방법 등은 청소년들의 자유 시간을 보다 생산적으로 보내도록 할 필요성을 제시하고 있다. 사실, 많은 연구들이 가족, 또래, 학교 등과 함께 청소년이 이러한 자유시간에 참가할 수 있는 "조직화된 활동(organized activities)"이 있다면, 청소년의 정서적·사회적·시민적 발달에 매우 중요한 기여를 할 것이라고 지적하고 있다. 여기서 "조직화된 활동"은 소위 우리가 일상생활을 통해 경험하는 "비구조화된 활동(unstructured activities)"과는 구별된다. 예컨대 TV 시청, 음악감상, 친구들과 시간 보내기 등이나 식사, 휴식 등과는 구별되는 것을 말한다. 조직화된 활동은 대상(학생, 아동, 청소년 등), 장소(학교중심, 지역사회중심), 내용(활동, 프로그램, 조직) 및 시간(방과후, 교과내 특별활동 등) 등에 따라 여러 가지로 이름이 붙여지고 있다. 체험활동 프로그램은 바로 청소년의 이러한 조직화된 활동으로 제공되고 있는 것이며, 청소년단체 가입을 통한 활동과 함께 대표적인 청소년활동으로 이해되고 있다(천정웅·오해섭·김정주·김민, 2010).

3. 청소년활동의 주요내용

청소년활동의 역량개발복지에 대한 논의를 위해서는 청소년활동의 대두 배경뿐만 아니라, 오늘날의 우리 청소년이 경험하는 청소년활동의 주요내용에 대해서도 알아볼 필요가 있다.

1) 창의적 체험활동

창의적 체험활동은 특별활동과 재량활동으로 이원화되어 편성되어 운영해 오던 학교 교육과정의 교과 외 영역을 통합하여 일원화함으로써 편성과 운영에 자율성을 부여하고 운영의 효율화를 기하고자 2011년부터 교육현장에 도입되었다. 국가 수준에서 고시한 창의적 체험활동 교육과정에서는 초·중·고등학교의 구분없이 하나로 묶어 총괄 목표와 네 개의 하위목표를 제시하고 있다. 창의적 체험활동 교육과정의 목표에는 자발성, 나눔, 배려, 자기 주도성, 우정, 협동심, 공동체 의식, 세계시민의식, 자율성, 애국심, 정체성, 호혜 정신, 책임감, 공정, 자신감 등이 포함되어 있다(양승실, 2012).

첫째, 자율활동은 학교가 청소년 중심의 자율적 활동을 추진하고, 청소년은 다양한 교육활동에 능동적으로 참여하는 특성을 갖는다. 자율활동은 청소년들이 학급 및 학교에 대한 소속감을 느끼고 현재 당면한 문제를 민주적으로 해결해 나가는 과정을 학습하여 성숙한 민주시민으로 살아갈 수 있는 역량을 함양하는 데 필요한 활동이다. 자치·적응활동, 창의주제활동 등이 있으며, 입학 초기 적응활동, 사춘기 적응활동, 민주적 의사결정의 기본원리 이해 및 실천, 즐거운 학교생활 및 다양한 주제 활동을 포함한다.

둘째, 동아리활동은 청소년들이 자발적으로 집단활동에 참여하여 협동하는 태도를 기르고 각자의 취미와 특기를 신장하는 활동이다. 동아리활동의 하위활동으로 학술활동, 문화예술활동, 스포츠활동, 실습노작활동, 청소년단체활동 등이 있다. 학술활동은 ① 외국어 회화, 과학 탐구, 사회조사, 탐사, 다문화 탐구, ② 컴퓨터, 인터넷, 신문 활용, 발명 등이며, 문화예술활동은 ① 문예, 창작, 회화, 조각, 서예, 전통예술, 현대예술, ② 성악, 기악, 뮤지컬, 오페라, ③ 연극, 영화, 방송, 사진 등이 있다. 스포츠활동은 ① 구기운동, 육상, 수영, 체조, 배드민턴, 인라인스케이트, 하이킹, 야영, ② 민속놀이, 씨름, 태권도, 택견, 무술 등이며, 실습노작활동은 ① 요리, 수예, 재봉, 꽃꽂이, ② 사육, 재배, 조경, ③ 설계, 목공, 로봇제작 등이 있다. 청소년단체활동으로는 스카우트연맹, 걸스카우트연맹, 청소년연맹, 청소년적십자, 우주소년단, 해양소년단 등이 있다.

셋째, 봉사활동은 청소년이 이웃과 지역사회를 위한 나눔과 배려의 활동을 실천하고 자연환경을 보존하는 등의 활동을 펼친다. 봉사활동의 하위활동으로 교내봉사활동, 지역사회 봉사활동, 자연환경 보호활동, 캠페인 활동 등이 있다. 교내봉사활동은 학습부진 친구, 장애인, 병약자, 다문화가정 학생 돕기 등이며 지역사회 봉사활동은 ① 복지시설, 공공시설, 병원, 농어촌 등에서의 일손돕기, ② 불우이웃돕기, 고아원, 양로원, 병원, 군부대에서의 위문활동, ③ 재해구호, 국제 협력과 난민 구호 등이 있다. 자연환경 보호활동은 ① 깨끗한 환경 만들기, 자연보호, 식목 활동, 저탄소 생활 습관화, ② 공공시설물, 문화재 보호 등이 있으며, 캠페인 활동은 공공질서, 교통안전, 학교 주변 정화, 환경보존, 편견극복 등에 대한 캠페인 활동 등이 있다.

넷째, 진로활동은 청소년이 자신의 흥미, 특기, 적성에 적합한 자기계발 활동을 통하여 진로를 탐색하고 설계하는 것이다. 진로활동의 하위활동으로 자기이해활동, 진로정보탐색활동, 진로계획활동, 진로체험 등이 있다. 자기이해활동은 자기이해 및 심성 계발, 자기 정체성 탐구, 가치관 확립 활동, 각종 진로 검사 등이며, 진로정보탐색활동은 ① 학업정보 탐색, 입시정보 탐색, 학교정보 탐색, 학교 방문, ② 직업 정보탐색, 자격 및 면허제도 탐색, 직장 방문, 직업 훈련, 취업 등이다. 진로계획활동은 학업 및 직업에 대한 진로 설계, 진로지도 및 상담 활동 등이 있으며 진로체험은 학업 및 직업 세계의 이해, 직업 체험 활동 등이다.

2) 단체활동

청소년단체란, 청소년이 공동체 활동에서의 상호작용을 통해 개인역량을 함양하는 동시에 미래의 건전한 사회구성원으로 성장하는 데 필요한 태도와 능력을 배양시키는 비영리 사회단체이다. 단체 활동의 기능은 첫째, 청소년의 인성·품성 함양과 신체적·지적·정서적·사회적 발달 도모, 둘째, 올바른 국가관 확립 및 바람직한 민주시민으로의 성장 지원, 셋째, 창의적 사고능력 및 잠재능력 계발 유도, 넷째, 청소년기의 인성교육 부재로 인한 각종 사회문제(폭력, 자살, 가출, 중독, 음주·흡연 등)의 예방과 치유 등이다. 청소년단체는 그 단체마다 고유의 설립목적에 따라 여러 유형이 있으며 국가 및 지방자치단체는 청소년단체의 조직과 활동에 대한 필요한 행정적인 지원과 운영·활동 등에 필요한 경비의 일부를 보조할 수 있도록 하고 있다. 또한 개인·법인·

단체는 청소년단체의 시설 및 운영을 지원하기 위하여 금전 등 그 밖의 재산을 출연할 수 있도록 하였다.

단체별로 설립취지가 상이하지만 청소년단체들이 가진 공통적이고 기본적인 운영원리는 청소년의 자질함양과 인성발달을 도모한다는 점이다. 이에 청소년단체가 행하는 주된 활동은 청소년들에게 심신수련의 기회를 제공함으로써 올바른 국가관과 윤리관을 심어주고, 창의성·사회성 등을 개발하여 민주시민으로서의 자질과 인성을 함양시키는 활동으로, 지·덕·체의 균형적 발달을 추구함으로써 청소년을 전인적인 인간으로 기르고자 한다. 청소년단체 활동은 집단적 활동으로서, 개인차의 고려라는 측면과 더불어 사회성의 개발이라는 측면을 조화시킬 수 있기 때문에 참여자의 자율성과 자발성이 강조되면서도 집단전체의 목적을 달성하는 데 필요한 협동성, 자주성, 책임감, 소속감, 봉사정신 등 민주시민으로서의 자질을 획득할 수 있다(조달현, 2018).

3) 참여활동

청소년참여는 다양한 형태로 이루어질 수 있지만, 제도적으로는 청소년참여기구를 비롯해 학급회의, 학생회 등 주로 자치활동을 중심으로 전개되었다. 이 가운데 청소년참여기구는 청소년특별회의, 청소년참여위원회, 청소년운영위원회를 통칭하는 개념이다. 구체적으로, 청소년특별회의는 「청소년기본법」에 근거하여 설치·운영되는 것으로, 청소년 관련 정책의 설정·추진·점검 과정에 청소년분야 전문가와 청소년이 함께 참여하는 청소년특별회의를 개최하도록 규정하고 있다(「청소년기본법」 제12조). 청소년참여위원회는 중앙부처와 지방자치단체에서 청소년 정책이나 활동에 대한 정책자문 및 건의, 의견수렴을 위해 운영하는 청소년으로 구성된 자치기구를 뜻하고(「청소년기본법」 제5조의2), 청소년운영위원회는 청소년단체나 시설에서 청소년이 사업 및 프로그램 운영에 관한 의사결정 과정에 참여할 수 있도록 보장하는 자치기구를 일컫는다(「청소년활동진흥법」 제4조). 이 같은 청소년참여기구는 청소년이 직접 청소년 관련 정책 추진과정 및 시설의 운영에 참여할 기회를 보장받는다는 점에서 의미가 있다.

청소년참여활동을 학교 내부와 학교 외부(지역사회) 영역으로 구분할 경우, 학교(협의활동 중심 조직)에서의 참여활동은 학생회 조직 및 학생회의 운영 등의 활동을 하며, 학교 외부(지역사회)에서의 참여활동은 청소년단체·수련시설조직(청소년동아리, 청소년운영위원회), 공적참여조직(청소년참여위원회, 청소년의회), 청소년자생조직(중·고등학생연합, 사이버동아리, 청소년포럼) 등으로 제시할 수 있다(정건희, 2009).

4) 청소년국제교류활동

청소년 국제교류활동의 목적은 '지구촌 사회의 간문화적 이해를 통한 평화적·공동체적 삶을 창조하고 지구촌 문제의 공동해결을 위하여 공동체나 지역사회 공동체 등의 함께 하는 삶에 대한 의식과 행위를 배우고 익혀 지구촌 및 지역사회 공동체를 형성·발전시키는 것'이다(한국청소년개발원, 2004). 국내의 학생 국제교류는 실시 주체에 따라 크게 학교를 비롯한 공교육 기관의 국제교류 프로그램 및 세계시민교육과 청소년 관련 사회교육기관의 국제교류 프로그램 및 세계시민교육 등으로 구분할 수 있다.

청소년 국제교류의 효과를 살펴보면 다음과 같다(김지윤, 2019). 첫째, 상호 우의 증진이다. 국제교류의 참여자는 프로그램의 참여를 통하여 문화와 자원 등을 교류하여 다른 참여자와 언어와 문화, 자원 등을 공유하면서 타문화를 이해하고, 이전에는 알지 못하였던 새로운 지식을 형성한다. 또한 교류를 통하여 다른 참여자와 상호 관계를 형성함으로써 우애를 증진할 수 있다.

둘째, 개인 및 집단의 역량강화이다. 국제교류 참가자의 세계시민성 지표의 개인 역량으로는 판단력과 문제해결능력 등의 리더십 형성, 외국어 능력의 향상 및 표현에 대한 자신감, 참여자 간의 네트워크 및 관리 능력, 창의력과 도전 정신의 증진 등이 포함된다. 집단적인 차원에서의 역량은 주로 배려와 대인관계 능력 등의 소통 관련 능력과 국가 차원에서의 공헌과 사회통합 등의 역량으로 생각하여 볼 수 있다.

셋째, 세계시민성의 함양이다. 세계시민의식이란 세계시민으로서 책임감을 가지고 전 세계와 연결된 연대감을 갖는 세계관이다(Hett, 1993). 세계시민의식의 함양은 청소년 국제교류의 궁극적 목표로서 교류에 참여하는 청소년들이 다양한 활동에 참여하면서 생존과 경쟁 같은 경쟁주의적 사고에서 벗어나 더욱 넓은 시야를 가지고 세계를 바라볼 수 있도록 한다.

4. 청소년활동의 발전과제

청소년활동 진흥을 위해서는 우리나라에서도 다양한 방안들이 제시되고 있다. 그러나 그 어떤 구체적인 방안에 대한 논의 이전에 이루어져야 할 일이 있고, 또 성공적인 청소년활동의 실행을 위해 유의하여야 할 일들이 있다. 여기에서는 이를 다음과 같은 몇 가지 측면에서 제시해 보기로 한다.

1) 청소년활동을 통한 역량개발의 강화

청소년들이 대부분의 시간을 학교중심의 학업생활을 하고 있다는 점에서, 청소년분야에서 그들에게 다양한 참여, 모험, 자율과 창의적 체험중심 활동을 하도록 하는 정책은 청소년의 잠재역량을 개발하는 데 충분한 의미가 있다. 학교는 이미 그러한 역할을 수행하는 데 한계를 드러낸 지 오래이며, 가족기능의 약화와 사회체제의 부적절성 등에 따른 청소년 분야의 필요성에도 부합하는 정책이라고 볼 수 있다. 청소년의 역량은 일부 취약계층 청소년을 포함하여 모든 청소년들이 다양한 측면에서 역량개발의 기회를 갖게 될 때 전사회적 역량으로 전환될 수 있다. 청소년활동은 바로 이러한 청소년역량개발의 가장 중요한 기반과 수단이 되는 정책 영역으로 자리매김하고 있는 것으로 향후 보다 더 강화되고 확장될 필요가 있다. 발전적 관점에서의 청소년활동을 통한 청소년의 역량강화는 바로 이러한 인식에서 그 의미가 있다.

우선 "역량(competence)"에 대한 개념정의는 다양하게 이루어지고 있지만, 청소년역량개발(youth development)의 관점에서 보면, 시민적 역량(civic competence), 사회적 역량(social competence), 문화적 역량(cultural competence), 신체적 건강(physical health), 정서적 건강(emotional health), 지적 역량(intellectual competence), 취업능력(employability)과 같은 일곱 가지가 특히 중요하게 논의된다(Pittman & Irby, 1996). 청소년역량개발의 핵심요소에 대한 논의도 다양하다. 예컨대 청소년활동 프로그램과 관련하여 리틀(Little, 1993)은 생활기술(life skill) 역량의 개발, 성인지도자와의 연결(멘토링, 튜토링, 지역사회봉사, 지도력 개발), 인격함양(의사결정, 가치, 정직성, 고결성) 및 자신감 개발(희망과 자존감, 목표설정과 부합)의 네 가지를 강조했다.

한편, 델가도(Delgado, 2002)는 청소년역량개발을 위한 새로운 장(new frontier settings)과 관련하여, 박물관, 도서관, 동물원, 수족관 등 일년에 한 번 정도 방문하는 곳이거나 머물기보다 그저 지나치는 곳이었던 지역사회 공간들을 활용할 필요성을 강조하고 있다. 이러한 장소들을 방문하여 공부나 일에 활용하는 것이다. 여기에서는 교사나 상담가, 사회복지사 등 통상적으로 만난 분들이 아닌 새로운 분야의 전문가들을 만나게 되고, 청소년들은 새로운 도전을 하거나 보상을 얻게 된다고 본다. 따라서 청소년들이 이러한 장소에 접근할 수 있도록 지리적·심리적·문화적·제도적 접근성을 보장하는 노력이 필요함을 지적하고 있다.

이와 같이 청소년활동을 청소년들의 역량개발을 강화하는 방향으로 운영하는 것은 기존의 접근과 다른 특징을 갖는 것으로 볼 수 있다. 호먼(Homan, 2007)은 이를 ① 자산과 역량중심, ② 지속적 전개, ③ 힘관계의 균형 유지, ④ 역량과 주도성의 증진, ⑤ 동반자 관계에 의존, ⑥ 가능성에 대한 상호적 소유성, ⑦ 상호 이해관계가 같은 사람들의 연결, ⑧ 재능과 자극을 능력으로 수용함, ⑨ 부족한 것이 무엇인지 알기보다는 가능한 것이 무엇인가에 초점을 두는 것, ⑩ 무엇인가를 만들어 가는 것, ⑪ "이것이 우리가 할 수 있는 최선"으로 믿기보다는 "우리가 무엇이 될 수 있는가"를 묻는 것, ⑫ 현재의 조건을 변화시키고, ⑬ 새로운 기술을 획득하는 것 등으로 요약하고 있다. 청소년활동을 이러한 특징들에 입각하여 접근하는 것이 청소년역량개발에 보다 유용한 의미를 갖는다는 것이다.

특히, 청소년역량개발을 위한 활동은 기존의 접근이 현재의 조건들을 변화시키는 것이 쉽지 않았다고 하면, 역량개발 접근은 뭔가 새로운 것을 창출하는 강점을 증대시킴으로써 그 조건을 개선한다. 기존의 접근이 전문지도자가 힘 있는 전문가이고 청소년들은 그들에 좌우되는 존재라는 "힘의 차이"가 있었다고 한다면, 역량개발 접근은 지도자와 청소년 간에 동반자적 관계에 입각한 "힘의 균형"을 갖는 특징이 있다는 것이다.

〈표 7-1〉 역량개발을 강화하는 청소년활동의 기본 특성

기존의 접근에 따른 청소년활동	발전적 관점의 청소년 역량개발 활동
문제중심	자산과 역량 중심
일시적 제공	지속적 전개
힘의 불균형을 재강화	힘관계의 균형 유지
소극성의 증진	역량과 주도성의 증진
전문지도자에 의존	동반자관계에 의존
청소년은 문제를 가짐	가능성에 대한 상호적 소유성
청소년은 의존적	상호 이해관계가 같은 사람들을 연결
욕구에 부응하기 위해 재능을 사용	재능과 자극을 능력으로 받아들임
없는 것이 무엇인가에 초점	가능한 것이 무엇인가에 초점
주기를 원함	구축하기를 원함
"이것이 우리가 할 수 있는 최선"으로 믿음	"우리가 무엇이 될 수 있는가?"를 물음
현재의 조건 유지	현재의 조건을 변화
서비스를 받음	새로운 기술을 획득함

출처: Homan, M. S. (2007). *Promoting community change: Making it happen in the real world.* Pacific Grove, CA: Thomson Brooks/Cole. p.67에서 재구성.

역량개발을 위한 청소년활동을 위해서는 다음의 두 가지 과제를 생각할 수 있다. 첫째, 청소년활동을 한 번이라도 경험할 수 있는 기회를 제도적으로 확립해야 할 것이다. 이러한 활동은 학교에서 강제적으로 이루어지는 것이 아니라 학교 밖의 다양한 청소년활동과 연계되어 이루어져야 할 것이다. 청소년활동의 만족도와 지속성을 유지시키기 위해 청소년활동의 본래 가치와 효과성을 살릴 수 있는 학교 밖 청소년활동에 대한 경험의 기회가 보다 더 확대되고 이를 정책적으로 제도화해야 할 것이다. 또한 청소년활동을 전개하는 외부 청소년 관련 기관, 단체 및 시설들과 네트워크를 형성하고 이를 전문인력이 담당할 수 있도록 하여 교사의 부담을 최소화시키는 현실적인 방향으로 운영되어야 할 것이다.

둘째, 청소년활동에 대한 다양한 콘텐츠 및 운영방안 개발이 이루어져야 할 것이다. 청소년들은 다양한 활동 경험을 통하여 자신의 미래를 주도적으로 개척하고 설계할 수 있다. 예를 들면, 청소년수련활동은 전통문화활동이나 예절수양활동에서 낮은 경

험율과 낮은 참여율이 나타났다. 따라서 이를 활성화시킬 수 있는 다양한 프로그램 개발 및 홍보 전략을 마련하고, 현대적 청소년들의 취향이나 욕구, 감각에 걸맞게 개선·보완할 필요가 있다. 또한 보다 다양한 자원봉사활동거리들을 개발하고, 진로탐색이라든지, 학업성취, 부모-자녀 의사소통 훈련 프로그램이라든지, 교사 및 또래관계를 향상시킬 수 있는 대인관계 프로그램들을 많이 개발하여 자아정체성을 확립할 기회를 제공하는 청소년활동을 더욱 촉진해야 할 것이다.

2) 사회적 공감대의 형성을 통한 청소년활동의 진흥

성공적인 청소년활동을 위해 유념해야 할 또 다른 일은 청소년활동 전반이 가족과 청소년 자신들로부터 관심과 요구가 발현될 수 있도록 사회적 공감대를 형성하기 위한 노력을 지속하는 것이다. 이를 위해서는 실증적인 청소년활동의 효과를 일반 사람들에게 알리고 청소년들의 적극적인 활동 참여를 도모할 수 있는 홍보전략 및 인식개선활동이 필요하다. 청소년활동에 대해 학업성취에 부정적인 영향을 주는 것으로 보는 견해도 있으나, 실증적으로 청소년활동은 자아존중감, 직업성숙도, 학업성취도, 삶의 생활만족도 등에 긍정적인 영향을 미치고 스트레스 및 비행과는 부적인 관계이거나 통계적으로 유의미하지 않은 영향을 미치는 것으로 나타났다는 점을 강조하는 것이다(김윤나 외, 2008).

최근 엡스타인(Epstein, 2007)은 발전적 관점과 다른 입장에서 아동·청소년기를 보고 접근하는 열한 가지의 "반대집단"을 언급한 바 있다. 청소년활동에 지지적인 사회적 공감대를 형성하기 위해서는 우리에게도 시사하는 바가 있다. 그 첫 번째 집단으로 일부 정부기관을 들고 있다. 그에 의하면, 미국의 정부기관, 특히 약물과 비행예방과 관련된 부서는 청소년들을 어린아이 취급(infantilization)하는 가장 나쁜 적대적 관계자라고 규정했다. 10대들이 폭력적이거나 성적문제를 갖게 되는 경우, 또는 약물복용으로 문제를 갖게 되면, 우리는 정부가 개입하기를 기대하며, 또 정부는 실제로 단순하면서 반응적이며 제약적인 방법으로 개입한다는 것이다.

둘째, 일부 종교단체를 지적한다. 청소년들의 삶에 관한 주제에 대해서는 일부 종교단체들이 상당히 통제적으로 관여한다는 것이다. 종교기관의 특성에 따라 다르겠지만, 일부 경우 청소년은 도움이 필요로 하며, 역량이 없다는 신화를 영속화시키고 청소년들의 중요한 역할에 대해 경시하게 한다.

셋째, 미디어의 경우이다. 특히 MTV 같은 것을 보면, 청소년들이 책임감이 없으며 겉만 큰 아이들이란 점을 반복적으로 말하는 듯한 프로그램들을 내보낸다는 것이다. 이런 류의 미디어는 청소년들의 이미지를 지속적으로 자기몰입적이며, 성적으로 과잉적이며, 약물을 복용하고, 어리석고, 무능력한 것으로 보이게 하는 데 기여하고 있다.

넷째, 특히 10대들을 주 소비대상으로 기업과 산업체들은 10대 청소년문화에 영향을 끼치는 광고를 중심으로 판매활동을 하고 있는 기업과 산업체를 지적한다. 화장, 의류, 머리, 립스틱, 염색, 신발, 향수 등 수없이 많은 분야에서 10대 문화를 유지함으로써 이들 기업과 산업체는 연간 2,000억 달러 이상을 벌어들이고 있다.

다섯째, 정신보건 분야이다. 엡스타인에 의하면, 미국의 정신보건 분야에는 40만 명의 종사자가 있으며 1,000억 달러의 산업으로 이야기되고 있다. 이 중 약 70%가 적어도 부분적으로 10대들과 관련한 분야라는 것이다. 이러한 정신보건 분야에서는 문제를 일으키는 10대들의 행위를 정신보건질환의 증후로 규정하거나, 소위 "치료"를 제공하고 있다.

여섯째, 소년사법 및 법집행기관이다. 청소년들을 아직도 19세기 때 만들어진 "청소년" 범법자로 체포하고 구금하고 있으며, 기본적인 헌법상의 권리를 박탈하고 있다는 것이다. 대표적인 것으로 모든 법원은 18세를 이성능력과 성숙의 지표로 삼고 있다고 지적한다.

일곱째, 명사들과 선출직 공인들을 지적하고 우리가 잘 아는 힐러리 클린턴(Hillary Clinton), 조지 부시(George W. Bush) 같은 사람을 예로 들고 있다. 이들은 10대의 능력과 잠재성을 인정하려 들지 않는 부정적인 말들로 언론의 헤드라인을 장식하였다.

여덟째, 노동조직체를 들고 있다. 이들은 자격이 있는 청소년들이 취업을 하여 일할 수 있는데도 진입을 제약하고 있다. 예컨대, 미국의 AFL-CIO 같은 곳에서 연령에 관계없는 고용이나, 역량중심의 고용제도를 지지하지 않고 있다. 노동시장을 청소년에게 개방하지 않는 경향임을 지적하고 있는 것이다.

아홉째, 우리의 교육제도 그 자체를 들고 있다. 청소년들이 배울 준비가 되어 있지 않은 경우에도 일정 연령이 되면 학교라는 울타리에 가둔다는 것이다. 능력보다는 연령으로 구분하고, 개별적인 학습욕구를 충족시키지 못하며, 장기적으로 학업을 싫어하도록 하는 데 기여한다는 것이다.

열째, 소년들의 권익신장과 반대되는 입장을 가진 학부모단체, 이익단체들을 지적한다. 청소년들을 어린아이 취급하고, 청소년들의 성인사회로의 통합을 저해하고, 검열강화를 부추긴다는 것이다.

열한째, 자녀를 가진 대다수 일반 부모들은 자녀들이 배울 준비가 되어 있든 없든 간에 18세 또는 22세까지 공부를 하도록 강요하고 있다. 자녀들의 방을 조사하고, 여러 가지 의료적·심리적 치료에 대해서도 결정을 하고, 경제적 지원을 빌미로 부모들에 협력하도록 강제하는 등의 역할을 한다는 지적이다.

끝으로, 청소년활동과 청소년 분야의 발전이 청소년문제 또는 문제청소년 이슈와 무관하지 않지만, 오늘의 청소년들은 그들이 가진 잠재성과 역량에도 불구하고 기존의 선입견, 편견 및 고정관념 등에서 자유롭지 않다는 점을 기억할 필요가 있다. 더욱이 청소년체험활동을 비롯한 청소년활동은 청소년 분야의 정체성을 부여하고 독립적인 정책으로 자리매김하는 핵심적인 영역으로서, 이를 진흥시키는 일은 한 국가의 발전수준을 가늠해주는 대표적 브랜드라는 점을 기억해야 할 것이다.

Chapter 08

청소년과 인권복지

청소년은 한 사람의 인간으로서 존중받을 권리를 가질 뿐만 아니라, 그 연령이 갖는 특성에 따른 특별한 관심을 필요로 하는 존재로서의 인권을 갖는다. 이 점에서 아동권리선언(1922), 제네바선언(1924), 세계인권선언(1948), 유엔아동인권선언(1959) 및 1989년 '아동의 권리에 관한 국제협약' 등 UN과 국제기구를 중심으로 지속적으로 전개되어 온 아동인권 발전을 위한 국제사회의 노력은 청소년인권의 발전을 위한 중요한 결실로 평가할 수 있는 것이다.

특히 UN아동권리협약(CRC; Convention on the Rights of the Child)의 채택에 따라 세계 각국은 자국 청소년인권을 국제기구의 권고 수준으로 끌어올리기 위해 노력하고 있으며 우리나라에서도 1991년 이 조약에 가입한 것을 전후하여 아동과 청소년인권에 대한 관심과 논의가 점차 확대되어 왔다. 세계 아동의 삶에 관한 현실은 선진국과 개발도상국을 막론하고 그들의 인권을 보호할 필요가 있음을 인정하고 있는 것이다(이용교·천정웅·김경준, 2009).

본 장에서는 아동·청소년의 인권에 대한 이러한 기본 인식을 바탕으로 인권의 개념과 청소년인권의 발전역사를 간략히 개관하고, 가장 최근의 국제인권법인 유엔아동권리협약의 주요 내용과 인권관점에서의 청소년복지의 문제를 분석한다. 또한 이를 바탕으로 우리나라 아동·청소년인권의 발전과제를 제시하기로 한다.

1. 인권의 개념과 특성

청소년인권의 주요 내용에 대해 알아보기에 앞서서 인권에 대한 일반적 개념과 간단한 역사에 대해 고찰할 필요가 있다(천정웅·김영지·김경호, 1999). 먼저 지적할 것은 인권에 대해 보편적으로 받아들이는 권위적인 개념정의는 아직 없다. 일반적으로는 개인적 인간이 가진 법적으로 강요할 수 있는 주장 또는 자격, 즉 인간의 본래적 존엄성을 보호하기 위해 정부가 가지는 법적으로 강요할 수 있는 주장 또는 자격으로 이해된다. 이와 같이 인권은 단지 구별된 개인들만이 아니라 집단적 사회와 관계없이 가질 수 있다는 점에서 개인적인 것이다.

세계인권선언 제1조에서는 모든 인간은 태어나면서부터 자유롭고 평등하며 인간으로서의 존엄과 가치를 지니고 있어 어느 누구의 간섭이나 침해를 받지 않고 행복을 추구할 권리를 갖고 있다고 서술하고 있다. UN 인권센터(UN Center for Human Rights)는 인권은 일반적으로 우리의 타고난 천성에 내재되어 있는 것으로, 이것 없이는 인간으로 살 수 없는 권리라고 정의하고 있다.

인권에 대한 용어에는 먼저 기본적 인권의 개념이 있다. 이는 존엄성을 가진 존재로 이끌 수 있는 인간의 기본적인 물질적·비물질적 욕구를 보장해주는 권리를 말한다. 일반적으로 받아들여지는 목록은 없지만, 생명권, 먹을 권리, 주거의 권리, 의료처치를 받을 권리, 고문에서의 자유, 종교의 자유 등이 이러한 기본적 인권에 속하는 것으로 이해된다. 그러나 인권은 개인들로 구성된 집합적 집단이 가질 수도 있다는 점에서 집합적 권리, 집단권리의 개념과도 관련된다. 인권에 관해 논의할 때 개인적 인권과 집합적 인권이 동시에 언급되는 것도 이 때문이다. 여기서 개인적 인권은 자신이 속한 집단에 관계없이 각 개인이 가진 것이며 집합적 인권은 집합(집단의 이익을 위한 집합적)집단이 가진 것을 말한다. 후자의 경우 소수자 인권이나 원주민 인권 등을 예로 들 수 있다.

인권에 관한 기본 이해를 위해서는 인권의 3세대에 대해 알 필요가 있다. 인권의 유형은 제1세대 인권, 제2세대 인권, 제3세대 인권으로 구분하고 있다. 첫째, 제1세대 인권은 자유권에 관한 것이다. 타인의 강제로부터 자유라는 소극적 자유의 보장과 관련된다. 즉, 사회발전에 참여하는 인간권리를 보호하는 것으로 모든 시민적·정치적 인권을 포함한다. 투표, 표현, 종교, 사회운동, 집회, 평등, 공정한 재판, 생명권 등 개인적으로 당면한 권리들이 이에 속한다. 제2세대 인권은 본질상 경제, 사회, 문화적 권리인 사회권을 말한다. 집합적 형태의 권리이며, 이를 실행하기 위해서는 국가에 의한 진보적인 조치 또는 프로그램을 필요로 한다. 건강권, 노동권, 주거권, 교육권 등이 이러한 진보적 또는 프로그램적 권리에 속한다. 셋째, 제3세대 인권은 결속단결권 등의 집단적 권리를 말한다. 따라서 개인에게 적용하면 별 의미가 없지만, 집단적 차원에서는 매우 중요하다. 경제개발권, 평화권, 안정적이고 공동체적 사회에서 살 권리, 깨끗하고 오염되지 않은 공기, 물, 식량에 대한 환경권, 인간의 완전한 잠재성이 획득되도록 하는 물리적 환경에 대한 권리 등을 들 수 있다.

인권을 세대로 구분한 것은 인권의 연대기적 순서나 위계를 함의하는 것이 아니며, 정치적·법적·개념적 범주의 의미를 갖는다. 권리를 구분하는 하나의 방법이며 오늘날 인권과 관련하여 세대의 개념을 사용하는 것은 점차 줄어들고 있다. 그보다는 오히려 시민적 인권, 경제·사회·문화적 권리, 절대적 권리, 적극적 권리 등의 용어들이 사용되고 있다.

청소년과 관련하여 보면, 이러한 권리들을 발달에 필요한 자원을 적절하게 제공받고 모든 위험으로부터 보호받으며 아동 자신의 성장과 미래에 대한 결정에 참여할 기회를 가질 권리, 즉 제공(provision), 보호(protection), 참여(participation)의 3p의 개념으로 이해할 수 있다. 또한, 국제 조약이나 국제 선언에서는 청소년의 인권에 대해 폭넓게 규정하고 있다. 이러한 청소년의 인권도 일정한 기준으로 분류해 볼 수 있지만, 구체적인 분류방법은 다양하다. 청소년 인권을 소극적 자유권, 적극적 자유권, 평등권, 복지권, 자기결정권 및 참여권으로 분류하기도 한다.

여기에서 소극적 자유권은 자신이 하려는 바를 행하는 데 타인으로부터 방해나 침해를 받지 않을 권리를 의미한다. 소극적 자유권이 존중되어야 하는 이유는 소극적 자유권이 모든 권리의 향유와 행사의 초석이기 때문이다. 한 인간이 자신이 하고자 하는 일을 하기도 전에 그 일을 하는 제 조건이 타인으로부터 방해를 받는다면 그는 그 일을 해보기도 전에 아무런 일도 할 수 없을 것이다. 청소년 인권침해의 문제는 일차적으로 청소년의 소극적 자유권과 관련된다.

적극적 자유권은 청소년이 스스로 선택하고 계획한 현재와 미래의 삶에 요구되는 일체의 것을 자율적으로 판단해 영위하는 권리와 그러한 삶을 계획할 권리 등을 총칭한다. 여기에서는 적극적인 행동의 자유, 학문의 자유, 표현의 자유, 집회 및 결사의 자유가 해당한다. 평등권은 모든 청소년을 평등하게 대우해야 하며 평등을 저해하는 일체의 차별에서 보호해야 한다는 의미이다. 부모의 사회적·경제적 지위에 따른 차별을 받지 않을 권리, 교육상의 동등한 대우를 받을 권리, 동등한 공교육을 받을 권리, 동등한 교육상의 기회에 접근할 권리, 성으로 인한 차별을 받지 않을 권리, 신체적 사유로 인한 차별을 받지 않을 권리, 학업부진으로 인한 교육기회를 박탈당하지 않을 권리 등 매우 포괄적인 내용을 포함한다. 복지권은 최소한의 생활을 보장받을 권리뿐만 아니라 장애아동, 소수민·원주민아동 등이 처한 특정의 결핍상태에서 벗어날 수 있는 권리를 의미한다. 자기결정권은 행복추구권과 관련된 중요한 권리이며, 자기결정권의 또 다른 표현이 참여권이다(이혜원 외, 2008).

한편, 인권이 가진 가장 고유한 특성으로 널리 알려진 것은 인권의 보편성(universality)이다. 이는 대상이 인간이기만 하면, 인권이 누구에게나 적용되는 성질을 가지고 있다는 것이다. 즉, 인권은 사람이라면 누구나 태어나면서 가지게 되는 천부적 권리이며, 이는 누구에게도 양도할 수 없고, 특히 성별, 나이, 학력, 신분, 재산 등 그 사람이 가진 개별적 속성과 전혀 상관없이 모두에게 똑같이 부여되는 것으로 본다.

인권의 또 다른 특성은 도덕적 정당성이다. 어떤 규범이 모든 개인에 대하여 정당화될 수 있다면, 도덕적으로 정당한 규범이다. 마찬가지로 어떤 권리의 내용이 긴급하고도 중요하여 모든 개인에 대하여 정당화될 수 있다면 그 권리는 인권이다. 보편적으로 정당하기 때문에 인권은 국가와 사회에 대하여 제도화할 것을 요구할 수 있는 강한 의미의 권리이다. 즉 인권은 실정법적 권리로 곧바로 전환될 수 있고 되어야만 하는 권리이다. 어떤 권리를 보장하는 규범이 법적으로 효력을 가진다면 그 권리는 법적 권리이다. 인권은 그 내용과 효력을 실정법이 '확인'하고 보장해야 할 의무를 가지는 '준실정법적 권리'이다(국가인권위원회, 2006).

인권은 그 내용을 이루는 대상이 긴요하고도 근본적인 속성을 가지고 있다. 개인이 인간으로서 가지는 근본적인 이익들과 욕구들이 인권의 대상이 된다는 점에서, 어떤 권리의 대상이 되는 이익과 욕구가 근본적이면 근본적일수록 인권으로서의 정당화는 보다 손쉬울 것이다. 그렇다면 인간이 신체적 안전, 최소한의 생존, 자주성의 핵심영역보장을 누리기 위해서 반드시 필수적인 '근본적으로 필요하고 긴박한 재화들이나 가치들이 인권의 대상이 될 것이다.

인권은 또한 제도적 권리 및 실정법적 권리에 우선하는 지위를 갖는다. 실정(법)적 권리가 인권 형성과 평가의 규준이 되거나, 인권이 실정법적 권리의 내용을 형성하고 평가하는 규준이 되는 것이 아니라, 인권이 실정법적 권리의 내용을 형성하고 평가하는 규준이 된다는 의미에서 인권은 실정법에 대한 우선성이라는 속성을 갖는다. 인권을 침해하는 실정법은 내용상으로 정당하지 못하게 되며, 이 부정당함은 단순히 도덕적 부당함에 지나지 않는 것이 아니라 법적인 성격을 가지게 된다. 즉, '불법적 법률'(실정법: 국가에 의해서 제정, 적용되는 실정법이기는 하지만 법은 아니라는 의미에서)이라는 것이다. 이러한 표현은 제2차 세계대전이 끝나고 라드브루흐라는 독일의 법철학자가 독일의 나치시대 법체계와 법률들을 평가하면서 사용하였다. 인권을 의도적으로 침해하는 법률들은 '극도로 부정의한 실정법으로서 법이 아니다'는 견해로 집약된다. 이처럼 실정법에 대하여 갖는 강한 우선성이 인권의 속성이라고 할 수 있다(국가인권위원회, 2003).

2. 인권의 역사와 청소년인권의 발달

1) 인권의 역사

인권개념의 역사적 기원은 미국의 독립선언과 프랑스의 인권선언이 있었던 18세기로 거슬러 올라간다. 인권의 핵심적 요소는 대부분 오래전부터 동·서양의 문화와 사회 속에서 존재하여 시행되어 왔지만 18세기에 이르러서야 개인의 생명과 자유에 대한 권리를 바탕으로 인권을 개념화하였다. 이러한 개념화는 과거의 위대한 문명으로 물려받은 역사와 전통에서 비롯되었다.

인권개념의 발전은 점진적으로 사회변화의 일부이다. 18세기 인권의 개념화에 최초의 동기가 되었던 것은 시민적·문화적 권리에 대한 요구로 나타났다. 경제적·사회적·문화적 권리는 시민적·정치적 권리보다 더 늦게 발전되었다. 투표를 통하여 민주적 과정에 참여(참정권)하는 주체가 처음에는 중류층과 노동자계층에서부터 점차 여성으로 확대됨으로써 오늘날 '시민적·정치적 권리'라는 개념으로 자리 잡게 되었다. 사회개혁자들은 무엇보다도 산업혁명에 따른 도시화와 노동착취, 특히 아동노동의 착취 그리고 노동자 계층을 괴롭히는 빈곤의 결과에 관심을 집중하였다.

박애주의자와 개인적 자선행위자들은 산업혁명이 초래한 부정적인 결과에 대하여 최초로 반응하였다. 이들의 행동으로 인하여 점차 사회문제에 대해 사회 전체구성원이 집합적 책임감을 느끼고, 이로 인해 사회적 책임의식이 발달하게 되었으며, 사회보험과 같이 사회 전체를 위한 이전의 지출형태로 발전하게 되었다. 19세기 말 서유럽에서 이러한 형태의 집합적 책임감이 최초로 입법화되었음에도 불구하고, 서유럽은 서인도·아시아·아프리카 지역에 대한 식민정책을 여전히 확대하고 있었다. 이들은 상대의 국가와 국민들을 정복함으로써 해당 국가의 사회체계와 구조를 파괴시켰다. 예를 들면, 영국과 인도의 경우에서와 같이 피 식민국가의 전통적인 사회적 관계가 붕괴되고, 이들 국민의 인권이 식민국가의 지배 권력에 의하여 무시되거나 유린되었다.

이러한 발전과 함께 제1차 세계대전과 그로 인한 후유증은 세계의 관심을 전체 인류의 상호 의존적 관계에 집중시켰다. 따라서 국제사회는 전쟁을 일으킨 국가들을 비난하고 국제적 협력을 위한 제도적 틀을 발전시킬 필요성을 공유하게 되었다. 특히, 국제적 갈등을 초래하였던 제2차 세계대전은 오히려 역설적으로 인권의 발전단계에서 자극제가 되었다. 즉 제2차 세계대전은 전 세계 국가들로 하여금 국제협력을 위한 새로운 틀을 채택하도록 하였으며, 국제 행동의 기준이 인권으로 표현될 필요성이 있음을 인식하게 되었다. 이러한 배경에서 1948년 이후 세계인권선언이 보급되어 발전하였다. 인권이 어떤 한 국가 내에서 위협을 받게 되면 국제적 의식이 마침내 19세기의 극단적 국가주의를 억누르게 되었다.

특히, 국제인권의 경우, 제2차 세계대전 이후 결성된 국제연합(United Nation)이 보여준 노력의 역사와 밀접한 관련을 갖는다. 제2차 세계대전 이전에는 인권이 전혀 국제정치의 관심사항이 되지 못했으며, 주로 국내적 주권문제의 일환으로 간주되었다. 그러나 국제연합은 홀로코스트 등 전쟁 중 목격된 비인간적 참상에 대한 반성과 인권에 대한 노력의 상징으로 국제연합헌장 제1조에서는 국제연합의 중요한 목적이 인권과 만인의 자유를 존중하는 것임을 천명하였고 1948년 12월 10일 만장일치로 "세계인권선언(Universal Declaration of Human Rights)"을 채택하였다.

제2차 세계대전 이후 정립된 미국과 소련 사이의 냉전(cold war)은 국제 인권발전에 걸림돌이 되었지만, 1950년대 이후 식민지 경험을 공통적으로 가진 아시아, 아프리카 등의 신생독립국들이 대거 국제연합에 가입하면서 인권발전은 또 다른 계기를 맞이하였다. 1996년 12월에 체결된 "시민적 및 정치적 권리에 관한 국제규약"과 "경제적, 사회적 및 문화적 권리에 관한 국제규약"이 제정되었다. 이 두 가지 국제인권규약(International Human Rights Covenants)은 앞서 제정된 세계인권선언과 함께 국제인권장전(International Bill of Rights)을 완성하였다. 국제인권규약은 1976년 비준에 필요한 35개국 이상 참가국의 공식적 비준에 의해서 효력이 발생하게 되었으며 그 결과 국제규약의 준수 여부를 감시하는 인권이사회(Human Rights Committee)가 출범하게 되었다. 1979년대 이후에는 국제사면위원회(Amnesty International) 등의 인권 관련 NGO의 활동도 활발해지게 되었다.

1980년대에 들어서는 UN 총회가 "개발권 선언(Declaration on the Rights to Development)"를 공포하고 고문 방지를 위한 협약이 체결되는 등 국제인권의 발전이 꾸준히 이루어졌다. 또한, 시민적 및 정치적 권리에 관한 국제규약의 이행에 대한 정기보고서를 심사하기 시작하였고, 1986년에는 경제적, 사회적 및 문화적 권리에 관한 국제규약을 준수하기 위한 위원회가 창립되었다. 그리고 1989년에는 유엔 아동권리협약이 채택됨으로써 아동과 청소년의 권리보장을 위한 국제인권법도 마련되었다. 국제인권의 성장과 제도는 한걸음 더 나아가 1993년 6월 빈에서 열린 "인권에 관한 국제회의(World Conference on Human Rights)"에서 "빈 인권선언(Vienna Declaration)"을 채택하게 되었다. 국제연합의 최우선 목표가 인권과 기본적 자유와 보호의 증진이라고 규정하였으며(제4조), "모든 국가들은 그들의 정치, 경제, 문화적 체계의 상이성과 무관하게 인권과 기본적 자유를 보호·증진해야 한다"(제5조)고 선언하였다.

2) 아동인권을 위한 유엔과 국제기구의 노력

청소년인권 문제는 "아동인권사"의 역사적 맥락 속에서 함께 발전되어 왔으며 아동(child)과 구분하여 "청소년인권"만을 따로 규정한 협약은 없다. 여기에서는 세계적인 청소년 회의와 청소년 분야와 관련된 주요 UN 총회 결과 및 각종 결의문, 실행지침, 협약 등을 검토하여 청소년인권을 위한 세계적인 흐름을 알아본다. 청소년의 연령범주를 15~24세까지의 상한선과 하한선을 갖는 것으로 보면 청소년인권 논의는 역사적으로 아동(child) 또는 어린이를 중심으로 개념이 전개되어 왔으며 1989년의 아동권리협약 채택 이후 최근에 이르러 청소년(youth)을 지칭하는 국제사회의 각종 회의를 통해 청소년권익 증진활동이 전개되고 있다.

(1) 아동권리선언 초안 작성(1922)

아동권리사상의 싹이라 할 수 있는 '아동권리선언(Declaration of the Rights of the Child)'이 아동복리회의 창설자인 애글랜타인(J. Eglantyne)에 의해 성문화된다. 5개조로 된 선언은 아동의 신체적·도덕적·정서적 발달을 돕는 것이 국가의 의무라고 규정하고 '아동은 그의 재능을 동포를 위해 공헌해야 한다는 자각 속에서 양육되어야만 한다'라는 말로 끝맺고 있다.

(2) 제네바 선언(1924)

국제 연맹은 아동권리선언을 바탕으로 아동의 복리를 위한 5대 원칙을 포함한 아동권리에 관한 '제네바 선언(Declaration of Geneva)'을 최초로 채택하였다. 이 선언문은 전문과 5개조의 본문으로 되어 있는데, 그 전문에서 모든 나라의 남녀와 인류가 인종·국적 또는 신념에 관한 어떠한 사유에도 관계없이 모든 아동에 대해 최선의 것을 주어야 한다고 의무를 인정하였다. 특히, 아동의 정상적 발달, 도움이 필요한 아동의 보호, 위험으로부터의 보호, 양육의 태도 등을 주요 골자로 하고 있다.

(3) 유엔총회에서 세계인권선언 선포(1948)

12월에는 UN이 제네바 선언을 개정하여 세계인권선언을 선포하는데 이는 1924년 제네바 선언에 차별을 받지 않을 권리와 가정환경에서 보호받을 권리를 부가한 7개 조항으로 구성되었다. 세계인권선언은 국제인권법 확립 움직임의 선구로서 아동의 인권이 성인을 포함한 모든 인류의 인권의 보편화에 대해서도 선구적 역할을 한 최초의 선례가 된 것으로 평가된다.

(4) 제2차 유엔아동권리선언 공포(1959)

UN 총회에서 전문 10조로 된 '세계아동권리선언(UN Declaration on the Rights of the Child)'을 공포하였는데, 전문과 10개조의 본문으로 구성되어 있다. 아동을 단순한 구제나 보호의 대상으로서뿐만 아니라, 인권이나 자유의 주체로서 파악하려는 데서 아동인권선언 사상 획기적인 진전으로 평가된다. 아동권리선언은 1924년의 제네바 선언과 세계인권선언, 그리고 UNESCO·UNICEF 등 국제기구가 발표하는 모든 문서에서 필요하다고 인정되었던 보호조치를 총괄한 것으로, 제네바 선언과 비교할 때 한층 상세하고 넓은 관점에서 그 내용을 확대·개선했다.

(5) 국제인권규약의 채택(1966)

1948년에 세계인권선언이 채택된 후, 국제연합인권위원회는 18년간에 걸쳐서 법적 구속력을 가진 국제인권규약을 작성하여 1966년 제21차 총회에서 채택하였다. 동 규약은 사회권적 기본권을 중심으로 각국에 그 실현을 촉진시킬 의무를 부과한 "경제적, 사회적 및 문화적 권리에 관한 국제규약"(A규약)과, 자유권적 기본권을 중심으로 하여 각국에 그 준수의무를 부과한 "시민적 및 정치적 권리에 관한 국제규약"(B규약) 및 B규약이 정한 권리의 침해에 대해 피해자 개인이 인권위원회에 직접 구제의 신청을 인정하는 선택의정서 등 세 가지로 이루어져 있다.

(6) 유엔 '국제 아동의 해' 제정(1979)

유엔 '국제 아동의 해'를 통해 아동의 인권 실현을 촉진하려고 노력했으며, 아동권리에 대한 협정의 초안 제정을 위한 추진위원회를 구성함으로써 아동권리협약의 채택에 결정적 계기를 마련하였다.

(7) 세계 청소년 회의 바로셀로나 선언(1985)

유네스코 후원으로 1985년 7월 8일부터 15일까지 개최한 세계 청소년 회의에서는 '바르셀로나 선언'을 통해 특히 청소년집단의 권리에 대한 적극적인 관심을 표명하였다. 청소년들의 시민적·정치적·경제적·문화적·사회적인 권리가 충분히 인식되고 행사됨으로써 청소년들이 정치적 상황에 대해 더욱 직접적이고 강력한 역할을 수행하고 그들이 관심을 갖는 활동에 참여할 수 있으며, 청소년들의 정치적 참여는 결국 청소년 집단의 능력과 발전 정도에 따라 얼마나 재정 및 행정적 지원을 끌어낼 수 있는가에 달려 있음을 언급하였다.

(8) 유엔 '세계 청소년의 해' 세계 회의(1985)

1985년 11월 13일부터 15일까지 개최되었고, 청소년들이 인류의 미래를 형성하는 데 직접 참여하고, 사회의 모든 분야에서 가치 있는 기여를 하는 것이 매우 중요하며, 보다 나은, 그리고 공정한 세계를 건설하는 것에 관한 자신들의 견해를 표명하도록 하는 것이 중요함을 밝혔다. 특히, 이 회의에서는 UN 총회나 기타 관련 UN 회의에 청소년 대표들을 국가 사절의 일환으로 포함시켜 파견해줄 것을 각 정부에 요청하였다.

(9) 유엔아동권리협약(1989)

'아동의 권리에 관한 국제협약', '약칭 유엔아동권리협약(International Convention on the Right of the Child)'은 "경제적, 사회적 및 문화적 권리에 관한 국제규약"(A규약) 및 "시민적 및 정치적 권리에 관한 국제규약"(B규약)에 규정되어 있는 권리를 아동에 대해 광범위하게 규정함과 아울러, 아동인권의 존중 및 확보의 관점에서 필요한 상세하고 구체적인 사항을 규정한 것이다. 아동·청소년을 보호의 대상뿐만 아니라 적극적인 권리의 주체로 인식하고 있고, 무차별의 원칙, 아동 최선의 이익 우선, 아동의 생존, 보호, 발달 및 아동의 참여라고 하는 네 개의 주요 원칙을 중심으로 한다. 그 대표적 예가 아동의 사상, 양심, 종교에 관한 조항이고, 또한 매스미디어에 대한 아동의 접근에 관한 조항이다.

(10) 아동을 위한 세계정상회담(1990)

아동문제를 해결하기 위한 국제사회의 노력은 인류 사상 최초로 '아동'이라는 단일 주제로 1990년 9월 29~30일 양일간 뉴욕에서 개최된 '아동을 위한 세계정상회담'(Word Summit for Children)에서 엿볼 수 있다. 전 세계 71개국 국가원수들을 포함한 158개국 대표들이 참석한 '아동을 위한 세계정상회담'에서는 1990년대 아동의 생존, 보호, 발달을 위한 세계선언과 국가 행동계획을 만장일치로 채택하였다.

3) 청소년을 위한 국제사회의 노력

(1) 인권과 민주주의 교육에 관한 세계행동계획(1993)

3월 캐나다 몬트리올에서 유네스코와 유엔인권센터가 공동 주최한 인권과 민주주의를 위한 교육에 관한 국제회의 결과로 발표된 것이다. 계획의 목표는 인권문화를 창조하고, 개인과 집단들이 비폭력적 방법을 사용하여 그들의 의견불일치와 갈등을 해결할 수 있는 민주사회를 건설하는 것이다. 행동 프로그램에는 모든 수준의 학교체제의 교과내용에서 인권과 민주주의를 가르칠 것, 비공식적 상황 및 특수한 맥락과 어려운 환경에서의 인권과 민주주의를 위한 교육, 인권정보에 관한 국가적·지역적·국제적 연구센터와 검색기관의 설립 및 문맹인이나 아동들에게 접근하기 쉬운 형태의 인권매체 개발 등이 포함되었다.

(2) 비엔나 선언 및 행동계획(1993)

1993년 6월 14일부터 25일까지 오스트리아 비엔나에서 세계 비정부단체 청소년 인권대회가 개최되었다. 먼저 모든 인권문제가 아동과 청소년에게 시작됨을 강조하고 아동과 청소년 인권문제가 긴급하게 제안되지 않는다면 인권 침해는 계속될 것이라고 경고하며 각국의 UN 아동권리협약 비준을 촉구하였다. 회의에서는 아동과 청소년에게 가치 있는 사회 구성원으로서 참여할 권리, 말할 수 있고 그 말이 경청될 권리, 자신의 관점과 필요에 따라 인생에 영향을 미치는 모든 문제들이 고려될 권리가 있다는 사실을 인정해야 함을 제시하고 인권문제를 다루는 모든 비정부단체들이 그들의 목표로 아동의 인권에 최고의 가치를 두어야 한다고 주장하였다.

(3) 인구와 발전에 관한 청소년 카이로 선언(1994)

1994년 9월 5일부터 13일에 걸쳐 이집트 카이로에서 열린 인구와 발전에 관한 세계 청소년 비정부단체 포럼에서 발표되었다. 청소년은 변화의 동인임을 믿는다는 것을 전제로 하여 청소년이 미래에서와 마찬가지로 현재에도 우리 사회의 활동가이자 지도자이며 그러한 역할수행이 가능한 존재임을 밝히고 청소년들이 새롭고 진전된 사회발전제도를 상상해 낼 수 있도록 인권과 정치, 경제제도에 대한 교육을 받을 필요가 있음을 역설하였다.

(4) 유엔 청소년 분야에서의 향후 계획과 적절한 후속 조치를 위한 청소년 실행 지침(1995)

1985년 상정되었던 이 보고서(Guidelines for the Further Planning and Suitable Follow-Up in the Field of Youth)는 그로부터 10년이 지난 제50차 UN총회에서 채택되었다. 여기에는 1985년 세계 청소년의 해의 목적인 참여, 발전, 평화를 달성하고 청소년의 상황을 개선하기 위한 국가 차원, 지역 차원, 국제적 차원의 행동 지침과 비정부 청소년 관련 단체들의 행동을 위한 특정 지침들을 담고 있다. 이를 통해 청소년 관련 주요 영역의 세계적인 흐름과 그 내용을 알 수 있으며 국가 차원에서 청소년정책 입안 시에 적용하고 참고할 수 있는 구체적인 지침을 확인할 수 있다.

(5) 유엔 세계 청소년 행동 프로그램(1995)

2000년과 그 이후를 향한 UN 세계 청소년 행동 프로그램(World Programme of Action for Youth to the Year 2000 and Beyond)은 청소년들의 상황을 개선하기 위한 국제적인 지원과 국가적 행동 프로그램을 위한 실질적인 지침과 정책을 제공하고 있다. 청소년 관련 주요 변인이며 정책 시행의 열 가지 우선 영역으로, ① 청소년과 교육, ② 청소년과 고용, ③ 청소년과 기아, 빈곤, ④ 청소년과 건강, ⑤ 청소년과 환경, ⑥ 청소년과 약물남용, ⑦ 청소년과 일탈, ⑧ 청소년과 여가 시간 활용, ⑨ 청소년과 소녀 집단, 젊은 여성 집단, ⑩ 청소년과 사회생활, 의사결정에서의 완전한 참여에 대한 국제적 기준을 제시하고 있다. 행동 프로그램의 수행에 청소년 참여를 격려하고, 총회나 UN 관련 모임 등에 그들의 참가대표자 중에 청소년 대표자를 포함시킬 것을 함께 권고하고 있다.

(6) 2000년대 청소년을 위한 범세계적 활동 프로그램(1996)

11월 오스트리아 비엔나에서 개최된 UN 세계 청소년 포럼 결과로 구성하였다. 유엔 청소년권리헌장을 작성하고, 청소년권리에 대한 특별보고자를 임명하였다(청소년 권리현황 모니터 및 보고서 제출). 정부는 인권교육을 교육과정에 포함시키고, 인권 분야 훈련 지도자 훈련과정을 설치하고 청소년단체의 UN인권교육 10개년계획(1995~2004)에 참여하며 청소년 참여와 권리 증진을 위해 적합한 자료를 개발하여 제시할 것을 요구했다.

(7) 브라가 청소년 실천 계획(1998)

1998년 8월 2일부터 7일까지 포르투갈 브라가에서 열린 '제3회 세계청소년포럼'의 결과물이다. 이 포럼은 청소년 실천 계획을 통해 청소년들에게 인류 발전에의 참여 권한을 부여해야 함을 강력하게 표명하고 있다. 장애 청소년, 극빈지역 청소년 등 소수집단 청소년들의 동등한 참여와 이들을 지원하기 위한 다양한 방안이 제시되었으며, 청소년 관련 비정부단체들이 유엔체제의 전체 의사결정과정에 민주적인 방식으로 참여할 것, 유엔이 청소년 이슈에 보다 높은 우선순위를 둘 것 등이 제안되었다. 특히 청소년권리에 대한 실천계획에서는 인권교육이 기본적인 인간의 권리임을 밝히고, 이러한 권리는 보편적으로 받아들여지고 있는 시민적·문화적·경제적·정치적·사회적 권리들과 그 침해에 대한 정보를 알고 교류할 수 있는 것이라고 밝혔다. 모든 청소년들은 인권교육에 핵심적인 수혜자이자 공급자로서 참여해야 한다는 것이다.

(8) 리스본 선언(1998)

청소년 정책과 프로그램에 대한 리스본 선언(Lisbon Declaration on Youth Policies and Programmes)은 1998년 8월 8일부터 12일까지 포르투갈 리스본에서 열린 제1회 세계청소년관계장관회의(World Conference of Ministers Responsible for Youth) 결과 채택된 선언이다. 장관회의는 '2000년과 그 이후를 향한 UN의 세계 청소년 행동 프로그램' 123조항의 제안에 의거, 지역 간 협력을 강화하고 국제적인 정규회의를 마련하는 문제를 논의하기 위해 개최되었다. 핵심 기조는 사회의 모든 수준과 영역의 의사결정과정에서의 청소년참여(youth participation)였으며, 청소년은 상상력과 이상과 무한한 에너지와 비전(vision)을 가진 존재로서 그들이 살고 있는 사회의 사회, 문화, 경제, 기술적 발전을 지속하는 데 없어서는 안 될 중요한 존재로 규정하였다.

4) 청소년인권의 국내적 발전

(1) 유엔아동권리협약의 비준

한국에서 청소년권리에 대한 선언으로는 1923년 선언된 아동의 권리공약을 들 수 있다. 이어서 1975년 어린이 헌장이 발표되었고 이후 1990년 발표된 청소년 헌장은 대한민국 청소년이 나아갈 길을 제시하였다. 헌장의 제정으로 청소년의 권리가 증진되는 것은 아니지만 당시의 주장으로서 선언의 의의는 중요한 것이었다. 아동에 관한 국제협약이 유엔총회에서 채택되자 한국에서도 1990년 서명하고 1991년 11월 20일 비준하였다. 이를 계기로 청소년 인권교육에 관심을 가지게 되었다.

우리나라는 유엔아동권리협약에서 규정한 비준국의 의무로서 1994년 11월 제1차 국가보고서를 제출한 데 이어, 2005년 5월에 제2차 국가보고서, 2008년 12월에는 제3, 4차 통합국가보고서를 아동인권위원회에 제출한 바 있다. 사실 우리나라는 1923년 어린이날을 제정하였으며, 아동의 권리공약 3장을 선포하고, 청소년헌장의 제정 및 개정 등을 통해 아동·청소년권리의 보장을 위해 노력하고 있다.

(2) 국내 법률의 제·개정

유엔아동권리협약 비준 이후에 국내에서도 아동과 청소년에 관한 법률들이 제정 또는 개정되면서 인권 관련 조항들이 포함되기 시작했다(하승수, 2008). 먼저 1997년 12월 13일 개정된 「교육기본법」에서는 "학습자의 기본적 인권은 교육의 과정에서 존중되고 보호되어야 하며"라는 규정을 넣었다(제12조 제1항). 2000년 1월 12일에는 「아동복지법」을 전면 개정하면서 제3조(기본 이념) 제1항에서 "아동은 자신 또는 부모의 성별, 연령, 종교, 사회적 신분, 재산, 장애 유무, 출생 지역 등에 따른 어떠한 종류의 차별도 받지 않고 자라나야 한다"라는 차별금지 원칙을 규정했다. 또한 제2항에서는 "아동은 완전하고 조화로운 인격발달을 위해 안정된 가정환경에서 행복하게 자라나야 한다"라고 규정하고, 제3항에서는 "아동에 관한 모든 활동에 있어서 아동의 이익이 최우선적으로 고려되어야 한다"라는 '아동 최선의 이익' 원칙을 명시했다.

한편, 청소년 관련 법률에서도 인권 관련 조항이 창설되었다. 1999년 1월 18일 개정된 「청소년기본법」에서는 "청소년이 사회 구성원으로서 정당하게 대우받고 권익을 보장받으며, 스스로 생각하고 자유롭게 활동할 수 있도록" 한다는 조항을 신설했다(제2조 제1항). 이어 2004년 2월 9일에는 「청소년기본법」을 전면개정하면서 "청소년의 참여보장"이 들어갔고(제2조 제2항 제1호), 제1항에서는 "청소년의 기본적 인권은 청소년활동·청소년복지·청소년보호 등 청소년육성의 모든 영역에서 존중되어야 한다"라고 규정했다.

또한, 2004년 2월 9일 「청소년복지지원법」을 제정하면서 제2장의 제목을 "청소년의 인권보장 및 복지향상"으로 하였으며, 제3조(청소년의 인권보장), 제4조(청소년의 자치권 확대), 제5조(교육 및 홍보) 조항에 청소년인권에 관한 내용을 포함하였다. 제3조의 내용으로는 제1항에서 차별금지의 원칙을 명시하고 제2항에서는 의견표명권과 자기결정권을 규정하였다. 제4조에서는 "본인과 관련된 의사결정에 참여할 권리"를 보장하고, "청소년이 원활하게 정보에 접근하고 그 의사를 표명할 수 있도록" 청소년 관련 정책의 자문·심의 등의 절차에 청소년대표가 참여할 수 있도록 하거나 의견을 수렴하게 규정하였다.

3. 유엔아동권리협약과 청소년복지의 문제

1) 유엔아동권리협약의 이해

유엔아동권리협약은 이러한 UN을 중심으로 한 국제인권의 발달 역사 속에서 이루어진 또 하나의 큰 진전이었다. 1989년 유엔총회 제4차 회의에서 회원국 만장일치로 채택한 국제인권법 중의 하나로서 18세 이하의 아동과 청소년의 권리보장을 위한 국제적인 기준을 제시한 것으로 받아들여지고 있다. 즉, 전세계 아동과 청소년을 위한 최소한의 시민적·경제적·사회적·문화적·인간주의적·정치적 권리를 개념정의하는 인권조약으로서의 의미를 갖는다. 유엔아동권리협약은 이전의 모든 인권조약에서 담고 있는 광범위한 권리를 표출하고 있으며, 아동이 그들의 복리를 보장받는 데 필요한 보호와 보살핌을 받을 권리를 확인하고 있다.

유엔아동권리협약은 기초에서부터 채택될 때까지 20년 이상이 걸린 작업이었으며, 1978년 폴란드에서 최초로 1979년의 국제아동의 해를 기념하여 유엔에 요구함으로써 이루어지기 시작했다. 우리나라는 1991년 12월 비준하였으며 2009년 11월 현재 미국을 제외한 전 세계 193개국이 비준하고 있으며, 국제인권법 사상 가장 많은 국제적 동의를 얻고 있다. 세계인권선언(1948) 이후 포괄적인 인권체계를 제시한 문서이면서 동시에 1980년대의 아동과 청소년의 인권보장에 관한 국제사회의 지혜를 결집시킨 국제법 규범으로 이해되고 있다. 오늘날 아동과 청소년의 권리가 보다 분명해지고, 일관성을 갖고 포괄적인 체제를 갖추게 된 것은 유엔아동권리협약에 기인한 것이다.

유엔아동권리협약은 전문과 41개조의 중요 조항으로 구성되어 있으며, 이에 더하여 13개의 절차와 실행 관련 조항이 별도로 있다(Covell & Howe, 2001). 전문에서는 인류사회의 모든 구성원 고유의 존엄성과 평등하고 양도할 수 없는 권리는 "세계의 자유, 정의 및 평화의 기초"가 됨을 밝히고 있으며 "아동기에는 특별한 보호와 원조를 받을 권리가 있음"을 선언하고 "아동은 완전하고 조화로운 인격발달을 위하여, 가족적 환경과 행복, 사랑 및 이해의 분위기 속에서 성장하여야 함"을 밝혔다. 유엔아동권리협약은 또한 비준 국가들에게 각국의 인권 상황을 정기적으로 보고하도록 규정하고 있다.

유엔 아동권리협약의 각 조문은 동 협약의 몇 가지 주요 원칙들과의 관련 상황에서 고려하는 것이 중요하다. 주요 원칙들에는 아동 이익 최우선의 원칙(제3조), 아동의 능력발달에 상응하는 방법(제5조), 아동 존엄성의 존중(전문) 등이 있으며, 이 밖에도 차별금지의 원칙(제2조), 생명, 생존 및 발달의 권리(제6조), 그리고 아동 의사표현의 권리(제12조) 등이 언급되고 있다. 특히 협약의 핵심은 아동 이익 최우선의 원칙이며, 모든 권리의 보장에서 이 원칙은 가장 우선적으로 고려되어야 한다. 협약을 이를 위해 반드시 아동의 의사를 반영하는 것을 전제로 모든 일이 논의되고 결정되어야 함을 강조하고 있으며, 이때에는 어떠한 차별도 있어서는 안 된다. 협약은 또한 아동 이익 최우선의 원칙과 의사표현의 권리를 규정하면서, "아동을 위한 것"이란 이유로 아동과 관련한 사항을 어른이 마음대로 결정하고 행동하는 것을 인정하고 있지 않다.

유엔 아동권리협약은 아동과 청소년에 관한 생존권, 보호권, 발달권, 참여권을 주요 조항으로 규정하고 있다(Limber & Flekkoy, 1995).

생존권은 모든 아동이 생명에 관한 고유의 권리를 가진다는 것을 전제로 가능한 한 최대한도로 아동의 생존과 발달을 보장할 것을 규정한다(제6조). 생존권에는 건강·의료에의 권리(제24조), 의료시설에서 치료받고 있는 아동에 대한 정기적인 심사(제25조), 사회보장에의 권리(제26조), 그리고 생활수준에의 권리(제27조) 등이 해당된다.

보호권에는 부모에 의한 학대·방임·착취로부터의 보호(제19조), 경제적 착취·유해노동으로부터의 보호(제32조), 마약·향정신성 약으로부터의 보호(제33조), 성적 착취·학대로부터의 보호(제34조), 유괴·매춘·매매의 방지(제35조), 기타 모든 형태의 착취로부터의 보호(제36조), 자유를 빼앗긴 아동에 대한 적절한 보호(제37조), 소년사법에 관한 권리(제40조) 등이 포함된다.

유엔아동권리협약은 또한 당사국들로 하여금 아동과 청소년의 긍정적 발달을 지지할 것을 격려하고 있다. 발달권은 우선 가족환경의 중요성에 대한 전문의 언급에 이어, 적합한 생활수준(제27조), 교육에의 권리(제28조, 제29조), 휴식·여가·문화적 예술적 생활에의 참여권(제31조) 등이 있다.

또한 참여권에는 의사표현권(제12조), 표현·정보의 자유(제13조), 사상·양심·종교의 자유(제14조), 결사·집회의 자유(제15조), 사생활·통신·명예의 보호(제16조), 그리고 매체 접근권(제17조) 등이 관련된다.

2) 인권관점에서의 청소년복지의 문제

첫째, 인간의 생명을 유지하기 위한 기본적인 욕구이자 권리인 생존권의 문제는 모든 청소년들에게 중요하지만 청소년들이 처한 위기 상황에 따라서 심각성의 정도가 다르다. 특히, 빈곤과 가출 등의 상황은 청소년의 기초적인 욕구 충족을 어렵게 하여 의·식·주, 보건·의료 등의 문제를 심각하게 발생시킨다. 집 없는 청소년과 가출청소년들은 부적절한 숙식과 길거리 생활로 인하여 종종 심각한 건강문제를 겪는다. 노여움과 우울증 등의 정신장애뿐만 아니라 성과 관련한 질병 등도 발생하고 있다. 또한 빈곤은 인간에게 필요한 기본적인 의식주 생활을 불가능하게 하며 유해하고 불결한 환경에서 생활하도록 한다. 부적절한 영양상태와 의료혜택의 부재로 인해 건강한 삶을 유지할 수 없게 한다.

둘째, 청소년 보호는 청소년들의 문제행동을 사전에 예방하기 위하여 취하는 조치이지만, 인권적 차원에서는 청소년들이 사회의 건전한 구성원으로 성장할 수 있도록 하기 위해서 국가나 사회에 요구할 수 있는 정당한 권리를 의미하기도 한다. 성적 학대 및 착취는 강간, 상업적인 성적 착취 및 가정 내의 학대 등을 포함한다. 성적 착취는 청소년의 신체적·정신적 건강에 광범위한 영향을 미친다. 또한 가족의 사회경제적 지위, 가족의 형태, 가족관계, 부모의 양육특성 등은 아동 및 청소년 학대와 밀접하게 연관되어 있다.

셋째, 청소년기는 급격한 신체적 성숙, 지적인 성장, 그리고 새로운 사회적 요구에 대응하여 기술을 개발해야 하는 시기이다. 생태학적 발달이론에서는 청소년발달을 청소년과 환경 간의 상호작용에 의해서 설명한다. 즉, 청소년발달은 어떤 특정한 단일한 요인에 의해서 이루어진다기보다는 청소년과 가정, 청소년과 학교, 지역사회 규범과 가치 등과 같은 다양한 환경적 요인에 의해서 영향을 받는다. 또한 이러한 환경 내에는 청소년발달에 부정적인 영향을 미치는 위험요인과 비행이나 범죄를 예방하고 억제할 수 있는 보호요인이 존재한다. 가정에서의 부적절한 지도·감독, 가족 구성원 사이의 갈등, 부모의 비행행동, 부적절한 친구관계, 부정적인 학업경험, 지역사회 친밀도 및 지역사회 조직화의 저하 등은 청소년발달에 위험요인으로 나타난다. 또한 또래 및 성인들과 긍정적인 관계의 형성, 안전하고 매력적인 장소의 제공, 적절한 생활기술의 개발, 지역사회 참여기회의 제공, 안전한 환경에서의 새로운 도전기회의 제공 등은 청소년발달에 도움을 준다.

넷째, 청소년참여에 대한 논의에서 시민권의 개념은 사회참여에 필요한 기본적인 조건을 제시한다는 점에서 논의의 중요한 출발점이 된다. 청소년의 참여에 대한 권리도 다른 시민과 동등하게 주어져야 한다. 청소년들은 지역사회 참여기회를 통해서 다양한 가치를 실현할 수 있다. 실제 청소년들은 지역사회의 이슈와 같은 긍정적인 일의 참여를 통해서 책임감과 리더로서의 역할, 의사결정의 기회를 가지게 될 때 문제행동의 가능성을 줄이고 다양한 가치를 개발할 수 있다.

지역사회 관련 조직에서 청소년들에게 민주적으로 참여할 수 있는 기회를 제공함으로써 자기정체성, 지역사회 정체성, 사회적 효능성과 기능, 자기결정성 등 청소년 개인의 가치뿐만 아니라 지역사회의 가치를 개발하게 된다. 하지만 우리나라 청소년들의 참여경험은 봉사활동을 제외한 문호활동, 경제활동, 인권활동 등의 참여는 저조하며, 장애청소년, 근로청소년 등 소외청소년은 참여기회가 더욱 제한되어 있다(이용교 외, 2009).

4. 한국 청소년인권의 발전과제

우리나라에서의 아동·청소년인권 현황과 관련하여 몇 가지 주요 사례를 생각할 수 있다. 대체로 ① 위기 아동·청소년의 대안양육이 체계적이지 못한 점, ② 결혼 이주 여성과 그 자녀는 각종 사회적 차별을 받기 쉬운 점, ③ 외국인 노동자 자녀의 복합적인 인권문제, ④ 이혼 시 자녀의 의사표명권이 미흡하고 양육비를 확보하기 어려운 점, ⑤ 영유아 보육에 대한 사회적 보호체계가 미흡하고 아동수당이 없는 점, ⑥ 부모의 빈곤은 자녀의 저학력, 저임금 등으로 빈곤이 악순환되는 점, ⑦ 중·고등학교 운영위원회에 학생의 참여가 제도화되어 있지 못한 점, 그리고 ⑧ 교정보호체계 속에 있는 범죄소년은 인권의 사각지대에 있기 쉽다는 점 등이 지적되고 있다(이용교, 2009).

그러나 여러 가지 권리 중에서 아동이 특히 침해 받기 쉬운 권리들이 연령별, 발달단계별로 다를 수 있다는 점에 유의할 필요가 있다(이용교·천정웅·김경준, 2009 제7장 참고). 다시 말해 모든 아동은 아동의 권리에 관한 국제협약에 부응한 적절한 수준의 아동권리를 보장받아야 하지만 우리나라의 아동은 영유아기, 초등학생기, 청소년기 등 발달단계마다 다음과 같은 권리를 특히 침해받기 쉽다. 따라서 국가와 사회도 아동의 권리를 보장하기 위해서는 보다 섬세한 접근이 필요하다.

첫째, 영유아기에 있는 아동이 침해받기 쉬운 권리는 다음과 같다. 생존권과 관련하여 낙태를 당할 우려가 있다. 보호권과 관련하여, ① 미혼모가 출산할 때 국외로 입양되어 정체성에 혼란을 가질 수 있다, ② 국내에 입양되는 경우에도 자신의 뿌리를 찾기 어렵다, ③ 결혼이주가정에서 태어날 때 '혼혈'로 차별을 받을 수 있다, ④ 빈곤으로 적절한 양육을 받지 못할 수 있다, ⑤ 맞벌이로 부모의 보살핌을 받지 못할 수 있다. 발달권과 관련하여서는 ① 빈곤가정의 경우 다양한 교육적 경험을 하기 어렵다, ② 장애아동의 경우 장애의 유형과 특성에 맞는 서비스를 받기 어렵다. 참여권과 관련하여 생각할 것은 영유아의 의견은 흔히 무시되기 쉽다는 점이다.

둘째, 초등학생기에 있는 아동이 침해받기 쉬운 권리는 다음과 같다. 생존권과 관련하여, ① 빈곤가정의 경우에 결식의 우려가 있다, ② 빈곤가정의 경우에 적절한 의료서비스를 받지 못하는 등 건강권을 보장받기 어렵다, ③ 통학길 보행 중에 교통사고로 사망할 수 있다. 보호권과 관련하여서는 ① 신체적 학대와 성추행에 노출될 수 있다, ② 방과후에 방임으로 각종 문화적 경험에서 박탈당할 수 있다. 발달권으로는 ① 적절한 교육을 받지 못한다(교육기회 박탈: 정신지체 등의 이유), ② 부모의 이혼 시에 적절한 생활지도를 받기 어렵다는 점이 있다. 참여권과 관련해서는 ① 부모의 이혼 시에 어느 쪽 부모와 살 것인지에 대한 의사표명권이 없다는 점과 ② 이혼 시에 부모와의 면접교섭권이 없다는 것을 생각할 수 있다.

셋째, 중·고등학교에 다니는 청소년이 침해받기 쉬운 권리는 다음과 같다. 생존권적 측면에서는 ① 0교시의 강요로 아침식사를 결식하기 쉽다, ② 우울 등으로 자살충동을 가질 때 적절한 보호를 받기 어렵다, ③ 패스트푸드 등 몸에 좋지 못한 음식에 노출되기 쉽다, ④ 영양실조보다는 비만으로 건강을 해칠 가능성이 매우 높다. 보호권과 관련해서는 ① 부모나 보호자가 없을 때 '소년소녀가정'으로 지정되어 방임되기 쉽다, ② 성매수나 성폭력에 노출될 수 있다, ③ 약물오남용에 노출될 수 있다, ④ 가출청소년의 경우에는 각종 범죄 등에 노출될 수 있다, ⑤ 아르바이트에서 적절한 법적 보호를 받을 수 없다, ⑥ 범죄를 저지를 때 법적 보호를 받지 못할 수 있다. 발달권은 ① 적절한 진로지도를 받지 못한다, ② 학교생활에서 다양한 선택을 하기 어렵다, ③ 자립능력을 갖추지 못한 채 사회로 방출될 수 있다, ④ 흔히 여자의 경우에 성차별 문화를 답습하도록 강요받는다, ⑤ 사생활의 권리가 무시되는 경향이 있다, ⑥ 통신의 자유 등을 제한받기 쉽다. 참여권 측면에서는 ① 가정, 학교, 사회에서 의사결정에 참여하기 어렵다는 것과, ② 연령차별로 '참정권'을 보장받기 어렵다는 것을 생각할 수 있다.

이런 점에서 보면, 우리나라 아동·청소년의 인권 상황은 점차 증진되고 있지만, 그것은 생존권, 보호권, 발달권에 주로 한정되어 있고, 여전히 많은 개선이 필요하다. 특히, 참여권의 경우는 빈약한 상황이다. 청소년인권의 신장을 위한 노력은 다양하게 이루어질 수 있다. 인권 논의를 더욱 활성화하고, 인권교육을 확대·강화하고, 아동·청소년정책을 인권 친화적으로 전환하는 등 정책과 제도, 프로그램 등의 여러 가지로 제시될 수 있다.

여기서는 가정, 학교, 사회에서의 인권옹호를 위한 실천활동을 강조하면서 결론을 맺기로 한다(이용교·천정웅·김경준, 2009 제7장 참고).

첫째, 가정은 아동의 일차적인 안식처이지만, 아동에 대한 인권침해가 가장 일상적으로 일어나는 공간이기도 하다. 특히, 성차별과 연령차별이 남녀유별과 장유유서 등 미풍양속으로 인식되는 상황에서 가정은 아동 권리옹호를 위해서 노력해야 할 부분이 많다. 특히, 일상생활 속에서 많은 부모들은 자녀를 위한다는 이유로 자신의 결정을 자녀에게 강요하는 경우가 많은데, 자녀도 인격을 가진 인격체라는 점에서 볼 때 반성할 점이 많다. 예를 들면, 자녀의 학원 선택, 대학의 학과 선택, 이사를 할 때 자녀의 의견을 존중하는 것이다.

둘째, 학교에서 아동의 인권을 옹호하기 위해서는 교육과정에 인권교육을 크게 강화하고, 그 내용을 실천적으로 가르쳐야 한다. 아동권리협약의 생존권, 보호권, 발전권, 참여권에 대한 강조와 관련하여 보면, 학교에서는 학대와 폭력으로부터 보호받을 권리, 아동이 자신의 적성과 특기를 살릴 수 있는 교육을 받을 권리, 그리고 학교운영 전반에 학생의 의사를 참여할 권리를 보장받는 것이 중요하다. 최근 사회문제화되고 있는 학교 내에서의 학생들 간의 집단괴롭힘이나 학교폭력의 실태를 파악하고, 피해자에 대한 보호와 가해자에 대한 교육적 방안을 찾는 것이 시급하다. 또한, 체벌, 용의검사, 소지품 검사, 성적 공개 등에서 볼 수 있는 바와 같이 학교당국과 교사에 의한 아동 인권유린이 '교육적인 이유'로 일어나기 쉽기 때문에 이에 대한 대책을 세워야 할 것이다. 특히, 학교 내에서 학생의 참여권을 향상시키기 위해서 학교운영위원회에 학생대표의 참여를 제도화시켜야 한다. 현재 학교운영위원회는 교직원, 학부모, 지역인사의 대표로 구성되는데 학습의 주체인 학생의 참여는 지극히 당연하고 아동권리협약의 조항과도 부합된다.

셋째, 지역사회에서 아동의 인권을 보호하기 위해서는 아동인권을 침해하는 유해환경 등을 적극 규제하고, 유익환경을 조성하는 일이다. 아동의 인권을 침해하는 대표적인 유해환경은 아동을 성적으로 유혹하는 성매매업소, 아동에게 성적 자극을 주는 음란물과 공격성을 충동질하는 대중매체, 신체적·정신적으로 황폐시키는 유해한 화학물질과 약물 등이 포함될 수 있다. 따라서 청소년이 비행청소년이 되는 않도록 선도하거나 방지하는 인권옹호활동이 필요하다. 특히, 청소년이 범죄의 피해자나 가해자가 될 경우 법률지식이 낮아서 자신의 권리를 찾지 못하는 경우가 많다. 이들에게 적절한 법률 지식을 알려주고, 상담을 통해서 고충을 해결하도록 돕는 청소년상담사업 혹은 인권상담사업이 요청된다.

넷째, 아동의 인권을 보호하기 위해서 대중매체가 중요한 의미를 갖는다. 아동의 발달에 해를 끼칠지도 모르는 음란물과 폭력물을 무분별하게 방영하는 것을 자제하고, 아동과 관련된 사건을 선정적으로 보도하는 것을 지양해야 한다. 또한, 대중매체는 아동의 인권 침해사건을 적극 보도하고 관련 사안을 심층 보도함으로써 아동의 인권에 대한 사회적 관심을 제고할 수 있다. 대중매체는 그 속성상 아동의 표현의 자유, 발전권, 정보접근권, 참여권을 높이는 데 기여할 수 있다. 아동이 직접 만든 매체물을 대중매체에서 방영할 수도 있고, 아동이 대중매체를 모니터하고 대중매체를 자신의 생활매체로 활용할 수 있는 기법을 가르쳐줄 수 있다.

다섯째, 아동·청소년을 위한 인권복지는 가정, 학교, 지역사회 등에서 할 수 있지만, 아동의 생활공간이 온라인으로 급속히 확장되고 있기 때문에 향후에는 가상공간을 통한 활동도 크게 늘려야 할 것이다. 우선 아동의 인권에 대한 침해사례를 인터넷으로 상담할 수 있고, 인권 관련 다양한 정보를 제공할 수 있으며, 인터넷상에서 인권침해를 줄이자는 캠페인을 할 수 있다. 또한, 아동인권을 위해서 노력하는 단체들 간의 정보교류를 인터넷을 통해서 할 수 있고, 국내·외 단체와 협력사업을 도모할 수 있다.

여섯째, 청소년인권에 관한 의식수준을 향상시키기 위한 특별한 노력이 필요하다. 현 단계 우리 사회는 '청소년인권' 자체에 대한 인식이 부족하기 때문에 전반적인 사회적 관심 환기에 치중하고 있지만, 청소년 전반에 대한 것과 함께 앞으로는 장애청소년, 여성청소년, 농촌청소년, 극빈청소년, 약물중독청소년 등 어려운 환경에 처한 다양한 청소년 하위집단에 대한 연구와 이에 따른 정책적 지원이 뒤따라야 한다.

일곱째, 청소년 관련 각종 법·제도를 마련하는 경우에는 청소년을 권리 향유의 주체로 보고 그들의 권리를 보장하기 위한 인식이 전제되어야 한다. 우리 사회는 아동·청소년의 권리 중 특별한 보호를 받아야 하는 권리 즉, 생존권, 성장·발달권에 대해서는 긍정적으로 수용하는 편이며, 시민적 권리, 자유권적 권리 등의 참여권에 대해서는 매우 부정적인 것이 사실이다. 그러나 이제는 아동 특히 청소년에게는 자신의 의견을 자유롭게 표현하거나 교환하며, 하고 싶은 활동을 하기 위해 모임을 만들거나 참여할 수 있고, 자신의 중요한 일을 스스로 결정할 수 있는 권한을 가지고 인격적으로 인정받는 일들이 중대한 의의를 가진다.

끝으로, 인권교육을 강화할 필요가 있다. 아동권리협약에서 정한 권리 내용을 청소년에게 가르쳐야 하고 기존 국내법이 이 협약의 내용과 배치될 때에는 개정하여야 한다. 특히 인권을 실현하기 위한 교육의 중요성은 세계인권선언 전문이나 아동권리협약 제29조에 잘 나타나 있다. 청소년과 성인은 물론 청소년전문가를 포함한 모든 사람들에게 대상별 특성에 따른 다양한 방법과 내용으로 인권교육이 이루어져야 하며, 대중매체의 활용과 민간단체의 각별한 노력에 이르기까지 인권교육의 실천이 절실히 요구된다. 권리 당사자인 아동과 청소년 및 권리를 적용해야 할 어른들이 협약을 이해하고 존중해야 청소년인권이 보장되는 것이다.

Chapter 09

문화다양성과 청소년복지

세계는 글로벌 시대를 맞아 대부분의 나라가 다문화 국가로 변화하고 있으며, 유엔의 인력개발보고서(2004)에서도 "현 시대에 문화다양성 문제는 중요한 과제"라고 밝혀, 세계화와 더불어 다문화는 한국을 포함한 전 세계의 화두가 되었다. 우리나라는 2000년대 이후 결혼 이민자, 다문화 가족자녀, 북한이탈주민, 외국 근로자의 증가로 외국인이 급증하여 한국 사회의 인종적·문화적 다양성은 급격하게 증가하고 있는 추세이다. 글로벌시대에는 시·공간적 배경에서 문화의 다양성(diversity)은 필연적으로 나타나는 사회적 현상이다. 인터넷이나 교통의 발달로 인한 시각적·공간적 거리감의 축소는 지구촌을 하나로 묶는 데 일조를 하였고, 세계화는 각 나라 간의 교류를 더욱 활발하게 만들었다. 이는 사람들로 하여금 다양한 문화를 접할 기회를 더 많이 갖게 하였고, 그를 통해 문화적 다양성에 대한 인식도 확대된 것이다(최종술, 2012). 문화다양성은 집단과 사회의 문화가 표현되는 다양한 방식들을 의미하며, 언어나 의상, 전통, 사회를 형성하는 방법, 도덕과 종교에 대한 관념, 주변과의 상호작용 등 사람들 사이의 문화적 차이를 뜻한다. 이는 개인과 사회의 풍요한 자산으로서 이를 보호, 증진, 유지하는 것은 현재와 미래 세대의 지속 가능한 발전을 위한 필수요건이다(임철일·김선희·김성옥, 2014: 28).

이런 인식에서 본 장에서는 다문화사회로 빠르게 이행되고 있는 한국사회의 변화된 현실에서 새로운 청소년복지의 영역으로 대두하고 있는 문화다양성, 다문화가족과 이주배경청소년의 복지에 대해 알아본다. 이를 위해 문화다양성의 개념과 다문화의 특성을 고찰하고 다문화가정 이주배경 청소년의 현황과 문제점을 정리하며 문화다양성과 청소년복지를 위한 국가의 정책과 사회적 과제에 대해 알아보기로 한다.

1. 문화다양성과 다문화의 개념

1) 문화다양성의 개념

'문화다양성' 개념은 인류학에서 잘 알려진 개념으로서, 여러 다양한 문화가 존재한다는 의미를 넘어 다양한 사회문화적 맥락에 따라 여러 가지 다른 뜻으로 사용되고 있다. 문화다양성(cultural diversity 또는 multiculturalism)은 이슈와 관련하여 "문화다양성 국제협약" 등의 형식으로 논의가 국제적으로 이루어지고 있지만 아직 그 의미에 대해서는 명확한 정의가 내려져 있지 않다. 문화다양성 국제협약은 2000년 문화다양성 선언과 함께 문화다양성에 대한 인식을 전 세계적인 수준에서 크게 제고시켰다. 이런 문화다양성 협약에서 주목할 부분은 문화다양성을 문화적 권리와 밀접한 관련이 있는 것으로 인식하고 있다는 점이다(정갑영, 2006). 2001. 10.15~11.3 프랑스 파리에서 열린 제31차 유네스코 정기총회에서 164개 회원국들은 미국 주도의 세계화로 인해 위협받고 있는 각 나라, 각 지역의 문화적 고유성과 다양성을 보호하고 증진하기 위해 「유네스코 문화다양성 선언」을 채택하였다. 선언문은 서문과 총 12조항으로 구성된 본문과 각 회원국이 선언문을 배포하기 위한 적절한 조치를 명시한 실행계획을 선언문에 첨부하고 있다.

"다양성"의 의미에 대해서는 그것이 시대적으로 또는 문화경계 내에서 그리고 경계를 넘어서 그 의미가 다양하다는 것을 인식할 필요가 있다(이종열 외, 2013: 39). 문화다양성은 민족성, 계급, 젠더, 종교, 장애 등에 기초한 구조적 차별과 사회경제적 구분 짓기를 줄이려는 접근이다. 한편으로, 다양성 그 자체의 개념은 가치중립적이며, 생물학적인 개념이다. 하지만 사회문화적 관점에서 보면, 문화다양성은 결코 가치중립적인 개념이 아니기 때문에 특수한 정치, 문화적, 관계적 맥락에서 검토될 필요가 있다

(Arnesen et al., 2008: 6-7). 즉, 문화다양성은 문화적 특수성을 인정하고 보호하며 존중하는 동시에, 문화적 특수성에서 비롯된 가치들을 긍정하고 증진하는 것이다(Bernard, 2005: 18-19; 이종열 외, 2013 재인용).

문화다양성의 상이한 개념적 정의에도 불구하고, 2005년 10월 프랑스 파리에서 열린 제33차 유네스코 총회에서 채택된 "문화적 표현의 다양성 보호와 증진을 위한 협약"에서 제시한 문화다양성에 대한 정의가 널리 인정받고 있다. 이에 따르면, 문화다양성이란 "집단이나 사회의 문화가 표현되는 다양한 방식"이다. 또한, 문화다양성은 "인류의 문화유산이 다양한 문화적 재현을 통해 표현되고, 증대되며, 전승되는 다양한 방식을 통해서뿐만 아니라, 사용된 방법과 기술에 관계없이 다양한 양식의 예술적 창작, 생산, 보급, 배포 및 향유를 통해서도 나타난다"(유네스코한국위원회, 2012: 799). 이러한 문화다양성 개념은 인류 사회의 기준이 되는 가치와 사회적 관습의 총체를 통합하려는 인류학적 토대를 강조함으로써, 모든 문화와 인종이 인류문화에 중요한 기여를 해왔다는 신념에 바탕을 두고 있다(이동성 외, 2013: 54).

앞서 밝힌 것처럼, 문화다양성은 집단들 사이의 문화적 차이를 이해하고 인식하기 위한 중요한 개념이다. 여기에서 핵심은 부자와 빈자, 백인과 유색인, 남자와 여자, 장애자와 비장애자, 동성애자와 이성애자 등의 다양한 사람들이 어떻게 각기 다른 가치와 신념체계를 형성하며, 다른 경험, 세계관 그리고 대화방식을 어떻게 이해하고 공유하는가이다(Pincus, 2011: 4; 이동성 외, 2013: 55 재인용). 이러한 측면에서 문화다양성은 선택과 접근의 다양성, 보편적인 인권과 평등, 균형 잡힌 교류, 표현의 자유 등을 포함하는 상징적인 가치를 가지고 있다. 궁극적으로 문화다양성은 보편적 인권을 실현하고, 사회통합을 강화하며, 민주적인 통치(governance)를 촉진함으로써 한 사회의 평화정착과 평화공존을 가능하게 하는 가치 혹은 접근으로 볼 수 있다(이동성 외, 2013: 55).

2) 다문화의 개념

다문화는 급속한 사회변화와 세계화의 흐름 속에서 새로운 문화에 대한 이해와 조화가 필요하게 됨에 따라 생겨나게 된 용어이다. 우리나라의 경우 그동안 급속히 증가한 다문화가정을 지칭하면서부터였다. 국제결혼, 혼혈아 등 차별적 용어에서 점차 다문화가족이나 다문화가족 자녀라는 용어를 사용하게 되었다. 일반적으로 다문화란 성별, 종교, 직업, 계층, 인종 등에서 비롯되는 각 사회집단들의 고유한 문화적 특성이 다양하게 존재하고 있음을 강조하며, 주류 또는 비주류 집단들이 자신들의 문화적 정체성을 유지하며 상호 동등하게 인정하고 존중해야 하는 데서 시작한다. 뱅크스(Banks, 2008)는 한 국가 내 다문화를 설명하는 다양성을 나타내는 여덟 가지 변수(인종집단, 종교, 언어, 사회계층, 민족정체성, 성, 성별 선호, 장애/비장애)들을 제시하고 있다. 이 각각의 변수는 개별적 그리고 복합적으로 집단과 개인에 영향을 미치므로 집단 또는 개인 간의 상호작용과 관계 그리고 행동 등을 설명하는 중요한 다문화 요소들이다.

다문화란 국제화·세계화 시대에 각 나라와 민족의 문화를 연결, 반영, 적용하여 근본적으로 각 문화의 다양성을 추구하는 것이다. 다문화가정이란 우리와 다른 민족적·문화적 배경을 가진 사람들로 구성된 가정을 통칭하는 말로서 2006년 이후 널리 사용되었고 오늘날 다문화가족의 범위는 그간 출생 시부터 한국인인 자와 외국인 또는 귀화자로 이루어진 가족으로 한정되었던 것에서 귀화자와 외국인으로 이루어진 가족을 포함하는 것으로 확대되었다(여성가족부, 2020).

2. 다문화가정 이주배경청소년의 특성

1) 다문화청소년의 개념과 유형

(1) 다문화청소년의 개념

다문화청소년의 개념은 다문화가정 자녀라는 개념과 밀접한 관련을 갖는다. 다문화청소년은 다문화가정 자녀 중에서 청소년연령에 속하는 집단을 말하는 것이기 때문이다. 그러나 실제 다문화가족의 자녀를 지칭하는 용어는 다문화가정(가족) 청소년, 다문화가족(가정) 아동, 다문화가정 자녀, 학생, 다문화 아동 등으로 다양하게 사용되고 있다. 보편적으로 많이 사용되고 있는 다문화가정 자녀는 다문화가정 또는 다문화가족의 아동과 청소년을 통칭하는 용어로 국제결혼가정 자녀와 외국인근로자가정 자녀를 모두 포괄하는 개념으로 이해되고 있다.

그러나 현재 널리 통용되고 있는 이 용어의 부정적 의미는 바로 이 용어가 가져올 수 있는 일종의 낙인효과에 담겨 있다. 외부에서 특정한 명칭을 부여한다는 것은 그 대상을 주체로 인식하고 상대적인 관점에서 바로 보는 대신, 일정한 범주로 제한하여 사회적·상징적으로 주변화시킬 우려가 있다는 것이다. 최근에는 그 대안적 용어로 "이주배경청소년"이 제시되고 있지만, 이 문제를 해결하는 용어인지에 대해서는 역시 논란이 되고 있다(전경숙, 2010). 다문화청소년이라는 용어 자체가 낙인효과를 초래하고 있는지, 이주배경청소년으로 대체할 경우 그 낙인효과가 없어지는 것인지는 논란이 되고 있지만, 중요한 점은 사회적 인식이 전향적으로 변화될 필요가 있다는 것이다. 부정적인 고정관념과 편견의 확산, 낙인효과 등의 폐해는 용어 자체의 문제가 아니라, 지칭하는 대상에 대한 사회적 인식이 부정적으로 고정관념화되었기 때문이다(양계민, 2010).

이런 이해를 바탕으로 여기에서 다문화가정 청소년은 두 가지 이상의 문화권에 걸쳐 성장하고 생활하는 청소년을 말한다(장하성, 2007). 즉 '한국인과 결혼한 외국인 배우자 사이에서 출생한 청소년'으로 정의할 수 있다. 이렇게 보면, 우리 사회에서 볼 수 있는 다문화가정의 유형은 크게 국제결혼가정, 외국인근로자가정, 북한이탈주민가정으로 나누어진다(김은미 외, 2009). 따라서 다문화가정 청소년도 그러한 가정의 유형에 따라 각기 다르게 구분될 수 있다. 이들은 각각의 다문화가정 형태별로 그 가족의 생성과정과 삶의 경험이 다르게 전개되며 그들에 대한 국가정책이나 서비스 등도 각기 다르게 제공되고 있다.

(2) 다문화청소년의 유형

첫째, 국제결혼가정 자녀이다. 이는 한국인 아버지와 외국인 어머니 혹은 한국인 어머니와 외국인 아버지가 결혼한 가정에서 태어난 청소년이다. 최근 몇 년 사이 국제결혼가정 자녀가 늘어나고 있는데, 이는 출산율의 지속한 저하, 출생 성비의 불균형, 농촌-도시 간 인구이동, 양성평등 관념의 확산과 세계화를 예로 들 수 있다. 이들은 어머니와 아버지의 문화권에 모두 영향을 받으며 언어와 문화적으로 풍요롭게 성장할 수 있는 가능성이 있다. 그러나 한편으로는 대부분의 다문화가정 자녀들이 자아정체감의 혼란과 지역사회 내에서 통합되지 못하는 소외감을 느끼는 문제를 갖고 있다.

둘째, 외국인노동자 가정의 자녀이다. 이들 중에는 본국에서 태어나 부모의 초청으로 한국에 온 자녀도 있고, 한국에서 태어난 자녀도 있다. 한국 내 체류자격에 따라 한국 내 권리가 달라지는데, 불법체류 노동자 자녀의 경우 교육기회를 제공받지 못하거나 의료보장 등 기본적인 사회복지 혜택이 제한되는 등 기본적인 권리를 보장 받기 어려운 실정이다.

셋째, 새터민 자녀이다. 북한 출신으로 탈북으로 한국에 거주하고 있는 자녀, 부모의 탈북으로 한국에서 태어난 자녀로, 이들은 우리와 같은 민족적 배경을 가지고 있지만 다른 체제에서 성장 발달해 오면서 벌어진 문화적 차이로 학업, 교우관계 형성, 진로선택 등에서 많은 어려움을 겪고 있다.

2) 다문화청소년의 특성

다문화청소년은 일반청소년과 마찬가지로 정상적인 발달단계를 거친다. 신체적 발달은 물론 지적·정서적 발달도 동시에 경험한다. 특히 자아정체감 발달이 주 과업인 청소년 시기에 다문화청소년들은 자신의 외모와 신체 특징에 대해서 예민하게 관심하기 시작한다. 외모적인 특징이 특별할 경우에는 필요 이상의 관심을 받게 되거나 차별적인 관점 때문에 상처를 받는 경우도 있다.

또한, 정서적인 측면에서 다문화청소년들은 일반 아이들에 비해 훨씬 복잡한 환경에서 생활해야 하므로 심리적 부담도 상대적으로 더 많을 수 있다. 기본적으로 두 가지 이상의 언어와 문화를 접해야 하므로 새로운 문화와 언어를 처음부터 다시 배워야 하는 부담감, 초기 단계에서 경험하는 상대적으로 낮은 의사소통능력과 학업능력의 저하, 소속감의 혼란 등의 어려움을 겪는다. 이 과정에서 대부분의 아이들은 상대적인 박탈감, 무능력감, 억울함, 외로움과 답답함을 경험하게 되고 새로운 문화의 언어에 익숙한 다음에는 문화적인 충격과 한 가지의 문화적 정체성을 버려야 하는 갈등을 경험하게 된다.

사회성 측면으로 봤을 때 다문화청소년은 적응 초기에 또래 아이들보다 발달이 약간 지연되어 보일 수도 있다. 특히 학업과 대인관계 등의 영역에서 유능함을 보여주기 어렵다. 이로 인해 학업성취로부터 얻을 수 있는 자부심을 느끼기 어렵고 자기효능감이 떨어지며 외로움과 불안감을 갖게 되며 인간관계에 지나치게 매달려서 친구의 영향을 많이 받는 경우도 있다. 의사소통의 어려움으로 인해 대인관계기술을 개발하는 기회를 놓치기도 하며, 리더십을 발휘하는 기회도 가지기 어렵다.

따라서 다문화가정 청소년복지를 위해서는 이들이 새로운 환경에서 심리적인 성장과 성숙에 필요한 칭찬, 지지, 격려를 줄 수 있는 사회적 지원이 매우 중요하며 사회성 개발을 위해서도 많은 관심을 가져줄 필요가 있다.

3. 다문화가정 이주배경청소년의 문제

1) 다문화가정 이주배경청소년 현황

(1) 국제결혼가정 청소년

국제결혼가정은 한국인 남성과 외국인 여성의 결혼으로 이루어진 가정이 대다수를 차지하는데, 한국사회의 성비 불균형으로 1990년 이후 매년 급증하고 있다. 일반적으로 한국에서 다문화가정으로 대표되는 국제결혼가정 형태는 주로 동남아 또는 중앙아시아 지역의 국가들, 러시아 주변국들, 그리고 중국에서 결혼을 통해 한국에 입국한 결혼이주여성 가정을 지칭한다.

이들 결혼이주여성들을 국적별로 살펴보면, 중국계가 가장 많았고, 그 다음으로 베트남, 필리핀, 일본인들의 순으로 나타났다(행정안전부, 2009). 이들 여성들은 문화적 배경과 가치관 차이로 한국인 남편이나 시어머니와 충돌이 생기는 등 자녀양육과 생활의 어려움을 호소하는 것으로 나타났다. 특히 부부간에도 의사소통의 장애와 어려움으로 부부갈등이 증가하며 이혼양상으로도 발전하고 있다. 가정 내에서는 한국의 남성 중심 가부장적 가족구조와 관계들로 인해 결혼이민자들의 삶이 남편에 종속되고 고립되는 경향이 높다고 밝혀진다(양순미, 2006).

(2) 외국인근로자가정 자녀

외국인근로자란, 대한민국의 국적을 가지지 아니한 사람으로서 국내에 소재하고 있는 사업 또는 사업장에서 임금을 목적으로 근로를 제공하고 있거나 제공하려는 사람을 말한다(「외국인근로자의 고용 등에 관한 법률」 제2조 본문). 이들은 주로 한국인들이 기피하는 한국의 제조업이나 건설업 등 3D 업종에 종사하는 경우가 대부분이며, 1980대 후반부터 동남아에서 노동자들이 들어오면서 이 용어가 널리 사용되게 되었다. 경제협력개발기구(OECD)의 세계이민보고서에 따르면, 이들 외국인근로자들이 한국경제에 기여하는 바가 높음을 지적하고 있지만 이들은 한국인 고용주에게 고용과 임금에 관련하여 부당한 대우와 차별을 받고 있는 사례들이 종종 보도되고 있다. 또한 이들 중 불법체류자가 증가하여 새로운 경제·사회적인 문제가 등장하고 있다(김향은, 2009).

외국인근로자가정의 자녀들은 헌법 제6조 제2항 및 '이주노동자와 그 가족의 권리보호에 관한 국제협약(UN, 1991)'에 의거, 한국 아동과 동일한 교육 기본권을 가진다. 또, 불법체류자 자녀의 경우에도 '아동의 권리에 대한 국제협약(1991년 비준)', 'UN 아동권리위원회 권고(2003)'에 따라 2003년 「초·중등교육법 시행령」이 개정되면서 합법적으로 체류하는 근로자 자녀와 동등하게 학교교육의 혜택을 받을 수 있다. 하지만 이들 자녀들은 체류신분 문제 등으로 인해 미취학 상태인 경우가 많아 학교 밖 이들 자녀들에 대한 파악은 어려운 실정이다(정하성 외, 2007). 따라서 이들은 기본적인 공교육의 혜택을 받지 못한 채 방치된 상태에 놓인 경우가 많다(조영달, 2006).

외국인근로자의 자녀 수는 최근 꾸준히 증가하고 있지만, 현재 이들에 대한 인식과 복지에 대한 관심은 거의 전무한 상태이다. 더욱이 외국인근로자들이 자녀에 대한 신고를 하지 않아 정확한 숫자 파악은 어려운 상황이다. 정부와 시민단체는 외국인근로자를 위한 지원방안을 모색하고 있으나 그들의 자녀에 대한 지원은 여전히 미비한 실정이다. 또한 등록된 외국인근로자라 할지라도 가족동반은 사실상 금지되므로, 국내

외국인근로자 자녀의 대부분이 신분상 불법체류자에 해당하여 정부 차원에서의 지원 방안을 마련하는 데 한계가 있을 수밖에 없다.

(3) 북한이탈주민가정 자녀

북한이탈주민이란 휴전 이후 다양한 동기에서 북한체제와 사회를 떠나 남한사회에 정착하고, 공식적으로 남한 주민등록을 취득한 북한지역 출신 주민들을 칭하는 용어이다. 북한이탈주민가정은 1994년 이후 북한이 심각한 경제난에 봉착하고 북한주민의 주거지 이동에 대한 사회적 통제력을 상실하기 시작하면서 급증하였다. 최근에는 중국인이나 조선족과 결혼한 사람이 배우자와 함께 입국한 후 북한이탈주민으로 신고하고 있다.

북한 출신의 탈북주민을 의미하는 이들은 본래 같은 말과 글을 사용하는 한민족이지만 반세기가 넘는 남북한 분단의 역사로 정치적·사회적·경제적·문화적 차이로 인해 한국사회의 적응에 많은 어려움을 겪고 있다. 북한이탈주민들은 주로 일용직이나 임시직에 고용된 경우가 많아 경제적 문제가 가장 큰 어려움으로 나타나고 있다. 북한이탈주민가정 자녀는 북한에서 태어나 한국에 입국한 아동·청소년, 한국에서 출생한 그들의 자녀들을 통칭한다. 2007년 1월 기준으로 현재 6~20세 사이 북한이탈주민 자녀들은 1,047명으로, 전체 북한이탈주민의 10.5%에 해당된다. 이들 자녀들은 학교생활에서 용어의 사용과 말투의 차이로 인해 학습의 어려움, 동료와 갈등, 학업포기 등의 문제가 나타나고 있다. 북한에서 태어나 한국에 입국한 경우는 3개월간 하나원에서 사회적응 교육을 받고 대한민국 국적을 취득한 후 남한의 일반학교에 편입된다(주경란, 2009).

2) 이주배경청소년의 문제

(1) 일반적 문제

다문화가정 청소년의 문제는 다문화가정이 갖고 있는 문제와 밀접한 관련을 갖고 있다. 일반적으로 지적되고 있는 문제로는 언어와 문화적 갈등, 사회적 편견, 사회문화적 고립, 빈곤문제, 그리고 가정과 관련한 폭력문제 등이 언급된다. 우리나라에서 다문화가정의 일반적 문제는 곧 그 자녀들의 문제로 이어진다. 이들의 갖는 문제는 특히 학교생활에서도 나타나는데 대체로 다음과 같은 몇 가지로 정리될 수 있다.

첫째, 다문화가정의 청소년들은 기초학습능력이 낮다. 이들은 일반 한국인가정의 자녀에 비하여 학업에서 뒤처지는데, 이는 그들의 부모가 대부분 사회적·경제적 기반이 취약하고, 이로 인해 소득이 낮으며, 학습환경이 열악하기 때문이다(조영달, 2006). 외국인근로자가정 자녀 학생들은 특히나 언어장애로 인한 기초학력 저하, 학조기 적응 실패, 불법체류 등의 복합적 문제를 가지고 있다. 이것은 학습부진으로 이어지고 대인관계에 문제가 발생하며 정체감 혼란으로 인한 심리적 고충이 큰 문제점으로 지적되고 있다.

둘째, 언어발달지체 현상과 문화부적응 문제를 야기하는 경우가 있다. 국제결혼가정 자녀가 어머니의 모국어 사용을 금하는 분위기에서 자라는 경우가 많아 한국어와 어머니의 모국어 모두에 미숙한 경우가 많다(교육인적자원부, 2006). 따라서 유아기부터 한국말이 서툰 외국인 어머니의 교육을 받으면서 성장하기 때문에 언어발달지체 및 문화부적응을 겪게 되고 학교 수업에 대한 이해도가 떨어져 학습부진으로 이어지게 된다. 다문화가정 자녀가 학교생활에서 겪는 어려움은 학교공부에 대한 부담에서 비롯되고 있으며, 그 근원에는 미흡한 한국어 실력으로 인한 수업시간에의 이해력 부족이 있었다. 이러한 결과는 다문화가정 학생이 소외나 놀림 및 차별 등 친구나 교사와의 관계에서 오는 정서적 문제보다는 학교 공부나 숙제 및 준비물 등 개인적이고 실질적 문제로 더 많은 어려움을 경험하고 있으므로, 문제의 본질에 근접하는 정책 대안이 필요함을 시사하고 있다.

셋째, 다문화가정 자녀는 정체성 혼란을 경험할 수 있다. 대부분 어머니가 외국인이기 때문에 한국 문화와 다른 문화를 접하게 되고 문화적·언어적 차이는 다문화가정 자녀의 정체성 형성에 부정적인 영향을 미치게 된다.

결혼이주여성의 다문화가정 자녀들이 성장하면서 어떻게 사회에 적응하고 있는지 조사한 결과들을 보면, 대부분의 이들 자녀들은 자아정체성 점수가 낮은데 특히 자아정체감의 하위요소 중 미래 확신성, 주도성, 친밀성 항목이 낮게 나타나고 있다. 자아존중감이 낮은 아동들의 사례를 보면, 대체로 부모와의 관계에 불만이 많은 청소년들로 공격적이고 반사회적인 경향을 보인다. 학문적 자아존중감이 결여된 청소년은 불안하고 산만한 경향이 있으며, 또래관계를 부정적으로 보는 아동들은 불안하고 우울한 경향이 있다고 보고된다.

외국인근로자 자녀의 경우는 한국 국적을 취득하지 않은 경우가 많고 또 실제 자신의 나라에 대한 문화나 언어에 익숙하지 못한 상황에서 한국어와 한국문화에 노출된 경우 정체성 형성에 더 큰 혼란을 주는 것으로 알려져 있다. 한국생활에 안정적인 정착을 하지 못하며 언젠가는 떠나야 한다는 사실이 자녀들에게 불안감을 갖게 한다. 불법체류 신분인 경우는 더욱 더 확고한 정체성을 발달시키기 어렵고 사회적인 노출을 꺼린다.

넷째, 다문화가정 자녀는 사회의 편견으로 집단따돌림을 당할 우려가 있다. 법률적·경제적·사회적 기반이 취약한 국제결혼가정 자녀의 상당수가 집단따돌림에 쉽게 노출되며 이로 인해 건강하지 못한 정서적인 충격을 경험하게 될 수도 있다. 이는 정서적으로 민감한 학생들이 편견과 차별을 견디지 못하고 학교를 포기하는 결과를 초래하여 사회문제가 될 우려가 있다(교육인적자원부, 2006).

다문화가족 자녀는 본인의 의사와 무관하게 결정된 요인, 또는 본인의 노력에 의하여 해결될 수 없는 이유 즉, 학교에서 말씨, 피부색, 문화 등의 차이로 학습결손, 학교 부적응 등의 어려움을 겪고 있으며, 이로 인해 학교를 다니지 않는 경우도 증가하고, 집단따돌림을 경험하기 때문에 매우 건강하지 못한 정서적 충격(자살 충동, 적개심 등)을 경험하게 된다. 또한 초·중·고로 교육단계가 올라갈수록 다문화가족 아동의 이탈률이 급격히 상승하게 되는데 그 이유는 정서적으로 민감한 학생들이 편견과 차별을 견디지 못하고 학교를 포기하는 사례가 늘어나기 때문이다.

(2) 다문화가정 유형별 청소년문제

첫째, 결혼이주여성 다문화가정의 자녀들은 다수가 성장과정과 생활에서 많은 어려움과 문제를 겪고 있다. 특히, 이들 자녀들은 일반인들의 긍정적인 다문화 인식부족과 혼혈에 대한 편견으로 인해 한국사회와 학교에 적응하는 데 많은 어려움을 겪고 있다(원진숙 외, 2010; 김정원, 2010). 이들 자녀들은 특히 또래집단에게 집단따돌림을 받는 것으로 나타났다(설동훈 외, 2005). 또한 외모상의 특성, 언어 미숙, 태도와 행동이 다르다는 이유로 따돌림을 받는 것으로 나타났다. 또한 외국에서 출생하여 자란 후 모의 결혼으로 한국에 입국한 결혼이주여성의 2세(중도입국자녀)들은 언어장벽과 문화적 차이로 인해 학교 부적응 현상을 겪으며 대부분 중도탈락하고 있어 최근 새로운 사회문제로 등장하고 있다.

둘째, 외국인근로자가정의 청소년 역시 학교적응 및 한국사회 적응에 어려움을 겪고 있다. 이들은 특히 한국어 미숙으로 인해 의사소통에 문제가 있으며, 나이가 또래 학생들보다 많아 또래관계 형성의 어려움에 부딪치고 있다. 학교교육은 학습부진 현상이 나타나며, 학년급이 높아지면서 낮은 학업성취로 인해 학교를 중도 포기하는 경향이 높다. 대부분 이들 자녀들은 부모가 외국인이라는 이유로, 한국말이 서툴러서, 혹은 생김새가 다르다는 이유로 또래집단에게 놀림을 받거나 심한 경우 집단따돌림, 구타를 당하는 경우까지 있다. 외국인근로자가정의 자녀들은 대부분 다문화가정 자녀들과 마찬가지로 정체성 혼란의 문제를 겪으며, 외모가 잘 구별되지 않는 조선족 및 중국계 이주노동자의 자녀들의 경우에도 자신이 외국인임을 숨기려는 경향이 높다(정하성 외, 2007; 주경란, 2009).

셋째, 북한이탈 주민가정 자녀들은 신체발달이 일반 청소년에 비해 현저히 지체되어 있으며, 특히 영양결핍으로 인해 신장이 왜소하다. 이는 여자청소년은 남자청소년보다 더 심각하다. 이러한 현상은 근본적으로 북한에서의 기아, 가족해체, 탈북과정의 스트레스, 공포 등과 같은 요소가 원인이며, 이들 청소년들은 새로운 사회에 대한 막연한 두려움과 언어, 문화의 차이, 적응에 대한 걱정, 미래에 대한 불안 등으로 심리적인 불안증상을 나타내고 있다. 또한 이들이 겪는 어려움은 말씨, 학업성취, 외모, 친구 없음, 교사의 무관심 등에 기인한 것으로 정리된다(김미숙, 2005).

이들 청소년들이 학교생활에 적응하지 못하고 어려움을 겪는 현상은 개인적 요인 이외에도, 남북한 교육제도의 차이로 인한 학업부진 때문이기도 하다. 북한의 학제는 소학교 4년, 중학교 6년의 기본학제로 구성되어 한국의 학제와 비교했을 때 2년의 격차가 생긴다. 게다가 한국에 정착하기 전 수년간의 떠돌이 생활로 인하여 나이 많은 청소년이 초등학교나 중학교에 편입하게 되는 경우도 있다. 이들은 대학입시제도에서도 문화적 차이를 보인다. 북한은 소수의 과학전문인력을 제외하고는 중학교를 졸업하고 바로 대학에 가는 수가 매우 적으며, 그것도 성적이 아닌 추천에 의해 진학하는 경우가 많아 남한처럼 치열한 경쟁을 통해 대학에 가지 않기 때문이다. 또한 북한학교의 교사와 학생과의 관계는 상하-수직적인 관계이기 때문에 남한식의 교사와 학생 간의 상호작용에 익숙하지 않아 소극적이고 활발하지 않으며, 위축된 행동 등으로 나타나게 된다(정하성·우룡, 2007).

4. 다문화의 인식전환과 이주배경청소년의 강점

1) 다문화청소년들에 대한 편향된 인식

한국에서는 다문화라고 하면 '문제'부터 인식하는 경향이 강하다. 물론 다문화배경 인구 중에서 어려운 사람들이 많은 비중을 차지하고 있고 여러 가지 어려움을 겪고 있는 것도 사실이다. 그러나 전체 다문화배경 인구 중에는 분명히 의식수준이 높고 사회에 크게 기여할 수 있는 사람들이 많은 점은 간과하고 부정적인 측면만 인식하는 것은 아쉬운 일이다.

다문화청소년의 문제를 지나치게 부각하는 것은 다음과 같은 몇 가지 문제를 야기할 수 있다(김삼화, 2011a). 첫째, 다문화청소년에 대해서 선입견을 가지게 한다. 예를 들면, 일반 학교에서 다문화청소년들에게 한국문화교육을 시키거나, 그들의 내적 수요에 맞지 않는 다문화관련 프로그램을 실시하는 것이 있다. 둘째, 다문화청소년들이 가진 강점과 가능성을 간과할 수 있다. 다문화청소년들 가운데 학습문제를 가지고 있는 경우에도 다른 긍정적 역량을 가지고 있을 수 있을 것이다. 문제의 부각은 그들의 잠재력 개발을 소홀히 하게 하게 된다. 셋째, 다문화청소년들의 정체성 형성을 어렵게 한다. 다문화학생이면 무조건 '따돌림의 경험이 있는 학생'이나 '학습부진아'로 보는 시각 등도 이와 관련되는 것이다. 이러한 선입견과 왜곡된 판단으로 다문화청소년들이 자신들의 다문화배경을 회피하게 하거나 이를 자부심이 아닌 열등감으로 지각하는 현상이 나타나게 된다는 점을 기억할 필요가 있다.

2) 다문화청소년들의 강점과 성장가능성

다문화청소년들의 성장 가능성에 대한 확신은 그들에게 보다 적절한 교육을 제공하는 데 도움이 될 수 있다. 로젠탈과 자콥슨(Rosenthal & Jacobson, 1968)는 유명한 실험을 한 적이 있다. 몇몇 초등학교 교실에서 무작위로 학생들을 선택한 후, 교사들에게 이 학생들이 일 년 동안 많은 지적 발전을 이룰 것이라고 말했다. 놀랍게도 학생들은 실제로 그해 동안 다른 아이들보다 더 많은 발전을 이루었다. 이른바 피그말리온 효과(pygmalion effect)로 알려진 이 연구는 교육상황에서 학생의 능력이나 행동에 대한 교육자의 기대와 신념이 교육자가 기대하는 바로 그 행동을 야기할 수 있다는 것을 설명해준다.

다문화배경이라고 해서 모두 언어장벽에 당면하거나 '학습결손' 문제를 겪고 있는 것은 아니다(김삼화, 2011b). 다문화청소년 중에도 외모로 구분되는 경우도 있고 그렇지 않을 수도 있으며, 부모의 출생국가의 차이도 있으며, 가족의 지원과 지도를 받을 수 있는 상황도 각기 다르게 나타난다. 다문화배경을 자랑으로 생각하는 학생과 그렇지 않은 학생들도 있다. 보다 중요한 것은 다문화청소년들도 다른 청소년들과 마찬가지로 그들만의 성격, 흥미, 적성 그리고 천부적인 재능을 갖고 있다는 점이다(박승민·김삼화·박한샘, 2013). 이러한 개별적 특성 이외에 다음과 같은 공통적 특성을 갖는다.

첫 번째 강점은 다문화잠재력이다. 다문화청소년은 자연스러운 환경에서 두 개 이상의 언어와 두 개 이상의 문화를 경험한다. 즉 계획적 교육과 의도적 노력 없이도 생활 속에서 두 개 이상의 언어를 익히게 되고 부모로부터의 문화적 영향을 받게 된다. 이중언어의 습득은 보다 넓은 세상에서 창조적인 삶을 사는 데 유용할 수 있다는 것이다.

두 번째 강점은 두 개 이상의 문화를 평화롭게 통합할 수 있는 능력이다. 그들은 부 또는 모의 문화와 혈연적으로 연결되어 있어서 극단적으로 어느 하나의 문화를 배척하거나 공격하지 않는다. 부모와 관련된 나라의 문화와 사람에게 깊은 관심을 가질 수밖에 없다. 이런 상황이 때로 갈등이 될 수도 있지만 다른 한편 선천적으로 갖게 되는 역량이며 이는 많은 사람들과 연합할 수 있게 기여할 것이다.

3) 다문화청소년의 성장을 촉진하는 요소

다문화청소년을 인재로 키우려면 그들의 성장특징과 그들의 성장을 촉진할 수 있는 요소를 알아야 한다. 김삼화(2005)는 다문화청소년의 성장과정과 촉진적인 요소를 알아보기 위하여 2년 동안 40여 명의 다문화 학생을 대상으로 심층 면담을 진행한 바 있는데, 그 결과를 다문화청소년의 동기화 특성, 지적발달, 정서 및 사회성 발달, 다문화 정체성의 통합 등과 관련한 촉진적 요소로 구분하여 제시하였다.

첫째, 다문화청소년들의 동기화 특성과 촉진적인 요소로는 ① 자율성의 동기적 효과, ② 호기심과 흥미, ③ 진정한 관심의 동기화 효과, ④ 두려움과 동기화 효과, ⑤ 꿈의 동기화 효과, ⑥ 긍정적 신념의 동기화 효과 등이 나타났다. 동기는 행동을 유발하고 방향을 제시하며 시작한 행동을 유지시키는 데 중요한 기능을 하는 내재적 상태이다. 연구결과는 무엇이 다문화청소년들로 하여금 학습과 경험의 행동을 시작하게 하고 어렵고 힘이 드는 상황에서도 노력하는 행동을 유지하게 하는지를 보여준다.

둘째, 다문화청소년의 지적인 발달과 촉진적인 요소로는 ① 눈높이 과외지도의 효과, ② 부모의 지도효과, ③ 좋은 교사의 지도효과, ④ 다양한 독서와 체험활동의 효과, ⑤ 반성적 사고의 효과, ⑥ 친구와의 상호작용 효과 등으로 나타났다. 지적발달은 학업 성적을 기준으로 학업성적의 향상에 도움이 되는 요소를 스스로 설명하도록 한 결과를 정리한 것이다. 연구에 참여한 청소년들이 밝힌 학업성취에 영향을 미치는 요인들은 일반청소년들의 경험과 크게 차이가 없었다.

셋째, 다문화청소년의 정서 및 사회성발달과 촉진적 요소로는 ① 자율성의 확보로 강화된 자기기능, ② 만남을 통한 치유와 회복, ③ 훌륭한 사람의 자극과 수월성의 추구 등의 세 가지로 나타났다. 사람들은 다양한 사회적 관계 속에서 사회적 행동, 성역할, 도덕성 등 사회화와 관련된 요소들을 발달시키는데, 다문화청소년에게도 정서 및 사회성발달의 과제가 주어지기 때문에 주위 세계와 그 안의 사람들로부터 자양분을 흡수하면서 사회의 한 구성원으로서 마땅히 익혀야 할 사회적인 행동을 익히게 된다.

넷째, 다문화청소년에게 있어서 다문화정체성을 확립하는 것이 무엇보다도 중요하다. 이는 한꺼번에 이루어지는 것이 아니며, 사람이 유년기, 아동기, 청소년기, 청년기, 중년기, 노년기를 경험하듯이 무감각기, 혼란-갈등기, 통합기로 구분할 수 있는 발달

단계를 경험하게 된다. 무감각기는 문화적인 차이와 다문화의 의미에 대해서 자각하지 못한 상태를 말하며, 혼란-갈등단계는 두 가지 문화를 어떻게 합리적으로 구성하고 그 차이를 어떻게 평가하는지에 대한 기준을 세우지 못하는 상태를 말한다. 통합단계는 두 개 이상의 문화를 충분히 경험한 다음 문화적 차이와 쟁점을 명확하게 구분하고 문화적 가치와 문화적인 차이를 공개적으로 논의하며 문화적인 문제에 대해 합리적인 제안과 아이디어를 낼 수 있는 단계를 말한다. 다문화청소년은 모두 두 문화를 받아들이고 자신의 다문화정체성을 갖게 되는 단계로 발전하고 있음을 기억할 필요가 있을 것이다(김삼화, 2011a).

Chapter 10

청소년과 참여복지

미국 하버드대학의 교수였던 갈브레이스(John K. Galbraith)는 사회 구성원 모두에게 고용과 삶의 질을 향상시킬 수 있는 기회를 주어야 하는 것을 좋은 사회(good society)의 기준으로 제시한 바 있다. 청소년들에게는 장차 사회활동에 참여하는 데 필요한 교육과 복지서비스를 보장하고, 사회혼란과 갈등요인을 제거해야 한다고 보았다. 사회생활에 적응하지 못하거나, 적응할 수 없는 구성원들에게 최소한의 삶의 조건을 보장해 주는 안전장치가 필요하며, 나머지 구성원들에게는 각자의 능력과 취향에 따라 경제적·사회적 목표를 달성할 수 있는 기회를 보장해야 한다는 것이다.

청소년기를 "성인기를 위한 준비" 기간으로 보면 〈좋은 사회〉를 위해 청소년들이 사회에 대해 책임감을 갖고 관심을 가지며 참여하는 구성원이 되도록 하는 기회를 제공해주는 일은 지극히 당연한 것이다. 청소년에게 무엇인가 어려운 일을 하도록 하는 도전을 하게 함으로써 잠재능력을 찾고, 노력 여하에 따라 성취할 수 있는 일을 할 기회를 제공함으로써 자신에 대해 책임질 수 있는 청소년이 되도록 하는 것이 필요하다. 청소년기는 자신들이 할 수 있는 일이 무엇이며 스스로 어떤 영향을 끼칠 수 있는지에 대해 자기 가치를 정의하기 시작하는 시기이기 때문이다.

이 점에서 우리 사회는 청소년들에게 "지금, 그리고 이 일에서"부터 참여하는 기회를 주지 않으면서 막연한 미래를 위해 준비하기를 요구하는 것은 잘못된 일임을 인식해야 한다. 청소년들이 우리 사회에서 해야 할 역할을 인정하지 않으면서 더욱 의존적으로 청소년 시기를 연장시키며 자기존중감을 해치고 잠재력 개발을 지연시키는 지금의 우리 사회는 결코 〈좋은 사회〉의 기준에 맞지 않는다. 여기에서는 청소년복지의 주요 내용 영역으로 대두되고 있는 청소년참여에 관한 내용을 고찰함으로써 청소년을 위한 참여복지의 의미를 이해하기로 한다.

1. 청소년참여의 대두 동향

청소년참여(youth participation)를 정의하기 위해서 먼저 21세기를 목전에 두고 있는 지금 전 세계적으로 촉진되고 있는 청소년의 사회참여 동향에 주목할 필요가 있다. 이미 선진 각국에서는 청소년정책의 주된 방향을 "청소년참여를 통한 청소년 개발(youth development through youth participation)"에 두고 미래의 비전을 만들어나가는 주요 국제회의들에 각국의 청소년 대표들을 초빙하여 그들의 의견을 정책에 반영하고자 하고 있다. 이제 청소년은 어른들이 가르치고 이끌어야 하는 미성숙한 존재가 아니라 자주적이고 독립적인 인격체이자 성인에게 찾아볼 수 없는 우수한 역량을 지닌 책임 있는 사회의 한 구성원으로서, 무한한 잠재력을 가지고 있는 인류 발전의 동반자로서 그 사회적 역할과 위상이 새롭게 변모해 가고 있는 것이다.

이러한 흐름의 대표적인 것으로 이미 1980년대에 10개년 발전을 위한 유엔의 발전전략 위원회는 "모든 나라는 발전을 위해 청소년의 힘을 하나로 통합하고 동력화하는데 우선을 두어야 한다"는 사실을 권고하기에 이르렀으며, 유엔은 1985년을 "세계 청소년의 해"로 정하면서 평화(peace), 발전(development), 참여(participation)를 그 주제로 채택하여 청소년에게 사회발전에 참여할 수 있는 기회를 제공함으로써 동반자 관계로 평화로운 미래를 건설해가고자 하는 희망을 제시한 바 있다. 유럽청소년각료회의에서도 지금보다 10년 앞선 1988년에 국가와 지방 단위 청소년정책의 기본적 조건으로서 "참여"를 선택한 바 있다.

1992년 브라질 '리우 데 자네이루'에서 열린 지구환경회의에서는 '21세기 의제(Agenda 21)'를 채택하며 '각국은 청소년집단의 의견을 들어 모든 수준에서 그들 집단

간, 정부 간 대화를 확대하고, 청소년들에게 정보를 제공하며, '21세기 의제'의 실행을 포함하여 정부의 결정에 관한 청소년들의 생각을 제시할 기회를 제공해야 한다'고 선언하였다. 또한, 청소년집단을 발전과정의 협력자로 규정하고, 지속가능한 발전과정에서 다양한 수준의 정책결정에 대한 청소년참여의 중요성을 명백히 하고 있다. 1996년 11월 오스트리아 비엔나에서 개최된 유엔주최 '세계청소년포럼(World Youth Forum)'의 "청소년참여와 청소년 권리" 분과에서는 총회와 각종 회의에 청소년이 국민 대표로 참석해야 함과 아울러 '유엔 청소년권리헌장'을 작성하고 총회 특별청소년기자단을 선정하여 3년 동안 청소년 인권을 모니터할 것을 제안하였다. 정부는 인권교육을 교과과정에 포함하고 인권 분야 훈련 지도자를 위한 훈련과정 설치와 청소년 참여와 권리를 높이기 위한 적합한 자료를 개발하고 제시해야 한다고 제안하였다.

한편 청소년권리의 측면에서도 청소년을 자신의 삶의 주체로 인정하고 그들의 '최선의 이익'을 보장하기 위한 세계적인 흐름이 이어져 왔는데, 특히 1989년 유엔 총회가 세계 각국이 적용해야 할 사회적·법적 기준과 지침을 마련한 '아동·청소년권리조약(Convention on the Rights of the Child)'은 아동과 청소년의 권리를 실질적으로 보장할 수 있는 구체적인 기준과 지침을 마련했다는 점에서 중요한 의미를 갖는다.

이 조약은 1924년 국제연맹이 채택한 '제네바 어린이 권리선언' 이래 65년 만에, 그리고 1959년의 '유엔 어린이 권리선언' 이래 30년 만의 것이다. 이는 유엔 총회에서 투표 없이 전폭적 지지로 채택되었고 다른 조약보다도 호응 회원국이 많은 조약으로, 우리나라는 1991년 12월에 이 조약을 비준하여, 이제 우리사회에서 어린이와 청소년의 권리는 '반드시 실현해야 할 조약'이 되었다.

그러나 여기서 우리는 "청소년참여"의 개념이 최근에 대두된 것이 아니며 지금의 논의는 "오래된 술을 새 부대에 담는" 것이라는 점에 유의할 필요가 있다. 1960년대 세계는 기성세대, 전통적 가치관, 산업사회구조를 전면적으로 거부하고 새로운 그 무엇을 추구함으로써 생겨나는 청소년의 출현(emergence of youth)이라는 현상을 경험하였다. 즉, 청소년들은 그들의 삶의 장에서나 사회적 변화의 과정에서 하나의 독립된 인격과 주체적 권리를 가진 존재로 자리매김되기 시작하였던 것이다. 특히 청소년참여운동은 전통적 제도, 정치권력, 사회경제적 가치들이 더 이상 효과적이지 못하고 정통성을 상실하고 있다고 생각하는 일단의 비판적 청소년 다수에 의하여 공통적으로 형성되는 사회운동으로서 청소년들이 기존 사회조건과 정치질서에 맞서 변화를 가져오는 주체로 활동하고 있다. 세대 간 갈등과 세계사의 특정 시기에서부터 역사적 쟁점(issue)이 있을 때마다 청소년들의 참여운동은 촉진되어 왔으며 오늘날에는 자신들의 권익 증진과 세계평화를 위한 폭넓은 활동을 하고 있어 주목된다.

2. 참여의 개념과 필요성

1) 청소년참여의 개념

청소년참여를 정의하기에 앞서 우선 참여에 대한 이해가 선행되어야 한다. 참여민주주의에서 말하는 참여의 개념은 "사회의 보통 구성원이 의사결정의 결과에 영향을 미치거나 영향을 미치고자 하는 행동"으로 정의할 수 있다(김대환, 1997). 또 다른 개념으로는 정치 공동체의 일반 구성원들이 공적 영역의 공공문제나 인물선택에 관한 의사결정에 직·간접적으로 영향을 미치려는 명시적이고 자발적인 행위로 정의된다(박효종, 2006; 김영인, 2002). 이러한 개념에서 참여의 주체는 '사회의 보통 구성원'으로서 직업적인 의사결정자가 의무나 권한으로서 의사결정과정에 영향을 미치는 것을 말하지 않는다. 참여의 목적은 '의사결정과정에 영향을 미치는 것'으로 목적의식을 가지고 이루어지는 행동이 참여이다. 그리고 이 목적은 개인적인 것이 아니라 적어도 몇 사람 사이에 공유되는 것이라야 한다. 그리고 참여는 '행동(action)'을 의미한다. 따라서 운동, 에너지와 노력을 필요로 하는 것임을 기억해야 한다.

참여에 대한 이러한 개념들을 통해 청소년참여에서는 사회발전을 위한 자원으로서 또는 사회변동의 주체로서 청소년의 역할과 기여를 기대한다고 볼 수 있다. 청소년이 자신의 삶의 주체로서 그리고 지역사회의 구성원으로서 자율성을 갖는 독립된 존재라는 인식에 근거하여 지역사회에 참여할 권리가 있고 동시에 지역사회 발전에 참여해야 할 책임이 있다는 것이다(김정주, 1999). 또한 청소년참여는 청소년들에게 단순하게 자신들의 목소리를 갖게 하거나 권한부여만을 의미하는 것이 아니라 동시에 성인들이 청소년들의 목소리를 경청할 수 있도록 하는 것을 포함한다(천정웅, 1998b).

청소년참여에 관한 개념 규정은 다양하게 나타나고 있다. 윈터(Winter, 1997)는 "청소년들이 능동적으로 자신의 생활환경에 참여하는 기회"라고 정의하고 있으며 하트(Hart, 1997)는 청소년참여를 기본권리라고 하고, '자신의 삶에 영향을 주는 그리고 자신이 살고 있는 지역사회에 영향을 주는 의사결정을 공유하는 과정'으로 정의하였다. Council of Europe(1993)에서는 청소년참여를 "책임과 의무를 떠맡고 자신의 의사결정을 할 수 있도록 포함되고, 허용되고, 조장되어야 할 청소년의 권리"라고 정의하였다.

청소년참여의 개념은 민주주의, 사회참여, 시민권, 정책결정과정 등을 중심으로 생각할 수 있다. 첫째, 민주주의와 관련된다. 참여는 시민들의 필요와 욕구에 대처해 나가기 위해서 한 사회 내에서의 이익을 극대화하는 방법으로 목표를 설정하고 그와 같은 목표달성에 필요한 수단을 선택하는 하나의 과정이다. 시민들은 이와 같은 참여과정을 통해서 그들의 욕구가 정책결정에 반영된다고 하는 효과감의 증진으로 정부에 대해서는 물론 자기자신의 역할에 대해서도 만족하게 된다.

둘째, 사회참여로 이해된다. 청소년참여는 오늘날 '청소년은 성인들의 책임을 통해 보호되어야 한다'로부터 '청소년들의 참여는 바로 사회변화의 원동력이다'는 것으로 변화하고 있다. 사회참여는 공식적, 정치적 과정보다는 이를테면 이웃수준에서 직접적으로 일상생활에 관련된 정책에 영향을 미치거나 교육제도 또는 작업환경에 개입하는 것과 관련된다. 반면 정치참여는 '직접 또는 간접으로 정치적 의사결정 과정에 영향을 미치는 데 목표를 둔 시민의 매우 적극적인 행동'으로 정의한다.

셋째, '시민권'(citizenship)의 관행과도 밀접한 관련을 갖는다. 미국의 정신과 의사인 로저 하트(Roger Hart)는 참여를 기본적인 시민권이라고 정의하면서 "시민의 생활과 시민이 살고 있는 공동체의 생활에 영향을 미치는 결정을 공유하는 과정"이라고 설명했다. 그것은 민주주의를 만드는 수단이며, 민주주의를 측정하는 척도이다. 'UN 아동·청소년권리조약'에서 참여는 비록 제약이 따르기는 하지만 시민권으로 설정되었다. 시민권이란 공공생활(정치적 생활보다 더 넓은)에의 참여, 지역사회에의 완전한 참여 등으로 정의됨으로써 시민에 대한 엄격한 정치적 개념정의—즉, 국가와 개인 간의 관계성을 강조하는-에서부터 다소 넓은 사회적 개념정의까지 이르게 되는데 후자에서는 전체로서의 사회와 시민들 간의 관계성을 보다 크게 강조한다. 이 점에서 시민권은 사회권과 복지권의 실현을 위해서도 전제되는 것이다. 특히 시민권(citizenship)과 시민사회(civil society)에 관하여 최근 많은 물음이 제기되고 있는데 그 주제가 빈곤, 언더클래스(underclass), 여성 이슈, 민족정체성, 참여민주주의, 소수민족문제, 권위주의적 정부, 초국가적 발전, 지식인의 역할 및 환경 등 거의 모든 문제들이 시민권 논의로 이어지고 있어 주목된다.

넷째, 청소년참여는 청소년정책의 영역에서도 시대적으로 변화하면서 사용되고 있다. 청소년정책과 참여의 주제에서 중요한 점은 '어느 정도로, 어떤 방법으로, 청소년들이 청소년정책에 참여할 수 있으며, 또 어떤 조건에서 청소년들이 정책과정에 참여 가능할 것인가'이다. 정책결정에서의 청소년참여의 유형은 참여활동의 정도를 기준으로 ① 정보전달적 참여(information): 정책 계획수립 시에 청소년의 욕구가 무엇인지를 알아보고 정책내용을 청소년들에게 알리는 것, ② 비형식적 협의(informal consultation): 청소년의 의견수렴을 위해 비형식적 협의모임을 구성하는 정도의 참여, ③ 형식적 협의(formal consultation): 공식적인 청소년과의 협의기구를 통한 참여, ④ 정책결정과정의 참여(participation in decision-making): 정책결정기구와의 협의에서 청소년들이 평등(equality)에 입각하여 참여하는 수준의 4가지로 구분한다.

따라서 여기에서는 청소년참여를 아동과 청소년들이 자신들의 삶과 지역공동체, 넓게는 사회생활에 영향을 끼치는 결정에 참여하는 의미로 정의하기로 한다. 따라서 단순히 일반 활동에 참가하거나, 행사에 동원되는 것은 실질적 의미의 참여가 아니다. 실제로, 이러한 것이 실질적 참여로 잘못 이해될 때 명목주의가 일어날 수 있으며, 그러한 혼동이 정책과 실제에서 참여의 개념에 대한 오해를 불러일으키고 있다(McNeish, 1999). 케언즈(Cairns, 2006)는 효과적인 참여는 아동이 프로젝트의 목적을 통제하며, 이에 따라 모든 아동(단지 작은 한 집단만이 아니라)이 자문협의만 받는 것이 아니라 책임을 지고, 결과를 성취하며, 성인들이 이를 받아들이는 것이라고 하였다.

2) 청소년참여의 필요성

청소년참여가 필요한 첫째 이유는 발달심리학적 관점에서 논의된다(Hart, 1992). 필요한 숙련기술이나 책임감을 기르지 않은 채 '갑자기 책임감을 갖게 되어 16세, 18세 또는 21세에 어른이 된다고 생각하는 것은 무리이다. 청소년들이 일상생활을 통한 사실들(social facts)에 대한 판단과 행동의 기준을 설정하게 되고 자신의 세계를 보다 넓은 사회적 영역으로 확산시키기 위한 능력과 실천을 경험하면서 성인사회로 들어가는 것이 필요하다. 특히 사회적 발달과업이란 한 개인이 집단이나 사회 구성원으로서 참여를 위한 지식, 기술 및 태도를 습득하게 되는 것을 말한다. 즉, 청소년의 사회화를 위한 과정은 인간발달과정에서 나타나는 신체적·심리적 특성과 사회문화적 성격과의 관계 속에서 다양한 형태로 이루어진다는 점에 주목할 필요가 있다.

둘째, 청소년참여는 청소년들이 자신의 자아정체감에 대한 혼란을 극복하고 창조적 정신을 배양하기 위해서도 필요하다. 급격한 사회변동으로 인한 가치관의 혼란, 산업화에 따른 도시화, 가정의 본질적 기능의 약화, 기성세대와 청소년 간의 세대적 격차, 입시경쟁에서 패배한 청소년들의 상대적 박탈감 등이 청소년들의 올바른 자아정체감의 확립과 사회참여를 저해하는 결정적 요인이 되고 있음에 유의해야 한다. 오늘날 우리가 규정하고 있는 청소년문제들은 사실 청소년들이 자신을 발견하려는 충분한 노력도 기울이지 못할 뿐만 아니라 청소년들 자신의 실제적인 검증작업도 없이 기성세대가 만들어 놓은 틀에 맞추어 지내온 결과이다. 청소년들의 창의적인 정신배양을 위해서도 청소년의 참여는 절대적으로 필요하다.

셋째, 참여란 민주주의 제1의 원칙이며 사회통합의 중요한 요소이다. 참여는 민주주의 본질이자 핵심으로서 처음부터 민주주의와 궤를 같이 했다. 민주주의는 참여에서 비롯되고 참여와 더불어 발전해 왔다. 민주주의를 위해 사회의 평화적 발전과 번영을 위해, 젊은 세대를 사회·정치의 장에서 계속적으로 통합해 가는 것은 불가결하다. 스스로 자진해서 책임 있는 일을 하려고 하는 청소년은 사회나 직장에서 그 나름대로의 자신의 장소를 확보하는 것이며, 비행이나 기타 문제의 여지가 줄어드는 것이다. 특히, 직장에서, 개개의 노동자에게 높은 유연성, 창조성, 책임감이 요구되고 있는데, 결정과정에 참가해서 문제에 몰두하고, 책임을 가지고 행동하는 것이 전문적인 직업인으로서의 조건이 되고 있다. 참여는 경제발전의 기본적인 조건이라고도 볼 수 있다.

넷째, 청소년으로서의 자기개발과 발전을 위한 역할실험을 위해서도 참여는 필수적이다. 젊은이들이 자신의 인생의 주역이 되어, 재능, 흥미 관심을 펼쳐서 사회 안에서 자신의 위치를 확보할 수 있도록 하지 않으면 안 된다. 이를 위해서 사회는 교육, 직업훈련 기회를 제공할 필요가 있다. '삶의 질'도 중시해야 한다. 스포츠, 문화생활, 청소년활동 등에 참가하는 것도 풍요로운 인생을 위해서는 필요하다. 특히 활동의 종류와 내용을 자주적으로 청소년이 결정해 가는 것이 대단히 중요하다. 청소년들이 자신이 무엇을 할 수 있느냐를 발견하기 위해 여러 가지를 경험해 볼 수 있는 기회를 가져야 한다. 하고 싶은 일은 관념적으로가 아니라 좀 더 가까이에서 보는 것이 간접적이긴 하지만 보다 정확한 역할 실험이 될 것이다. 어떤 지도자의 일을 수행해 본 후에 자기의 지도력에 대한 자신감을 가질 수 있고, 어떤 봉사활동을 통해서 자기가 할 수 있는 봉사의 뜻을 체험하는 일은 이런 의미에서 중요한 일이다.

다섯째, 공적·정치적 참여, 요컨대 의사결정에의 참여이다. 이것은 지금까지도 청소년이 요구하고, 기성세대는 크게 반응을 보이고 있지 않는 점이다. 대중의 의사를 실행한다고 하는 근대 민주주의의 개념 틀에서 생각했을 때, 확실히 정치적 문제를 해결하는 데에 청소년이 보다 민주적이고 효과적으로 할 수 있다는 것은 의심의 여지도 없다. 그런데도 민주주의제도 속에서부터 청소년은 제외되고 있다. 청소년을 민주적 과정(process)으로부터 배제하는 것은 옳지 않은 일이다. 공적인 사항을 결정하는 곳에 참여시켜, 이해를 도모하는 것은 청소년 자신을 위해서뿐만 아니라, 정치적 제도 전체의 발전을 위해서도 중요하다. 직접적인 관계자의 목소리가 반영되지 않고서 민주주의는 존립할 수 없기 때문이다. 이 점에서 청소년의 사회참여를 장려하고 촉진해 가는 것은 정치가 또는 행정 당국의 관심사가 되어야 하며 고위적 정치 차원의 공식적인 결정과정에 대해서만이 아니라 오히려 가장 가까운 지역사회, 지방의회, 그밖의 기관, 학교, 청소년단체, 직장 등 어른들의 공통관심사가 다루어지는 모든 곳에 대해 참여가 장려될 필요가 있다.

여섯째, 청소년들의 참여는 공동체 발전에 중요한 역할을 한다. 생활환경의 개발에 참여하는 활동은 지역사회를 하나로 결속시켜 주는 촉매제가 될 수 있다(Hart, 1992).

국가 사회가 당면하고 있는 제반 문제들은 이미 기성세대의 노력만으로는 해결하기 어려운 점이 많으며 청소년을 비롯한 국민 전체의 적극적인 참여를 필요로 하고 있다. 우리의 경우 역사적 상황에서 청소년들은 국가적 위기를 극복하는 데 중요한 역할을 수행해 왔을 뿐만이 아니라 새로운 문물을 적극적으로 받아들여 창조적으로 국가건설에 이바지하는 데 노력해 왔다. 특히 현재의 세계는 개별 국가 간의 장벽은 허물고 하나의 생활공동체로 나아가고 있으며 국가 간의 교류가 과거 어느 때보다도 활발히 진행되고 있다. 이러한 시기에 청소년들이 국제적 안목을 키우고 기아해방운동, 환경보전운동 등 인류 미래를 좌우하는 중요한 일에 참여하는 기회를 갖는 것은 당연한 일이다.

3) 청소년참여의 가치

첫째, 청소년 능력개발의 가치이다. 청소년참여는 청소년의 잠재력과 자기개발의욕을 평가하는 긍정적 시각을 제공한다. 청소년참여는 기본적으로 "문제로서의 청소년"에서 "잠재력으로서의 청소년"으로 시각을 전환하는 것이다. 역사적으로나 전통적으로 사회는 청소년에 대하여 부정적 태도를 취해 왔다. 그러나 이제는 아무도 청소년의 국가 사회에 영향을 미칠 수 있는 가능성과 능력을 소홀히 하지 않는다.

여기서 중요한 것은 청소년을 문제가 있다고 보는 경우의 시각은 청소년연구자는 물론, 청소년지도자, 정책수립가, 정치가 및 일반 성인들에게 선입견으로 작용할 수 있으며 청소년에 대한 현재의 사회·정치적 풍토로 작용할 수 있다는 점이다. 매스미디어 역시 청소년 시기를 "자유, 모험, 건전하고 밝은 모습"으로 나타내기도 하지만 동일한 미디어가 청소년의 문제행동, 물질주의, 학업주의 및 범죄성과 관련되는 모습으로도 나타내고 있다.

그러나 '청소년들은 문제를 일으키고, 문제를 갖고 있다'는 말을 인정한다고 하더라도 청소년을 문제집단으로 일반화하여 받아들이는 것은 비판할 필요가 있다. 이는 청소년집단이 어떤 문제도 갖고 있지 않다거나 경시해도 좋다는 것이 아니라 사회가 청소년들을 문제-색안경(problem-tinted spectacles)을 통해 보는 것은 청소년들의 긍정적 자질과 잠재성을 간과하게 되는 어리석음을 범하게 된다는 것이다. '문제로서의 청소년'의 이미지의 가장 큰 단점은 청소년들이 가지고 있는 능력과 이를 행사할 필요성을 명백하게 부정한다는 점이다. 이 점에서 청소년을 참여적으로 보는 시각은 이에 대한 대안적 접근법이며 청소년들의 잠재적인 능력과 욕구를 토대로 하여 인정하거나 발전적으로 지원하는 사회적 태도와 관행이 될 수 있다.

둘째, 역할존중을 통한 청소년중심의 가치이다. 청소년참여는 청소년에 대한 기성세대의 인식을 점차 성인중심에서 청소년중심으로 변화시킨다. 한 예로 디마우스(Lloyd DeMause) 청소년에 대한 어른들의 인식이 역사상 어떻게 발전되어 왔는가를 연구하면서 특히 부모들의 자녀에 대한 행태를 중심으로 크게 5단계로 구분 짓고 있다.

즉, 디마우스에 따르면 ① 13세기 이전까지에는 "소유"의 단계로 보는데 부모들은 상황에 따라 자기 자녀를 남에게 맡기거나 유기하는 일은 물론이고 죽이는 일도 드문 일이 아니었다. ② 이후 17세기까지는 "관심과 예속"의 단계로 부모의 감정이입이 커지게 되는데 점차 자녀를 위하는 감정이 큰 부분이 되면서 교육을 통해 실천되는 것으로 변화되었다. ③ 18세기는 "통제"의 단계로 자녀들에 대한 관심은 가치 있지만 어린 자녀들의 충동적 행태는 통제되고 복종을 강요하게 되었다. ④ 네 번째의 19세기에 이르러서는 이러한 '통제적 강제'가 점차 '사회화'로 대체된다. 자녀들은 교육을 통해 사회화함으로써 성인기로 진입하게 되며 어린자녀들은 사회에서의 기대와 요구에 부응하는 것을 배웠다. ⑤ 그는 마지막 단계는 제1차 세계대전 이후 시작되었으며 부모들이 점차 자녀욕구에 대해 이야기하고 그들을 도우고 보살펴주는 역할을 하게 되었다. 오늘날에도 이러한 단계적 특징이 혼재되어 있으나 점차 자녀의 욕구에 부응하는 방향으로 가는 행태가 지배적인 경향이 되고 있음을 볼 수 있다.

셋째, 청소년권익 신장과 인권운동촉진의 가치이다. 청소년참여는 청소년에 대한 사회적 관심을 점차로 청소년의 법적, 사회적 지위와 인권에 관한 논의로 발전시키게 된다. 청소년인권의 개념은 청소년이 인간으로서 기본권을 가진 존재로 인식되어야 하며 청소년에 대한 그 어떤 대책과 제도들이 이러한 청소년의 권리를 신장하는 방향으로 나아가야 한다는 것이다. 즉 청소년은 올바르게 성장할 권리, 놀이할 권리, 안전할 권리, 교육을 받을 권리 등을 갖고 있다.

청소년인권에 대한 관심 변화는 역사적 상황, 국가별, 사회별, 정치체제별로 그 진척 정도가 다르게 나타나지만 여성의 인권, 아동권의 논의로부터 비롯하여 금세기 안에 세계적 보편화 경향을 띠어 가고 있는 대체적 방향이다. 청소년인권은 인권논의가 그 모태가 되며 청소년의 인권을 보호한다는 데 그 정당성을 두고 있다. 이 점에서 청소년들에게 지역사회 문제해결에 적극적으로 참여하게 하여 스스로 지역사회의 문제해결자가 되도록 할 필요가 있다는 논리가 의미를 갖는 것이며 오늘날의 청소년권의 논의에 청소년 자율성 혹은 자율적 요소를 강조하는 목소리가 점차 드세지는 것은 오히려 당연한 현상이다.

넷째, 청소년 자율성 확대의 가치이다. 청소년참여는 청소년의 법적·사회적 지위가 '보호와 간섭'의 성격이 상대적으로 축소되면서 '자율'이 점차 확대되는 방향으로 나아가고 있다. 오늘날의 청소년 관련 논의들의 입장도 청소년에게 보다 폭넓은 재량이 주어져야 한다는 것과 이들에 대한 보호와 선도가 더 강화되어야 한다는 것의 두 가지로 크게 구분할 수 있다. 청소년에 관한 문제에 청소년 자신의 목소리가 반영되어 자신의 손에 의해 결정되어야 한다고 하는 한편 그것은 사회가 알아서 결정해 줄 문제라는 것이다. 논의의 초점은 청소년의 "자율"과 청소년에 대한 "보호·간섭" 사이의 갈등이다.

그러나 이는 청소년인권 논의의 모태가 되고 있는 인권을 보면 자율과 보호의 시대적 가치의 면모는 확연히 드러난다. 자연권적 인권으로서의 인권개념이 출현하기 시작하는 중세 말 이전까지 인권은 '요구권'이 아니라 신이나 절대왕권 국가가 부여하여 '보호'하는 수혜권적 의미로 이해되었다. 그러나 홉스(T. Hobbes)는 물론 로크(J. Locke)의 '시민정부론' 이후 점차 '자유' 개념을 중심으로 발전되었으며 오늘날 "생명권", "재산권", "행복추구권" 그리고 이들 권리 생사에 필요한 확대된 "자유권"이 점차 자리를 굳혀 가게 되는 것이다. 이의 결과가 "개인주의"의 확립이었고 중산층의 정치적 성장과 여성에의 정치 참여권 확대였던 것이다. 인권 개념의 "자율"적 요소가 "보호"적 요소를 극복하고 날로 그 범위와 세력을 진전시켜 간 발자취를 볼 수 있다. 이 점에서 청소년의 자율을 확장하는 것이 시대사적 조류이며 인권적 요소가 점차 확대 발전하면서 사회권적 요소는 상대적으로 축소되고 있어 점차 청소년 자신의 시각과 가치판단이 폭넓게 수용되는 시기를 맞이하고 있다.

다섯째, 지방자치제 효율성 제고의 가치이다. 청소년참여는 지방자치제의 실시로 각 부분의 참여행정이 촉진하는 데 기여한다. 지방자치의 본질은 지역의 문제들을 지역주민이 참여하여 자율적으로 해결해 나간다는 것으로 자치행정에서의 시민들의 참여행위이다.

그러나 우리 사회는 오랫동안 성장과 개발을 위하여 중앙집권적 행정체제를 가질 수밖에 없었고 중앙집권적 관료행정 안에서 지역주민들은 지역사회발전에 주도적으로 참여하는 시민으로서가 아니라 국가발전을 위한 국민의 한 구성원에 불과했던 것이 사실이다. 더구나 청소년들의 참여에 관해서는 더욱 부정적인 목소리가 컸으며 청소년들은 단지 보호 또는 선도의 대상으로서만 취급당해 왔다. 또한 청소년들의 대부분은 선거에 참여할 나이가 안 되어 유권자로서의 영향력이 없다는 이유로 그 어느 집단보다도 정책과정에서 무시되어 왔다. 그러나 청소년 분야도 정책의 수립과 수행, 그리고 평가의 전 과정에서 정책의 대상이자 서비스 소비자인 청소년들의 관심과 요구를 얼마나 반영하고 그들의 기대와 가치에 부응하는가가 지방자치시대의 정책의 효과와 의미를 판단하는 중요한 기준으로 등장한 것이다. 이 점에서 우리나라에도 지방자치제 실시 이후 지역주민 참여 확대의 일환으로 청소년들의 참여를 도모하는 정책과 제도에 대한 관심이 확대되고 있어 매우 고무적으로 평가되고 있다.

여섯째, 청소년 우위의 관점에 따른 다양한 정책 강화의 가치이다. 청소년참여를 정책결정에 관여하는 것으로 이해한다면 작게는 청소년들을 대상으로 한 각종 설문조사의 결과를 청소년정책의 수립과 집행에 반영하거나 직접적인 대화와 의견수렴의 기회를 마련할 필요가 있다. 청소년정책은 궁극적으로 청소년을 위한 정책을 지향하며 청소년집단이 도움이나 이득을 얻기 위하여 적극적으로 참여할 때 정책의 실효성이 증대될 수 있다. 그러나 그간 청소년정책의 주인공인 청소년들이 무엇을 바라고 있는지 어른들이 제시하는 정책이나 사업을 어떻게 생각하고 있는지에 대한 관심은 많은 경우 배제되어 왔던 것이 사실이었다. 특히 관료제적 행정의 특성으로 정책집행이 획일적이고 업적주의, 형식주의, 전시적으로 수행된다면 그 속에서 청소년들은 수동적·소극적·비자발적 동원(mobilization)이라는 갈등과 불만족을 경험할 수 있다.

우리나라의 경우에 아직 미흡한 점이 많이 있지만 세계적 경향은 이미 매우 높은 참여적 수준에 이르고 있음을 알 필요가 있다. 외국의 많은 나라들에서는 청소년들이 정책과정에 참여할 수 있도록 하는 다양한 제도적 장치를 마련하여 청소년들이 자신과 관련된 지역사회 문제에 대해 의견을 제시하고 대안을 마련하며 구체적으로 다양한 사업의 축소 또는 확대 요구, 그리고 필요로 하는 새로운 사업 제안 등을 할 수 있도록 하고 있고 이러한 추세는 더욱 확산되고 있다. 독일의 경우 청소년대표의 정책결정과정에의 참여기회가 법제화되어 있으며 청소년방송정책에서도 청소년대표자가 참여하고 있다. 이러한 활동을 통해 청소년들은 욕구와 부담, 권리와 책임을 조화시키는 훈련을 하고, 참여를 통해 얻는 정책에 대한 이해를 바탕으로 정책의 결정 및 시행에 필요한 협조를 할 수 있으며, 정책집행 차원에서는 청소년의 합의를 통해 정책집행에 추진력과 탄력을 얻게 되며 정책의 시행착오를 예방하게 되는 등 다양한 정책강화의 효과를 얻을 수 있다.

일곱째, 청소년활동 방향전환의 가치이다. 청소년참여 강화는 오늘날 청소년활동의 개념을 청소년의 "지역사회 참여경험 확대"를 강조하는 방향으로 변화하도록 뒷받침한다. 청소년활동의 개념은 "학교교육의 보충수단"에서 가출비행 등 "부적응 청소년선도"에 대한 관심으로 이어졌으며, 청소년의 "현실적 삶의 장에서의 실질적 경험"을 강조하는 것으로 발전하고 있다. 이러한 청소년활동의 개념은 "청소년들에게 그들이 살고 있는 사회적 상황에 건설적인 비판적 안목을 가지고 참여하여 실제로 살아보는 경험"을 제공하는 것에 기본적인 의미를 둔다. 청소년의 자발성, 책임성을 강조하며 지역사회에의 적극적 경험을 통하여 공동체의 의미를 파악하고 참여하는 등 "공동체 속의 가치 있는 개인"을 주된 목표로 하는 것이다.

청소년활동의 실제에서도 청소년의 긍정적 문화에 주목하고 선도·계도·인도가 아니라 이들이 보다 조화롭고 바람직하게 살 수 있도록 돕는 시도가 많아지고 있으며 공동체적 삶에 적극적으로 기여하는 태도, 가치관, 지식, 기능을 주된 내용으로 하는 "성숙을 촉진시키는 프로그램"이 많아지고 있다. 아무리 훌륭한 프로그램이라도 참가 청소년들의 특성과 욕구에 부합하지 않으면 성공을 가져올 수 없다. 청소년을 위한 프로그램은 일반적으로 어른에 의해 준비되고 있지만 어떤 경우에는 청소년 스스로 만든 프로그램이 그들에게는 더 많은 즐거움을 주고 감동을 일으키며 깊은 영향을 준다. 청소년이 주최하는 프로그램이 모두 다 유익하고 가치 있다는 것은 아니라 하더라도 충분한 의미는 있다.

여덟째, 민주주의 운동 촉진의 가치이다. 청소년이 그동안 역사적·사회적으로 매우 중요한 역할을 해 왔다는 인식이 강화되면서 최근 지구촌의 환경운동, 평화운동 등의 영역에서 청소년들의 참여사례가 확대되고 있는 것도 청소년들이 민주주의 운동을 촉진하는 데 선도적인 역할을 수행하고 있음을 말해준다. 역사적으로 세계 어디에서나 청소년들이 자유를 얻기 위한 운동의 선봉에 서 왔다. 청소년들의 열심과 정열, 새로운 것에 대한 집착, 시도의 자세는 지속적으로 억압적인 세력에 대응해 왔으며 지금도 사회발전을 위한 다양한 운동들이 청소년들의 책임 하에 성공적으로 수행되고 있다.

전체주의와 독재적인 체제에서 벗어나, 새로운 민주주의 건설 등 역사적 변혁이 연이어 일어난 동유럽의 경우, 청소년을 비롯한 젊은 사람들이 민주화 운동의 주역을 담당했던 것은 역사적 사실이다. 프라하, 브라레스트, 베르린, 라이프치히 등의 가두에서 대중들은 "우리들은 인간이다"를 외치며 인권을 요구하고 자유와 사회복지와 참 민주주의를 요구하였다. 이런 의미에서 청소년의 사회참여는 새로운 장을 열었다고 말할 수 있다. 중구, 동구, 여러 국가 정부는 참여 민주주의라고 하는 새로운 사회를 확립해 가지 않으면 안 된다고 하는 책무에 직면하여, 젊은 사람들을 내적으로 받아들여 가면서, 그들이 투쟁까지 해서 요구했던 권리와 책임의 수행이 가능한 사회를 건설하고 있다.

아홉째, 정보화를 통한 민주주의 실험의 가치이다. 최첨단 정보화 사회로 나아가고 있는 지금, 멀티미디어의 발전과 다양한 통신망 구축 등으로 청소년들의 의사소통수단도 이제 사이버공간이라는 새로운 국면에서 이루어지고 있다. 지금도 청소년들은 수많은 통신 동호회방, 게시판, 대화실, 토론실 등에서 자신의 일상생활 문제부터 교육개혁, 입시위주 교육문제, 대형 재난과 경제문제, 청소년의 인권문제에 이르기까지 전 분야의 사회현상에 대해 자신의 주장을 펼치고 있다. 이러한 통신망을 활용한 청소년의 참여는 국가나 지역사회의 정책과정에 빠른 시간 내에 자신의 의견을 제안할 수 있는 기회를 제공했다.

아직 이러한 현상을 진단하고 평가하기에는 이른 점이 있지만 기성세대의 편견과 기존의 사회질서에 대해 반기를 들고 자신들의 사고와 판단에 따라 주장을 하는 청소년들의 움직임이 여기저기에서 시작되고 또 진행되고 있다는 점은 사회와 기성세대가 결코 간과해서는 안 된다. 이러한 자유로운 움직임들이 가상공간에서뿐만 아니라 실제 삶의 영역에서도 자연스럽게 표출되어 건강하게 전환될 수 있도록 그 통로를 만들어 주는 것은 기성세대의 몫이다.

3. 청소년참여의 주요 영역

청소년참여의 가치는 청소년들이 상호작용을 하고 있는 형태를 통해 이해할 수 있다. 일반적으로 청소년들이 정치, 경제, 사회적 제도 과정에 직접 참여하기보다는 가정, 학교 및 여타의 공동체적 생활 속에서의 상호작용을 통해 참여하고 있다. 특히 청소년의 사회참여는 가정 안에서 각자 적극적으로 역할을 다한다고 하는 의미에서 가정 내의 사회참여도 생각할 수 있으며 동료집단으로의 사회참여, 학교에서의 참여, 직장에서의 참여, 청소년단체나 집단에의 참여, 지역사회(community)에의 참여, 국민으로서의 참여 및 국제사회로의 참여 등 여러 가지 영역에서 이루어지고 있다.

최근에는 주로 학교, 청소년단체를 통한 사회참여가 강조되면서 점차 봉사활동을 통한 지역사회참여와 국제사회로의 참여가 강화되고 있는 경향이 있다. 자신을 발견하려는 청소년들의 노력은 단지 관념적인 사고의 틀 속에서 머무르는 것이 아니라 이를 실제적인 현실 속에서 검증하고자 하는 구체적인 작업 속에서 참여가 이루어지고 있음을 지적할 수가 있다. 여기서는 청소년참여와 관련한 구체적 정책영역을 확보한다는 측면에서 크게 다섯 가지로 그 영역을 구분한다. 또한 각 영역별 의미를 밝히고 주요한 청소년참여 활동 동향과 대표 프로그램들을 언급함으로써 방향을 제시한다(천정웅, 1998a).

첫째, 또래중심의 참여는 흥미와 관념을 개발하고 친밀한 또래와의 관계를 형성하는 자신들의 능력을 시험하고 부모에 대한 심리적 의존심을 버리도록 도와준다. 또래집단의 근본적인 기능은 또한 사회적 활동을 조직화하는 것이다. 청소년참여에 의한 또래집단활동은 그 중요성과 유용성에도 불구하고 특별한 도움장치나 단체의 협력 없이 이루어지는 경우는 매우 드물다. 확인할 수 있는 프로그램은 자신들의 주장과 의견을 자율적으로 제시하거나 동료집단끼리 프로그램을 구성해서 참여하는 형태 그리고 동료들 간의 상호작용에 기반을 두는 또래상담과 자율법정활동 등의 경우를 생각할 수 있다.

둘째, 지역중심의 참여는 지역사회가 구체적이고 원천적인 생활의 거점이고 청소년들의 관습과 태도, 가치의식을 길러주는 실천적 현장이라는 두 가지 측면에서 의미가 있다. 지역사회는 청소년들의 생활양식, 행동 등에 중요한 영향을 주고 있으며 이런 측면에서 볼 때 지역사회의 본래적 기능회복을 위한 각종 기관, 단체, 시설들의 노력은 청소년 성장발달을 위한 사회적 조건을 개선·발전시키는 중요한 의미를 갖는다. 청소년참여가 지역사회중심으로 이루어져야 하는 것은 결국 청소년들은 그 지역사회에서 태어나서 그곳에서 성장하며 문제가 발생한 곳이나 그 문제를 해결해야 할 곳도 바로 그 지역사회이며 또한 청소년들이 역사적, 사회적으로 지역사회에서 매우 중요한 역할을 수행해 왔었다는 인식과도 관련된다.

셋째, 정책과정의 참여는 청소년들이 자신들의 생활에 영향을 주는 지역사회와 국가의 청소년 관련 정책이나 행정과정에 관심을 갖고 그에 대해 의견을 제안하고 건의함으로써 정책결정과정에 개입하고 영향을 미치고자 하는 활동이다. 넓은 의미에서 볼 때, 청소년들의 권한과 역할이 정책결정과정에 영향을 미치고 개입하는 정도와 수준에 관계없이 청소년들이 자신과 관련된 제반 사회문제에 대해 주장을 밝히는 여러 단계의 활동을 모두 포함한다. 정책참여에서 중요한 것은 청소년들이 의사결정 권한을 어느 정도 갖는가 하는 점이다. 청소년들이 의사결정 권한을 실질적으로 갖지 못한다면 청소년참여에서 가장 우려되는 형태인 명목참여(tokenism)가 될 가능성이 매우 많다.

넷째, 단체자율참여는 우리나라 청소년정책의 핵심 내용인 청소년단체나 청소년시설 등을 통한 조직적·집단적 수련활동과 체험적 생활을 전제한 것이다. 청소년단체는 일정한 회원을 대상으로 정기적인 활동을 조직적·체계적으로 실시하고, 가입회원의 회비를 중심으로 운영한다. 청소년시설은 일정한 규모의 수련활동공간을 중심으로 다수 청소년을 대상으로 비정기적·단기적으로 체험활동을 실시하며 운영은 주로 시설

이용자의 사용료를 통해 이루어진다. 이들 기관은 청소년의 건전한 성장발달을 돕는 프로그램들을 청소년에게 직접 제공한다는 점에서 공통점이 있다. 중요한 것은 이러한 집단적 단체활동 또한 실질적인 청소년의 자율적 참여를 기반으로 모든 활동이 이루어져야 진정한 의미가 있다는 점이다.

다섯째, 사이버참여는 사이버공간이 정보화사회의 중요한 의사소통 수단으로 대두되고 있고 청소년들은 그 주역으로 부각되고 있는 현실을 바탕으로 하여, 청소년들이 사이버공간을 통하여 참여하는 것을 말한다. 지금도 청소년들은 수많은 통신 동호회방, 게시판, 대화실, 토론실 등에서 자신의 일상생활 문제부터 교육개혁, 입시위주 교육문제, 경제문제, 청소년의 인권문제 등 전 분야의 사회현상에 대해 자신의 주장을 펼치고 있다. 이러한 통신망을 활용한 청소년의 참여는 국가나 지역사회의 정책과정에 빠른 시간 내에 자신의 의견을 제안할 수 있는 기회를 제공한다.

아직 이러한 현상을 진단하고 평가하기에는 이른 점이 있다. 특히 정보화는 청소년들의 소속감을 빼앗아 갔으며, 공통적 가치관을 감소시켰고, 사회를 소집단화함으로써 사회적 긴장을 초래하여 사회유대를 위협하고 사회발전은 물론 개인의 발전도 억제하는 부정적인 면을 가지고 있다. 그러나 기성세대의 편견과 기존의 사회질서에 대해 반기를 들고 자신들의 사고와 판단에 따라 주장을 하는 청소년들의 움직임이 여기저기에서 시작되고 또 진행되고 있다는 점은 사회와 기성세대가 결코 간과해서는 안 된다. 이러한 자유로운 움직임들이 가상공간에서뿐만 아니라 실제 삶의 영역에서도 자연스럽게 표출되어 건강하게 전환될 수 있도록 그 통로를 만들어 주는 것은 기성세대의 몫이라고 할 수 있겠다.

4. 청소년참여의 모델들

청소년이 의사결정과정에 어느 정도 참여하는가를 중심으로 청소년참여단계를 구분할 수 있다. 청소년참여에 대한 관심이 본격화되기 이전에 아른스타인(Arnstein, 1969)은 도시 개조, 빈곤대책, 시범도시 사업의 세 가지 연방보조사업에 대한 주민참여의 실태를 분석하고 무산시민들에 의한 정책결정에의 실질적인 영향력의 정도에 따라 참여단계를 8단계로 분류했다. 이를 기초로 체코웨이(Checkoway, 1998)와 하트(Hart, 1997)는 청소년참여를 8단계로 구분했다. 청소년참여 수준은 실제적인 참여와 명목적인 참여를 구분할 수 있는 준거가 된다. 그러나 각 참여단계를 명확하게 구분하는 것은 쉽지 않으며 어떤 단계가 가장 바람직한가를 결정하는 것도 쉽지 않다.

1) 체코웨이(Checkoway)의 청소년참여 8단계

체코웨이(Checkoway, 1998)는 아른스타인(Arnstein, 1969)의 시민참여 사다리를 청소년에게 적용시켜 8단계로 구분하였다. 조작(manipulation)단계와 치료(therapy)단계는 그 본래 목적이 청소년을 참여시키는 것이 아니라 참여자를 교육하거나 치료하는 것이 필요하다는 전제에서 청소년들의 참여를 조장하는 것으로 이 단계는 비참여(non-participation)단계로 본다.

정보제공(information)단계와 자문(consultation)단계는 참여자에게 정보를 제공하고, 참여자들이 의견을 제시할 수 있지만 그 의견이 받아들여진다는 보장이 없는 단계로 명목적 참여단계이다. 즉, 일방적 정보제공에 중점이 두어지고 피드백 채널이 충분하지 않거나 협의결과가 충분히 받아들여진다는 보장이 없다면 여전히 청소년참여로서 불충분한 단계이다.

유화(placation)단계는 명목적 참여보다는 높은 단계로서 참여자들이 조언을 할 수는 있지만 의사결정은 여전히 권력소유자가 하는 단계이다. 청소년들이 각종 위원회에 참여하여 조언을 하는 등 처음부터 결정에 영향력을 미치게 되지만 그러한 조언에 대한 판단결정권은 여전히 유보되는 단계이다.

공동협력(partnership)단계에서는 권력소유자와 참여자 간의 협상과 거래가 가능한 단계이다. 청소년과 권력소유자 간의 교섭을 통하여 권력이 재분배되고 청소년과 결정의 권한과 책임을 분담하게 되는 단계이다.

권한위임(delegated power)단계와 시민통제(citizen control)단계는 청소년참여자가 대부분의 의사결정을 맡게 되거나 전체 권한을 갖게 되는 경우이다. 즉, 위원회의 경우 청소년의 수가 과반수를 차지하거나 위원회를 실질적으로 지배하는 상태로서 청소년의 권력이 확립되어 있는 단계이다. 세 단계는 청소년들이 권력을 갖게 되는 단계이고 동시에 청소년들이 '권한부여(empowerment)'된 단계이다.

2) 하트(Hart)의 '참여 사다리'

하트(Hart, 1997)는 청소년참여의 원리로서 알려진 선택권(information choice)이 가장 주요하다고 지적하고 있다. 참된 참여는 자신이 참여하고 있다는 사실을 알고, 논의하고, 이상적으로는 의사결정하고 관리할 수 있어야 한다는 것이다. 그는 청소년참여를 8단계로 구분한 청소년참여의 사다리(the ladder of participation)를 제시하였다.

하트의 참여모델에서는 우선 8단계 중 처음의 3단계는 의미 있는 참여 형태가 아닌 수준으로 ① 조작(manipulation) → ② 장식(decoration) → ③ 명목상 참여(tokenism)를 지적했다. 다음으로 ④ 역할 부과와 정보 제공(assigned but informed) → ⑤ 자문과 정보제공(consulted and informed) → ⑥ 성인 주도하에 의사결정 공유(adult-initiated, shared decision with children) → ⑦ 청소년주도 및 감독(child-initiated and directed) 그리고 → ⑧ 청소년주도 및 성인과 의사결정공유(child initiated, shared decisions with adults) 등을 실질적 참여로 규정했다. 이를 좀 더 세부적으로 살펴보면 다음과 같다.

첫째, 성인들이 이용하는 단계이다. 참여의 가장 낮은 단계로 어른들이 의도적으로 청소년의 목소리를 이용하는 단계이다. 성인이 주도하고 청소년들과 함께 운영하지만 청소년들은 그 사안이나 행동에 대한 이해가 없다. 또한 청소년들과 의논하지만 피드백이 전혀 없고, 성인들은 청소년들이 참여하는 것처럼 꾸미는 단계이다.

둘째, 장식처럼 동원되는 단계이다. 성인들이 주도하고 청소년과 함께 운영하지만 청소년들은 그 사안에 대한 이해가 적고, 조직화 과정에서 참여도 없다. 성인들이 청소년이 주도하는 것처럼 꾸미지는 않지만 청소년들을 이용하는 단계이다.

셋째, 명목상으로 참여하는 단계이다. 성인들이 주도하고 청소년들이 자신의 '목소리를 가진 것처럼 보이지만 주제에 대한 선택권이 없고 자신의 의견을 형성할 기회가 없다. 명목적 참여단계(tokenism)는 다루기가 매우 어렵고 구분하기도 어려운 단계이다. 이 단계에서는 청소년들이 회의에 참석할 수 있도록 초청되고 의견을 말할 수 있는 기회도 주어지는 토의의 주제를 선정하거나 발표의 형식이 제한되며, 자신들의 의견을 형성하거나 다른 친구들과 협의할 기회가 주어지지 않는 단계이다.

하트는 제3단계까지는 실질적으로 청소년의 참여로 보지 않는다. 즉, 여기까지는 '유사 참여'로 이 단계에서 청소년은 겉을 치장하는 장식물 정도로 여겨지며 청소년의 참여는 사실 명목일 뿐이어서 청소년은 이미 정해진 결과로 나아가도록 조작되는 대상일 뿐이다(UN, 2010).

넷째, 성인들이 지시하고 정보를 제공하는 단계이다. 이 단계는 성인주도로 운영하지만 청소년들이 그 의도를 이해하고, 누가 그리고 왜 의사결정을 내리는지를 이해하며, 이후에 의미 있는 역할을 담당하거나 자원봉사를 할 수도 있는 단계이다. 이 단계에서는 청소년의 참여와 비참여가 구분되는 단계로서 청소년이 활동의 취지를 이해하고 있는가? 청소년들은 누가 결정을 내리는지, 그리고 그 이유가 무엇인지를 이해하고 있는가? 청소년이 진정한 역할을 담당하고 있는가? 청소년이 자발적으로 참여할 수 있도록 활동의 내용이 충분히 설명되었는가? 등이 고려되는 단계이다.

다섯째, 성인들이 정보를 제공하고 협의하는 단계이다. 이 단계는 성인들에 의해 계획·운영되지만 청소년들이 그 과정을 이해하고 자신들의 의견이 신중하게 고려된다는 것을 아는 단계이다.

여섯째, 성인 주도로 청소년과 의사결정을 공유하는 단계이다. 이 단계에서 진정한 참여가 시작되는데 성인들이 주도하지만 의사결정과정에 청소년의 참여가 이루어지는 단계이다. 청소년참여에서 제6단계는 매우 중요한 의미를 갖는데, 성인들이 청소년 참여에 대한 유능성이나 확신을 갖지 못하면 다음 단계로 넘어가기 어렵다. 실제적으로 의사결정의 공유가 가능하도록 하기 위해서는 청소년들이 모든 과정에서 어느 정도의 참여가 필요하다.

일곱째, 청소년이 주도하고 청소년들이 감독하는 단계이다. 이 단계는 청소년들이 성인들의 참여 없이 자신들의 프로젝트를 시작하고 운영한다. 그러나 실제에서는 청소년들의 놀이(play)의 세계를 제외하고는 현실적으로 발견하기 어려운 단계이다. 이러한 경우에도 성인들은 관찰자로서 존재하면서 청소년들의 활동에 대해 인식을 하지만 통제하지 않는 단계이다.

여덟째, 청소년 주도로 성인과 의사결정을 공유하는 단계이다. 이 단계는 청소년 주도로 성인과 의사결정을 공유하는 단계로 실제로는 매우 드문 경우이다. 어른들이 청소년의 특별한 관심에 대한 이해나 적응이 어렵기 때문이며, 어른들을 참여시킬 수 있는 활동을 기획하기 위해서는 앞서 논의된 단계의 훈련이 요구되기 때문이다. 이 단계는 여전히 청소년들과 함께 성인들의 참여가 이루어지고 있기 때문에 참여의 가장 높은 단계가 아니라는 주장이 제기되고 있다. 그러나 청소년참여의 목적이 '청소년들의 권력'을 개발하는 데에 있는 것이 아니라는 점을 고려해 볼 때, 청소년이 주도적으로 프로젝트를 수행하고 성인들과 협력한다는 것은 청소년이 지역사회의 구성원으로서 역할을 수행하는 데 충분한 능력을 갖고 있다고 볼 수 있다는 점에서 바람직한 청소년 참여의 유형으로 받아들여진다.

유엔에서는 사다리의 중간과 위쪽 가로장(lung: 사다리의 각 단계별 가로 발판)에 해당하는 네 번째부터 여덟 번째까지의 단계에서는 진정한 능력배양으로 나아가는데 각 단계는 청소년에 대한 정보 제공과 교육(넷째), 청소년들한테서 정보 얻기(다섯째), 청소년의 자문듣기(여섯째), 청소년을 참여하게 하기(일곱째), 그리고 청소년과 협력적 파트너 관계를 만들기(여덟째) 등에 각기 해당하는 것으로 설명한다.

따라서, 청소년에 대한 정보 제공과 교육에 해당하는 가로장에 있는 청소년에게는 정책결정에 영향을 끼칠 만한 기회가 없지 않지만, 거의 주어지지 않는다. 이 단계에서는 청소년의 참여가 대체로 의견 교류와 관계 형성을 넘어서지 못한다. 일부의 경우에는 청소년이 교육활동을 조정하는 일을 돕거나 동료 교육활동가로 선발되기도 한다.

청소년들한테서 정보 얻기에 해당하는 가로장에서는 이슈에 대한 자기 견해를 알리고자 하는 청소년들을 통해 정보가 모인다. 이런 참여의 단계에서는 청소년의 목소리를 들을 수 있지만 당국의 관계자들은 청소년의 목소리에 어떤 힘을 실어주는 식으로 실행 약속을 하지는 않는다.

청소년의 자문을 듣는 단계에서는 의미있는 참여와 진정한 능력 배양 쪽으로 균형추가 움직이기 시작하는 것이 바로 이 단계이기 때문에 이 단계는 잠재적인 변곡점이 된다. 자문 과정에서는 정보의 교류가 뒤따르고, 청소년의 의견이 정책 이행 방향에 또는 개발 중인 프로그램의 내용에 영향을 끼칠 가능성도 생긴다.

그 다음 일곱 번째 가로장에 도달하는 단계에서는 청소년 참여를 적극 추구한다. 청소년에게는 의제를 설정하는 일을 돕고 숙의 과정에서 한몫을 하거나 진행과정에 영향을 끼칠 기회가 주어진다.

끝으로 여덟 번째 가로장에서 청소년은 협력 파트너로 참여한다. 이런 상황에서 청소년은 무엇이 문제인지 찾아내고 의사결정 과정에서 도출된 해결책을 어떻게 시행할지에 관해 합의로 나아가는 운영 능력을 갖추게 된다.

사다리의 가로장으로 표현되는 참여의 각 단계에서 청소년이 일으키는 실행력 덕분에 청소년이 진가를 발휘할 수 있는 전망은 점점 더 밝아지고 있다. 각 단계는 정점을 향해 올라가는 데 필수적인 계단이지만, 그 자체로도 중요하다. 낮은 가로장들에서 참여는 종종 사다리를 더 높이 오르는 실천으로 이어지며 더 큰 능력을 기를 수 있게 한다. 하지만 계속 낮은 가로장에 남는 청소년들이라 해도 청소년활동계획의 성공에 기여할 수 있다.

3) 참여 사다리 모형의 비판과 연속체 모형

앞서 살펴본 하트의 참여 사다리는 청소년참여의 정의와 본질과 관련하여 가장 많은 관심을 받아왔지만 참여에 대한 이러한 유형화된 모델들은 최고수준의 단계로 도달해야 하는 하나의 수직적인 구조를 제시한 것으로 비판 받아 왔다. 참여 사다리에 대해 제기되는 비판은 주로 하트의 모형을 중심으로 보면 다음과 같은 몇 가지로 요약할 수 있다(천정웅, 2009a).

첫째, 하트 류의 참여 사다리 모델은 대부분의 청소년들이 자신의 지역사회에 참여하는 좁은 범위의 방법이다. 이 모델은 지역사회에 초점을 두기보다는 프로그램이나 프로젝트에 참여하는 것에 초점을 둔 것이다.

둘째, 사다리 모델은 1980년 뉴욕시립대학교에서 발간한 작은 계간소식지에 실린 것에서 기원하고 있다. 당시 하트는 자신의 참여 사다리에 대한 마땅한 자료가 없었기 때문에 참여 주제에 대한 논의를 촉진시키기 위해 하나의 자료로 제공된 것이었다.

셋째, 사다리의 맨 위에는 성인이 없이 아동이 의사결정을 하도록 해야 한다고 생각하는 경향이 있다. 이 그림을 그린 목적은 청소년의 시민으로서의 잠재성은 최대한도로 인식할 필요가 있다는 점과 청소년들은 때로 자신의 최고 가능한 수준에서 참여할 수 있어야만 한다는 것을 주장하는 데 있었다.

넷째, 사다리 모델을 하나의 발달적 모델로 생각하게 되면 그것을 참여적 프로그램이 어떠한가를 평가하는 하나의 종합도구로 사용하게 될 가능성이 높다. 그러나 하트는 이것이 평가적 목적으로 고안된 것이 아님을 분명히 했다.

한편, 하트의 참여 사다리 비판과 관련하여 실제로, 이러한 사다리의 은유를 통해 공공기획과정상 실제적인 시민참여단계를 제시했던 아른스타인의 경우도 자신이 만든 참여 사다리 모델의 주요한 한계를 강조했는데, 8단계의 모델이 실제 세계에서는 상황에 따라 수백의 단계가 될 수도 있다고 했다.

특히, 최근에는 일부 사람들은 다른 참여의 "수준"이 있어야 되는 것은 아닌지에 대해 의문을 제기하면서 각기 다른 몇 가지 모델들을 개발하였다. 예컨대, 젠센(Jensen, 2000)은 사다리의 각 단계는 다른 참여의 "수준"이 아니라 참여의 다른 "형태"로 서술되고 있다는 것을 제시했다. 트레세더(Treseder, 1997)는 순환모델을 만들었으며, 마니온(Mannion, 2003)은 참여의 분수탑 같은 것을 고안했다. 트레세더는 우선 하트의 사다리에서 "비참여" 부분을 제외하고, 수직적 요소를 없애기 위해 사다리를 납작하게 만들었다. 5가지 참여의 유형 또는 정도를 원형으로 배치하였다. 각기 다른 상황과 환경에는 다른 종류의 참여활동과 청소년－성인 관계가 적절하다는 것이다.

또한, 피츠패트릭, 해스팅스와 킨트리아(Fitzpatrick · Hastings · Kintrea, 1998)는 청소년참여 수준을 자문(consultation), 공동관리(joint management), 통제(control) 등의 세 가지로 구분하면서 수평적 연속체상에 위치하는 것으로 제시하였다. 저위수준에는 자문이 포함되고, 고위수준에는 통제가 포함되면서 그 중간에 공동관리유형이 있는 것으로 보았다.

〈표 10-1〉 피츠패트릭(Fitzpatrick) 등의 참여수준

저위수준의 참여 ←→ 고위수준의 참여

	자문	공동관리	통제
수준	최저수준의 관여, 역량개발기회 및 개인적 상호작용을 제공한다. 그러나 다른 수준의 참여와 달리 수적으로 더 많은 청소년을 포함할 수 있다.	명목주의의 위험이 있으며, 적은 수의 청소년들이 참여한다. 그러나 역량개발을 위한 기회가 증대되고 청소년이 프로젝트 "소유성"을 느낄 수 있다	청소년이 프로젝트에 대해 위임받은 의사결정권을 가지든가 청소년이 프로젝트를 맡아 운영한다.
방법	청소년 설문조사	프로젝트 운영위원회에서 청소년 대표	위임권
	청소년회의(conference)	파트너십 이사회와 지역사회포럼에서 청소년대표	청소년 소유 프로젝트
	포커스 그룹		

피츠패트릭(Fitzpatrick, 1998) 등은 각 수준별 청소년참여의 방법에 대해서도 몇 가지를 제시하였다. 첫째, 자문 수준에서는 청소년대상 설문조사(survey)와 청소년회의, 그리고 포커스 그룹을 포함한다. 청소년 설문조사는 청소년들의 욕구와 희망을 알아보기 위해 구조화된 설문지를 사용하는 것이다. 청소년회의는 40~80명의 청소년을 대상으로 하여 하루 정도 이벤트로 개최되는 것이며 역량개발을 구성요소로 하면서 정치적 영향을 주는 기회를 제공한다. 포커스 그룹은 역량개발을 목적으로 하지 않는다. 둘째, 공동관리의 수준에서는 특정 프로젝트에서의 관리이사회에 대표로 참여하는 것을 포함한다. 여기에서는 실제적 참여수준을 결정하기 어렵고 프로젝트가 청소년이 공동소유하는지 아닌지에 대해서도 파악하기 어렵다. 공동관리에는 청소년포럼도 포함되는데, 청소년들은 투표를 하는 구성원으로서나 상호 대등한 관계의 소규모 집행위원회에 참여하는 기능을 한다. 셋째, 통제수준에서는 위임권(delegated power)와 청소년소유프로젝트(youth owned projects)가 포함되는데, 위임권은 청소년이 성인에 의해 해당 프로젝트에 대한 통제권이 주어질 때 발생하며, 청소년소유프로젝트는 청소년이 시작하고, 개발하고 프로젝트 재정까지도 확보하는 경우에 해당한다.

다음으로 프레티(Pretty, 2002)는 외부자통제와 청소년통제를 연속선상에 두고 수동적, 정보제시, 협의적, 인센티브, 기능적, 상호작용적, 자율적 참여의 7개 유형으로 구

분하였다. 수동적 참여는 청소년들이 어떤 일이 일어나고 있고 또 어떤 일이 일어났는지를 듣는 형태의 참여이다. 정보제시 참여는 설문조사나 이와 유사한 방식의 조사에서 청소년이 답하는 참여유형이다. 협의적 참여는 청소년들의 견해를 듣고 자문을 구하는 외부기관의 요청에 응하는 참여유형이다. 인센티브 참여는 청소년들이 자원봉사, 대학입시 활용, 자문비 등 인센티브를 받는 대가로 노동과 시간 등의 자원을 제공하며 참여하는 형태이다. 기능적 참여는 청소년들이 단체를 조직해서 자신들의 이해와 목표를 달성하기 위해 참여하는 형태이다. 상호작용 참여는 외부 기관과의 상호작용을 통해 공동으로 참여하는 것이며, 외부기관에 대한 의존성과 자율성이 균형을 이루는 특성을 갖는다. 자율적 참여는 외부기관의 개입 없이 청소년들이 주도적으로 프로젝트를 개발, 운영하는 참여유형이다. 청소년 행사를 주관하며 주도적으로 프로젝트를 개발하고 운영하는 자원에 대해서도 통제권을 행사한다(청소년위원회, 2005).

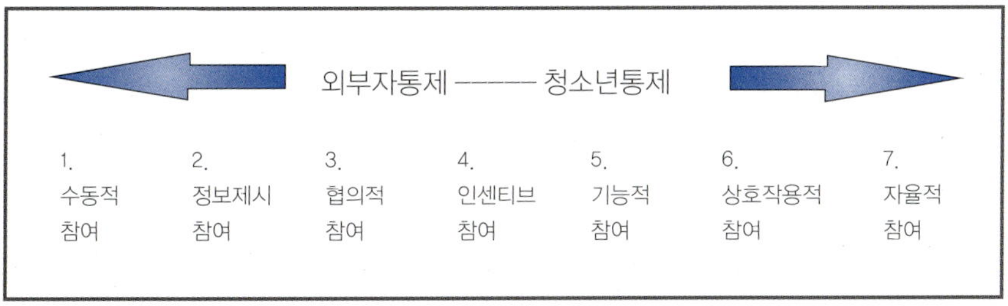

그림 10-1 | 프레티(Pretty)의 참여유형

지금까지 살펴본 바와 같이, 청소년참여의 모델로는 하트 류의 단계적 모델이 많이 알려진 가운데, 참여 사다리 형태로 제시됨에 따라 참여수준이 수직적인 구조를 갖는 것으로 잘못 받아들여지고 있는 점을 개선하고 이를 보완하고 대안을 찾는 과정에서 연속체적 형태의 모델들이 제시되고 있음을 알 수 있다. 특히 연속체 형태의 모델을 주장하는 경우에는, 참여 사다리 모델의 오해받는 부분을 개선하기 위해 노력하는 것은 이해하지만 각기 다른 참여형태들이 동일하지 않는다는 것을 강조할 필요가 있다. 사다리의 윗 단계들은 청소년의 참여의 각기 다른 "정도"를 표현한 것으로 생각할 수 있기 때문이다. 실제로 청소년참여의 사다리에서 하트(Hart, 1997)는 청소년들의 참여가 항상 가장 높은 단계에서 이루어져야 하는 것은 아니라고 지적하고 있다. 즉, 청소

년참여를 촉진하는 데 가장 높은 8단계를 지향해야 하는 것이 아니라 참여하는 청소년들의 능력에 맞는 최상의 단계를 선택하는 것이 바람직하다.

그러나 여기서 우리는 청소년의 참여가 그들이 살고 있는 사회문화적·정치적 상황에 크게 좌우되고, 청소년참여는 어떤 상황에도 동일하게 적용할 수 있는 만병통치약이거나 도덕적 주장이 아니라는 것에 주목할 필요가 있다. 또한, 청소년참여는 저절로 오지 않는다는 점도 기억할 필요가 있다. 단기간에 성과를 보겠다는 생각이나 바로 눈에 보이는 결과가 나오지 않는다고 청소년들의 참여능력과 자질에 대한 기대를 저버리는 것은 너무 성급한 판단이다. 우리사회가 그동안 청소년들에게 그들의 권리를 누릴 수 있는 기회를 제한하고, 참여의 훈련과 경험을 제공하지 못한 만큼 오랜 기간의 준비와 훈련기간이 필요할 수 있기 때문이다.

갈브레이트(Galbraith)가 말하는 〈좋은 사회〉에서는 개선될 수 있는데도 그렇지 못한 사회적 여건 때문에 구성원의 사회적 성취나 경제적 보상이 제약을 받아서는 안 된다고 하였다. 구성원 모두에게 기회를 주어야 한다는 것이다. 특히 장래 사회생활에 대비해야 하는 청소년들은 사회규범의 틀 안에서 보호받고 앞으로 주어질 사회·경제적 기회를 십분 활용할 수 있도록 기회를 보장해 주어야 한다. 수많은 학자들이 수세기에 걸쳐 이상사회를 추구하는 다양한 시도를 해왔지만 그들은 결국 "무시당하는" 결론밖에는 얻지 못했다. "순수한 유토피아적 발상"이라는 그들의 주장은 현실 사회에서 한마디로 간단히 묵살 당했다. 인간사회의 현실에는 인간의 본성, 역사, 그리고 뿌리 깊은 고정관념 등 유토피아를 추구하는 데 결정적 제약이 되는 요인들이 있기 때문이다. 그러나 현실 사회의 수혜계층에게 새로운 전환적 시각과 패러다임을 제시하는 것 없이 사회의 전향적 발전은 기대할 수 없다는 것은 분명한 일이다.

Chapter 11

청소년과 사이버복지

미국의 탭스코트(Tapscott, 1998)는 『N세대의 무서운 아이들(*Growing up Digital: Net Generation*)』에서 "이 세상을 완전히 변화시킬 새로운 세대가 성장하고 있다는 것을 발견하고" 디지털 혁명이 가속화되는 가운데 인터넷을 일상생활의 동반자처럼 활용하는 베이비붐 이후의 세대를 N세대(Net Generation)이라고 지칭하고 이들이 갖고 있는 성향과 특성을 분석하고 이들과 부의 창출, 상거래, 여가활동이나 교육체제, 문화, 정치, 사회 등 일상생활 전반에 걸쳐 미치고 있는 영향에 대해 새롭게 조명하고 있다.

우리나라에서도 인터넷이 점차 일상생활 속에서 중요한 역할을 하게 되면서 그 비중은 앞으로 더욱 커지고 있으며 인터넷의 이용률이나 정보통신 이용능력 면에서 가장 높은 계층으로서의 청소년집단이 존재하고 있다는 점에서 보면 이러한 변혁의 정보기술시대, 소위 우리나라의 'N세대'와 사이버공간이 갖는 의미에 대해서는 알아보는 것은 중요한 의미가 있다. 정보기술(IT) 시대, N세대의 모습은 정보화의 수혜자로 간주되거나 유해정보로부터의 보호대상자로서 간주되고 있는 동시에 건전한 정보의 창출자이며 정보사회로의 변화를 주도하는 중심계층으로도 인식되고 있다. 청소년은 단순한 정보소비자가 아니라 새로운 정보를 창출하고 이를 이용하는 참여적 동반자로 상정할 필요가 있기 때문이다.

이러한 인식에서 이 글은 새롭게 전개되는 정보기술(IT)시대 사이버스페이스 대두의 의미를 고찰하고 N세대 청소년들의 컴퓨터 이용에 따른 '사이버현상'을 정보일탈과 사이버참여라는 두 가지 측면에서 논의함으로써 정보기술과 청소년을 어떠한 관점으로 보고 이해할 것인지에 대해 생각해 보고자 한다.

1. 사이버공간의 특성

사이버스페이스(cyberspace)는 인터넷, SNS 그리고 여러 가지 학술 네트워크 등을 통해 정보를 교환하고 상거래를 하고 대화를 나누고 사람과 소통하는 공간을 말한다. 사이버(cyber)라는 용어는 사이버네틱스(cybernetics)의 줄임말로 '인공두뇌' 내지는 '가상'이라는 뜻으로 사용되고 있다. '사이버스페이스'는 깁슨(Gibson)의 1982년 작 단편 「크롬 태우기(*Burning Chrome*)」에서 컴퓨터에 의해 생성된 가상현실을 가리키기 위해 처음 사용되었으며 1984년 그의 소설 『뉴로맨서(*Neuromancer*)』로 본격적으로 주목을 받기 시작했다. 사이버스페이스와 관련된 용어로는 시뮬레이션(simulation), 가상현실(virtual reality), 사이보그(cyborg) 등 여러 가지가 있다.

가상공간은 새로운 정보통신기술, 네트워크망과 컴퓨터의 발달로 탄생된 시·공간이 응축된(time-space compression) 공간이고 성·이데올로기·청소년 등 기존의 계급적 관점에서는 설명할 수 없는 다문화적인 복합지대이다. 레인골드(Howard Rheingold)는 컴퓨터 매개 커뮤니케이션(CMC; Computer-Mediated Communication) 기술을 이용하는 사람들에 의해 언어와 인간관계, 자료와 부와 권력이 현재화되는 개념적 공간으로 정의한다. 이 공간에서는 새로운 인간관계를 맺어 가상공동체(cyber community)라는 개념의 공동체를 형성하기도 한다. 사이버스페이스는 "가상현실(virtual reality)과 네트워크에 의해 형성되는 컴퓨터매개커뮤니케이션(CMC)을 통하여 여러 가지 인간관계가 형성되는 공간"이다.

사이버스페이스는 컴퓨터라는 매체의 고유의 특성과 그 매체가 담고 있는 내용물 그리고 그것을 이용하는 청소년들의 심리적·현실적 상태라는 몇 가지 측면에서 다음과 같은 독특한 특징을 갖는다.

첫째, 사이버스페이스의 가장 큰 특징은 익명성(匿名性, anonymity)이 보장되는 매체

공간이라는 점이다. 우선 공동체 성원은 익명성을 유지함으로써 개인들은 장소귀속적이고 대면적 상황에서 자신의 활동을 제약하는 연령, 성별이나 지위, 사회적 정체성이나 신체적 또는 심리적 정체를 직접적으로 드러낼 필요가 없다. 이를 통해 익명성은 새로운 모습을 탐색하거나 연습할 수 있는 기회를 만들 수 있다. 반면, 이러한 익명성은 각 개인의 주체성을 강화하며, 권위적 간섭이나 조정을 받지 아니하는 무한한 자유를 보장한다. 개인들에게 평등한 지위와 참여기회, 그리고 자기모색의 장을 열어줄 수도 있다.

또한 이러한 익명성의 보장이 사이버공간의 참여자들에게 일탈행동을 초래할 개연성을 준다. 현실세계에서는 자신의 사회적 지위로 인해 무례한 행동을 삼가는 사람들도 사이버공간에서는 개인이기가 극대화하는 행동을 하는 경우가 적지 않다. 이러한 사이버공간의 매체적 특성에 의한 일탈행동은 기게스의 반지(Gyges' ring) 또는 '사회적 단서의 결핍'에 의한 일탈행동의 만연이라는 것으로 이해된다. 기게스(Gyges)는 그리스 신화에 나오는 양치기로 어느날 우연히 위에 달린 보석을 돌리면 반지 낀 사람의 모습이 보이지 않게 되는 요술반지를 얻게 되는데, 이러한 신통력으로 결국 왕좌까지 차지하게 된다. 이러한 반지를 끼고서도 계속해서 정의롭고 도덕적인 행동을 철저히 할 사람이 얼마나 있겠는가. 인간의 의지가 얼마나 나약할 수 있는지를 보여주는 이야기이다.

둘째, 사이버스페이스는 공동체 성원의 무책임성과 책임소재의 불분명과 같은 특성을 갖는다. 어느 대규모 사회적 결사체도 '무임승차자'의 문제는 피할 수 없다. 대규모 집단에서 각 개인들은 특정한 유인이 존재하지 않는 이상 집단의 공통된 이익만을 위해 행동하지 않는다. 공공재란 공과에 관계없이 누구에게나 분배되기 때문이다.

즉 생활공간을 함께 하지 않기 때문에 친밀감을 형성했다가도 어느 순간에 접속을 중지해 버리면 연락이 완전히 두절되는 것이다. 실제로도 아주 친해졌다가도 통신을 단절했을 때 그것으로 관계가 끊겨버리는 가벼운 인간관계라든가 적극적이고 책임성 있는 활동을 하는 이가 적다. 개인의 필요에 따라서 관계를 좌우할 수 있기 때문에 사회적 유대를 형성하기 어렵고 공동체적 유대감이 결여되기 쉽다. 따라서 '공동체 유대의 부재'로 인해 사이버공간에서 일탈을 통제하는 사회적 힘이 약해진다. 공동체 유대의 부재라는 이러한 특성은 리셋 신드롬(reset syndrome)으로 이야기된다. 사이버스페이스는 언제 어디서든지 관계의 고리를 끊고 사라질 수 있으며 언제든지 리셋(rest)하여 새로 시작할 수 있다는 특징을 갖는다. 이러한 측면은 새로운 공동체로서의 사이버스페이스의 유지와 정체성 확보에 적잖은 영향을 미친다.

셋째, 사이버공간은 기존의 물리적 장소의 구속성에서 벗어나 새로운 사회적 관계를 갖는 하나의 공동체로서의 의미를 갖는다. 인터넷은 시·공간에 구애받지 않는 탈공간성과 비동시성(asynchronism)의 특성을 지닌다. 인터넷의 공간초월 커뮤니케이션(anyplace communication)으로서의 특징, 즉, 장소독립성은 이용자들에게 지리적인 거리상으로 정보의 중심부에서 멀리 떨어져 있다는 사실이 더 이상 불리한 조건으로 작용하지 않아서 보다 많은 사람들이 동등한 기회를 제공받을 수 있다는 것이다.

넷째, 사이버공간은 현실세계에서 자신의 존재를 인정받지 못하고 소외되거나 불만이 있는 청소년이나 성인은 더욱 활발히 이용할 수 있다. 청소년들의 경우, 입시 중압감으로 인한 놀이시간의 부족과 사회적으로 제공되는 놀이공간의 부족은 청소년들에게 사이버공간을 또 다른 놀이공간으로 만들도록 하고 있다. 그래서 청소년은 사이버공간을 개인적 욕구를 충족시키는 오락용으로 생각하는 경향이 나타난다. 공공게시판이나 타인과 만나는 채팅과정에서도 경쟁성, 폭력성, 우연성 등 놀이의 성격이 그대로 사이버공간에 이식되는 경우가 많은 것도 이러한 특성에 기인한다.

다섯째, 사이버스페이스의 특성 중에서 특히 인터넷과 관련한 경우 그 기본정신은 정보의 공유(sharing)로 볼 수 있다. 정보를 공유한다는 것은 상대방의 입장에서 생각하는 감정이입을 포함하고 있으며 이것은 행위자의 적극적인 참여를 전제로 한다. 이러한 특징은 새로운 정보문화의 특징과도 연결된다. 새로운 정보문화의 가장 큰 특징은 그것이 나눔과 참여의 문화라는 점에 있다. 온라인 공간에서 정보공유는 나눔의 가치를 내면화시키고 더불어 공동체의식을 형성시킨다.

여섯째, 사이버스페이스는 쌍방향적 참여의 공간이다. 개인의 취향 및 선택과 같은 자율성이 중시되는 공간이면서 다른 한편, 대화와 참여를 기반으로 하는 공간이다. 이런 측면에서 사이버스페이스는 시민사회의 일부분으로 작동할 수 있고 국가권력의 통제가 미치는 권력의 새로운 식민지로도 전락할 양면적 가능성을 함께 가지고 있다. 사이버공간은 강압적 물리력보다는 여론의 영향력과 동의에 근거한 헤게모니가 성립하는 자유로운 여론형성의 장이다. 특히 PC통신과 함께, 텔레데모크라시, 전자적 시민운동 등과 같은 새로운 참여방식은 사이버스페이스가 멀티미디어시대의 새로운 공공 영역으로서 가능성을 보여주는 것이다.

일곱째, 사이버스페이스는 생활의 이중화(duality) 현상 속에 새로운 자아형성의 기회를 준다. 가상현실은 현실의 일상생활과 공존함으로써 두 가지 또는 그 이상의 세계를 한 사람이 동시에 살아가는 효과를 갖게 한다. 즉 가상공간 내에 이른바 제2의 생활공간이 등장하면서 생활의 이중화 현상이 나타나고 있다. 사람들은 익명을 쓰고 현실세계와는 다르게 사고하고 행동하는 등 보다 자유로운 활동을 한다. 현실 속에서와는 다른 새로운 자아, 즉, 사이버에고(cyber ego)를 가상공간에서 만들어 낸다. 대중문화와 가상공간에서 '여장남자'와 '남장여자'를 발견하는 것은 그리 어려운 일이 아니다. 성 바꾸기(cross-dressing 혹은 gender switching)로 내성적인 사람이 외향적인 사람으로 활동하기도 한다. 이렇듯 가상공간에서는 현실의 자신과는 전혀 다른 사람이 되어 실제로는 할 수 없었던 말과 행동을 하게 된다.

정보통신의 발달에 따른 사이버공간의 확대와 그 특성에 의해 청소년세대는 컴퓨터를 가장 많이 접하고 그 능력도 뛰어나며 또한 피해자가 될 수 있는 존재가 되고 있다.

첫째, 청소년은 다른 어떤 세대와 계층보다도 컴퓨터를 잘 다루는 세대이며 정보화 기재에 더 친숙하고 이를 더 잘 활용할 능력이 있다. 둘째, 컴퓨터세대로서의 청소년은 정보매체의 영향을 가장 많이 받는 세대로서의 특성을 갖는다. 이 점에서 긍정적인 동시에 우려의 대상이 되기도 한다. 셋째, 청소년은 사이버스페이스의 가장 쉬운 피해자가 될 수 있다. 청소년은 사이버공간에서 제공되는 음란정보업자들의 희생자일 뿐만 아니라 가상공간의 익명성을 악용하는 사람의 언어폭력에 희생당하기도 한다. 넷째, 청소년은 새로운 사이버문화의 주체이다. 인터넷과 PC통신 등을 통해서 두드러지게 나타나고 있는 여러 문화적인 현상들은 청소년과 밀접한 관련이 있다.

2. 청소년의 컴퓨터몰입과 정보일탈

청소년의 "정보일탈"은 컴퓨터몰입과 인터넷중독의 문제, 사이버범죄와 청소년일탈, 문제행동으로서의 '부적절한 행위'의 세 가지로 구분해 볼 수 있다.

1) 컴퓨터몰입과 인터넷중독

컴퓨터몰입 또는 인터넷중독증은 청소년들이 장시간 인터넷 또는 컴퓨터통신을 사용함으로써 정신건강을 해치고 대인관계에도 문제점을 발생시킬 수 있다는 우려에서 논의되고 있다.

그러나 컴퓨터중독이란 용어는 실제 정확한 정의와 뚜렷한 과학적인 근거가 없는 가운데 컴퓨터를 오랜 시간 사용하거나 자주 사용하는 현상을 일컫는 것으로도 사용되고 있다. 이 점에서 일반적인 경우에는 컴퓨터몰입, 인터넷탐닉 등의 용어를 쓰는 것이 더욱 적합하다. 정신의학적 중독증의 진단은 단순히 어떤 대상을 탐닉하는 것만으로는 부족하며, 의존성, 내성 및 금단증상이 나타나야 한다.

일반적인 경우, 컴퓨터중독이 되면 컴퓨터의 장시간 몰입으로 일상생활을 제대로 하지 못하고 컴퓨터를 사용하지 못할 경우 심리적 불안감, 우울증 등을 경험한다. 또한 수면부족과 불규칙한 생활습관으로 인해 체력 저하와 집중력 저하를 경험하고 개인의 면역체계가 약화되며 운동부족과 눈의 통증 등의 손상을 입을 수 있다. 학업이나 업무상의 손실, 통신비용 등의 경제적인 지출, 현실세계의 대인관계에서 소외와 함께 가족관계의 문제를 경험하는 등의 부작용을 겪게 된다.

통신중독의 증상과 함께 자신이 통신중독인지 아닌지를 자가 진단할 수 있는 체크리스트들이 여러 학자들에 의해 제시되고 있다. 그중 온라인중독연구센터 심리학자인 영(Young)은 다음과 같은 목록 중에서 네 개 이상 체크되는 경우를 인터넷에 의존적인 사람으로 분류할 수 있다고 주장한다.

① 당신은 접속을 하지 않는 동안이라도 인터넷이나 온라인서비스에 몰두된 느낌을 받는가?

② 당신은 만족감을 느끼기 위해서 더욱 더 많은 시간을 보내고 싶은가?

③ 당신은 당신의 온라인 사용을 통제하지 못하는가?
④ 당신은 온라인 사용을 중지 당하게 되면 초조하거나 불안해지는가?
⑤ 당신은 무기력감, 죄책감, 우울, 불안 등의 감정에서 도망가거나 벗어나기 위해서 접속을 하는가?
⑥ 당신은 당신이 얼마나 많이 그리고 자주 통신을 하는지 숨기기 위해서 가족이나 친구에게 거짓말을 하는가?
⑦ 당신은 온라인서비스 사용 때문에 직장, 학교 등의 관계를 잃을 위험에 처해 있는가?
⑧ 온라인서비스 사용요금으로 너무 많은 돈을 쓰고 나서도 계속 통신을 하는가?
⑨ 당신은 불안이나 무기력감, 그리고 초조감이 통신을 하고 있지 않을 때 더 증가하는 위축 현상을 보이는가?
⑩ 당신은 의도적으로 통신을 더 오래하고 있는가?

우리나라의 경우 청소년들의 컴퓨터몰입에 따른 문제가 대두되고 있으나 그중에서 정신의학적인 컴퓨터중독에 이른 사례는 크게 나타난 바 없다. 실제 한국 청소년들의 통신중독 실태를 알아본 최근의 한 연구결과는 심각할 정도의 컴퓨터중독이 전체적으로 진행되지 않은 것으로 나타나고 있으나 지나친 통신이용이 통신중독의 현상을 발생시킬 가능성이 있다고 하는 사실을 시사하고 있는 것으로 결론을 맺고 있다.

앞에서 나열된 것과 같은 여러 가지 증상 중에서 몇 가지가 나타난다고 바로 인터넷중독증으로 속단할 수는 없다. 증상들의 정도가 심하고 반복적이며 만성화되어 신체, 심리, 사회 및 직업활동상의 장애를 유발하게 되는 경우에만 비로소 정신의학적인 중독현상으로 볼 수 있기 때문이다.

2) 사이버범죄와 청소년일탈

사이버범죄는 기존의 범죄가 정보통신매체를 수단으로 하여 발생되는 것을 말한다. 사이버공간에서의 정보화의 확대와 더불어 지식과 정보에 대한 불법적인 침해, 불건전 정보의 유통, 사생활 침해 등의 역기능이 나타나고 있다.

(1) 사이버범죄

문제는 이러한 컴퓨터 관련 사건에서 청소년들이 자주 등장함으로써 사회문제화된다는 점이다. 사이버스페이스와 관련하여 발생하는 컴퓨터범죄에는 여러 가지 유형이 있으나 우리나라 청소년에게 특히 문제가 되고 있는 것은 컴퓨터 해킹과 컴퓨터 바이러스, 아이디(ID) 도용사건 등이다.

① 컴퓨터 해킹(hacking): 국내에서의 컴퓨터 해킹은 주로 대학교나 연구소 등을 대상으로 대학생들에 의하여 이루어지고 있다. 그러나 최근에는 중·고등학교 청소년들이 해킹에 대한 공부를 하면서 호기심이나 실력과시 차원에서 초보적 해킹을 시도하는 경우가 많으며 해킹 대상도 교육전산망 외에 상용전산망, 국가기관 등에까지 확대되고 있어 주목할 필요가 있다. 청소년들은 컴퓨터해킹을 별다른 죄의식 없이 행하는 경우가 많다.

② 컴퓨터 바이러스(virus) 유포: 컴퓨터 프로그램을 배우는 청소년들 사이에서 호기심으로 생산하는 사례도 적지 않으나 때로는 군사적 목적, 경제적 목적, 정치적 목적 등으로 이용되기도 한다. 인터넷 등 네트워크상에 유포되는 컴퓨터 바이러스는 통신망의 특성상 급속히 확산될 가능성이 있어 매우 경계하여야 할 대상이다.

③ 아이디(ID) 도용사건: 요즈음 주로 청소년들 사이에서 천리안 등 상용 통신망의 무료이용을 목표로 다른 사람의 아이디(ID)를 도용하거나 허무인의 아이디(ID)를 가짜로 만들어 사용하는 경우가 많다. 아이디(ID) 도용은 단순히 경제적 피해만을 초래하는 것이 아니라 남의 아이디(ID)를 도용하여 컴퓨터 통신상으로는 자신의 얼굴이나 신분을 알리지 않고도 여러 가지 행위를 할 수 있다는 점을 이용하여 언어폭력을 행사하거나 사기행각을 하는 등 생각지 못한 여러 가지 문제를 발생시키고 있다.

④ 사이버불링: 최근에는 SNS의 익명성, 가상성과 더불어 시간과 장소에 구애받지 않는 무차별적인 공격성을 가진 사이버불링에 대한 관심이 높아져 주목된다(김민정, 2018). 사이버불링이란 한 개인이나 집단이 인터넷 또는 디지털기기를 사용하여 타인에게 피해를 줄 의도를 가지고 괴롭히는 행위를 말하는데, 사이버불링에 대한 사회적인 관심은 사이버불링이 청소년 자살사건과 관련됨이 밝혀지

면서 높아지게 되었다.

사이버불링이라는 용어는 2000년 초반까지 많이 사용되던 '사이버폭력'이 행위의 폭력성을 강조할 수는 있으나 범죄 구성 이전의 사이버 일탈의 전반 행위를 지칭하기에 적절하지 않다는 점에서 2010년 이후 사용되기 시작했다. 2013년에 개정된 「학교폭력예방 및 대책에 관한 법률」에서는 '사이버 따돌림'이라는 신조어를 법률용어로 채택했는데, '인터넷, 휴대전화 등 정보통신기기를 이용하여 학생들이 특정 학생들을 대상으로 지속적, 반복적으로 심리적 공격을 가하거나 특정 학생과 관련된 개인 정보 또는 허위 사실을 유포하여 상대방이 고통을 느끼도록 하는 일체의 행위'로 규정한 바 있다. 하지만 사이버불링은 아직까지 유사용어로 볼 수 있는 사이버폭력, 사이버 왕따, 사이버 따돌림 등의 용어와 혼용하여 사용하는 경우가 많다.

(2) 사이버일탈

청소년이 사이버범죄의 가담자로서만이 아니라 많은 경우 청소년은 피해자가 되는 사례가 빈발하고 있다. 다음은 특별히 청소년이 피해자가 될 수 있는 사이버범죄의 유형을 제시한 것이다.

① 사이버 성폭력: 현실공간에서의 성폭력 행위와는 달리 PC통신, 인터넷, e-mail 등 정보통신 수단을 이용하여 다수 또는 특정인을 성적으로 괴롭히는 행위(sexual harrassment)이며 사이버 스토킹도 이에 해당된다. PC통신과 인터넷 대화방에서 상대방과 대화 중 성적 수치심을 유발하는 내용의 대화를 유도하거나 성희롱과 폭언을 행하는 사례가 있다. 사이버 성폭력은 정보통신매체 이용의 익명성으로 인해 그 증거 확보 등 수사에 어려움이 있으며, 직접적으로 피해자의 생명이나 신체의 안전과 연관되지 않는 관계로 법적 차별이 곤란하며 게시된 정보가 빠른 시간 내에 광범위하게 확산되는 이유로 인해 그 피해 정도가 심각하다.

② 사이버 스토킹: 이는 사이버 성폭력의 대표적인 유형이다. PC통신상의 대화방, e-mail 등 정보통신망을 통하여 특정인에게 원하지 않는 접근을 지속적으로 시도하거나 계속하여 성적 괴롭힘을 행사하는 경우를 말한다. 일반적으로 다양한 형태의 성폭력 행위가 동시에 행하여지며 연예인 등 유명인물은 물론 일반인에

대한 피해 사례가 속출하고 있으며 현실공간에서의 스토킹과 병행하여 발생되는 경우가 많아 더욱 문제가 된다.

③ 인터넷 매매춘 알선: 이는 주로 PC통신의 게시판이나 대화방을 중심으로 독립적인 매춘알선이 진행된다. 매춘희망자를 인터넷 등을 통해 모집하거나 폰섹스 사이트를 개설, 운영하며 아동을 약취, 유인하여 음란물을 제작하거나 아동매매춘 알선행위를 하는 경우도 있다.

④ 인터넷 도박: 도박사이트는 미성년자에게 여과 없이 개방되어 사행심을 조장하는 등의 문제점을 갖는다. 인터넷상에서 이루어지므로 현실적으로 규제가 어렵다는 점에서 더욱 심각한 문제가 된다.

사이버범죄에는 정보통신매체가 가지고 있는 특성이 그대로 반영된다. 원격지에서 범죄를 행할 수 있으며, 범죄행위가 용이하고 간편하며, 피해가 발생할 경우 짧은 시간에 광범위하게 퍼져 피해규모가 크며, 신원확인수단이 미비하여 익명성을 악용할 수 있으며, 불특정 다수인을 대상으로 범죄행위가 가능하며, 사이버공간의 특성상 국가 간 국경이 없는 범죄가 활동 가능하며, 물리적 공간에서 행하는 범죄에 비해 사이버공간에서 행하는 범죄에 대하여 죄의식이 부족하다는 것 등이 그러한 특성이다. 이에 따라 대책을 마련하기 어렵고 기존의 법제도와 사법권, 범죄예방, 진압시스템만으로는 사이버범죄에 대처할 수 없다는 문제점이 있다.

3) 문제행동으로서의 "부적절한 행위"

청소년의 사이버일탈에는 앞서 언급한 해킹, 바이러스 유포 등과 같이 현실 사회의 권위체에 의한 처벌의 대상이 되는 범죄행위가 있는가 하면, 그에 못지않게 인터넷이나 컴퓨터통신상에서 이용자들 간에 비난, 질책, 무시 등의 비공식적 제재를 당하는 일상적으로 행해지고 있는 문제행위들도 있다.

절제되지 않은 욕설과 인신공격, 음란외설 등의 불건전한 정보의 만연, 소수에 의한 컴퓨터 통신 공간의 지배, 부정확한 정보 및 사실의 유포로 인한 정보의 진실성의 저하, 상업적·이기적 목적으로의 컴퓨터 통신의 사용 등 비범죄적인 문제행동은 개방적인 인간관계의 형성을 방해하며 컴퓨터의 제한적 사용 및 호혜적인 정보제공 의욕의 감소를 초래한다. 오늘날 사이버스페이스에서는 이러한 '부적절한 행위'들이 점차 만연됨으로써 이에 대한 규제방식이 다양한 방법으로 제기되고 있다.

이러한 '부적절한 행위'와 관련하여 청소년에게 특히 문제가 되는 것은 적대적 언어, 인신공격적 발언과 허위사실 유포 및 음란폭력물 등 불건전 정보의 게재 등이다.

① 유언비어와 타인 비방: 사이버공간에서는 아무나 자신의 생각을 글로 표현할 수 있으므로 그 과정에서 검증되지 않은 사건, 우발적인 오보, 오해로 인한 유언비어도 빈번히 일어난다. 가장 흔한 것은 PC 통신의 토론방 등에서 욕설을 하면서 상대방에 대한 비방을 하거나 갖가지 유언비어, 악성 루머를 전파하는 경우가 있다.

② 비속어와 언어폭력: 또한 가상공간에서 이루어지는 인권침해 중 가장 광범위하게 이루어지는 것이 언어폭력이다. 반말과 욕설, 비속어로 이루어지는 대화나 메일은 가상공간에서 다반사로 일어난다. 이것이 청소년에게 특히 문제가 되는 것은 이러한 "언어 습관"이 그대로 사회생활로 연장될 수 있기 때문이다.

③ 음란폭력물의 접촉, 게재와 배포: 사이버공간이 청소년에 갖는 역기능의 또 다른 하나는 음란폭력물 등의 유해정보에 쉽게 접할 수 있다는 것이다. 음란폭력물 등의 불건전 정보는 특히 최근에는 청소년층에 의한 게재되는 사례가 급증하고 있으며, 때로는 일부 기성세대에 의해 청소년들이 음란물 판매의 중간매체로 이용하는 현상도 보이고 있어 우려되고 있다.

음란폭력물이 청소년에게 유해한 영향을 끼치는지는 정확하지 않지만 대체로 청소년들이 음란폭력 정보에 상습적으로 탐닉할 경우 규범의식과 성범죄 유발에 영향을 주거나 일탈의 잠재성이 있는 청소년들은 마약, 폭력관련 정보 등에 무차별적으로 접촉하고, 일탈을 위한 동료 결성 등을 용이하게 함으로써 범죄를 직접 유발하도록 만드는 요인을 제공한다는 점에서 청소년일탈에 영향을 끼친다고 본다.

특히, 청소년들이 음란정보를 구입하기 위해 서로 거래하는 것은 비일비재하고, 최근의 음란 소프트웨어들은 외관상 통상의 교육용 시디롬과 식별이 어렵고 주로 심야에 컴퓨터를 통해 전파된다는 점과 완전한 규제가 현실적으로 어렵다는 점이 문제점이 되고 있다. 또한, 폭력물에 관한 내용이 근래에 들어 인터넷에 끔찍한 사고장면이나 엽기적인 범죄, 가학행위 등을 담은 홈페이지(잔혹사이트)가 급속히 늘어 청소년에 미칠 해악이 우려되고 있다. 얼마 전 국내에서 중학생이 어린이를 살해한 사건도 인터넷의 잔혹사이트를 보고 저지른 모방범죄로 밝혀져 그 폐해가 음란물 못지않게 심각하다고 지적되고 있다.

3. 청소년과 사이버참여

"사이버참여"는 사이버스페이스를 활용한 온라인(on-line) 또는 오프라인(off-line)에서 이루어지는 청소년참여 활동을 지칭하는 것이다. 사이버참여 활동은 사이버공간이 정보화사회의 중요한 의사소통수단으로 대두되고 있고 청소년들은 그 주역으로 부각되고 있는 현실을 바탕으로 하여, 청소년들이 사이버공간을 통하여 참여하는 것을 말한다. 여기에서 사이버참여는 또래중심 참여, 지역중심 참여, 정책과정 참여, 단체자율 참여 등과 함께 청소년참여에 의한 다섯 가지 주요 활동 영역의 하나이다. 이 점에서 여기서는 사이버공간을 활용한 청소년참여활동을 인터넷잡지 제작, 사이버 토론, 동호회 모임과 홈페이지 참여 등의 세 가지로 구분하여 고찰하기로 한다.

1) 인터넷 잡지, 웹진 제작

청소년들의 사이버참여활동의 가장 주목할 일은 10대 청소년들이 직접 편집장과 기자를 담당한 청소년편집국을 결성하여 직접 기획하고 가상공간 속에 청소년들의 웹진(webzine: 인터넷 잡지)을 제작하고 있다는 사실이다. 청소년의 시각에서 사회현상을 바라보고 문제를 분석하며 기삿거리를 선정하여 잡지를 만들고 있다. 어느 누구든지 관심 있는 청소년이면 정보나 자료를 제공하여 잡지에 실을 수 있으며, 공개편집회의를 통해 다음 호 기획기사 주제 등 세부구성 및 전체적 방향에 대해 자유롭게 제안하고 논의하는 과정을 거치며, 독자들은 잡지에 대한 의견과 소감을 바로 통신을 통해 보낼 수도 있다.

청소년 웹진의 각기 성격이나 내용면에서 다소 차이가 있는 특징을 보이고 있으나 전체적으로 10대 청소년중심으로 운영되고 있다는 점에서는 공통된다. 체벌, 대중문화, 대통령선거, 「청소년보호법」 등에 대한 청소년 특유의 다소 진보적이고 도전적인 문제의식을 제기하기도 하고, 청소년들의 주인됨과 권리확보에 대해 강한 어조의 선언을 하고 있기도 하다.

아직 이러한 현상을 진단하고 평가하기에는 이른 점이 있지만 어쨌건 기성세대의 편견과 기존의 사회질서에 대해 반기를 들고 자신들의 사고와 판단에 따라 주장을 하는 청소년들의 움직임이 여기저기에서 시작되고 또 진행되고 있다는 점은 사회와 기성세대가 결코 간과해서는 안 될 점이다. 이러한 자유로운 움직임들이 가상공간에서뿐만 아니라 실제 삶의 영역에서도 자연스럽게 표출되어 건강하게 전환될 수 있도록 그 통로를 만들어 주어야 한다. 아직은 미약하지만 웹진을 통한 청소년들의 발언을 높이고자 하는 움직임이 있는 것은 기존의 상업주의 구도에서 피동적으로 소비객체로 존재했던 청소년문화와는 다른 새로운 변혁의 실마리를 보여준다.

이와 같은 컴퓨터를 통한 사이버스페이스는 기존체제에 대항하는 새로운 윤리와 행동방식, 삶의 스타일이 부분문화로 형성되어 청소년문화의 모습으로 드러나는 유효한 장이 될 수 있으며 이것은 대항문화로까지 성장할 수 있다. 특히, 이러한 웹진의 주체가 인터넷에서 반란을 꿈꾸는 자들, 바로 청소년 자신들이라는 점에서 주목된다.

사회가 발전함에 따라 통신망을 활용한 청소년들의 주장과 사회참여는 앞으로 더욱 가속화될 것이며, 이러한 청소년들의 욕구와 에너지가 건강하게 발전될 수 있도록 지켜보고 그들이 필요로 하는 것이 무엇인지 알아보고 청소년의 입장에서 그 대책을 강구하는 것은 기성세대의 몫이다.

2) 사이버 토론을 통한 참여

발달된 통신기술과 컴퓨터 기술로 이제 인터넷은 일반적 개념이 되었고, 이를 통한 의견 피력과 의견수렴활동 또한 활발해졌다. 지금도 청소년들은 수많은 통신 동호회방, 게시판, 대화실, 토론실 등에서 자신의 일상생활 문제부터 교육개혁, 입시 위주 교육문제, 대형 재난과 경제문제, 청소년의 인권문제에 이르기까지 전 분야의 사회현상에 대해 자신의 주장을 펼치고 토론을 펼치기도 한다.

몇 년 전에는 한 청소년이 통신망의 토론 광장에 "한국의 중·고생들은 인간이 아니다"라는 제목으로 교육에 대한 비판, 교사들에 대한 불신 등에 대한 글을 올린 적이 있었는데, 이것을 시작으로 달아오르기 시작한 교육현실에 대한 논쟁이 청소년들의 토론글을 쏟아내게 하여 사회적으로 반향을 일으킨 적도 있었다. 또한, 청소년들의 주장과 생각이 사이버공간 속에서 행동으로 옮겨진 사건도 있었는데, 한 대중가수의 노래가 공연윤리위원회의 심의에 걸려 삭제된 데 대해 전국적인 서명운동이 일어나기도 했었다.

이러한 사이버스페이스를 활용한 청소년참여는 국가나 지역사회의 정책과정에 빠른 시간 내에 자신의 의견을 제안할 수 있는 기회를 제공했다. 지방자치제의 실시 이후 거의 대부분의 자치단체는 인터넷상에서 주민과 행정이 만날 수 있는 코너를 마련해 놓고 있으며, 자치단체장에게 직접 편지글을 올릴 수도 있다. 미국의 경우, 클린턴 대통령과 고어 부통령은 백악관 역사상 처음으로 자신들의 전자우편(e-mail) 계정을 가진 대통령과 부통령이 되었는데, 당시에 이 전자우편은 고등학생들과 대학생들이 특히 많이 사용하는 것으로 나타났다. 이 외에도 많은 경우, 상용 인터넷 서비스에는 청소년 학생들을 위한 공간을 마련하여 이 속에서 청소년들이 자유롭게 지역사회뿐만 아니라 미국 전체, 그리고 세계에서 일어나고 있는 여러 가지 일들에 대한 활발한 토의가 진행되도록 하고 있으며, 정치인들과 연구기관에서도 이를 통해 청소년의 여론을 수렴하고 있는 것으로 알려져 있다.

3) 동호회 모임과 홈페이지를 통한 참여활동

청소년들의 온라인 활동에는 또한 동호회(interest group)나 동아리 소모임 등 또래 중심의 모임활동이 있다. 청소년들은 사이버 세계에서 독립된 자아로서 자신을 인식시키고자 하는 욕구가 강하기 때문에 그들만의 모임을 선호한다고 볼 수 있으며 실제로도 청소년은 구성원들과의 활동에서 자신의 위치가 보장되는 또래모임을 선호하고 있다. 동호회나 소모임을 통한 청소년참여활동은 그들의 정체성을 구체적으로 표현하는 방식으로 이해된다.

이러한 모임은 개인의 홈페이지로 나타나기도 하는데, 이와 같이 인터넷상에 있는 수없는 뉴스그룹(newsgroup)이나 관심집단 또는 동호회의 형성 및 PC통신이나 채팅 사이트를 중심으로 일어나는 수많은 만남 등은 사이버공간에서 청소년들이 스스로 자신의 모습을 새롭게 정의하는 행동의 대표적인 예로 평가된다. 특히 홈페이지는 개인의 단순한 자기표현 영역을 넘어서 사람들이 모이는 공간으로 되고 있으며, PC통신이나 인터넷 뉴스그룹과 같은 가상공동체를 통해 가상적인 동질성을 느끼면서 물리적 접촉이나 관계를 넘어서는 새로운 공동체의식을 만들어 가고 있다.

이러한 청소년모임은 학교생활에 대한 내용과 자신이 좋아하는 연예 스타나 그와 관련된 이야기들이 주요 관심사가 되고 있으며, 친구들과 함께 어울림으로써 즐거움을 추구하는 친목적인 활동을 목적으로 하는 경우가 많다. 일반모임에서 활동하는 청소년들은 지역모임, 게임 등 취미 관련 모임, 전문분야 모임 등에서 활동하며, 전문모임에서 활동하는 청소년들은 해당 분야에 관심이 많거나, 지식수준도 높아 모임 안에서 성인들과 함께 경쟁하고, 평가받고 싶어 하는 경향이 있다.

청소년모임 활동은 그들만의 자치활동으로 공동체의식이나 사회활동에 대해 직접 체험하면서 배워가며, 그 안에서 능동적인 활동이 자신의 존재에 대한 인식이나 가치관 형성 등에 도움이 된다는 장점도 있지만 가치관이 완전히 정립되지 않은 상태에서 제대로 선배들로부터 도움을 받기가 어려운 단점도 갖는다.

모임활동의 주된 주제는 연예정보, 컴퓨터 관련 분야, 수험정보 등에 집중되어 있으며, 익명 게시판의 경우 사춘기의 고민이나 현실세계에서의 고민들, 사회적 비판 등이 보다 노골적으로 쓰이고 있다. 특히 일반 게시판의 경우 가벼운 주제 위주의 활동이 이루어지고, 사회적 불신감의 표현 등 무거운 주제는 익명이 보장되는 게시판에서 이루어지고 있는 것은 성인들의 활동과 비교했을 때 특이한 점이다.

최근에는 인터넷상에서는 쉽게 모임을 이룰 수 있기 때문에 점점 그 숫자가 증가하고 있으나, 익명성의 보장으로 인하여 활동에 대한 책임의식이 부족하고, 사용자를 제재할 수 있는 방법이 적기 때문에 사회적으로 문제가 되고 있는 부정적 활동 역시 증가하고 있다. 욕설이나 비상식적·비논리적 궤변 일변이 지배하고 있는 게시판이나 토론실 등에는 청소년층이 주도적 역할을 담당하고 있는 경우가 많이 있다. 이러한 청소년은 그 수는 매우 적으나 반복적인 활동과 마땅히 제재할 수 있는 수단이 적기 때문에 사이버상에서뿐만 아니라 현실세계에서도 미치는 영향이 크며, 전체적인 청소년들의 사이버문화에 대한 부정적 시각을 부추기는 원인이 되고 있다.

4. 청소년 사이버현상의 과제

정보기술(IT) 시대의 N세대는 사이버스페이스의 이용 정도가 가장 높으며 다른 어떤 세대보다도 활용능력이 뛰어난 집단으로 정보매체의 영향을 가장 많이 받는 세대로서의 특성을 갖는다. 그러나 여기서 우리가 관심을 가져야 하는 것은 컴퓨터 관련 사건에서 청소년들이 자주 등장하는 것도 사실이지만 보다 많은 다수의 우리 청소년들이 사이버일탈의 피해자로서 노출되어 있다는 점이 간과되고 있으며 일탈행동의 가능성이 있는 것과 동시에 컴퓨터를 통한 사이버참여의 주체로서 새로운 청소년문화를 창조하고 있다는 사실 또한 과소평가하고 있다는 점이다.

이런 인식에서 이제 N세대의 사이버 현상의 바람직함을 위해서 다음과 같은 다섯 가지를 제언한다.

첫째, "청소년참여" 관점에서의 사이버문화의 이해와 필요하며 이를 위해서는 성인주의(adultism)를 극복해야 한다. 사이버활동은 청소년들이 가장 주체적으로 활동하고 대우받는 공간이라는 점에서 이러한 청소년참여적 관점은 기본적으로 전제될 필요가 있다. 앞에서 정의한 바와 같이 '참여'는 집단 간의 지속적인 상호작용을 통해 이루어진다는 점에서 보면, 청소년참여는 '가장 취약하면서도 역동적인 잠재성을 가진 연령'에 있는 '청소년들의 힘(youth power)'을 인정하는 데서 출발한다.

이 점에서 청소년 자신은 물론 기성세대의 인식 전환은 아무리 강조해도 지나치지 않을 것이다. 특히, 청소년들은 보호받아야 되고 또는 지시받아야 된다고 생각하는

"성인중심주의(adultism)"를 극복하는 것은 청소년참여의 증대를 위한 가장 핵심 과제이다. 성인중심주의는 "성인이 청소년보다 우월하다는 가정에서 발생하는 모든 행동과 태도, 그리고 성인은 청소년들의 동의 없이 다양한 방법으로 청소년들에게 영향을 줄 수 있는 자격이 있다는 행동과 태도"를 말하는 것으로 정의된다(김정주, 1999).

둘째, 청소년의 인터넷활용에 부모가 관여해야 하며 청소년과 부모가 함께하는 인터넷활용 프로그램을 개발·운영할 필요가 있다. 청소년의 건전한 사이버활동을 위해서는 부모의 관심이나 인터넷 이용능력이 매우 중요한 요소이지만 대부분의 경우 청소년의 인터넷 이용에 무관심한 것이 현실이다. 사이버세계에 거부감이 있거나 겁이 나는 부모들은 컴퓨터 활용도가 낮고, 사이버세계 자체가 새로운 세대들만의 공간이라고 미리 단정해 버리는 경우가 많다.

그러나 사이버세계에서 활동하는 데 컴퓨터 지식이나 이용능력이 크게 중요한 것은 아니며, 사이버상의 할 거리들이 다양하기 때문에 부모와 청소년이 함께 활동하는 데 실제 어려움은 크지 않다는 점에서 성인세대의 인터넷활용도를 높이는 방안을 마련할 필요가 있다.

셋째, 사이버스페이스의 유해정보와 역기능은 이를 공유하는 네티즌(netizen)의 자율적인 노력으로 차단되고 예방되어야 한다. 자율규제를 통한 청소년의 사이버일탈 방지가 필요하다. 자율규제는 정보화 역기능 대응방안 중에서 최선의 대응방안으로 논의된다. 그러나 사이버스페이스에 네티즌 동호인 모임이 형성되고, 동호인끼리의 자율규제는 이루어지고 있지만 사이버스페이스 방문자 모두에게 적용되는 보편적 자율규제가 없다는 것이 문제이다.

음란폭력물의 경우에도 시민들 개개인이 사이버캅이 되어 자율적으로 규제한다는 차원에서 확산되고 있으며, 이는 음란폭력물과 관련된 논란은 우선적으로 법적 차원의 문제가 아니라 도덕적 차원의 문제와 관련되어 있다는 점에서 의미가 있다. 음란물은 즐기고자 하는 수요가 있는 한 음란정보의 유통을 완전히 통제하려는 시도가 성공할 수는 없다. 그러나 최소한 손쉽게 음란정보를 접할 수 있는 환경은 막아야 한다.

넷째, 사이버공간을 바람직하게 만들기 위한 네티켓(netiquette)의 강화가 필요하다. 정보통신 윤리에 대한 조기 교육, 일반인 교육, 교재 개발 및 보급은 아무리 강조하여도 지나침이 없다. 따라서 청소년을 위한 조기 네티켓 교육과, 건전하고 재미있고 유익한 프로그램과 웹 사이트의 개발 보급이 필요하다.

네티켓(netiquette)은 사이버공간 내에서 행위규범들 및 예절과 행위를 지배하는 관행들의 세트를 말한다. 네티켓은 법규처럼 명시되어 있는 것이 아니지만 네트워크를 이용하는 네티즌들이 가상공간에서 자율적으로 지키고 행하는 에티켓을 말한다. 다른 사회적 공간과 마찬가지로 가상공간 역시 사회적 규범에 의해 형성되며 이는 우리가 온라인에서 커뮤니케이션하는 양식을 조직하는 사회적 규칙과 예의범절의 새로운 세트를 필요로 하는 것이다. 네티켓은 자체적으로 형성되고 구성원들의 자발적인 순응과 합의적 해석에 의해 구속력을 갖고 있다.

다섯째, 사이버일탈에 대한 대처노력과 함께 청소년의 사이버참여를 활성화하는 것을 주요 내용으로 하는 법제도적 대책이 필요하다. 우선, 새로운 형태의 신종 사이버범죄에 능동적으로 대처하기 위해 형법 등 관련법의 개정이 이루어져야 할 것이다. 특히, 사이버공간에서의 청소년참여를 촉진하고 청소년의 참여적 권리를 보장하고 확장시켜 줄 필요가 있으며 청소년들의 웹진활동과 인터넷방송국 운영사업 등의 활성화를 위한 제도적 지원이 요청된다. 이 점에서 청소년정책의 기본 법률인 「청소년기본법」을 비롯하여 관련법들을 종합적으로 검토하여 청소년관계법령을 체계화, 현실화시키고 청소년참여를 증진할 수 있는 「청소년참여법」의 제정을 적극 검토할 필요가 있다. 사이버스페이스를 활용한 청소년활동을 지원하는 내용을 포함하도록 해야 하는 것은 물론이다.

이제 청소년들의 컴퓨터 몰입에 대해서도 무조건 잘못된 점만 문제 삼고 일부에 불과한 부정적 영향을 부각시키기보다는 청소년들에게 민주적 역량을 키워줄 수 있는 공간으로 건전하게 활용되어야 한다는 주장이 많이 제기되고 있다. 사이버스페이스에서의 N세대들은 더 이상 정보통신기술이 가져다주는 첨단정보매체의 수용자(receiver) 또는 사용자(user)의 개념으로 이해되어서는 안 된다. 지금의 청소년은 자발적이고 자율적인 그리고 적극적이고 능동적인 정보기술시대의 참여자(participant)로 변화하고 있음을 알아야 할 것이다.

Chapter 12

청소년 시민관여와 소셜 미디어복지

청소년참여와 관련한 대표적 영역으로 사이버참여(cyber-participation)의 중요성이 논의되기 시작한 이후 지난 10년여 동안 사이버공간(cyber space)은 단순한 소통의 매개라는 차원을 넘어서 문화적 차원은 물론, 정치사회적 공간으로 발전되었다. 1990년대 말 무전기 크기의 휴대전화를 시작으로 대두된 휴대통신문화는 손바닥 안으로 들어오는 핸드폰 시대를 지나 이제는 스마트폰 시대를 살아가고 있다.

문자를 중심으로 한 채팅의 시대는 이미 끝난 듯 하다. 이른바 싸이월드(cyworld)라는 개인 미니홈피의 시대를 거쳐서 유튜브(YouTube), 페이스북(Facebook) 등의 네트워크 시대에 접어들면서 이제는 1인 미디어, 1인 방송의 시대로 이어지고 있다. “싸이질”이라는 새로운 단어가 생겨나면서 소셜 네트워크(social network), 소셜 미디어(social media)가 우리 생활의 중요한 영역이 되었으며 일상의 문화는 물론, 정치, 사회, 경제 전반의 지배적 역할을 하고 있다.

특히, 촛불집회와 인권조례 제정, 대학등록금 문제 등 최근의 다양한 사회적 행동과 정치운동의 사례들에서 청소년들은 스스로를 조직화하여 자주적으로 참여하고 때로는 연대하는 모습을 통해, 인터넷과 소셜 네트워크 미디어를 활용한 인터넷 행동주의(internet activism)의 새로운 청소년 시민관여(youth civic engagement)의 특성을 보여주고 있다.

이러한 인식에서 본 장은 네트워크 시대, 디지털사회에서의 청소년의 역할과 특성,

시민참여의 형태와 의미에 대해 고찰하기로 한다. 주로 서구에서 수행된 청소년과 소셜 미디어와 관련한 문헌을 고찰하였으며, 그것이 한국의 청소년 시민참여(youth civic engagement 또는 civic engagement in youth)에 함의하는 바를 알아보았다.

1. 소셜 네트워크와 소셜 미디어의 활용

1) 소셜 네트워킹의 특성

인터넷이 전 세계 사람들의 생활의 주요한 일부분이 되었다는 것은 다시 말할 필요가 없다. 지구화된 오늘날의 세계를 일반화할 수 있는 것이 있다면, 세계가 쉽게 광범위하게 상호 연결되어 있으며, 인터넷은 사람들의 문화의 하나임은 물론, 사회, 정치 및 개인의 삶에 지대한 영향을 미친다. 오늘날 인터넷의 중요성은 그것이 정보의 일방적 흐름에 한정하지 않고, 시각적 소셜 네트워킹과 정보의 쌍방적 교환을 위한 플랫폼이 되고 있는 점에서 더욱 강조되고 있다(Wellman, 1999).

이러한 인터넷의 성장과 관련한 학술적 관심이 커뮤니케이션과 관련한 연구에서 증가하고 있으며, 특히 소셜 네트워킹의 중요성이 강조되고 있는 점은 주목할 필요가 있다. 웰만(Wellman, 1997)은 소셜 네트워크를 "일련의 사회적으로 의미 있는 관계성에 의해 연결되어 있는 일련의 사람들(또는 조직이나 다른 사회적 주체)이며, 분석적으로 보면, "사회적 구조의 패턴을 서술하고, 그러한 사회적 구조가 다른 변인들에 대한 영향을 설명하고, 사회적 구조에서의 변화에 대해 설명할 수 있다"(p.179)고 하였다. 프렐(Prell, 2003)은 하나의 네트워크는 행위자, 유대, 관계, 집단 그리고 사회적 네트워크 등으로 구성되어 있는 하나의 연결망(네트워크)라고 설명한다.

이러한 네트워크에 대해서 최근의 연구는 네트워크에 대한 새로운 내용을 밝혀내고 있는데, 네트워크에 대한 생각 그 자체가 아니라, 네트워크가 확대되는 방법들에 관심을 갖는다. 이른바 웹 2.0의 확산으로 "소셜 미디어(social media)" 또는 "소셜 툴(social tools)", 또는 "소셜 미디어 네트워크(SMNs; Social Media Networks)"라고 부르는 것이 대두되었다.

SMNs는 Weblogs(즉, blogs), 페이스북(Facebook) 등과 같은 소셜 네트워크 사이트(social networking sites), 링키드인(LinkedIn, 전문가 네트워킹을 위한)과 같은 틈새네트워킹 사이트(Niche-networking sites), 디그스(Diggs, 사용자가 미디어의 내용 순위를 매기거나 통제하는), 문자메시지 서비스(이를 통해 휴대전화 사용자들은 다른 사람에게 문자메시지를 보낼 수 있다), 트위터(Twitter)와 같은 마이크로미디어 서비스(사용자로 하여금 서로 간에 메시지를 보내거나 그것을 블로그에 게시하도록 하는 다수 대 다수 소통서비스), 프리커(Flickr)와 같은(사용자가 자신의 사진을 표시 또는 "태그(tag)"하거나 스스로 내용을 구성하는) 사진공유 서비스, 미트-업(Meet-Up)과 같은 이벤트 계획 사이트 등을 포함한다.

한편, 웹 2.0의 특징은 소셜 네트워크 미디어(SMNs)의 정치사회적 역할과 관련하여 더욱 중요한 의미를 갖는다. 정치사회적 영역에서 정보는 매우 중요하며, 특히 이는 정보가 흐르는 속도와 수단과 관련된다. 사실 웹 1.0은 "읽기 전용 웹(read-only web)"으로 웹의 제1세대로 정의되며, 정보를 찾고 읽을 수 있는 것이 중심이었지만, 웹 2.0은 사용자들이 상호 교류하거나 내용에 기여할 수 있을 것을 필수적으로 요구하고 있다. 그리고 이러한 웹 2.0의 특징은 이를 활용하는 소셜 네트워크와 그 미디어에 대한 조직적인 저항을 불러일으키는 원인이 되기도 한다. 특히, 카스텔스(Castells, 2007)는 "정보와 의사소통의 통제는 역사를 통해 권력의 중요한 원천이 되어 왔다"(2007: 209)고 말한 바 있다. 이러한 점은 권위주의 정치체제에서 더욱 적합한 말이 되는데, 이는 특정한 정보들을 모든 시민들이 공유한다면 이런 체제의 장기적 지속성을 손상할 수도 있기 때문이다.

이 점에서 웹 2.0을 기반으로 한 소셜 네트워킹과 그 미디어는 전통적 미디어에 비해 상당한 구조적 이점을 갖는다. 역량 면에서 다르며, 어떤 경우에는 다른 미디어들이 보도하지 않는 주제를 보도할 수 있다.

첫째, 즉시성(instantaneity)의 이점을 갖는다. 예를 들면, 블로그(blogs)는 즉시에 노트북을 통해 직접적으로 또는 트위트(Twitter) 등을 통해서 간접적으로 업데이트(update)될 수 있다. 이와 같이 개인들이 자신의 주장을 편집장이나 공공주체로부터의 간섭 없이 펼 수 있다는 사실은 그들이 다양한 청중들에게 즉시적으로 도찰할 수 있는 일을 가능하게 해주며, 공공 토론과 논쟁에 영향을 끼치도록 해준다. 트위터(Twitter) 글을 통해서는 어떤 소식을 바로 업데이트시킬 수 있는데 이는 신문의 편집장이나 필자들이 온라인에 그 내용을 올리는 것보다 더 신속하게 이루어진다.

둘째, 소셜 미디어 네트워크는 전통적 미디어에서의 특정한 종류의 담론의 전달을 가속화시킬 수 있으며, 과정을 촉진시킴으로써, "이전의 터부시된 용어와 개념들을 공개적으로 표현한다"(Somer, 2005: 606). 처음으로 전달하는 역할(first-mover)을 함으로써, 그리고 특정한 메모, 개념, 아이디어 등의 확산을 가속시킴으로써, 소셜 미디어는 전통적 미디어를 능가하고 있다.

셋째, 네트워크는 사회운동과 혁명 등에서의 집단적 행동문제에 대한 우리들의 이해를 새롭게 하도록 만든다. 네트워크는 의사소통, 상징의 공유, 조직 및 신뢰구축을 보다 단순하고 보다 효율적으로 함으로써 집단행동문제를 연결한다. 조직화를 보다 저렴하고 빠르게 하는 데 기여한다. 또한 특정한 보도내용에 대해서는 이를 사용하는 세대의 특성에 따라, 그 확산속도가 달라진다는 특성이 있다.

넷째, 소셜 네트워크는 집단적 행동을 조직화하는 비용을 줄이고 사적 정보의 교환을 촉진한다. SMNs는 분산된, 사적 정보를 집적하는 효과를 가지고 있으며, SMNs은 그 자체를 통해서나 소셜 미디어 네트워크 활동가들이 언론인들에게 전달하는 방법으로 숨은 프로필을 밝히는 효과를 갖는다.

다섯째, SMNs는 강한 유대와 약한 유대 사이의 차이점을 효과적으로 붕괴하는 크고 밀집된 네트워크를 창조한다. SMNs는 이전에는 "사적"이었던 정보를 전달하여 그 정보를 "공적"으로 만든다. 즉 이전에는 보다 큰 사회적 네트워크의 한 부분에게만 알려진 일들이 그 네트워크 전체로 전달되도록 하는 것이다.

여섯째, SMNs는 또한 약한 유대를 증폭하는 데 중요한 역할을 한다. 약한 유대를 투명하게 하거나 약한 유대를 사용하여 활성화하는 과정을 단순화하는 효과도 갖는다. SMNs는 매우 밀집된 네트워크에서 주변적 위치에 있는 행위자를 권한부여(empower)하여 보다 가치 있게 기여하도록 한다.

2) 소셜 미디어와 사회적 자본

온라인 소셜 네트워크의 내용을 상황화하기 위해서는 강한 유대(strong ties)와 약한 유대(weak ties)의 차이점을 이해할 필요가 있다. 개인들은 강한 유대에 의해 지배되는 관계성과, 약한 유대와 관련된 관계성이라는 두 종류의 사회적 관계성을 개발하기 때문이다. 약한 유대는 아는 사람과의 피상적인 관계성이며, 강한 유대는 친구 간이나 가족 간에 나타나는 것과 같다. 약한 유대를 결여한 사회시스템은 분절적이 되고 응집성이 없게 될 것이라고 이해된다.

소셜 네트워크의 실현은 이러한 강한 유대와 약한 유대 간의 상호작용의 중요성에서 이해된다. 사회는 약한 유대가 강한 유대와 다리를 놓고 사회 내의 네트워크를 구성해 나가는 방법으로 유지되고 있다. 이 점에서 웰만(Wellman, 1996)은 소셜 네트워크가 그 참가자나 구성원들 간에는 강한 유대(strong ties)를 갖도록 해주고, 강한 유대는 "약한 유대(weak ties)의 다양한 세트"의 존재 속에서 증대된다고 설명한다. 이러한 약한 유대의 다양성은 공유된 사회적 특징이라기보다는 개인들이 이익을 공유하고 있는 강한 유대로 바로 전환될 수 있다.

미국의 퍼트넘(Putnam)은 미국의 사회적 자본은 감소되고 있다는 것을 「볼링 얼론(Bowling Alone: 나홀로 볼링)」이라는 일련의 학술연구를 통해 이론화했다. 퍼트넘(Putnam, 2000)은 사회자본을 "네트워크, 규범, 사회적 신뢰 등과 같이 상호 이익을 위한 조정과 협력을 촉진하는 사회적 조직체의 특징"으로 규정했다(p.66). 그로부터 5년 후에 그는 사회자본의 각기 다른 측면과 그것의 시민적 관여, 민주주의, 그리고 사회정치적 과정에 대한 영향을 이해하는 것을 내용으로 한 책을 발간하였는데, 여기서는 "물질적 자본이 물질적 대상을 말하는 것과 같이 인적자본은 개인이 가진 소유를 말하며, 사회자본은 사람 간의 연결－즉, 소셜 네트워크와 호혜성의 규범과 그로부터 나오는 신뢰성(trustworthiness)을 말한다"고 정의하였다(Putnam, 2000: 19).

퍼트넘(Putnam, 2000)은 사회자본의 시민적 관여와 정치참여에 대한 영향은 "사회적 호혜성(social reciprocity)"의 개념에 입각해 있다는 것을 설명한다. "사회자본의 기준(touchstone)은 일반화된 호혜성의 원칙"이며 이는 각기 다른 형태의 사회적인 상호 주고 받는(give and take) 관계성에 입각한다는 것이다. 여기서 시민들이 잘 지내는 것

(do good)은 그에 대한 보상을 기대하기 때문이 아니라, 오히려 다른 누군가가 그 혜택을 볼 것이라는 점에 대해 일정한 자신감을 가지게 되었기 때문이라는 것이다.

한편, 온라인 소셜 네트워킹은 각기 다른 형태를 가진다. 소셜 네트워킹 사이트는 온라인 사용자 간의 개인화된 의사소통과 동시적 의사소통의 포맷을 갖는다. 따라서 "공간과 장소 사이의 다이나믹"을 재정의한다(Lin et al., 2007: 15). 아브람(Avram, 2006)은 이러한 사회적 소프트웨어(social software)의 범주를 웹브로그(weblogs), 위키스(wikis), 그리고 소셜 네트워킹 사이트(social networking sites) 등으로 규정했다.

〈표 12-1〉 소셜 소프트웨어(Social Software) 범주의 개념

범주	정의
웹블로그 (Weblog)	대중이 접근할 수 있는 보통 웹페이지에 주기적 글쓰기를 가능하게 하는 웹 응용 프로그램(web application). 올리는 글들은 "보통 짧으며" 연대기 순으로 구성된다.
위키 (Wiki)	사용자들이 내용을 덧붙이거나 편집할 수 있도록 허용하는 웹사이트로서 하나의 인터넷 포럼이다. 위키(Wiki)는 또한 그러한 웹사이트를 창출하는 데 사용되는 공동 협력적 소프트웨어를 말한다.
소셜네트워킹 (Social Networking Sites)	가상 커뮤니티에서 네트워킹하는 수단을 말한다. 커뮤니티에서는 처음 만든 사람이 자신의 개인적 네트워크의 구성원들에게 사이트에 참여하도록 초대하는 메시지를 보낸다. 새로운 구성원들은 그 과정을 반복하며, 구성원의 전체 수와 네트워크에서의 링크를 증가시킨다.

소셜 미디어와 사회적 자본에 관한 이해는 커뮤니티의 결속문제와 시민적 참여에 관한 논의와도 관련된다. 커뮤니티는 "사회적 능력(sociability), 지지, 정보, 소속감 및 사회적 주체성을 제공하는 사람 간 유대의 네트워크"로 구성되어 있다(Wellman, 2001: 228). 이 점에서 전통적으로 커뮤니티는 장소 기반 소속감의 상황에서의 면대면 상호작용에 뿌리를 두고 있다. 물리적 상호 존재가 없는 의사소통을 허용하는 기술의 발생으로, 사람들은 국적이나 신념이 같다고 인식하는 데 기반한 커뮤니티에 소속되어 있다는 점을 상상할 수 있다. 온라인 커뮤니티에 대한 옹호자들이 기술적으로 매개된 이미지를 가진 커뮤니티의 가능성에 대해 흥분을 하고 있지만, 일부 학자들은 전통적 형태의 커뮤니티의 상실과 그에 따른 특정한 형태의 시민적 관여의 감소에 대해 우려한다.

퍼트넘(Putnam, 2000)은 커뮤니티 결속을 창출하도록 도우는 미국에서의 동아리 집

단, 볼링 리그, 그리고 다른 단체의 대중성의 감소에 대해 자세히 추적하고 있다. 그는 그러한 집단의 상실은 "사회자본"의 감소를 초래했으며, 사회자본은 "사회적 네트워크와 그들로부터 생기는 상호 호혜성과 신뢰성의 규범"으로 개념 정의된다. 사회자본은 두 가지 유형으로 구분될 수 있는데, "연결적 사회자본(bridging social capital)"은 사람들을 자신이 속한 당면한 사회적 서클 밖의 다양한 집단들과 연결하는 것이며, "결속적 사회자본(bonding social capital)"은 한 집단의 구성원들 간에 단결성과 상호 호혜성의 감정으로 구성되어 있다.

두 가지 형태의 사회자본을 육성하는 지역사회 조직이 없는 가운데, 퍼트넘(Putnam)은 사람들은 투표, 봉사활동, 정치단체에의 참여 등과 같은 시민적 활동에 덜 기꺼이 관여하게 되고 있다는 점을 믿는다. 이러한 지역사회 기반의 참여를 대체하여, "3차적 조직"이 대두되었는데 정치적 과정에 활발히 참여하도록 격려하는 것 대신에, 구성원들에게 전문적 로비 집단을 지지하기 위해 재정을 지원하도록 요청한다.

현재, 본질적으로는 마이페이스(MySpace)나 페이스북(Facebook)과 같은 사이트를 통해 온라인 소셜 네트워킹에 대한 무한한 잠재성을 보이고 있지만, 이러한 온라인 사회 연결명이 전통적 면대면 커뮤니티에서 회원들이 경험하는 것과 같은 수준의 사회자본과 소속감을 제공할 수 있는지에 대해서는 의견이 일치되지 않고 있다. 온라인 커뮤니티에 대한 많은 연구들은 이러한 커뮤니티들이 참가자들이 오프라인 커넥션을 수립할 수 있게 되었을 때 강화된다는 점을 보여준다. 다른 연구에서 온라인 커뮤니티는 구성원들이 지리적으로나 공통의 경험에 의해 결속되는 오프라인 커뮤니티에 뿌리를 두고 있을 때 발전한다는 것을 알 수 있다.

2. 청소년의 시민적 관여와 소셜 미디어

1) 청소년의 시민적 관여와 온라인 커뮤니티

시민적 관여(civic engagement)를 증진하는 온라인 커뮤니티는 청소년발달(youth

development)이란 개념과 연결되면서, 특히 "긍정적 청소년개발(positive youth development)"이라는 접근과 밀접한 관련을 갖는다. 긍정적 청소년개발의 개념은 청소년의 인식적, 개인적, 사회적, 정서적 및 시민적 측면을 포함한다. 이 점에서, 러너 등(Lerner et al., 2005)은 이러한 분석틀을 이른바 "여섯 개의 C"라는 개념으로 언급하는데, 역량(competence), 자신감(confidence), 연결(connection), 성격(character), 돌봄(caring) 및 기여(contribution) 등이 그것이다.

역량(competence)은 건강하게 되는 데 필요한 인식적 능력과 행동적 기술을 의미한다. 자신감(confidence)은 긍정적 자기존중과 자기효능감을 말한다. 연결(connection)은 사람들이나 기구와의 긍정적 연대를 의미한다. 성격(character)은 고결성과 도덕적 중심을 갖는 것을 뜻한다. 돌봄(caring)은 동정심과 사회적 정의감을 포함하는 인간적 가치를 뜻한다. 기여(contribution)는 시민사회에 대한 기여적 정향을 갖는 것을 말한다.

청소년의 시민적 관여와 관련하여 특히 여섯 번째 "C"가 가장 많은 관련성을 갖는다. "기여"에 속하는 것으로는 청소년 리더십, 사회봉사경험, 남을 도우는 행태 및 이데올로기 등이 있다. 긍정적 청소년개발을 위한 다른 "다섯 개의 C"도 청소년들이 기여(contribution)할 수 있고 또 실제로 기여하는지 아닌지를 아는 데 중요하다.

청소년들은 기여하기를 원하기 위해서는 연결감(connection)을 느껴야만 한다. 성격(character)은 시민적 관여가 항상 가치와 관련되고 또 가치를 포함하고 있다는 점에서 중요하다. 그런 까닭에 개인의 성격은 그들의 시민적 관여의 본질을 결정한다. 돌봄(caring)은 당연히 중요한 측면이 되어야 한다. 우리는 법을 준수하고 공공선(public goods)를 위해 기여하는 시민들을 원하는 한편, 사회적 부정의(injustice)를 인지할 수 있고 이를 고치기 위해 행동하는 돌봄(caring)을 필요로 한다. 역량(competence)과 자신감(confidence)은 관여를 가능하게 한다. 개인들은 자신의 사회를 위해 기여할 수 있는 역량을 가져야 하며, 자신의 행동이 가치 있다는 자신감을 가져야 한다. 따라서 이러한 여섯 가지의 C는 시민적 관여라는 개념을 정의하는 데 중요한 분석틀을 제공한다고 볼 수 있다.

이제 이러한 모델에는 "두 가지 C"를 추가해야 가상의 게임 커뮤니티를 포괄하는 온라인 커뮤니티들까지 설명할 수 있는 것으로 논의되고 있다. 다시 말하여 일곱 번째로 구성주의(constructivism)를 추가해야 한다는 것이다. 이는 하나의 지속적 과정으로서 현상과 사회 사이의 복잡한 관계성을 이해하는 능력을 의미한다. 그리고 여덟 번째로서 비판적 의식(critical consciousness)를 생각할 수 있다. 이는 지배적인 형태와 실천에 대해 의문을 갖고, 도전하며, 변화하는 능력과 의욕을 말한다. 많은 학자들이 이러한 청소년발달과 시민적 관여와 관련하여 인터넷이 중요한 역할을 한다는 점을 지적하고 있다.

청소년들이 온라인에서의 민주주의적 참여에 관한 이슈를 말하게 허용하고, 자신의 개인 간 의사소통기술을 개선하도록 도움으로써 가상세계를 시민적 관여에의 통로로서 사용하도록 하는 점에 대해 강조한다. 청소년들은 자신의 시민적 역량을 개발하기 위해서는 새로운 미디어를 사용하여 관심 있는 이슈에 대해 소통하도록 도울 필요가 있다. 시민역량을 개발하는 하나의 수단으로써 시민교육의 중요성과 효과성에 대해 폭넓은 논의가 있어 왔으며, 특히 시민과목은 전통적으로 가장 효과적인 도구로 여겨져 왔지만, 최근에는 이러한 전통적인 시민교육 프로그램은 청소년들에게 시민으로서의 자신의 역할에 대해 흥미를 갖게 하는 데 효과적이지 못하다는 점을 지적하고 있다.

2) 온라인 청소년 미디어의 특성

인터넷이 청소년발달과 청소년의 시민적 관여에 갖는 중요성과 관련하여 온라인 청소년미디어들의 특성은 다음과 같은 몇 가지로 논의된다.

첫째, 상호작용성(interactivity)이다. 웹 2.0의 특징의 하나는 이전의 웹기반과는 다른 상호작용성이다. 많은 웹사이트들은 사용자들로 하여금 온라인 내용에 관여하도록 한다. 위키(wiki) 소프트웨어를 통해 사용자들은 동시에 정보의 소비자이자 생산자가 될 수 있다. 여기에는 두 가지 형태의 상호작용성을 생각할 수 있다. 먼저 사이트 생산자와 사이트 사용자 사이의 정보 전달에 의해 특징화되는 것으로 고객맞춤(customization)의 예를 들 수 있다. 사용자는 자신들의 이해와 선호에 대한 정보를 제공하고 사이트 생산자들은 이러한 정보를 기반으로 하여 고객에 맞는 의사소통 경험을 창출하는 것이다(Xenos & Foot, 2008: 62). 다음으로는 사이트 생산자와 집합적 사이트 사용자들에 의해서 웹사이트 내용이 공동 생산되는 것으로 특징화된다. 이러한 유형의 예가 생산자와 사용자들 간에 위키피디아와 같은 가상의 백과사전의 내용을 만들어가는 것이다. 위키피디아는 한 사람에 의해서가 아니라 수천수만의 저자들이 소유하고 있는 사전이다(Tapscott & Williams, 2006). 위키(Wiki) 소프트웨어를 사용하고 있는 다른 사이트들과 같이 위키피디아는 등록한 사이트 사용자들이라면 누구나가 웹페이지에 보이는 내용을 추가하고, 편집하고 지울 수 있게 한다.

둘째, 정보(information)이다. 전통적인 미디어들이 여전히 지배적인 뉴스의 원천이지만, 인터넷은 많은 사람들에게 하나의 중요한 정보 사이트가 되고 있다. 특히 청소년들은 성인들보다 온라인에서 뉴스를 접하는 일이 더 많으며, 이는 정치적 뉴스의 경우에 더욱 그러하다. 인터넷은 정보수집의 도구로만 사용되는 것만 아니라, 사용자들에게 정보를 보급하는 것을 허용한다. 웹로그 또는 블로그는 한 명 또는 더 많은 사용자들이 자신들이 선택한 주제에 대해 정보를 게재하도록 허용한다. 블로그의 신뢰성은 각기 다양하지만 많은 블로거들은 자신의 청중들에 대해 일종의 의무를 느끼며 정확한 정보를 제공하는 점에 대해 좋은 평가를 받게 된다. 특정 그룹 전원에게 메시지를 이메일로 자동적으로 전달하는 시스템인 리스트서브(listserv)는 정보 확산의 또 다른 중요한 도구이다.

셋째, 조직화(organization)와 네트워킹(networking)이다. 내부조직을 위한 도구로 사용됨으로써, 인터넷은 메일링 리스트, 정보 및 이니시어티브를 추진하는 것을 관리하는 데 중요하다. 정치운동에 개입된 청소년들에게는 특히 저항(protest)의 조직화를 위해 중요한 도구이다. 청소년들은 사회적 네트워킹을 위해 시민적 웹사이트들을 사용한다. 네트워킹은 조직화와 많은 경우 유사하다. 그러나 조직적 도구는 유사한 이해관계를 가진 사용자들을 행동의 목적과 연결하도록 허용하지만 네트워킹 소프트웨어는 사용자들이 개인들의 위치, 관심 분야, 활동들에 관하여 자세한 것을 알 수 있는 프로필을 만들도록 한다. 사용자들은 파트너십이 시민적 행동으로 이끌 것이라는 전제가 없이도 이슈와 관계를 토론하기 위해 자신의 프로필을 통해 다른 사람과 연결할 수 있다. 조직화와 네트워킹의 기회가 주는 혜택은 청소년들이 특정 주제에서 관심을 가진 것이 혼자가 아니라는 점을 이해하게 될 때 오는 동기(motivation)이다.

넷째, 심미성(asethetics)과 기능성(fuctionality)이다. 심미성은 웹사이트의 이끌림(attractiveness)과 사용가능성(usability)의 두 가지 측면에서 모두 중요한 역할을 한다. 처음에는 웹디자이너들은 단지 웹사이트의 기능성에 관심을 가졌다. 기능성은 사용자들이 자신들이 필요로 하는 정보를 효과적으로 얻을 수 있는 웹사이트들을 창출하는 것을 말한다. 기능적 웹사이트는 탐색하기 쉬워야 하고 에러가 없어야 하며, 쉽게 검색할 수 있어야 하며, 필요한 정보의 접근로를 제공한다. 심미성과 기능성 사이의 균형을 잡는 일은 인기 있는 웹사이트의 디자인에는 필수적이다. 웹사이트에 나타나는 미적 감각과 그래픽은 보내는 사람에 관한 시각적 단서가 된다. 따라서 시각적 이미지는 해당 사이트를 만든 단체를 반영해야 하는 것이다. 청소년의 웹사이트 선호에 대해 연구한 것을 보면, 인구사회학적 변인에 따라 선호가 다른 점을 분명히 알 수 있다. 콜만(Coleman, 2008)은 청소년들이 정치적 사이트에 플래시 웹 디자인을 사용한 것에는 비판적이라고 본다. 리빙스톤(Livingstone, 2008)의 연구에서는 SNS에 개인적 프로필을 만들 때, 10대 청소년들은 매우 스타일화된 그래픽을 사용하여 자신의 사이트를 규칙적으로 재디자인하기를 좋아한다고 하였다.

다섯째, 대중문화(popular culture)와 소비자행동주의(consumer activism)이다. 청소년들은 점차 열렬한 대중문화의 소비자가 되고 있다. 청소년들이 명사(celebrity)문화에만 초점을 두는 것뿐만 아니라, 점차 구체적인 소비자 상품을 구입함으로써 정체성을 구축할 수 있도록 해준다. 이러한 유형의 소비자 행동주의는 점차 개인들이 자신의 시민성을 표현하는 하나의 합법적 방법으로 여겨지고 있다. 단체와 기업들이 이러한 소비자행동주의로의 경향에 대해 알게 됨에 따라 그들은 명분 마케팅(cause marketing)에 더 많은 비중을 두게 되었다. 명분 마케팅은 회사가 사회적으로 책임 있는 활동을 향하여 크게 움직여나가는 것을 말한다. 영리적 기업과 자선단체 간의 상호협력적 노력을 포함할 수 있다. 비록 명분 마케팅과 유명인사의 보증추천(celebrity endorsement)이 청소년들에게 정치적·사회적 이슈에 대해 관심을 갖게 하고 관여를 촉진시키기도 하지만 "정치와 브랜드 마케팅(brand marketing)과 연결시키는 것은 궁극적으로는 이러한 캠페인의 잠재성을 손상시킬 수 있다는 위험이 있다(Montgomery, 2008: 32). 유명인을 활용한 문화의 확산은 개인적 창의성을 줄이면서 문화적 동질화의 경향을 보이게 된다는 것이다.

여섯째, 신뢰성(authenticity)이다. 웹사이트가 위에 언급한 여러 특질들을 포함하는 방법은 그 신뢰성의 수준을 결정하는 것과 관련된다. 예를 들면, 제로디모스(Gerodimos, 2008)는 사용자들이 웹사이트와 결과들 간에 연결이 분명하다면 신뢰할 수 있다고 본다. 행동과 그에 따른 혜택적 성과 사이의 관계성을 이해하는 것은 시민적 효용성(efficacy)을 개발하는 열쇠이며, 그에 따라 관여를 증대하게 된다고 보는 것이다. 제노스와 푸트(Xenos · Foot, 2008)는 청소년들이 신뢰성을 평가할 때 정보의 원천의 정당성(legitimacy)에 초점을 맞춘다고 본다. 게다가 청소년들은 신기술이 사용되는 방법에 민감하다는 점을 제시한다. 전체적으로 청소년들이 웹사이트에서 갖게 되는 신뢰감의 수준은 해당 사이트의 투명성이나 그 원천의 정당성의 수용에 의해서 영향을 받게 된다.

이와 같이, 온라인 청소년미디어에서 볼 수 있는 상호작용성, 정보, 조직과 네트워킹, 심미성과 기능성, 대중문화와 소비행동주의, 그리고 신뢰성 등의 여섯 가지 특성은 온라인을 활용한 청소년들의 시민적 관여를 촉진하는 데 기여하고 있다.

3. 청소년의 미디어 활용과 소셜 미디어의 영향

1) 청소년의 미디어 활용

소셜 네트워크 사이트(SNS)는 개인들을 보다 넓은 관계성의 네트워크로 연결하는 온라인 커뮤니티이며 우리 일상의 통합된 부분이다. 온라인 소셜 네트워크는 청소년들의 사회적 지지와 자원에 대한 접근을 확장하고, 자기 발전에 관해서도 유익한 효과를 끼칠 수 있다. 그러나 반대로 청소년들이 세계에 대한 접근이 넓어짐에 따라, 잠재적으로 부정적인 내용과 상호작용에도 노출될 수 있는 것도 분명하다. 이 점에서 온라인미디어가 청소년들의 발달에 끼치는 영향이 어떠한지를 알 필요가 있다. 10대 청소년이 온라인 이용 기술과 소셜 네트워크 사이트들의 가장 열렬한 사용자라는 점에서 이러한 미디어 플랫폼이 이들의 성장발달과 관계 및 상호작용에 끼치는 영향에 대한 진지한 이해는 매우 중요하다.

10대 청소년들의 의사소통의 도구는 특별한 이름으로 불린다. Wall Posts, Status Updates, Activity Feeds, Thumbs Ups, Facebook Quizzes, and Profiles들은 오늘날의 청소년들이 상호 간에 소통하는 방법의 일부이다. 이러한 도구들은 Facebook이나 MySpace 같은 SNS의 특징이다. 아무도 청소년들이 이러한 기술을 세계와 소통하기 위해 사용한다는 점을 부인하지는 않는다. 그리고 이들은 아주 빈번하고 집중적으로 사용한다. 많은 학자들은 청소년들이 소셜 미디어를 사용하는 새로운 방법을 배우며, 교육자들은 이러한 새로운 플랫폼을 포용해야 한다고 제시한다.

10대들이 페이스북 같은 사이트에 가입하게 되면, 먼저 개인 프로필을 만든다. 이러한 프로필은 이름, 관계성의 지위, 직업, 사진, 비디오, 종교, 인종, 개인적 관심사 등과 같은 정보를 보여준다. SNS가 개인 홈피와 같은 이전의 미디어와 다른 점은 자신의 친구들을 보여준다는 것이다(Boyd & Ellison, 2007). 친구 네트워크를 전시하는 것에 더하여, 다른 사용자들은 이들 프로필을 클릭하고 보다 소셜 네트워크를 지속적으로 넘나든다. 이러한 세 가지 특징－프로필, 친구, 친구들의 명단을 오가는 것－이 소셜 네트워킹 사이트의 핵심이며 그 특징을 개념 정의한다. SNS는 또한 비디오나 사진을 올리거나 하는 다른 미디어 도구를 포함하며, 오늘날 많은 웹사이트들이 소셜 네트워킹의 특징을 채택하고 있다. 예컨대 YouTube는 주로 비디오를 공유하는 서비스이지만, 사용자들은 다른 사람들을 친구로 추가할 수 있으며, 회원들의 비디오 컬렉션을 신청할 수 있다.

어떤 웹사이트가 SNS로 용어화될 수 있는 것에는, 소셜 네트워크 사이트에 대한 기술적 개념정의는 여전히 공유된 개념적 기반을 제공한다. 공동의 특징－즉, 프로필과 친구 네트워크－을 놓고 비교하면 연구자들은 어떻게 다양한 커뮤니티들이 이러한 특징들을 전적으로 기술의 새로운 문화적·사회적 사용을 창출하기 위해 자기 것으로 만들려고(co-opt, 마음대로 쓰려고) 하는지를 이해하기 시작할 수 있다.

일반적으로 SNS로 이해되는 것(즉, 페이스북과 마이스페이스)에 관한 초기 연구는 어떻게 10대 청소년들이 프로필, 친구, 친구 네트워크를 활용하는지를 탐색하였다. 프로필을 만드는 과정은 이론적·경험적 논의의 주요한 초점이 되었다. 프로필의 일반적인 특징에는 이름, 장소, 학교, 직업, 영화 음악 등 관심사와 같은 개인정보를 포함한다.

프로필의 다른 중요한 구성요소에는 그림, 비디오, 동료들이 페이지에 남긴 코멘트와 같은 것이 있다. 프로필은 언제든지 업데이트될 수 있고 마이스페이스 같은 곳에서는 프로필 화면을 개인이 통제할 수 있다. 프로그래밍 기술을 사용하여, 청소년들은 마이스페이스의 프로필에 스킨(skins)을 빈번히 적용하여 페이지의 인터페이스나 시각 디자인을 완전히 대체한다.

연구자들은 프로필을 정체성 발달의 내적이며 외적인 과정으로 이해한다. 연구결과들을 보면, 청소년들은 자신의 프로필에서 자신에 관한 정보를 노출하는 분명한 결정을 하고 있으며, 자신의 네트워크는 제시된 프로필에 대해 사회적 피드백을 제공한다는 점을 알 수 있다. 소셜 네트워크 사이트에서의 대부분의 상호작용은 이러한 자기노출과 피드백의 사이클을 따라하게 된다는 것이다. 이와 같이 자신의 정체성의 요소들을 공공연하게 SNS에서 보여주는 과정은 사람들이 오프라인에서 상호작용하는 것과 유사하다. 사람의 상호작용의 많은 부분은 개인의 신분과 특징을 소통하는 신호들로 구성된다고 한다(Donath, 2007). 면대면 상황에서 정체성 신호는 말하기, 보디 움직임, 얼굴표정, 패션과 같은 기호를 나타내 보이는 것 등과 같은 형태로 나타난다. SNS에서는 이러한 신호는 회원의 개인적 프로필에 관해 글로 쓰이거나 시각적으로 보이는 것이다.

SNS에의 참여는 또한 청소년들에게 다른 사회그룹에 참여하도록 허용하며, 자신의 정체를 나타내 보이려는 실험을 한다. 프로필에 무엇을 나타낼 것인가를 결정하는 것에 더하여, 우정 관행은 청소년의 생활에 특히 큰 역할을 한다. 10대 청소년들은 다양한 결정을 항해할 필요가 있다. 누구를 자신의 SNS 친구로 받아들이고 특정한 사람들이 자신의 프로필을 보도록 허용하는 프라이버시 통제를 설정하는 것 등을 포함한다.

2) 청소년에 대한 소셜 미디어의 영향

소셜 네트워크 사이트는 청소년들의 발달과 학업을 조사하는 새로운 환경을 나타내준다. 이에 대해 이용하는 청소년의 특징, 프라이버시와 안전, 심리적 복지, 그리고 학습 등의 몇 가지 영역에서 알아본다. 첫째, 어떤 청소년들이 SNS를 사용하는가 하는 점이다. 사이터(Seiter, 2008)는 "청소년들은 메시지 주고받기, 휴대폰 메시지, SNS 웹사이트 등과 같이 자신의 사회적 자본을 유지하기 위해서, 적어도 이러한 기술에 대한 비싼 필수요건을 따라잡을 수 있는 또래집단들과 함께 디지털 커뮤니케이션을 사용한다(p.39). 물론 성별, 인종별, 수입별, 교육수준별 등에 따라 사용 양상이 다르게도 나타난다.

둘째, SNS를 둘러싼 하나의 주요한 논쟁은 청소년의 안전과 프라이버시에 대한 것이다. 미국의 경우, 약 70%의 학교에서 SNS에 대한 접근을 봉쇄하는 데 그 주요한 원인은 학생들의 안전에 대한 두려움에서였다. 청소년과 온라인 프라이버시에 관한 초기 그림은 주로 긍정적인 것이다. 거의 모든 주요한 SNS가 프라이버시 통제를 제공하고 있다. 대체로, SNS에서의 청소년들의 행동은 대중들이 염려하는 것만큼 위험한 것으로는 보이지 않는다는 연구가 많다. 대부분의 청소년들은 자신에 관한 많은 정보를 프로필에 올린다. 그러나 이러한 활동은 그 자체가 온라인 약탈자(predators)들에게 노출하는 것으로 보이지는 않는다. 그 대신 자주 모르는 사람과 상호작용하는 것과 같이 위험행동에 관여한 청소년들이 부정적 성과와 관련되는 일이 더 많은 것으로 나타난다. 10대 청소년들은 일반적으로 SNS상의 프라이버시 관련 내용에 대해 알고 있으며, 온라인에서 자신들과 이야기할 사람을 제한하는 데 활용하고 있다.

셋째, 자기존중(self-esteem)과 심리적 복지는 이전의 인터넷과 SNS 연구에서 관심을 갖는 두 가지의 가장 일반적 성과이다. 연구자들은 기존의 척도(Rosenberg Self-Esteem Scale 등)를 사용하여 자기존중심을 측정하는 것이 전형적이다. 심리적 복지는 개인의 삶에 대한 만족을 알아보는 다양한 측정치들을 말한다. 우울이나 전반적 삶의 만족도, 외로움 등에 대한 측정을 포함하여 다양한 척도를 사용한다. 연구들은 인터넷의 많은 사용이 사람들이 자기존중과 심리적 복지에 끼치는 영향이 어떠한지에 대해 논쟁하는 것이 많다. 대부분의 연구는 인터넷 사용과 복지 간에는 유의미한 차이가 없다고 나타나고 있다.

그러나 최근의 미디어 효과 연구는 넓은 의미의 인터넷 사용 대신에 온라인 상호작용을 조사하면서 일반적으로 청소년에 대해서는 긍정적 성과를 나타내고 있다. 사람들이 SNS 프로필에 보다 긍정적으로 반응하는 것은 자기존중과 높은 상관이 있고, 높은 자기존중은 삶에 대한 만족과도 유의미한 상관관계를 갖는다(Valkenbrug et al., 2006). 자기노출 또한 복지에 대한 SNS의 효과에서 큰 역할을 한다. 구체적으로 연구자들은 청소년들이 자신에 관해 보다 많은 정보를 표현하고 노출하면, 관계성의 질이 개선된다는 점을 말한다. 이러한 긍정적 상호작용은 자기존중과 심리적 복지의 향상을 가져다준다.

넷째, SNS와 학습에 관한 연구는 프라이버시, 안전, 심리적 복지 등과 비교하여 상대적인 연구가 많이 이루어지지 않고 있다. 대부분의 사회적 미디어와 청소년교육에 관한 연구는 학습을 리터러시 연구 관점에서 보아 개념 정의한다. 리터러시 관점은 성적이나 표준 평가와 같은 전통적 학습측정보다는 미디어를 창출하거나 하는 것과 같은 교육적 관행에 초점을 둔다. 카핀스키(Karpinski, 2009)의 연구는 대학의 페이스북 사용자들이 비사용자들보다 낮은 GPA를 갖고 있음을 보여주었다. 전자는 대체로 3.0~3.5의 성적이었으나 후자는 3.5~4.0의 성적으로 나타난 것이다. 이러한 결과에 근거하여 연구자는 페이스북 사용자들이 온라인에 더 많은 시간을 보내고, 공부하는 데에는 더 적은 시간을 쓴다는 추측을 제시하고 있다. 그러나 그 성적이 SNS와 어떤 관계가 있는지를 구체적으로 밝힌 것은 아니었다.

미디어와 학습에 관한 많은 메타분석연구들은 미디어 자체는 학습 수행에 영향을 주는 것은 아니란 점을 밝혀준다. 온라인교육이 학습에 미친 효과에 대한 한 연구결과는 온라인 과목과 학습을 교실수업과 비교한 결과 사이에 긍정적이거나 부정적인 통계적으로 유의미한 관계는 없었음을 말해준다. 그러나 재미있는 것은 방과후 시간(out-of-school time) 학습에 관한 연구를 보면, SNS와 학습 간의 이론적 연계가 있음을 알 수 있다. 교육학자들은 청소년의 방과후 활동이나 학교활동에의 참여는 교사와 동료들과의 사회적 연결성을 증대시킨다는 점을 주요한 가설로 본다. 이러한 연결성이 학교와 학습활동에 관여를 증대시키는 데 기여한다는 것이다.

4. 소셜 네트워크와 청소년 인터넷행동주의

1) 청소년 시민참여와 행동주의

시민적 관여(civic engagement)는 일반적으로 집합적 선택에 영향을 끼치는 능력과 모든 시민들이 민주적 지배에 참가하여야 한다는 신념으로 규정된다. 이러한 생각은 실제 민주주의의 토대의 하나로 여겨졌다. 그러나 다양한 집단과 개인들을 포함하는 "참여"가 민주주의적 시민사회의 주요한 구성요소인 반면에, 시민적 관여를 위한 기회는 여전히 청소년에게는 제한되어 왔다.

따라서 모든 청소년의 시민적 관여를 증대시키는 일은 시민사회를 확대하는 하나의 효과적 방법으로 주장되면서, 청소년을 그 시기에 활발한 시민성을 갖도록 준비시키는 일이 중요한 것으로 강조되었다. 청소년들이 시민적 생활에서 효과적으로 참여하는 방법을 배우기 위해서는 그렇게 할 수 있는 지식과 기술을 배워야 한다는 점을 말해주고 있다(Levine, 2007).

청소년 시민참여는 긍정적 청소년개발의 한 표현으로 이해되지만, 다른 한편 청소년행동주의(youth activism)와도 연결된다. 청소년의 시민참여에 관한 관심은 그래서 청소년행동주의를 이해하기 위한 논의의 기초가 된다. 행동주의(activism)는 청소년들이 사회변화를 위해 행동이 필요하다고 생각할 때 행동을 취하는 경향을 의미하는 것과 관련된다. 행동주의에는 저항 행동, 명분을 위한 옹호, 의식 고양을 위한 정보보급 등을 포함한다. 청소년들의 행동주의적 관심을 끈 주제의 예로는 아동 노동, 환경보호, 동물보호권 등을 들 수 있다. 물론 역사적으로는 나치 저항운동, 민권운동, 1970년대의 베트남 전쟁과 관련된 반전평화운동 등이 있다.

청소년의 정치적 행동주의에 대한 학문적 관심은 시대에 따라 그리고 청소년들의 행동에 따라 증대되거나 감소했다. 다수의 청소년들이 일종의 정치적 행동주의에 참여하게 되면 그 관심이 증대되었다. 다수의 청소년 세대들이 정치적 이슈에 무관심하고 비참여적이 될 때 역시 그 관심이 감소되었다. 그러나 행동주의가 시민참여의 한 형태라는 점은 분명하다. 역사를 통해 보면, 청소년들은 현상 유지를 받아들이는 것에 저항하고 보다 나은 미래를 위해 사회를 변화시키고자 하는 인구집단 중에 가장 대표적인 집단이다. 일정 부분 그것은 청소년 시기의 본질과 관련된 것이기도 하고, 그들의 인식과 관련하여 경험하는 발전적 변화와도 관련된다.

많은 학자, 정책결정가 및 청소년 프로그램의 옹호자들에게 청소년행동주의는 선거에서의 투표에서 혁명에 참가하는 것, 시민교육에 참가하는 것에서부터 토론클럽활동, 자발적 활동, 서비스 제공을 포함하고, 정당을 위해 일하는 것에서부터, 정치적 지도자에게 청원을 하기 위해 서명운동을 하는 것에 이르는 많은 내용을 의미하는 것으로 이해된다.

행동주의는 시민참여이며, 시민권을 가진 존재로서 청소년의 역할, 권리 및 책임을 갖도록 준비하는 교육과 경험들은 그 과정의 일부들인 것이다. 행동주의는 반대를 표현하고, 변화에 영향을 끼치며, 정치적 의제에 관한 이슈를 제시하는 일을 하는 행동(action)을 함의한다. 항상 그런 것은 아니지만, 대체로 조직화되며 때로는 보다 넓은 사회운동과 연결되기도 하며, 주류 정치나 시민적 단정함에 의한 지배에 의해 작용하거나 그렇게 하지 않을 수도 있다.

2) 청소년 인터넷행동주의

청소년 행동주의는 이제 인터넷행동주의(internet activism) 또는 미디어 행동주의(media activism)로 확장되고 있다. 사실, 1980년대 말부터 인터넷의 민주적 참여에 대한 효과가 논의되었으며, 인터넷이 행동주의자들이 정보를 수집하고 상호 소통하며 지구적 규모로 동원화할 수 있다는 점이 강조되었다(Downing, 1989). 이러한 새로운 모델의 행동주의에 대한 지구적 예로는 반지구화 운동, 반전운동, 그리고 전략적 투표운동 등 여러 가지가 있으며, 우리나라의 경우 촛불집회를 비롯하여 최근의 등록금 문제에 이르기까지 청소년이 참여한 대부분의 사회운동, 정치운동 등이 포함된다. 이러한 운동은 비용이 적게 들고, 즉시적이며 광대한 파급 효과와 연계망을 갖는 인터넷의 특성을 활용하여 전개된 것이다.

그러나 이러한 민주적 효과를 지적하는 같은 학자들 중 다수가 인터넷 기반 행동주의에 본래적인 특성인 면대면 소통의 결여를 지적하였으며 운동의 단결성을 저하시키고, 집단적 정체감 형성을 감소시키며 그에 따라 행동주의자들이 운동에서 이탈하기 쉽도록 한다는 점을 동시에 강조하였다는 점을 기억할 필요가 있다. 이들은 온라인 참여가 정보를 알고 갖는 견해를 기반으로 한 행동주의라기보다는 정서적 방향을 촉진하는 점에 대해 염려하고 있다(Gillan, 2009). 일부 연구자들은 인터넷은 어떤 점에서도 혁명적인 것이 아니며 단지 "사람들로 하여금 같은 일을 다른 방법으로 하도록 허용한다"고 주장한다(Margolis & Resnick, 2000).

인터넷이 주류 정치 참여에 대한 효과를 연구하는 연구자들은 유사하게 다양한 효과를 알아냈다. 어떤 평론가들은 인터넷이 풀뿌리 조직화를 혁신할 것이라고 주장하고 이슈 관심 사이트의 속도를 가속할 것이라고 본다(Plouffe, 2009). 다른 사람들은 이메일과 웹사이트들은 대량 우편물을 보내기나 전화걸기에 비교해서 투표자를 동원하는 일을 증가시키는 일이 거의 없거나 전혀 없다고 주장한다(Nickerson, 2007). 다시 말해 인터넷은 의사소통과 동원의 과정을 보다 값싸고 쉽게 할 수 있지만, 그 자체로서 그것은 누가 관련되고, 왜 관련되며, 그들이 같은 생각을 가진 행동주의자들의 공동체 속으로 통합되어 들어갈 것인지 아닌지에 대해서는 제한된 영향을 갖는다는 것이다(Jackson & Lilleker, 2007).

행동주의는 관여적 청소년 시민성의 증거를 제공한다. 청소년들이 자신의 메시지를 소통하는 매너는 다양하며 비폭력적이고 폭력적인 두 가지 방법을 포함할 수 있다. 따라서 행동주의의 효과는 훨씬 더 깊을 수 있으며 관련된 청소년뿐만 아니라 기관, 지역사회, 그리고 국가 전체에도 영향을 끼친다. 행동주의자들의 행위에 사용하는 방법이 시간에 따라 다양한 것과 같이, 그러한 행동에 영향을 끼치는 촉매제도 다양하다. 행동주의의 톤(tone)도 전화되었다. 한때는 폭력적 경향을 포함하고 있었지만, 긍정적 변화도 이어졌다. 토론 클럽, 문화모임, 잡지, 동아리, 학생자치제도, 스포츠 이벤트 등이 모두 초기의 행동주의로부터 초래된 것이다.

과거와 같이, 오늘날에도 청소년들의 행동주의는 소극적이고 활동적 형태가 동시에 존재하고 있다. 그러나 지구화와 세계적인 경제불황의 여파는 기술의 발전과 함께 최근의 행동주의의 주요한 사례를 제공하고 있다. 학생청소년들은 지구적 노동 시장과 연결된 저항운동에 참여하였으며, WTO, G8 정상회의 등의 각종 국제회의와 관련한 저항운동에도 참여하였다. 이러한 저항운동을 촉매로 하는 이슈들에는 정부의 거버넌스, 등록금과 수수료 인상, 군사정책이나 이라크 전쟁, 노동운동, 기타 정치적 관심을 포함한다. 특히, 서구에서 등록금 인상은 "학생 행동주의의 새로운 파도"로 불리고 있다(Epstein, 2009: 1). 한 지역에서 발생된 조직화된 청소년 저항운동은 다른 지역에서의 예산 삭감이나 재정지원 감소 등에 따른 비용증가로 인해 전국적인 이슈가 되면서 확산된 예를 많이 볼 수 있다.

행동주의에서는 또한 다양한 기술을 사용한다. 미국에서의 최근의 한 연구에서는 15~25세 청소년들의 정치적 행동에 관한 정보분석을 하였는데 30%는 제품불매운동에 참여했으며, 29%는 보이콧하거나 생산물이나 서비스를 구매하였다. 19%는 서명운동에 참여하였고, 16%는 이메일 서명에 참여하였다. 오늘날의 청소년들은 시위활동에도 참여하고 있는데, 약 11%가 이러한 저항활동에 참여하고 있음을 보여주고 있다.

인터넷이나 소셜 네트워크의 활용과 관련하여 생각하면, 이러한 형태의 기술은 오늘날의 행동주의에도 중요한 영향을 끼쳤음을 알 수 있다. 1990년대 초부터 저항운동에서 휴대전화와 노트북을 활용하기 시작했고, 장거리 전화비용 인하, 휴대용 비디오카메라 등은 행동주의 사례에서 복합적인 형태의 기술을 사용하도록 이끌었다. 집단을 동원화하기 위해 이메일과 문자 메시지를 사용하는 것에서 최근에는 페이스북이나 트위트 등의 소셜 네트워킹 사이트를 통해 의사소통하는 것까지 기술과 행동주의는 불리할 수 없을 정도로 연결되어 있다.

이제까지 네트워크 시대로 규정되는 오늘날 청소년의 시민적 관여(civic engagement)의 내용, 소셜 네트워크와 소셜 미디어의 특성과 청소년개발에 대한 영향, 인터넷행동주의(internet activism) 등에 대해 고찰하였다. 사이버참여(cyber-participation)의 중요성이 논의된 이후 지난 10년여 간 사이버공간은 단순한 소통의 매개라는 차원을 넘어 사회문화적 권력으로까지 발전하였음을 알아본 것이다.

오늘날의 청소년들은 정보에 대한 가속화된 접근과 새로운 미디어 기술이 제공하는 의사소통 기회로부터 혜택을 받아왔다. 웹 2.0의 특징은 소셜 네트워크 미디어의 정보가 흐르는 속도와 수단과 관련되면서 정치사회적 중요한 역할을 하고 있는 것이다. 이 점에서 소셜 미디어는 시민적 역량을 개발하는 잠재력을 가지며 뉴 미디어 기술은 시민단체들이 청소년들을 연결하는 기회를 제공한다. 나아가 온라인 소셜 네트워킹은 우리 자신에 대한 생각, 타인과의 교류, 업무 방식, 그리고 시민참여 방법을 혁명적으로 변화시키고 있다. 웹 2.0은 소셜 네트워킹의 이러한 위력에 힘입어, 마켓 2.0, 엔터프라이즈 2.0, 데모크라시 2.0 등으로 확장되고 있다.

정보와 권력이 공유되는 참여와 개방의 시대가 도래하면서 청소년을 보는 관점은 물론, 청소년정책과 실천의 모든 영역에서 종전과 다른 새로운 접근을 요청하고 있는 것이다. 이런 점에서, 청소년의 시민적 관여에 대한 현실적 이해와 소셜 네트워크의 특성과 그것이 청소년과 현실세계에 끼치는 영향에 대한 고찰은 바로 이러한 새로운 접근의 한 부분이 되어야 할 것이다.

Chapter 13

지구화와 글로벌청소년복지

세계가 하나의 지구촌(global village)이 되고 있다. 이른바 글로벌 시대라는 말은 이미 익숙한 용어가 되었으며, 오늘날에는 디지털시대, 다문화시대, 새천년개발계획(MDGs), SNS시대 등의 용어가 점차 익숙해지고 있다. 상품, 서비스, 자본, 노동력 등 모든 자원이 국경을 넘어 빈번하게 이동하면서 교통, 통신, 정보의 혁신으로 시간적, 공간적 거리가 의미를 잃어가는 시대에 살고 있는 것이다. 청소년복지와 관련한 정책과 실제의 동향에서도 글로벌 의식과 역량 함양, 국제교류, 국제개발과 NGO활동의 강화, 선진외국의 정책 사례와 프로그램의 비교 이해, 다문화가족과 자녀의 문제 등 글로벌시대의 특성이 점차 강조되고 있다.

이러한 인식에서 본 장에서는 글로벌시대에 점차 강조되고 있는 지구촌의 청소년기 현상과 상호작용에 특별한 관심을 가지는 글로벌청소년복지의 개념, 영역, 주요 내용, 특성과 비전 등에 대해 알아보기로 한다. 사회복지학의 전통적 분야로 발전되어 온 국제사회복지(international social work)의 내용들이 점차 지구촌사회복지(global social welfare)로 발전되고 있음을 알 수 있다.

1. 글로벌청소년복지의 개념

1) 지구화의 정의

글로벌청소년복지의 개념을 이해하기 위해서는 지구촌화로 번역되는 글로벌라이제이션(globalization)의 개념과 그 특성, 그리고 그것이 청소년에게 갖는 의미에 대해 생각할 필요가 있다.

우선, 지구촌화 또는 지구화로 번역되는 '글로벌라이제이션(globalization)'의 일반적 현상은 다음과 같이 설명된다(박경서, 2007). 첫째는 국가 간 국경선을 초월하여 정치·경제·문화·사회적 활동이 전지구적으로 상호 연결되고 상호작용하여 한 곳의 사건(event)이 다른 곳에 실시간으로 영향을 미치게 된다. 둘째, 국경선을 넘어서는 흐름과 작용이 단지 간접적으로나 임의적(random)으로 발생하는 것이 아니고 거의 지속적으로, 규칙적으로, 그리고 제도적으로 반복되어 일어나고 있다. 셋째, 이러한 현상이 전지구적으로 광범위하고 신속하게 일어나기 때문에 국내적 혹은 국지적 현상이 전지구적 결과를 초래하여 국내·외가 구별되지 않는 시·공간을 초월하는 하나의 지구촌을 형성하기에 이른다. 따라서 정치·경제·문화적으로 인간이 과거에 갖고 있던 정체성이나 공동체 의식이 이제는 초영토적으로 구성되어 지구의식(global consciousness)을 탄생시키고 지구촌을 하나의 생활공간으로 바라보고 행동하게 된다는 것이다.

지구화에 대한 이러한 두드러진 현상에 대한 이해를 바탕으로, 최근 오브레이(Aubrey, 2010)는 글로벌라이제이션(globalization)을 "더 커진 국제적 상호 협력으로 통신과 기술, 무역, 정치, 문화와 환경의 변화를 초래하는 사회현상"으로 정의하면서, 그 주요 영역별 변화를 다음과 같이 설명하고 있다.

첫째, 정보통신기술과 관련한 영역의 변화이다. 인터넷은 생활의 필수도구가 되었고, e-러닝과 e-티칭이 보편화되었다. 최근에는 페이스북(Facebook)이나 마이스페이스(MySpace) 등과 같은 가상의 네트워크가 사람들의 일상의 커뮤니케이션 도구가 되었다. 인터넷을 비롯한 대중매체의 발전은 급속도로 이루어지고 있다.

둘째, 국제무역과 관련한 영역의 변화이다. 1990년대 초 동유럽 공산국가들이 붕괴함에 따라 세계는 하나의 자본주의 시장으로서 재편되었다. 국제자유무역법이 다국적 기업으로 하여금 국경을 넘나드는 무역을 하도록 보증했다. 국제무역의 이러한 변화는 지구촌 북반구에 있는 선진국들에게는 하나의 사업이지만 남반부에 주로 있는 개발도상국들에게는 해로운 것이 되고 있다.

셋째, 정치 영역의 변화이다. 소비에트 연방의 붕괴와 분열 이후, 미국이 세계 유일의 강대국이 되었다. 이는 미국이 최고 수준의 경제 우월성과 강력한 군대를 가지고 있기 때문이다. 국제관계는 또한, 경제적 이권과 문화적 이해관계를 둘러싸고 국가별 또는 권역별로 상호 경쟁하거나 대립하는 양상을 보이기도 한다.

넷째, 문화 영역에서의 변화에 대해 강조한다. 예를 들면, 영화산업과 신종 미디어는 미국 기업이 지배하고 있다. 한국은 물론, 심지어 선진국인 영국에서의 합리적으로 성공한 영화 산업조차도 미국의 제작사와 배급사에 의존하고 있다. 예를 들어, 디즈니사는 거대한 초국가적 방송 권력을 가지고 있으며, 전 지구에 영향력을 끼치는 미디어를 가지고 있다. 또한, 미국의 패스트푸드 문화, 팝 음악, 영화와 TV 시장은 다른 나라의 문화적 토대를 감염시킨다. 이와 같이 글로벌라이제이션(globalization)은 다른 전통문화에 영향을 끼치는 서양 문화와 소비 일색의 문화를 포함한 부정적 결과를 가져다준다.

숄트(Scholte, 2000)는 이러한 점에서 글로벌라이제이션(globalization)은 다음과 같은 몇 가지 의미로 혼용되고 있다고 정리하고 있다. 첫째는 지구화를 국제화(internationalization)의 심화로 보는 경향이 있다. 즉, "국가 간 무역과 자본(따라서 인간, 메시지, 아이디어 등까지 포함)이 대량으로 이동하면서 계속 성장하고 있는 흐름"으로 이해한다. 둘째는 지구화란 자유화(liberalization)의 확산으로 본다. 즉, "정부의 모든 규제로부터의 자유이다." 완전개방되고 국경선이 없고, 세계경제를 창출하기 위하여 개별 정부주도의 모든 규제로부터 자유로워지는 것이 곧 지구화라고 정의한다. 셋째, 지구화를 보편화(universalization) 또는 전세계화(world wide)의 개념과 동일시하는 정의이다. 즉, 더 많은 인간과 문화가 지구 모든 곳으로 확산되는 것을 의미한다. 불교, 기독교, 이슬람교 등의 전세계적 전파와 국제무역의 팽창은 세계의 보편화를 초래했다는 것이다. 넷째 지구화는 서구화(westernization) 또는 보다 구체적으로는 미국화(Americanization)를 의미하는 것으로 본다. 나아가 서구화 또는 미국화는 또한 현대화(modernization)를 의미한다는 점에서 곧 현대화라고 정의한다(Scholte, 2000). 나아가 그는 이러한 네 가지 정의가 현재 진행 중인 지구화 현상을 각기 그 일부분만을 설명하는 것으로 보고, 현재는 이러한 용어가 표현하는 것 이상의 더 깊은 의미를 가지고 있다고 주장한다. 현재의 지구화는 과거의 국제화와는 다르며, 오히려 횡국가화(transnationalization)가 더 유사한 개념이다. 다시 말해 민족국가의 영토성을 중심으로 한 국가 간의 관계보다는 국경선이라는 영토성을 초월하는 횡국가 내지는 초국가적인 하나의 새로운 영토로서 전지구를 바라보는 시각을 강조하고 있다.

한편, 헬드(Held)는 "지구화란 세계를 분리시키고 있는 많은 요소들을 감소시키고, 궁극적으로는 이를 제거하여 세계를 하나로 통합시키는 과정 혹은 현상"으로 정의한다. 그는 지구화는 새로운 교통통신기술의 발전으로 나타나는 새로운 사회적 관계와 거래의 공간조직의 변형을 구체화시키는 과정으로 이해하면서 숄트 교수의 초영토적 새로운 사회지리의 탄생과 유사한 정의를 하고 있다. 또한 경제 분야의 저널리스트인 프리드만(Friedman)은 지구화 현상이 주로 경제적 현상임을 지적하면서, "세계를 하나의 작은 공간으로 축소시키는 시장, 금융, 그리고 테크놀로지의 통합"이라고 정의하고 있다.

2) 글로벌복지의 개념

지구화(globalization)에 대한 이러한 개념적 정의를 바탕으로 글로벌복지를 이해하면, 지구화의 특성을 반영한 사회복지, 즉 전지구라는 차원을 하나의 영역으로 인정하는 국제적 사회복지활동을 의미하는 것으로 규정할 수 있다. 이는 사회복지의 전통적 영역과 분야로서의 국제사회복지(international social work)가 국가라는 단위를 중심으로 주로 다른 국가에서나 또는 국가와 국가 간의 교류를 통해 이루어지는 사회복지활동이란 의미를 전제하고 있다는 점에서 유사하지만 차별적인 의미를 갖는 것으로 이해할 수 있다.

실제로 국제사회복지라는 용어는 기존의 사회복지가 한 국가 내에 국한하고 있는 것과는 달리 국제적 교류와 실천을 구분하는 노력이 포함되어 있지만, 국제사회복지는 국가 간 사회복지를 강조하고 있으며, 글로벌사회복지(global social welfare)는 지구촌 전체의 사회복지에 관심을 갖는 것으로 보아 글로벌사회복지라는 용어가 오늘날에는 보다 더 적합한 것으로 주장하고 있다(이용교, 2010; 이태수, 2011; 천정웅, 2011). 글로벌사회복지는 "전통적인 국제사회사업에 바탕을 두면서도 국제사회정책을 포괄"해야 하는데, "즉 빈민, 장애인 등 사회적 약자를 위한 국제사회복지를 포함하여 지구촌 모든 인간의 보편적 복지에 관심을 갖고자" 하기 때문이며, 이때 "보편적 복지는 모든 인간의 소득보장, 의료보장, 교육보장, 주거보장, 대인서비스 등을 포함하여 최저생활의 보장을 넘어서 삶의 질을 높일 수 있는 다양한 사회적 대책을 포괄한다"고 말하고 있다(이용교, 2010).

이런 인식에서 글로벌복지란, "세계화가 전면적으로 진행되고 있는 오늘날 국가, 인종, 국적을 초월하여 지구인들 모두의 인간다운 삶을 보장하고자 하는 노력의 필요성을 인식하고 이를 달성하려는 모든 활동"이라 폭넓게 정의할 수 있다(이태수, 2011: 10). 그러나 글로벌복지를 협의적으로 정의하면 지구적 차원의 심각한 빈곤, 소외, 불평등의 문제가 야기하는 후진국, 개도국 및 선진국 내의 피해자들을 옹호하고 이들의 삶을 개선하려는 전문적 활동이다.

따라서 이는 기존의 사회복지(social welfare)가, 단일국가라는 한정된 공간과 국민을 대상으로 그 구성원들의 인간다운 삶을 보장하려는 총체적 노력이며 그 의의가 여전히 존중되어야 함에도 불구하고 글로벌복지는 다음과 같은 측면에서 기존의 사회복지의 지평을 더 넓게 개척하는 의미가 있다(이태수, 2011). 이러한 글로벌복지의 의미를 다음과 같은 세 가지로 정리하고 있다.

첫째, 오늘날 세계화의 전면적 등장으로 인해 일국의 사회적 위기가 결코 일국 내의 구조적 원인에 의거하기보다는 세계적 차원의 정치, 경제, 사회, 문화 등의 다양한 측면에 걸쳐 영향을 받아 초래된다는 점을 인식하고 있다.

둘째, 전지구적 차원에서 보면 빈곤, 소외, 사회적 배제, 불평등에 의해 희생되어 인간다운 삶과 인권을 보장받지 못한 광범위한 집단의 존재가 일국의 차원에서 볼 때보다도 더욱 심각히 드러남에 따라 더욱 활발한 노력의 여지를 발견할 수 있다.

셋째, 일국 안에서도 이젠 다양한 인종과 국적, 민족들이 구성원으로 혼재하게 되고 좀 더 보편적인 인권의식과 가치관을 통해 이러한 다양한 구성원들 사이에서 그 사회와 구성원들 간에 직면하는 다양한 문제들을 해결하는 데 오히려 적극적 대응력을 갖추게 된다는 점 등이다.

3) 글로벌청소년복지의 개념

글로벌청소년복지의 개념은 청소년기의 특성과 상호작용과 관련된 글로벌복지를 의미하고 있다. 앞서 고찰한 바와 같이, 지구화(globalization)의 특성은 청소년에게도 많은 영향을 끼치고 있다. 지구화는 청소년의 삶과 관련한 정치적, 경제적, 사회문화적, 정보통신적 제반 측면에서 다양한 영향을 끼치고 있을 뿐만 아니라, 청소년정책과 실천, 이론과 프로그램 등 전반적인 분야에 걸쳐서 영향을 주고 또 변화시키고 있다.

지구화가 청소년에 대해 갖는 의미를 말해주는 몇 가지 내용을 다음과 같이 정리할 수 있다. 첫째, 소비중심의 지구화의 특성과 관련한 의미이다. 일반적으로 소비는 돈을 유통시키고 부를 생성한다. 사람들은 소비를 유지하기 위하여 패션과 욕구를 변화시키고, 새로운 것을 구입하기 위하여 패션이 바뀌고, 또 그것은 새로운 것을 구입하려는 사람들의 욕망을 자극한다. 전세계의 청소년들은 황금빛 맥도날드의 아치형 입구와 빨강색과 흰색 코카콜라의 로고를 인식하고 있다. 각국의 청소년들은 나이키 운동화들과 다른 스포츠 브랜드를 찾은 후, 그 이미지를 의식하여 무엇을 살 것인가를 결정한다.

둘째, 청소년들은 그들을 겨냥한 글로벌 마케팅과 광고 전략을 통해 기만당하고 있다. 많은 브랜드 제품의 대부분은 성인 대상이 아닌 청소년 소비자를 끌기 위해 판매되기 때문이다. 청소년지도자나 교사에게 청소년 패션은 너무도 친숙한 브랜드 상품이며, 종종 청소년들은 시장의 값싸거나 유행이 지난 디자인의 운동화를 신을 때 괴롭힘과 놀림을 당한다고 한다. 어떤 상품인가 하는 점은 자기 이미지와 신체 이미지의 중요성만큼 중요하다. 특히 젊은 남녀 성인을 겨냥한 잡지는 이러한 이미지들로 가득 차 있다.

셋째, 지난 몇 년 동안 성별 구분 없이 많은 젊은 청소년들이 섭식장애진단이 증가하고 있다. 젊은 여성은 신경성 식욕부진과 신체이형장애 등과 같이 단순히 자신의 신체에 대한 지나친 혐오감으로 장애를 초래하는 건강상태의 특별한 위험을 가지고 있었다. 비만 논쟁은 계속되고 있고, 무엇이 건강한 체중인지에 대해 많은 왜곡된 이미지를 만들어내고 있다.

한편, 지구화는 청소년사업에도 영향을 끼치게 되었다. 오브레이(Aubrey, 2010)는 영국의 예를 들면서 이러한 변화를 설명하였다. 1990년대 초에 개발된 영국의 교육협회(DEA)는 세계를 다루는 청소년 교육은 지역 개발에 중요한 것이며, 이를 지역 세계 청소년 사업이라고 정의하였다. "격식 없는 청소년 교육은 그들의 개인, 지역 그리고 세계 이슈와의 관계에 대한 중요한 이해를 돕는다. 이것은 적극적인 참여가 더 나은 평등과 정의의 방향으로의 변화를 가져와준다는 것을 밝혀준다"(DEA, 2005: 23).

글로벌청소년업무(global youth work)는 다른 나라와 문화와 '개발' 나라에서 빈곤층으로 살아가는 사람들의 상황에 대한 인식을 높이는 학습이다. 청소년 업무는 앞으로 지역이나 국가적 맥락에서도 국한될 수 있으며, 그것은 국제사회와 지역 스스로를 증명하는 수준의 불평등을 해결하기 위해 필요한 것이다. 이것은 '사업과 청소년 일상의 경험에서의 시작하며, 비판적으로 전세계의 개인과 지역국가의 현실을 보는 과정'이다(Sallah, 2008: 6).

이제, 청소년복지는 더 이상 지역적이나 단일국가적으로만 한정될 수 없으며, 청소년복지는 범국가적 단체로서, 그리고 지역적으로 나타난 불평등을 세계적인 수준으로 다루어야 할 것이다. 최근의 한 연구에서는 청소년은 국제 및 세계 이슈를 포함한 모든 종류에 관심을 가지게 될 것이며, 청소년사업은 이러한 관심을 포용하지 않으면 청소년이 가진 관심사와 그들 삶의 모두를 부정하게 될 것이라고 규정하고 있다(UNICEF 2003, Save the Children 2004, DEA 2005). 현재 정부와 관련 부서는 학교에서 공식적·비공식적인 교육과정, 국제 및 세계이슈를 배울 수 있는 것을 포함하려 노력한다.

2. 글로벌청소년복지의 유형과 범주

1) 글로벌복지의 유형

글로벌청소년복지를 어떻게 이해할 것인가는 그 개념적 이해와 함께 유형과 범주를 어떻게 구분하는가에 따라 달라질 수 있다. 우선 글로벌사회복지와 관련한 유형 구분이 있다. 글로벌복지에 대한 관심의 증대에 따라 다양한 내용의 글로벌활동이 이루어지고 있다. 전체적으로 글로벌시민의식, 글로벌시티즌십 등에 대한 인식이 확산되고 있으며, 사회복지와 관련한 영역에서는 국제개발협력과 NGO활동에 대한 관심이 높아지고 있다. 또한, 청소년 분야와 관련하여 국제교류 프로그램과 체험활동, 그리고 해외자원봉사활동이 크게 증가하고 있다. 국가사회의 전반적인 상황으로는 결혼이주여성과 그 자녀, 탈북청소년 문제 등 다문화와 관련한 분야가 강조되고 있다.

우선, 앞서 고찰한 글로벌복지의 개념과 그 의미를 바탕으로 글로벌복지의 유형은 다음과 같은 네 가지 측면으로 이해할 수 있다(이태수, 2011: 11-13). 첫째는 전지구적 차원의 빈곤이나 불평등, 부정의 문제해결에 비중을 두는 경우가 있다. 여기에는 응급구호, 사회개발, 국제질서의 재편 등에 관한 논의가 포함된다.

① 응급구호란 기아, 비위생, 식수부족, 거주공간의 미비 등 가장 기본적인 의식주를 해결하지 못하는 계층에 대해 국제적 원조와 인도적 차원의 지원으로서 필요한 생필품의 제공, 보건의료활동의 전개, 주거지 마련 등의 응급적 활동을 하는 것을 말한다. 이 경우 극단적인 기본욕구의 결핍을 해결하기 위해 매우 신속한 지원을 요하며 1차적인 욕구충족을 통해 사망과 심각한 질병, 장애유발 등을 방지하고자 하는 목적에 의거하여 활동이 이루어진다. 그러나 이러한 응급적 상황에 대한 대처의 필요성에도 불구하고 자칫 선진국이나 다국적 기업의 이해와 관철되는 통로를 마련하는 위험성이 존재하며, 수혜국이나 수혜집단의 역량강화나 자립 가능성을 오히려 약화 또는 제거시킬 수 있다는 점에서 글로벌복지 활동의 과정이나 그 결과에 대한 오류를 자각하는 것이 요구된다.

② 사회개발은 지역사회 또는 빈곤국가 차원의 자생력을 강화하고 스스로의 문제해결 역량을 확보하도록 개개인에 대한 교육과 훈련, 지역사회에 대한 인프라

구축이나 지역발전계획의 수립, 그리고 국가 차원의 재정 확보나 각종 제도 설계 등에 기여하는 각종 활동을 말한다. 이는 물고기를 제공하기보다는 물고기 잡는 법을 알려준다는 취지를 갖고 있으며 응급구호의 한계를 극복하는 의미가 있다. 그러나 전지구적 차원의 구조적 모순 속에서 빈곤국가나 빈곤지역 스스로의 자립 가능성이 크지 않다는 점에서 빈곤층이나 빈곤국가에게 책임으로 전가하는 문제를 야기할 수 있다. 또한 성과를 보기에는 언어적·문화적·지리적 장애를 극복하기 위한 중장기적인 노력이 지속되어야 한다는 점도 글로벌복지활동으로서 어려움을 갖게 된다.

③ 국제질서의 재편이란 빈민국가의 문제나 어느 지역의 심각한 빈곤층의 존재에 궁극적으로 영향을 미치는 국제적인 정치경제적 질서에 대한 근본적인 개편을 시도하는 활동을 말한다. 이를 위한 국제적인 NGO의 활동을 촉진하며, 국제적인 모순의 희생자의 인권에 대한 옹호활동을 전개함으로써 궁극적으로는 각국의 GO들의 협력을 이끌어내며 국제적인 조정력을 갖춘 기구의 등장까지 추구할 수 있다. 그러나 이러한 활동은 근본적인 문제해결을 시도함에도 불구하고 실현가능성이 담보되기 어려우며, 실현수단을 확보하기 위해서는 고도의 정치력과 교섭력을 가져야 하며 또한 선진국과 개도국, 후진국 모두의 이해를 초월하는 공통의 이념과 제도를 구현해야 한다는 점에서 선언적 의미에 그칠 가능성이 매우 농후하다.

둘째는 국가, 인종, 국적 등의 다양한 결합도에 따라 초국가적 글로벌복지와 일국내의 글로벌복지가 구분된다.

① 초국가적 글로벌복지: 활동가 스스로의 국가 영역을 초월하여 전지구적 관점에서 의미가 있는 곳이라면 국가와 인종, 국적을 뛰어넘어 활동하는 경우를 말한다.
② 일국 내 글로벌복지: 일국 내에 다양하게 구성된 인종과 국적에 의해 야기되는 다양한 문제를 해결하기 위해 활동하는 경우를 말한다.

셋째는 활동하는 국가의 특성에 따라 빈곤국가에서의 글로벌복지와 선진국가에서의 글로벌복지가 구분된다.

① 빈곤국가에서의 글로벌복지: 심각한 빈곤 등 당면한 문제가 국가적 차원에서 집

단적으로 발생하고 있는 빈곤국가에서 활동하는 경우를 말한다.

② 선진국가에서의 글로벌복지: 선진국가 내에서도 역시 전지구적 차원의 문제와 연결되거나 그 영향력으로 발생하는 물질적 빈곤이나 정신적 황폐화, 사회적 배제 등의 문제가 발생하게 되므로 이러한 문제해결을 시도하는 과정에서 선진국가 내에서 활동하는 경우를 말한다.

넷째는 구체적인 활동의 성격에 따라 지원 차원의 글로벌복지와 옹호 차원의 글로벌복지가 구분된다.

① 지원 차원의 글로벌복지: 직접적인 현물지원이나 인력파견, 나아가 지역개발 등의 과정에 참여하는 활동을 말한다.

② 옹호 차원의 글로벌복지: 직접적인 지원이나 참여보다는 인권의 침해 현장을 고발하고 이를 위한 전지구적 차원에서의 인식 개선이나 경각심 제고를 유발하여 마침내 새로운 질서나 구조를 만들고자하는 활동을 말한다.

글로벌복지를 이러한 네 가지 측면으로 구분하여 이해하는 것은 글로벌복지의 대상과 관점, 목표를 다음과 같이 이해하는 것을 기반으로 한다(이태수, 2011: 11). 첫째, 글로벌복지의 대상으로는 단일국가, 단일민족을 넘어서서 국가나 인종, 또는 국적을 넘어서는 특성을 가지고 있다. 글로벌복지는 반드시 해외를 대상으로 한다는 의미만이 아니라, 한 국가 내의 다양한 인종이나 국적을 가진 이들이 모여 있을 때에도 적용될 수 있는 개념이다. 둘째, 관점에 있어서는 일국 내의 정치, 경제, 사회, 문화 등의 구조적 측면을 넘어서서 전세계적 차원의 정치, 경제, 문화적 관계들을 고려하는 관점을 수용하는 특성이 있다. 글로벌복지는 단순한 물질적 구호나 제공의 차원에서 그치지 않고 국제적인 연대감을 통해 정치적 권력의 배분이나 경제적 자원의 동원, 문화적 교류 등을 포함하는 것을 의미한다. 셋째, 목표에 있어서는 궁극적으로 전세계적인 연대의식을 갖고 인권과 평화, 평등이 실현되는 지구공동체의 실현을 지향한다. 글로벌복지는 기존의 사회복지가 일국에 적용되는 국민기본선(national minimum)에 근거를 두고 있었다면, 전지구적 차원에서 적용하는 전지구적 기본선(global minimum)에 기초를 두어야 하기 때문이다.

2) 글로벌청소년복지의 범주

한편, 글로벌청소년복지의 영역은 글로벌청소년업무(global youth work)와 관련하여 이해할 수 있다. 우선 글로벌청소년업무는 "글로벌 차원에 관해 청소년과 함께하는 일"로 정의된다(Sallah, 2011). 청소년복지가 청소년업무와 관계를 갖는다는 측면에서 보면, 글로벌청소년복지는 글로벌청소년업무와 관련된 청소년복지이다.

글로벌청소년복지가 활발한 영국에서는 글로벌청소년업무(global youth work)라는 용어 외에도 청소년업무개발교육(development education in youth work), 청소년업무에서의 글로벌정의론(global justice in youth work), 지속가능한 개발과 글로벌 시민성을 위한 교육(education of sustainable development and global citizenship) 등의 용어가 대학에서 사용하고 있다. 이러한 것은 글로벌화의 과정에 대한 청소년들의 자각과 의식을 촉진하고 나아가 사회적 불평등을 해결하기 위한 행동조치를 취하도록 한다는 두 가지 요소를 포함하고 있다(Sallah, 2008).

그러나 그 명칭이 무엇이든 간에 글로벌청소년업무는 청소년들이 글로벌 차원에 관해 대응하는 전략으로 볼 수 있으며, 이런 점에서 다음과 같은 다섯 가지에 관심을 갖는다고 본다. 즉, ① 글로벌화의 개념과 과정이 청소년들의 실제에 어떻게 영향을 끼치는지에 관심을 갖는다. ② 비공식교육의 원리에 기초한다. ③ 의식과 행동을 촉진한다. ④ 억압에 도전하고 사회적 정의를 증진한다. ⑤ 청소년들의 실제성에서 그 내용을 찾는다.

한편, 글로벌청소년업무의 이러한 범주에 대한 이해와 특성을 고려하여 글로벌청소년연구의 범주는 다음과 같은 몇 가지로 고찰하고 있는데, 이는 청소년복지의 영역이나 범주와 관련한 내용으로 이해할 수 있다(천정웅, 2011).

첫째, 가장 대표적인 영역으로 글로벌의식, 세계시민의식, 글로벌활동에 대한 것을 생각할 수 있다. 우선, 글로벌의식에는 글로벌 역량이나 글로벌시대에 맞는 문화적 수용능력 등과 관련된 내용들이 포함된다. 글로벌 활동은 국제교류와 NGO활동 등과 관련된 내용을 포함한다.

둘째, 국가 간 청소년복지와 관련한 정책과 제도, 프로그램, 실천적 특성 등에 대한 비교적 고찰이다. 국제비교적인 주제에는 국내에서의 청소년과 관련된 비교연구가 있고, 외국의 청소년 또는 청소년업무와 관련한 주제도 있다. 한국과 다른 여러 나라와 비교한 다국 간 비교연구는 또 다른 세부 영역으로 포함할 수 있다.

셋째, 외국의 다양한 사례를 소개하는 주제들이 있다. 선진 외국의 정책, 프로그램, 청소년의식, 실태 등을 소개하면서 우리나라의 정책과 서비스의 발전을 위한 함의를 이해하는 영역 등이 포함된다. 이는 한 개의 국가를 중점적으로 고찰하거나 분석할 수도 있고 복수의 국가나 제도를 동시에 분석하는 것도 가능하다.

넷째, 문화다양성과 관련한 영역이다. 여기에는 다문화가정과 이주배경청소년에 속하는 결혼이민자, 이주노동자, 탈북청소년(새터민), 그리고 다문화와 관련한 정책과 제도, 프로그램 등과 관련한 내용들이 여기에 속한다. 다문화와 관련한 전반적인 이해를 도모하는 주제도 또한 포함된다.

다섯째, 한국청소년으로 외국에 가서 공부하는 유학생들에 대한 내용이 있다. 현지에서의 적응문제와 생활과 관련한 주제들을 포함하여 한인유학생과 관련한 주제들을 영역화하는 것이다. 이는 국가를 달리하여 생활하고 있는 한국청소년에 대한 내용이므로 글로벌화의 특징과 직접적인 관련을 갖는다.

여섯째, 한국청소년이 외국에 가서 경험하는 것을 말하는 한인유학생 등에 관한 영역과는 달리, 외국의 청소년이 한국에 와서 공부하거나 경험하는 주제와 관련된 주제를 포함한다. 이 영역도 국가를 달리하여 한국에서 생활하고 있는 외국청소년들에 대한 것이므로 글로벌화와 관련이 있고 그러므로 하나의 영역으로 구분될 필요가 있다.

일곱째, 그밖의 영역으로 구분할 수 있는 것으로 남북한청소년에 대한 분야와 한류와 관련한 내용으로 볼 수 있다. 한류는 글로벌화와 관련한 대표적인 지구적 현상의 하나이며, 그런 까닭에 글로벌청소년학이나 글로벌청소년복지와 관련한 하나의 영역이 되기에 충분한 것이다.

3. 글로벌청소년복지의 주요 내용

1) 글로벌시티즌십과 글로벌리더십

시티즌십은 법적으로 제도화된 공동체에 소속된 지위 또는 그러한 소속에 바탕을 두고 누리는 권리 또는 부여받는 권리와 의무의 총체를 말한다. 때로는 시민의 의식과 덕성, 바람직한 행동규준을 뜻하는 말로도 사용되고, 정치공동체의 적극적 참여를 뜻하기도 한다. 글로벌시티즌십은 세계인으로서 갖는 공통의 관심, 연대감과 정체성을 강조하기 위해 사용되는 경우에는 글로벌시티즌으로서의 의식(또는 자질)을 의미한다.

세계시민사회를 살아가는 세계시민(global citizenship)은 ① 글로벌 이슈에 대한 인식과 이의 해결에 대한 책임감을 가지고 있으며, ② 가치의 다양성을 존중하고, ③ 세계를 보다 정의롭고 지속가능한 공동체로 변화시키려고 하는 자이다. 같은 맥락에서 세계시민은 민족이나 국가의 차원을 넘어 인간의 복지, 환경, 기본권, 존엄성에 대한 글로벌 이슈에 관련할 수 있는 책임감 있고 윤리적인 시민을 말하는 것으로 정의한다(Oxfam, 2006; Pike, 2000). 따라서 글로벌 시티즌으로서의 정체성은 민족이나 국가의 차원을 넘어 인류보편의 이슈에 대한 인식과 보편적 인류애를 바탕으로 형성되며 전 지구적 이슈의 해결에 대한 책임감과 이를 바탕으로 한 실천으로 구체화된다.

한편, 한국사회에서는 글로벌 사회에서 필요한 능력과 자질을 일반적으로 글로벌 리더십으로 인식하는 경향이 있다. 글로벌 역량을 '글로벌 인재', '글로벌 리더'가 되기 위한 역량으로 이해하며 '글로벌 리더십'을 사회적 목표로 추구해 왔다. 학문적 관점에 따라 지구촌 사회는 '무한경쟁의 시장'이 될 수도 있으며 '공존·공생해야 할 지구공동체'가 되기도 한다. 글로벌 시티즌십은 인류와 세계의 지속가능한 발전을 위해 사회 모든 구성원이 가져야 할 책임과 실천능력으로서의 의미를 지닌다면, 글로벌 리더십은 세계화와 더불어 무한경쟁의 사회에서 개인과 사회의 존속·발전을 위해 국제적 경쟁력을 가진 우수 인재가 필요하다는 관점에서 강조되어 왔다. 이런 점에서 글로벌 역량 강화방법으로 블랙(Black, 1999)은 여행, 팀구성 훈련, 해외파견을 제시하고 있다. 여행과 훈련은 글로벌 상황에 대한 간접경험을 제공하지만 팀구성과 해외파견은 직접적인 경험을 제공하는 방법이다.

2) 지구시민교육의 강화

글로벌청소년복지와 관련한 주요한 내용의 또 다른 하나는 지구시민교육의 강조를 들 수 있다. 지구화는 동등한 기회를 부여하였고, 자유로운 경제활동, 경제활동의 공동참여, 민주화의 전개 등의 긍정적 측면이 논의되고 있다. 그러나 부정적 측면에 대해서도 다양하게 지적하고 있다. 금융시장의 자유화를 통한 일국 경제권의 불안정 야기, 국가 간 불평등의 심화 혹은 온존, 노동계층의 불안정성 증폭, 개인 삶의 질과 안정성에 대한 상대적인 열악화 등에 대한 지적은 그러한 것의 한 예로 볼 수 있다(이태수, 2011). 글로벌복지는 바로 이러한 세계적 차원의 부정적 측면에 대한 피해를 자생적으로 해결할 수 없는 국제정치, 경제의 구조로 인해 그 필요성이 제기되었다고 볼 수 있기 때문이다.

지구시민교육은 바로 이러한 지구화로 인한 병폐를 개선하고자 하는 역기능을 회복하려는 긍정적인 시도인 지구화 전략과 이를 실천하기 위한 방법으로 제기되고 있다. 즉, 지구화가 주는 역기능을 보다 적극적으로 극복하고 전 인류가 보다 안전하고 행복한 삶을 영위하기 위하여 사회적 갈등을 해결하며, 환경의 급속한 파괴를 막고, 질병과 빈곤에 처해있는 우리의 보이지 않으나 매우 중요한 이웃(the unseen but important neighbor)을 돌아보는 일은 궁극적으로 모두가 공동 번영할 수 있는 강력한 방법이다. 특히 청소년이야말로 이러한 지구적 역기능을 타파할 수 있는 변화의 역군으로서의 역할을 감당할 수 있는 가장 중요한 대상이자 대안이므로 청소년을 대상으로 하는 지구시민교육은 아무리 강조해도 지나치지 않다(박선영, 2010).

한편, 한국에서도 이러한 지구시민교육은 이른바 개발교육이라는 이름으로 이미 실시되고 있다. 한국해외원조단체협의회를 위시한 원조단체들과 개발NGO들은 지구의 불공정과 세계화, 신자유주의가 불러온 병폐들을 개선하고자 하는 맥락에서 서구에서 사용되는 지구시민교육의 관점과 비슷한 내용을 가지고 개발교육이라는 이름으로 지구시민교육에 대한 관심을 보여오고 있다. 특히 한국의 해외원조단체협의회를 위시한 개발 NGO들은 2000년 21세기를 맞이하여 세계의 빈곤타파와 국제협력의 방향을 설정하기 위해 8개의 주요 목표와 18개의 세부목표를 담은 새천년개발목표의 세부 목표들을 세계 다른 국가들과 파트너십을 이루어 적극적으로 실천하려는 의지를 가지고 노력해오고 있다.

3) 청소년 해외체험 프로그램의 증대

지구화로 인하여 다양한 국제교류 프로그램이 많이 등장하고 있다. 지금까지의 국제교류 프로그램에 참가할 수 있는 대상이 대학생 이상이었다면, 최근 참가자의 연령대가 낮아져 중·고등학교 청소년들이 참가할 수 있는 국제교류 프로그램이 증가하고 있다. 청소년기는 사람이 성장하는 과정 가운데 가장 중요한 시기로 이때의 경험은 청소년의 성장에 큰 영향을 준다. 이러한 의미에서 청소년기의 국제교류 활동은 다변화되는 사회의 일원으로 성장하는 청소년들이 세계화 시민사회를 살아가기 위한 의식과 가치관을 형성하고, 세계라는 넓은 영역을 바탕으로 사고하는 데 기여할 수 있다(이지은, 2010). 청소년 해외체험 프로그램은 청소년들이 스스로 기획하고 집행하는 청소년 자율 프로그램과 해외자원봉사 프로그램으로서, 청소년들의 글로벌 역량을 강화하여 창의력과 국제적 능력을 배양하고, 세계 시민의식을 갖춘 청소년으로 성장할 수 있도록 지원하는 것을 목적으로 한다.

4) 국제자원봉사의 활성화

국제자원봉사는 해외자원봉사 또는 국제자원 활동으로 사용하기도 한다. 국제적인 일에 참여하는 자원활동을 말한다. 외국에서 활동하는 것이 일반적이지만, 활동 장소가 국내일 경우, 국제적 문제나 프로젝트에 참여하는 것도 국제자원 활동 또는 자원봉사라 한다. 현재 우리나라에서는 최근 젊은이들이 외국에 나가 활동하는 것에 관심을 많이 가지게 되었고, 이에 따라 여러 단체와 학교에서 새로운 국제자원 활동사업을 개발하여 시행하고 있는 현실이다.

국제사회의 상호 이해 및 협조를 공유할 수 있는 적극적인 해외 자원봉사 활동은 세계화 속으로 동참하는 가장 좋은 방법이다. 세계 각국에서 온 봉사자들은 자원봉사 기관 안에서 도움이 필요한 이웃과 함께 생활하면서 사랑과 봉사를 실천하게 된다. 자원봉사자들은 일정한 기간 동안 다양한 자원봉사활동의 경험을 쌓으면서, 선진국의 복지시설 및 기관에 대한 지식을 넓히고, 선진국의 사회와 문화에 대한 이해도를 높일 수 있을 뿐만 아니라 외국어실력 또한 향상시킬 수 있다.

이러한 해외자원봉사활동은 다음과 같은 몇 가지 기대 효과가 있는 것으로 이해된다.

첫째, 세계시민으로 여러 사람을 만난다. 국적, 연령, 신분이 전혀 다른 다양한 사람들을 만나 함께 일하기 때문에, 인생관과 가치관이 다른 사람들로부터 새로운 경험을 배우게 된다.

둘째, 국제사회에 공헌한다. 한국인으로서가 아니라 이 지구에 사는 지구시민의 일원으로서 국제사회를 위해 기여할 수 있다. 인류공동체로서 지구가 당면하고 있는 여러 국제적인 문제해결에 보다 적극적으로 참여함으로써 보다 나은 세계를 만들 수 있다.

셋째, 자신의 성장에도 도움이 된다. 한 나라에 정착해 살며 활동하는 것은 여행자가 결코 발견할 수 없는 것을 많이 볼 수 있으며, 대부분의 사람들에게 이러한 경험은 평생 결코 잊을 수 없는 귀중한 것이 된다. 따라서 특정 분야에서 현장경험을 쌓는 것은 견문을 넓히고 자기 자신을 성장시키며, 또한 이러한 경험이 나중에 자신의 문제를 해결하는 데 매우 효과적으로 작용한다.

넷째, 자기발견이다. 자신의 나라와 가족과 떨어져서 타국에서 활동하는 것은 자기발견의 기회를 준다. 자신의 진짜 모습은 무엇인가, 어느 정도의 적응력을 가진 사람인가를 알 수 있게 한다. 자신의 장단점, 자신의 진짜 흥미, 적성, 가능성 등도 알게 된다. 다섯째, 경제적인 활동이다. 보통의 여행이나 유학보다 경제적이라는 점이다. 또한 이윤을 추구하는 기업(회사나 여행사)이 아니라, 여러 국제문제 분야에서 활동을 하는 단체 등에 자신의 돈(참가비 등)을 내고 활동에 참가함으로써, 자신의 부를 사회에 환원하는 부수적인 이득도 있다.

5) 개발NGO활동의 증대

글로벌청소년복지와 관련한 주요한 특징의 하나는 청소년해외봉사활동을 포함한 다양한 국제협력과 개발사업이 정부는 물론이지만, 흔히 NGO로 알려진 비정부기구(Non-Governmental Organization)를 통해서 활발하게 실시되고 있다는 점이다. NGO

란 정부운영기관이나 영리단체가 아닌 "비정부기구"를 의미하며, 어떤 특정한 목적을 실행하기 위해 뜻을 같이하는 사람들이 자발적으로 만든 비영리단체를 지칭한다. NGO는 다양한 사회봉사활동과 인도주의적 기능을 수행하고, 시민들의 계몽활동을 주도하고 있다. 또 정부의 정책을 감시하고, 시민들의 참여의식을 고취시킴으로써 시민사회의 구현에도 앞장서고 있다. 아울러 현대사회에서 꼭 필요한 전문지식을 제공함은 물론 모든 사회문제에 대한 조기 경보체제의 역할도 담당하고 있다. 최근에는 NGO 간의 국제협력을 대폭 강화하여 세계 문제에 대한 공동의 해결책을 모색하고, 문제점을 지적해 나가면서 국제적 위상을 넓히고 있다.

NGO는 자율적 참여와 실천활동, 커뮤니케이션의 다양화, 사회적 연대의 활성화, 제반 분쟁과 갈등의 조정을 통하여 사회통합에 기여하고, 정부는 물론 사회의 여러 권력에 대한 감시, 비판기능을 수행하여 시민사회를 방어하며, 국제관계에서 정부가 해결하기 어려운 문제를 민간 차원에서 해결하는 정부 보완적인 역할도 수행한다. 글로벌 청소년복지와 관련해서는 굿네이버스(Good Neighbors), 월드비전(World Vision), 유니세프(UNICEF), 세이브더칠드런(Save the Children), 기아대책 등의 단체들이 있다.

정부기구나 국제기구와 다른 NGO의 특징은 다음과 같은 몇 가지로 이해된다.

① 공식적(formal)이다. '제도적'이라고도 할 수 있으며, 그 의미는 정기적 회의활동, 사업계획을 갖고 정관 혹은 회칙을 갖춘 조직들이라는 점이다. 따라서 이 조건에 맞는 조직들은 정부기관에 등록된 조직들뿐 아니라 다른 민간조직들도 여기에 포함된다.

② 사적(private) 단체이다. 정부의 간섭을 받지 않는 '비정부' 단체이다.

③ 비영리적(non-profit-distributing)이다. 때로는 기금 모급 등을 위한 수익사업을 할 수 있으나 조직의 대표에게 영리가 돌아가지 않고 조직의 사업에 직접 투입되어야 한다. 즉 영리를 추구하지 않는 사적 조직들이다.

④ 자치적(self-governing)이다. 조직을 관리하고 정책을 결정하는 등 모든 절차가 내부 정관 혹은 규율에 따라 시행되며 외부의 간섭이나 압력을 받지 않는 조직이다.

⑤ 자원적(voluntary)이다. 조직의 주요사업, 활동, 조직행정 등에 자원봉사자가 중심 역할을 하는 조직이다. 또한 조직의 운영자금의 상당부분이 자선, 개인기부,

기업 및 정부의 자원적 지원 등에 의존하는 조직이기도 하다.

⑥ 비종교적(non religious) 활동목적을 갖는다. 조직의 주요 사업이 종교적 서비스와 종교 교육을 위한 목적이 아니어야 한다. 교회, 사찰 등이 제3섹터 조직들이 아니라 교회, 사찰 등이 설립한 비종교적이고 사회공헌적인 목적을 가진 별도의 조직들이다.

⑦ 비정치적(nonpolitical) 단체이다. 조직의 목적이 특정 정치인 혹은 정당을 지원하거나 로비 등 정치활동을 하기 위한 것이 아니라, 인권, 사회정의, 환경에 대한 정부정책에 압력을 행사하거나 시민의 참여를 유도하는 등의 조직들이 제3섹터 조직에 포함된다.

오늘날의 청소년들은 인류역사에 전례 없는 글로벌 시대의 맥락에서 살고 있기에 글로벌 사회의 시민으로서 필요한 능력과 태도를 습득하는 것은 생존을 위해 필요하다. 급격히 변화하는 상호 의존의 세계에서, 청소년들이 향후 직면하게 될 난국과 도전을 잘 극복하고 글로벌사회의 맥락을 이해하고 행동할 수 있는 능력과 자질이 요구되고 있다.

특히, 최근 몇 년간 대중적 주목을 받아 온 "한류" 현상은 지구화의 새로운 국면이 우리에게 펼쳐지고 있으며 그 중심에 우리 청소년들이 있음을 시사한다. 한국이 아시아 문화 교류의 중심지로 인식되고 있으며, 이전에 제한적이었던 아시아 내부의 문화 교류가 대중문화를 통해 가속화되고 있는 것이다. 아시아의 청소년들은 탈국경의 미디어와 문화상품을 통해 새로운 감수성과 네트워크를 개발해 나갈 수 있다. 나아가 탈국경의 문화체험은 청소년들의 자기와 타자에 대한 이해의 폭을 넓히는 데 기여하고, 궁극적으로는 청소년들의 문화적 정체성에 영향을 끼칠 것으로 전망된다.

세계화가 세계의 국가를 하나의 시민사회로 변화시켜 가는 양상을 보이지만, 국가가 해체되어 지구촌이 한 국가가 된다는 의미가 아니라, 서로 다른 문화, 사람, 그리고 국가의 정체성이 있을 때 자신의 고유성이 있고, 다름과 교류하고 소통하면서 시너지(synergy) 효과를 낼 수 있다. 따라서 세계라는 공통된 범위 내에서 생겨나는 어려운 문제를 세계적 차원에서 같이 해결해 나가자는 공동체의식을 바탕으로 함께 발전하고 지속적으로 삶을 유지하는 데 큰 의의가 있다.

4. 글로벌청소년복지와 지속가능발전목표

1) 지속가능발전목표의 내용

2000년부터 15년 동안 국제사회 개발에 있어 목표로 해오던 새천년개발목표(Millenium Developmental Goals: MDGs)에 이어, UN은 미래세대의 다양한 이슈와 형평성 측면 등을 고려한 새로운 목표인 지속가능발전목표(Sustainable Developmental Goals: SDGs)를 제시하였다. 지속가능발전목표(SDGs)는 2016년부터 2030년까지 선진국과 개발도상국이 함께 이행해야 할 교육, 보건, 환경 등의 새로운 비전, 목표, 성과지표 등의 내용을 담고 있다.

SDGs는 총 17개의 목표와 169개의 세부 목표로 구성되어 있으며, 현재 세대의 필요를 충족시키는 '환경보존', '경제성장', '사회발전'이라는 세 가지 축을 중심으로 상호연결되어 전 세계가 조화를 이루면서 발전을 꾀하는 변화의 과정을 보여주고 있다. 먼저 환경적 지속가능성은 생태적 능력을 유지할 수 있는 개발을 의미하며, 생물다양성의 보호, 환경용량의 제약, 천연자원의 보전 등을 중시한다. 둘째, 사회적 지속가능성은 사회적 형평성을 말하는 것으로 재화와 서비스의 공급에 대한 사회적 정의, 기회균등, 사회적 불이익으로부터의 보호를 말하며, 미래세대의 발전가능성과 계층 간의 공평성을 강조하고 있다. 셋째, 경제적 지속가능성은 장기적으로 경쟁력있는 경제구조를 이루어 삶의 질 향상을 추구하는 것에 의미를 담고 있다.

SDGs에서 목표 1부터 목표 5는 사회발전 영역에 해당하는 것으로 빈곤퇴치, 불평등 해소, 인간의 존엄성 회복을 목표로 한다. 목표 8부터 목표 12는 경제성장 영역에 해당하는 것으로 포용 경제 환경을 조성하고 지속가능한 성장을 위한 힘을 수립하는 것을 목표로 한다. 목표 6, 7, 13, 14, 15는 환경보존영역에 해당하는 영역으로 생태계 보호를 목표로 환경을 보호하고 지속가능한 지구를 만드는 것을 목표로 한다. 목표 16, 17은 목표 1부터 목표 15를 달성하기 위한 조건과 방법을 제시한 것이다(오정화·박영실, 2016). SDGs는 단순히 국제사회의 빈곤퇴치뿐만 아니라 사회, 경제, 보건, 인권 등을 모두 포괄하는 광의의 개념으로서 새로운 접근을 논의하였으며, MDGs가 주로 개도국의 빈곤퇴치에 중점을 두었던 것과 달리 SDGs는 선진국의 환경 문제, 계층 간 형평성 문제, 선진국과 개도국 간의 협력 문제 등 선진국도 목표 달성의 대상으로 삼고 있다는 점에서 큰 차이가 있다.

2) 지속가능발전목표와 글로벌청소년복지

SDGs의 내용 중에서 청소년과 관련된 SDGs 세부목표들을 살펴보면, SDG 2는 취약계층의 영양상태 개선과 관련된 주제로 우리나라와 관련하여 빈곤 아동 급식 지원과 식재료 안전성 등의 현안문제를 생각할 수 있다. SDG 3은 건강 증진에 대한 포괄적인 목표이며, 관련 우리나라 청소년 이슈로는 수면권, 정신건강 관리, 성교육, 약물 오남용 예방 등이 있다. SDG 8은 고용과 양질의 일자리 증진에 대한 것으로 후기청소년 또는 청년을 대상으로 하는 정책과 관련성이 깊다. 최근 청년 실업 및 일자리 문제의 심각성으로 정책적 요구가 매우 높으며, SDG 8에서 제시하는 청년 NEET 비율의 감소, 노동권 보장 등에 대한 체계적인 관리가 필요한 상황이다. 참여·권리 분야로는 성 평등(SDG 5), 불평등(SDG 10), 폭력근절 및 사회참여(SDG 16) 등이 해당된다. 성 평등과 관련하여 양성평등 교육, 여성의 사회적 참여 기회, 성 폭력 등의 이슈가 있으며, SDG 10에서 국가 내 불평등의 이슈는 장애인, 아동, 이주민, 탈북민 등 사회적 약자에 대한 차별과 관련된다. SDG 16에서 16.1과 16.2 폭력과 관련하여 아동학대, 학교폭력, 청소년 비행문제 등이 있으며, 16.7 참여적 정책 의사결정에는 청소년참여에 대한 정책 등이 관련된다(황세영·김남수, 2016).

첫째, SDGs는 청소년의 삶의 질과 관련된다. 지속가능발전 및 SDGs는 시간적으로는 기존의 삶의 질 개념에 비하여 보다 장기적인 관점을 강조하며, 공간적으로 지구 전체를 상정하며, 관련 주체들은 개인과 주변 집단 및 지역사회뿐 아니라 국제사회, 나아가 지구 생태계 전체를 고려한다. 지속가능발전과 관련해서 가장 크게 해결해야 할 사안들, 기후변화와 에너지 문제 등의 사안은 개인들이 지금 당장 직접적으로 경험하기 어려운 현상이지만, 장기적인 관점에서 보면 지금의 청소년들에게 매우 직접적으로 삶의 질을 좌우할 사안이라 할 수 있다.

둘째, 지속가능발전을 실현하기 위한 중요한 수단으로서 지속가능발전교육이 활발하게 언급되고 있다. 2002년 지속가능발전 세계정상회담(WSSD)에서 지속가능발전교육 10년의 지정이 제안되고, 그 해 열린 제57차 유엔총회에서 2005~2014년을 유엔지속가능발전교육10년(UN Decade of Education for Sustainable Development: DESD)의 실행기간으로 정하면서 '지속가능발전교육(Education for Sustainble Development: ESD)'이라는 용어가 국제사회에서 폭넓게 통용되었다. 지속가능발전교육은 지역사회와 세계가 직면하고 있는 빈곤, 물 부족, 에너지 기후변화, 재해, 생물의 다양성, 문화의 다양성, 식량, 보건, 사회적 취약성 등 다부문적이고 다층적인 문제를 지속가능한 미래를 위해 해결하는 것을 목적으로 진행되고 있다.

셋째, SDGs에 관한 국제적 논의는 인권과 청소년참여에 관하여 지속적으로 강조하고 있다. 국제사회의 지속가능발전 담론에서 청소년은 지구 공동체의 미래를 짊어질 책임감 있는 존재로 규정되어왔다. 청소년은 미래세대로서 현재 이루어지는 사회적 의사결정 과정에 참여할 권리와 의무가 있다고 보며 이러한 관점은 유엔 개발프로그램(Unite Nations Development Programme; UNDP)의 「2014~2017년 청소년 전략(UNDP Youth Strategy 2014~2017)」에도 반영되어 있다. 즉, UNDP의 전략은 지속가능한 미래의 주체로서 청소년의 권한 강화를 목표로 삼고 있으며, 특히 청소년이 지역사회개발 또는 사회발전에 참여하는 과정에서 청소년을 단지 참여활동의 수혜자로만 볼 것이 아니라, 협력을 위한 파트너와 실행의 주체적인 리더로서 볼 것을 강조한다. 청소년의 주체적인 참여를 이끌어 내기 위한 접근을 양질의 일자리, 건강, 참여, 교육, 성 평등, 포용, 정치적 자유 등 일곱 가지 영역에 걸쳐 제시하고 있으며 이 영역들은 모두 SDGs와 관련되어 있다.

참고문헌

강대근(1998). 청소년 자율참여와 청소년활동의 방향. 21세기 청소년포럼. 한국청소년학회.

강병철, 김지혜(2006). 청소년 성소수자의 생활실태조사. 한국청소년개발원.

교육과학기술부(2010). 다문화가정 학생 교육 지원 계획.

교육과학기술부(2011). 2011년도 다문화가정 학생 멘토링 사업 공고 제2011-237호.

교육과학기술부(2011). 대학생이 참여하는 다문화가정 학생 1 : 1 멘토링, 2011. 05 25 보도자료.

교육인적자원부(2006). 다문화가정 학생 교육지원 계획.

교육인적자원부(2008). "다문화가정" 품어 안는 교육 지원 대책.

구은미, 박성혜, 이영미, 이혜경(2009). 21세기 아동·청소년복지. 학지사.

국가청소년위원회(2007). 청소년백서. 국가청소년위원회.

국회입법조사처(2020). 코로나19(COVID-19) 대응 종합보고서. 국회입법조사처.

권희영(2008). 20세기 초 잡지 '소년'에 나타난 소년의 정체성. 정신문화연구, 31(3), 363-387.

김 민(2008). 한국 중장기 청소년정책기본계획에 대한 진단과 평가. 인문과학논총, 21, 155-186.

김경신, 박옥임, 임형택, 이민창, 김오남(2007). 청소년복지론. 청목출판사.

김경준, 최인재, 조흥식, 이용교, 이상균, 정익중(2005). 청소년복지정책 현황과 개선방안연구. 한국청소년개발원.

김경중(2009). 한국 아동복지 30년의 정책패러다임 조망. 가정보육연구, 2(1), 1-25.

김금녀(1996). 사이버스페이스, 사이버문화의 탄생. 방정배 편. 현대매스미디어 원론. 나남.

김기헌(2016). 아동인권의 이슈에 관한 트렌드 분석. 아동교육, 25(4), 109-129.

김대환(1997). 참여의 철학과 참여민주주의. 참여사회연구소 편. 참여민주주의와 한국사회. 창작과 비평사.

김도영, 이혜경, 노자은(2019). 청소년복지론. 학지사.

김명정(2010). 참여지향적 정치교육의 과제. 시민청소년학연구, 1(2), 5-28.

김미숙(2005). 북한이탈학생의 학교적응 실태 및 지원방안. KP 2005-6. 한국교육개발원.

김미옥, 양옥경, 최명민, Walsh. (2002). 가족과 레질리언스. 나남.

김삼화(2005). 다문화적 맥락에서의 대인관계 교육프로그램 개발. 서울대학교 대학원 박사학위논문.

김삼화(2011a). 근거이론에 비추어 본 다문화 배경 청소년의 한국 학교 적응경험의 실제. 글로벌청소년학연구. 1(1), 39-70.

김삼화(2011b). 다문화청소년의 문화자원과 문화차이 자각에 관한 질적연구. 가족과 상담. 1(2), 23-40.

김삼화, 김창대(2008). 문화장벽을 넘어 더불어 살기. 한국교육정보.

김선애(2010). 청소년복지의 실천적 정립을 위한 고찰: 아동복지실천과의 비교를 통한 청소년의 개발적 복지접근을 중심으로. 청소년복지연구, 12(4), 279-299.

김성이, 조학래, 노충래(2004). 청소년복지학. 집문당.

김성이, 조학래, 노충래, 신효진(2010). 청소년복지학. 양서원.

김영인(2002). 정치참여의 시민교육효과. 서울대학교 대학원 박사학위논문

김영지(2004). 청소년참여의 동향과 실제. 청소년문화포럼, 제10호.
김옥순, 홍혜영(1999). 정보사회와 청소년 I : 통신중독증. 한국청소년문화연구소
김완기(2009). 경기지역 다문화가정 학생과 부모를 위한 교육지원에 관한 연구. 건국대학교 교육대학원 석사학위논문.
김윤나, 손진희, 최윤진(2008). 청소년활동의 종단적 변화특성 및 관련요인. 한국청소년연구, 제51호.
김은경, 김현주(2017). 이주배경 청소년에 관한 질적 연구 동향: 국내 및 북미 학술지 게재 논문 분석(2003-2015). 상담학연구, 18(2). 245-270.
김은미, 양옥경, 이해영(2009). 다문화사회. 나남.
김익균, 공승덕, 최찬호, 이행숙(2002). 아동복지론. 대학출판사.
김정우(2019). 스마트폰의 대중화가 만든 1인 미디어 시대, http://bntnews.hankyung.com/apps/news?popup=0&nid=05&c1=05&c2=05&c3=00&nkey=201909171453553&mode=sub_view에서 인출.
김정원(2010). 일반 학생과 학부모에 대한 다문화교육 필요해. 새교육, 통권 669호. 22-25.
김정원, 이혜영, 배은주, 허창수(2005). 외국인근로자 자녀 교육복지 실태분석 연구. 한국교육개발원.
김정주(1999). 청소년참여. 한국청소년학회 편. 청소년학총론. 양서원.
김정주(2007). 청소년참여의 현황과 과제. 적극적 관점의 청소년 개발. 인간과 복지.
김주희, 곽성현(2015). 청소년의 국제교류활동 참여효과에 대한 인식 연구. 한국과학예술포럼, 19, 231-242.
김중섭(2008). 청소년인권의 이해. 푸른글터.
김지근, 허경민, 허다연, 이기학(2018). 성인도래기의 대학-직장 이행과정에서의 경험에 대한 현상학적 분석. 한국심리학회지: 상담 및 심리치료, 30(1), 217-248.
김지영, 박경래, 정선희(2008). 청소년대상 성범죄의 발생추세와 동향분석. 보건복지가족부.
김지윤(2019). 초기 청소년의 국제교류 경험 이해. 서울대학교 대학원 석사학위논문.
김진화 외(2003). 청소년문제행동론. 학지사.
김한준(2017). 4차 산업혁명이 직업세계에 미치는 영향. 2017년 한국청소년정책연구원 현안대응세미나: 제4차 산업혁명과 미래의 청소년정책 자료집.
김향은(2009). 다문화 사회와 다문화 교육. 다문화교육의 현황과 과제. 학지사. 15-64.
김혜원(2010). 청소년기에 나타나는 심리적 특성과 관련 부적응행동. 세계청소년학아카데미 편, 글로벌시대 비판청소년학. 세계청소년학아카데미.
남상인(1999). 청소년상담활동, 청소년학총론. 양서원.
노 혁(2010). 청소년복지론. 교육과학사.
노 혁(2020). 청소년복지의 이해. 학지사.
노병일, 노대겸(2019). 청소년복지론. 양성원.
노성호(1999). 컴퓨터통신을 통한 음란물 접촉실태와 대책. 한국형사정책연구원.
노혜련, 유성은(2007). 강점관점 사례관리의 특성에 관한 연구: 빈곤 여성가구주의 참여 경험을 중심으로. 한국가족치료학회, 15(1), 75-102.

노혜련, 김미원, 조소연(2015). 예방과 통합의 관점에서 본 아동복지론. 학지사.
도미향, 남연희, 이무영, 변미희(2008). 아동복지론. 공동체.
라도삼(1999). 비트의 문명, 네트의 사회. 커뮤니케이션북스.
문호영, 최창욱(2015). 생애주기에 따른 아동·청소년·청년 연령구분 실태와 방향. 청소년정책 이슈브리프, 21, 1-16.
박경서(2007). 지구촌정치학: 새로운 국제관계학 개론. 박영사.
박승민, 김삼화, 박한샘(2011b). 다문화 가정 학업우수 청소년의 학습역량 촉진요인 연구. 청소년상담연구. 21(2), 121-148.
박용순(2007). 사회복지개론. 학지사.
박재숙(2010). 학교 청소년의 인권보장, 자아존중감, 주관적 행복감 간의 관계. 청소년복지연구, Vol.12.
박창남(2003). 청소년노동에서 인권의 의미와 인권침해법령에 관한 연구. 한국청소년복지학회.
박철현(2010). 사회문제론: 이론, 실태, 지구적 시각. 박영사.
박혜숙(2016). 신세대 특성과 라이프 스타일 연구: Z세대를 중심으로. 인문사회 21, 7(6), 753-767.
박효종(2006). 민주주의와 권위. 서울대학교 출판부.
배정수, 노자은, 이혜경(2021). 청소년육성제도론. 학지사.
보건복지가족부(2008). 2008 아동·청소년백서. 보건복지가족부.
설동훈, 김윤태, 김현미, 윤홍식, 이혜경 임경택, 정기선, 주영수, 한진수(2005). 국제결혼 이주여성 실태조사 및 보건복지지원 정책방안. 보건복지부.
손병돈, 김기덕, 권선진, 박지영, 이종복, 이혜경, 최승희(2008). 사회복지와 인권. 양서원.
송선진(2007). 국제결혼가정 자녀의 사회화 과정이 자아정체감에 미치는 영향. 서울대학교 대학원 석사학위논문.
송주미, 강경미 (2011). 청소년복지. 대왕사.
송주완(2020). Z세대의 외식 소비성향이 외식업체 선택 속성과 행동의도에 미치는 영향. Journal of Hotel & Resort, 19(1), 289-312.
송진웅, 김창대, 고홍열, 황매향(2010). 사대생을 활용한 멘토링 사업. 교육과학기술부.
신섭중(1999). 국제사회복지. 대학출판사.
안선영, 김희진, 박현준(2011). 청년기에서 성인기로의 이행과정 연구 II: 총괄보고서. 한국청소년정책연구원.
양순미(2006). 농촌 국제결혼부부의 적응 및 생활실태에 대한 비교분석: 중국, 일본, 필리핀 이주여성 부부 중심. 농촌사회, 16(2), 151-179.
양승실(2012). 창의적 체험활동을 통한 인성교육 활성화 방안. 한국교육개발원 현안보고 OR 2012-05-5.
오성배(2005). 코시안(Kosian) 아동의 성정과 환경에 관한 사례 연구. 한국교육, 32(3), 61-83.
오은순, 강창동, 진의남, 김선혜, 정진웅, 정원영(2007). 다문화 교육을 위한 교수·학습 지원방안 연구

(I). 한국교육과정평가원.
오정화, 박영실(2016). 2030 지속가능발전의제에 대한 국가통계 대응방안 수립. 통계청.
오해섭(2008). 청소년 글로벌역량지표 개발 및 활용방안 연구. 한국청소년정책연구원.
오해섭, 문호영(2020). Z세대 10대 청소년의 가치관 변화 연구. 한국청소년정책연구원.
오해섭, 문호영, 염유식(2019). 청소년이 행복한 지역사회 지표조사 및 조성사업연구 VII. 한국청소년정책연구원.
원진숙, 이인재, 남호엽, 박상철(2010). 글로벌 시대의 다문화교육. 사회평론.
유네스코한국위원회(2012). 유네스코 문화관련 국제협약모음집. 유네스코한국위원회.
유선미(2016). 청소년 사이버불링(cyberbullying)에 관한 국내 연구동향과 전망. 아동가족치료연구. 15, 55-66.
윤언정, 문숙재(2009). 청소년의 '사이버여가'관련 연구동향 분석. 한국웰니스학회지, 4(2), 13-27.
이동성, 주재홍, 김영천(2013). 문화다양성 교육의 개념적 특질 및 이론적 배경 고찰. 다문화교육연구, 6(1), 51-72.
이상희(2008). 청소년참여와 인권 교육. 청소년권리와 청소년복지. 한울아카데미.
이성구(2000). 비행청소년의 이해. 제3공간.
이세형(2020). 청소년복지론. 양성원.
이승종, 유숙희(1994). 지방화시대의 주민참여. 한국지방행정연구원.
이용교(2006). 디지털 청소년복지. 인간과 복지.
이용교(2009). 유엔아동권리협약의 현장적용과 모니터링. 아동·청소년권리교육. 한국아동단체협의회. pp.41-80.
이용교(2010). 국제사회복지학 교육과정 시론. 국제사회복지학회 창립 학술대회 자료집. pp.57-74.
이용교, 천정웅(2009). 청소년복지: 정책과 실천. 인간과 복지.
이용교, 천정웅, 김경준(2009). 청소년인권과 참여. 양서원.
이용교, 천정웅, 이중섭(2009). 기획포럼을 통한 아동·청소년권리정책 개발. 보건복지가족부.
이장현(2003). 청소년인권에 대한 소고. 평택대학교.
이재분, 김혜원, 이해영(2009). 국제결혼 이주여성의 자녀교육지원을 위한 핵심역량 현황 및 인식. 한국교육, 36(2), 3-29.
이재창(1993). 청소년상담의 발전과정. 청소년상담연구, 창간호.
이종복, 이소희, 오영재, 이명숙, 이용교, 방은령 (1998). 현대청소년복지론. 양서원.
이종열, 정준호, 주동범, 주효진, 한승준(2013). 한국 다문화사회의 이슈와 정책. 조명문화사.
이태수(2011). 글로벌복지교육에 대한 시론. 글로벌청소년학회·국제사회복지학회 2011년 춘계공동학술대회 자료집. pp.3-27.
이해주, 이미리, 모경환(2006). 청소년 문제론. 한국방송통신대학교출판부.
이혜경, 김도영, 진은설(2020). 청소년지도방법론. 학지사.
이혜성, 이채창, 금명자, 박경애(1996). 청소년개인상담. 청소년대화의 광장.

이혜원(2006). 아동권리와 아동복지. 집문당.

이혜원, 이봉주, 김혜래, 오승환, 정익중, 하승수, 이지수 외(2008). 청소년권리와 청소년복지. 한울.

임상록, 고명수, 구승신, 신후경, 윤영미, 이명순, 이복희, 이양훈, 정옥희(2010). 청소년복지론. 학지사.

임상수, 정순미, 서승희(2008). 새터민 아동을 위한 교육 멘토링. 교육과학사.

임영식(1999). 청소년발달의 이론적 관점. 한국청소년학회 편. 청소년학총론. 양서원.

임영식 외(2004). 청소년심리의 이해. 학문사.

임철일, 김선희, 김성옥(2014). 문화다양성 교육을 위한 교육과정 및 문화예술 기반 교육방법 탐색. 다문화교육연구, 7(2), 27-57.

장수한(2010). 학교와 청소년문화복지론. 공동체.

장영희(1997). 유아를 위한 다문화 교육의 개념 및 교수방법에 대한 이론적 고찰. 연구논문집, 35, 295-314.

장인협(2005). 사회복지실천론(하). 서울대학교출판부.

장인협, 오정수(2006). 아동·청소년복지론. 서울대학교출판부.

장일순(2007). 청소년사회학. 학문사.

전경숙, 임양미, 양정선, 이의정(2010). 경기도 다문화가정 청소년 생활 실태와 지원방안 연구. 경기도가족여성연구원. 정책보고서 2010-11.

전상진, 정주훈(2006). 한국 후기청소년 세대의 발달경로와 성장유형: 서울지역 대학생을 중심으로. 한국사회학, 40(6), 261-285.

정건희(2009). 청소년자치활동이 인권의식에 미치는 영향. 법과인권교육연구, 2(3), 82-106.

정보사회학회 편(1999). 정보사회의 이해. 나남.

정보통신윤리위원회(1999). 정보화역기능 방지대책공청회자료집.

정순둘(2005). 강점모델: 노인 장기요양보호와 사례관리 실천. 집문당.

정승재(2007). 청소년인권 신장을 위한 보호영역 구체화에 관한 연구. 인권복지연구, Vol.1. 한국인권사회복지학회.

정익중, 김경준, 김지혜, 류명화(2006). 빈곤청소년의 복지실태 및 욕구에 관한 연구. 한국복지재단.

정하성, 우 룡(2007). 다문화가정 청소년의 사회적응 실태 및 사회적응 프로그램 개발방안. 한국청소년정책연구원.

정하성, 유진이, 이장현(2007). 다문화청소년이해론. 평택대학교 다문화가족센터. 양서원.

정회욱, 길은배, 김정래(2000). 권리에 대한 청소년의식 조사 연구. 한국청소년개발원.

정희태(1998). 사이버스페이스에서의 부적절한 행위양식에 관한 연구. 고려대학교 대학원 박사학위논문.

조달현(2018). 청소년단체 활동이 인성에 미치는 효과에 관한 연구. 명지대학교 대학원 박사학위논문.

조선화, 강명숙, 김혜진, 류진아, 박희현, 이지항, 최명선(2005). 문제중심으로 접근한 청소년복지론. 교문사.

조성연, 유진이, 박은미, 정철상, 도미향, 길은배, 김민정(2012). 청소년복지론. 창지사.

조영달(2006). 다문화가정의 자녀 교육 실태 조사. 교육인적자원부.

조은, 김영지, 김현진(2000). 저소층 청소년문화의 실태 및 문화적 권리 신장방안 연구. 한국청소년 생활실태 연구. 한국청소년개발원.

조한혜정(2000). 학교를 찾는 아이, 아이를 찾는 사회. 또 하나의 문화.

조혜영(2018). 한국의 청소년정책 중장기계획 변화 동향 분석과 과제. 인문사회 21, 9(5), 1125-1140.

조혜영, 김지경, 전상진(2012). 후기청소년 세대 생활·의식 실태조사 및 정책과제 연구 I: 대학 재학 후기청소년을 중심으로. 한국청소년정책연구원.

조흥식(1992). 가족과 청소년정책. 가족학논집, 제4집. 한국가족학회.

주경란(2009). 다문화가정의 자녀교육정책방향에 관한 연구. 조선대학교 정책대학원 석사학위논문.

주경필(2015). 성인도래기(emerging adulthood)의 개념정립을 통한 국내 청년복지정책에 대한 소고(小考). 청소년복지연구, 17(1). 189-213.

주희영, 김수영, 김영인(2018). 경험한 사회문화와 디지털 미디어 환경 차이에 따른 세대별 대학생으 선호적 특성: X, Y, Z세대를 중심으로. 한국색체학회논문집, 32(4), 35-48.

채희주, 이진숙(2020). Z세대의 SNS마켓에서의 소비자 사회화 경험에 대한 현상학적 연구: 인스타마켓을 중심으로. 한국생활과학회지, 29(2), 199-216.

천정웅(1998a). IMF시대 청소년참여의 방향과 과제. IMF시대 청소년의 소외와 참여. 한국청소년학회.

천정웅(1998b). <좋은 사회>를 위한 청소년참여의 필요성과 가치. 청소년문제행동연구, 제3집. 경북경산: 경산대학교 청소년문제연구소.

천청웅(1998c). 수련활동과 '청소년참여'의 정책제도화에 관한 연구. 청소년학연구, 5(3). 한국청소년학회.

천정웅(1999). 청소년정책의 발전과 특성. 한국청소년학회 편. 청소년학총론. 양서원. pp. 441-475.

천정웅(2007). 아동·청소년복지와 청소년개발을 위한 영성의 개념화. 천정웅, 이용교 편. 적극적 관점의 아동·청소년복지. 인간과 복지.

천정웅(2009a). Hart의 청소년참여 사다리 모델 비판. 한국청소년시민포럼 발표자료집. 한국청소년시민학회.

천정웅(2009b). 청소년참여의 동향과 참여권 신장의 과제. 청소년리포트. 한국청소년정책연구원.

천정웅(2009). 적극적 관점의 청소년활동: 역량개발의 이론, 정책, 실천. 글로벌청소년포럼 및 지역정책토론회 자료집. 보건복지가족부·대구광역시.

천정웅(2009). 한국의 아동과 청소년의 참여권 신장. 한국아동권리학회 2008년 추계학술대회 발표논문. 아동·청소년참여권. pp.13-47.

천정웅(2010). 글로벌시대 비판청소년학. 양서원.

천정웅(2010). 청소년발전관점에서 본 시민적관여의 이론적 기초: 개념, 구성요소, 요인, 가치, 이점들. 시민청소년학연구, 제1호.

천정웅(2011). 청소년 시민관여와 소셜 미디어의 영향. 시민청소년학연구, 2(1), 61-100.

천정웅(2011). 청소년학 연구와 글로벌청소년학의 비전. 2011 글로벌 4대 학회 추계연합학술대회 자료집.

천정웅, 한상철, 임지연(2000). 현안 청소년문제 분석 연구. 한국청소년개발원.

천정웅(2011). 청소년복지론. 경기: 양서원.

천정웅(2012). 청소년의 시민적 관여에 관한 연구와 이론: 생애과정이론, 긍정적 청소년개발, 시민관여 특유의 이론들. 시민청소년학연구 제3권 제1호.

천정웅(2013). 성인중심주의(adultcentrism)의 존재와 논의에 관한 비판적 연구. 시민청소년학연구. 2013년 제1호. 87-115.

천정웅(2013). 아동·청소년지표의 세계적 동향과 특성에 관한 연구. 청소년복지연구. 15(4), 105-127.

천정웅(2014). 청소년참여론: P이론의 청소년학. 양서원.

천정웅(2014). 유엔 인권지표 가이드에 관한 연구. 글로벌청소년학연구. 4(1), 85-105.

천정웅(2018). 서구 시민청소년운동의 동향과 유형. 글로벌청소년학연구. 8(2), 5-29.

천정웅(2019). 시민청소년운동의 특성과 청소년업무에의 함의: 이론적 접근. 시민청소년학연구. 10(2). 1-26.

천정웅(2020). 청소년의 가치관 변화에 따른 사회·정책적 대응 방안 논의: Z세대를 위한 새부대(New Bottle)의 모색. 제35차 청소년정책포럼: Z세대 청소년의 가치관 변화와 정책방안. 한국청소년정책연구원.

천정웅(2020). 미국의 청소년우대 동향과 자치단체 사례에 관한 연구. 학교사회복지. 50, 173-195.

천정웅, 김미옥, 최명민, 노혜련, 이용교(2009). 강점관점 청소년개발 레질리언스. 신정.

천정웅, 김민, 김진호, 박선영(2010). 차세대 청소년학 총론. 양서원.

천정웅, 김영준, 김영지(1995). 청소년과 지역사회 참여. 한국청소년개발원.

천정웅, 김영지, 김경호(1999). 청소년이 알아야 할 인권이야기. 한국청소년개발원.

천정웅, 김영지, 임지연(1997). 청소년참여증진방안 연구. 한국청소년개발원.

천정웅, 김윤나, 이채식, 전경숙(2011). 청소년복지론. 신정출판사.

천정웅, 오정아, 박선희, 이승민, 박주현(2019). 인간행동과 사회환경. 양성원.

천정웅, 오해섭, 김정주, 김 민(2010). 청소년활동론. 양서원.

천정웅, 이용교 편(2007). 적극적 관점의 청소년개발. 인간과 복지.

천정웅, 이용교 편(2007). 적극적 관점의 아동·청소년복지. 인간과 복지.

천정웅, 이지민, 성윤숙(2020). 청소년문제와 보호. 양서원.

최경일(2012). 청소년복지실천의 관점 전환을 위한 소고. 청소년문화포럼. 29(1), 182-189.

최세영, 최미경(2020). 청소년복지론. 어가.

최윤진(2008). 청소년 호칭의 역사에 관한 연구: 청소년 호칭 유형과 의미 변화를 중심으로. 청소년학연구. 15(7), 369-386.

최종술(2012). 사회복지사의 문화적다양성행동에 관한 연구: 계획된 행동이론을 중심으로. 위덕대학교 대학원 박사학위논문.

최충옥(1991). 청소년정책에 있어서 청소년의 소외. 2000년대 청소년정책의 방향과 과제. 한국교육학회 사회교육연구회. pp.71-85.

통계청(2009). 2008 한국의 사회지표. 통계청.
표갑수(2000). 아동·청소년복지론. 나남.
하승수(2008). 청소년권리의 개념과 발전과정. 청소년권리와 청소년복지. 한울아카데미.
하종원, 백욱인(1998). 컴퓨터와 청소년문화: 현황과 전망. 한국언론학회·한국사회학회 편. 정보화시대의 미디어와 문화. 세계사.
한국정보보호센터(1996). 정보화역기능 영향분석. 정책연구보고서. 청소년문화포럼. 2002년 겨울호, 한국청소년문화연구소.
한국청소년개발원 편(2006). 청소년복지론. 교육과학사.
한국청소년상담원(1999). 청소년의 사이버문화. 한국청소년상담원.
한국청소년정책연구원 편(2007). 청소년학개론. 교육과학사.
한봉조(1996). 정보사회와 청소년범죄: 정보사회와 청소년. 한국청소년문화연구소.
한상철(2008). 청소년학: 이해와 지도. 학지사.
행정안전부(2011). 2011년 지방자치단체 외국인주민 현황분석.
홍경자, 김태호, 남상인, 오익수(1996). 청소년집단상담. 청소년대화의 광장.
홍봉선, 남미애(2010). 청소년복지론. 공동체.
홍봉선, 남미애(2018). 청소년복지론. 양서원.
황세영, 김남수(2016). 지속가능발전목표(SDGs) 달성을 위한 청소년 삶의 질 실태 및 지원방안 연구.
황진구(1999). 청소년인터넷 이용실태에 관한 연구. 한국청소년개발원.

Alderson, P. (2008). *Young children's rights: Exploring beliefs, principles and practice.* London: Jessica Kinsley Publishers.
Andrews, A. B., & Kaufman, N. H. (1999). *Implementing the U.N. Convention on the Rights of the Child: A standard of living adequate for development*. Westport, CT: Praeger.
Arnett, J. J (2016). Human Development: A cultural approach (2nd ed.). 정영숙, 박영신,정명숙, 안정신, 노수림 역(2018). 인간발달: 문화적 접근 (제2판). 시그마프레스.
Arnett, J. J. (2001). Adolescents' responses to cigarette advertisements for five 'youth brands' and one 'adult brand.' *Journalof Research on Adolescence. 11*, 425-443.
Arnett, J. J. (2004). *Emerging adulthood: The winding road from the late teens through the twenties*. New York: Oxford University Press.
Arnett, J. J. (2007). Afterword: Aging out of care: Toward realizing the possibilities of emerging adulthood. *New Directions for Youth Development. 113*, pp.151-161.
Arnett, J. J. (2011). Emerging adulthood(s): The cultural psychology of a new life stage. In L, A. Jensen(Ed.), *Bridging cultural and developmental psychology: New syntheses in theory, research and policy*(pp. 255-275). New York: Oxford University Press.
Arnstein, S. (1969). Eight rungs on the ladder of citizen participation. *Journal of the American*

Institute of Planners, *35*(4), 216-224.

Aubrey, J. (2008). Globalization and global youth work. In J. Wood & J. Hine (Eds.), *Work with young people: Theory and policy for practice*. Los Angeles, CA: Sage.

Avram, G. (2006). At the crossroads of knowledge management and social software. *The Electronic Journal of Knowledge Management*, 4(1), 1-10.

Axford, B. (2001). The transformation of politics or anti-politics? In B. Axford & R. Huggins (Eds.), *New media and politics* (pp.1-29). London: Sage Publications.

Bandura, A. (1962). Social learning through immitation. In M. R. Jones (ed.), *Nebraska symposium on motivation*. Lincoln, Neb.: Univ. Of Nebraska Press.

Bandura, A. (1969). Social learning theory of identificatory processes. In D. A. Goslin (Ed.), *Handbook of socialization theory and research*. Chicago: Rand McNally.

Bandura, A. (1977). *Social learning theory*. Englewood Cliffs, N.J.: Prentice-Hall.

Bandura, A. (1997). *Self efficacy: The exercise of self control*. New York: W. H. Freeman.

Banks, J. A. (2008). *An introduction to multicultural education*. Boston, MA: Pearson Education Inc, Allyn & Bacon.

Barker, E. T. & Galambos, N. L. (2005). Adolescents' implicit theories of maturity: Ages of adulthood, freedom,and fun. *Journal of Adolescent Research, 20*, 557-576.

Bazemore, G., & Terry, W. C. (1997). Developing delinquent youths: A reintegrative model for rehabilitation and a new role for the juvenile justice system. *Child Welfare*, *76*(5), 665-716.

Beaudoin, C. E. (2008). Explaining the relationship between internet use and interpersonal trust: Taking into account motivation and information overload. *Journal of Computer-Mediated Communication*, 13, 550-568.

Becker, H. S. (1963). *Outsiders: Studies in the sociology of deviance*. New York: Free Press.

Benard, B. (2004). *Resiliency: What we have learned*. San Francisco, CA: WestEd.

Benedict, R. (1938). Continuities and discontinuities in cultural conditioning. *Psychiatry, 1*, 161-167

Bennett, W. L. (2008). Changing citizenship in the digital age. In W. L. Bennett (Ed.), *Civic life online: Learning how digital media can engage youth* (pp.1-24). Cambridge: The MIT Press.

Bennett, W. L., Wells, C., & Rank, A. (2009). Young citizens and civic learning: Two paradigms of citizenship in the digital age. *Citizenship Studies, 13*(2), 105-120.

Benson, P. L. (1997). *All kids are our kids: What communities must do to raise caring and responsible children and adolescents*. San Francisco, CA: Jossey-Bass.

Bers, M. U. (2008). Civic identities, online technologies: From designing civics curriculum to supporting civic experiences. In W. L. Bennett (Series Ed.), *Civic life online: Learning how digital media can engage youth* (pp.139-159). Cambridge: The MIT Press.

Boyd, D. (2008). Why youth love social networking sites: The role of networked publics in teenage social life. In D. Buckingham (Ed.), *Youth, identity, and digital media* (pp.119-142). Cambridg: MIT Press.

Boyd, D., & Ellison, N. B. (2007). Social network sites: Definition, history, and scholarship. *Journal of Computer-Mediated Communication, 13*(1), article 11.

Bronfenbrenner, U. (1986). Ecology of the family as a context for human development: Research perspective. *Developmental Psychology, 22*, 723-742.

Bronfenbrenner, U., & Morris, P. A. (1997). The ecology of developmental processes. In R. M. Lerner (Ed.), *Handbook of Child Psychology* (5th ed., vol. 1). New York: Wiley.

Buckingham, D., & Willett, R. (2006). *Digital generations: Children, young people, and new media*. Mahwah, NJ: Lawrence Erlbaum Associates.

Butler, U. M. (2008). Children's participation in Brazil-A brief general and recent innovations. *International Journal of Children's Rights*, *16*, 301-312.

Cairns, L. (2006). Participation with purpose. In E. K. M. Tisdall, J. Davis, M. Hill, & A. Prout (Eds.), *Children, young people and social inclusion: Participation for what?* Bristol: Policy Press.

Caplan, G. (1964). *Principles of preventive psychiatry*. New York, NY: Basic Books.

Castells, M. (2009). *Communication power*. New York: Oxford University Press.

Chapin, R. K. (1995). Social policy development: The strengths perspective. *Social Work, 40*(4), 506-514.

Cheon, J. (2008). Best practices in community-based prevention for youth substance reduction: Toward strengths-based positive development policy. *Journal of Community Psychology, 36*(6), 761-779.

Cheon, J. (2009). Convergence of a strengths perspective and youth development: Toward youth promotion practice. *Advances in Social Work*, *9*(2), 176-190.

Cheon, J., & Lee, Y. (Eds.) (2009). *Youth development and youth civic engagement*. Seoul: Yangseowon.

Clark, A., & Percy-Smith, B. (2006). Beyond consultation: Participatory practices in everyday spaces. Editorial introduction to global special issue: Pusing the boundaries: Critical perspectives on child and youth participation. *Children, Youth and Environment*, *16*(2), 1-9.

Clausen, J. A. (1993). *American lives*. New York: Free Press.

Cloward, R., & Ohlin, D. (1960). *Delinquency and opportunity: A theory of delinquent gangs*. New York: Free Press.

Cohen, A. (1995). *Delinquent boys: The culture of the gang*. New York: Free Press.

Coleman, S. (2007). How democracies have disengaged from young people. In Brian D. Loader (Ed.), *Young citizens in the digital age: Political engagement, young people and new media* (pp. 166-185). New York: Routledge.

Coleman, S. (2008). Doing IT for themselves: Management versus autonomy in youth e-citizenship. In W. L. Bennett (Ed.), *Civic life online: Learning how digital media can engage youth* (pp. 189-206). Cambridge: The MIT Press.

Compas, B. E. (1987). Stress and life events during childhood and adolescence. *Clinical Psychology Review, 7*, 275-302.

Compas, B. E., Hinden, B. R., Gerhardt, C. A. (1995). Adolescent development: Pathways and processes of risk and resilience. *Annual Review in Psychology, 46*, 265-293.

Conde, H. V. (1999). *A handbook of international human rights: Terminology*. Lincoln, NE: University of Nebraska Press.

Cotterell, J. (2007). *Social networks in youth and adolescence*. New York, NY: Routledge.

Covell, K., & Howe, R. B. (2001). *The challenge of children's rights for Canada*. Waterloo, Ontario: Wilfrid Laurier University Press.

Dahlgren, P., & Olsson, T. (2007). Youth activists, political horizons and the Internet: Adapting the Net to one's purposes. In Brian D. Loader (Ed.), *Young citizens in the digital age: Political engagement, young people and new media* (pp.68-81). New York: Routledge.

Dalton, R. J. (2008). Citizenship norms and the expansion of political participation. *Political Studies, 56*(1), 76-98.

Delgado, M. (2002). *New frontiers for youth development in the twenty-first century: Revitalizing and broadening youth development*. New York, NY: Columbia University Press.

Deuze, M. (2006). Participation, remediation, bricolage: Considering principal components of a digital culture. *The Information Society, 22*(2), 63-75.

Donath, J. (2007). Signals in social suernets. *Journal of Computer-Medicated Communication, 13*(1), article 12.

Donath, J., & Boyd, D. (2004). Public displays of connection. *BT Technology Journal, 22*(4), 71-82.

Durkheim, E. (1949). *The division of labor in society*. tr. Geotge Simpson, New York: Free Press.

Edwards, M. (2004). *Civil society*. Cambridge: Polity Press.

Elder, G. H. (1974). *Children of the great depression*. Chicago: University of Chicago Press.

Elder, G. H. (1995). The life course paradigm: Social change and individual development. In P. Moen, G. H. Elder, & K. Luscher (Eds.), *Examining lives in context*. Washington, DC: American Psychological Association.

Elder, G. H. (1997, April). *The life course as developmental theory*. Paper presented at the meeting of the Society for Research in Child Development, Washington DC.

Epstein, R. (2007). *The case against adolescence: Rediscovering the adult in every teen*. Sanger, CA: Quill Driver Books.

Erikson, E. H. (1963). *Childhood and Society*. New York: W. W. Norton.

Erikson, E. H. (1968). *Identity: Youth and crisis*. New York: W. W. Norton.

Flanagan, C. A., & Faison, N. (2001). Youth civic engagement: Implications of research for social policy and programs. *Social Policy Reports*, *15*, 3-14.

Flanagan, C. A., Syvertsen, A. B., & Wray-Lake, L. (2007). Youth political activism: Sources of public hope in the context of globalization. In R. K. Silbereisen & R. M. Lerner (Eds.), *Approaches to positive youth development* (pp.243-256). Thousand Oaks, CA: Sage.

Flowers, N. (1998). (Ed.). *Human rights here and now: Celebrating the Universal Declaration of Human Rights*. Minneapolis, MN: Amnesty International USA & University of Minnesota Human Rights Resource Center.

Franklin, B. & Sloper, P. (2005). Listening and responding? Children's participation in health care within England. *International Journal of Children's Rights*, *13*, 11-29.

Fraser, M., & Dutta, S. (2008). *Throwing sheep in the boardroom: How online social networking will transform your life, work, and world.* Wiley.

Freud, A. (1948). *The ego and mechanisms of defense*. New York: International Universities Press.

Freud. A. (1958). Adolescence. In R. Eisser, A. Freud, H. Hartman, & M. Kris (Eds.), *Psychoanalytic study of the child*(vol. 13). New York: International Universities Press.

Galbraith, J. K. (1996), *The good society: The humane agenda.* N.Y.: Houghton Mifflin Company.

Gerodimos, R. (2008). Mobilizing young citizens in the UK: A content analysis of youth and issue websites. *Information, Communication & Society, 11*(7), 964-988.

Goodstein, A. (2007). *Totally wired: What teens and tweens are really doing online*. New York, NY: St. Martin's Press.

Habermas, J. (1989). *The structural transformation of the public sphere*. Cambridge: MIT Press.

Hall, G. S. (1904). *Adolescence: Its psychology and its relations to physiology, anthropology, sociology, sex, crime, religion, and education*. New York, NY: D. Appleton & Company.

Hamilton, S., & Hamilton, M. A. (2006). School, work, and emerging adulthood. In J. J. Arnett & J. L. Tanner (Eds.), *Emerging adults in America: Coming of age in the 21st century*(pp.257-277). Washington, DC: American Psychological Association.

Hamilton, S., & Hamilton, M. A. (2012). Development in youth enterprises. *New Directions for Youth Development. 134*, 65-75.

Hargittai, E. (2004). Whose space? Differences among users and non-users of social network sites. *Journal of Computer-Mediated Communication, 13*(1), article 14.

Hart, R. A. (1997). *Children's participation: The theory and practice of involving young citizens in community development and environmental care*. London: UNICEF.

Hart, R. A. (2008). Stepping back from "the ladder": Reflections on a model of participatory work with children. In A. Reid, B. B. Jenson, J. Nikel, & V. Simovska (Eds.), *Participation and learning*. Springer. pp.19-31.

Heiner, R. (2009). *Social problems: An introduction to critical constructionism.* New York: Oxford University Press.

Hirschi, T. (1969). *Causes of delinquency.* Berkeley, CA: University of California Press.

Hirschi, T., & Hindelang, M. J. (1977). Intelligence and delinquency: A revisionist review. *American Sociology Review, 42*, 571-587.

Homan, M. S. (2007). *Promoting community change: Making it happen in the real world.* Pacific Grove, CA: Thomson Brooks/Cole.

Ito, M., Baumer, S., Bittanti, M., Boyd, D., & Cody, R. et al. (2009). *Hanging out, messing around, and geeking out: Kids living and learning with new media*. Cambridge, MA: The MIT Press.

Jaffe, M. L. (1998). *Adolescence*. John Wiley & Sons.

Jeffs, T., & Smith, M. (2010). *Youth work practice*. Hampshire, UKL Palgrave Macmillian.

Jensen, B. (2000). Participation, commitment and knowledge as components of pupils' action competence. In B. Jensen, K. Schnack, & V. Simovska (Eds.), *Critical environmental and health education: Research issues and challenges*. Copenhagen: Danish University of Education. pp.219-238.

Jordan, Tim, & Taylor, Paul (1998). A sociology of hackers. *The sociological review.* pp.757-780.

Karpinski, A. C. (2009). *A description of Facebook use and academic performance among undergraduate and graduate students*. Paper presented at the Annual Meeting of the American Educational Research Association. San Diego, CA.

Kieser, S., Siegel, J., & Mcguire, T. (1984). Social psychological aspects of computer-mediated-communication. *American Psychologist, 39*(10).

Kinoshita, I. (2007). Children's participation in Japan: An overview of municipal strategies and citizen movements. *Children, Youth and Environments, 17*(1), 269-286.

Kirby, P., & Bryson, S. (2002). *Measuring the magic? Evaluating and researching young people's participation in public decision making*. London: CYPI.

Kohlberg, L. (1969). Stage and sequence: The cognitive developmental approach to socialization. In D. A. Goslin (Ed.), *Handbook of socialization theory and research*. Chicago: Rand McNally.

Kraut, R., Patterson, M., Lundmark, V., Kiesler, S., & Mukopadhyay, T., et al. (1998). The internet paradox: A social technology that reduces social involvement and psychological well-being? *American Psychologist, 53*(9), 1017-1031.

Lansdown, G. (2001). *Promoting children's participation in democratic decision-making*. Florence: Innocenti Research Center.

Larson, R. W., Richards, M. H., Sims, B., & Dworkin, J. (2001). How urban African American youth adolescents spend their time: Time budgets for locations, activities, and companionship. *American Journal of Community Psychology, 29,* 565-597.

Lea., M., & spears, R. (1992). Paralanguage and social perception in computer-mediated communication. *Journal of Organizational Computing, 2.* (3&4)

Lee, J. A. B. (2001). *The empowerment approach to social work practice: Building the beloved community* (2nd ed.). NY: Columbia University Press.

Lemert, E. (1967). *Social pathology.* New York: McGraw-Hill.

Lemke, C., & Coughlin, E. (2009). *Leadership for web 2.0 in education: Promise and reality.* Culver City, CA: Metiri Group.

Lerner, R. M. (2005). *Promoting positive youth development: Theoretical and empirical bases.* National Research Council/Institute of Medicine. Washington, DC: National Academies of Science.

Levine, P. (2007). *The future of democracy: Developing the next generation of American citizens.* Mediford, MA: Turfs University Press.

Limber, S. P., & Flekkoy, M. G. (1995). The U.N. Conhention on the Rights of the Child: Its relevance for social scientists. *Social Policy Report, 9*(2), 1-15.

Lin, N. (1999). Building a network theory of social capital. *Connections, 22*(1), 28-51.

Little, R. (1993). *What's working for today's youth: The issues, the programs, and the lessons.* East Lansing: Michgan State University.

Livingstone, S. (2007). The challenge of engaging youth online: Contrasting producers' and teenagers' interpretations of websites. *European Journal of Communication, 22*(2), 165-184.

Livingstone, S. (2008). Taking risky opportunities in youthful content creation: Teenagers' use of social networking sites for intimacy, privacy and self-expression. *New Media & Society, 19*(3), 393-411.

MacNaughton, G., Hughes, P., & Smith, K. (2007). Young children's rights and public policy: Practices and possibilities for citizenship in the early years. *Children & Society, 21*, 458-469.

Mannion, G. (2003). Children's participation in school grounds development: Creating a place for education that promotes children's social inclusion. *International Journal of Inclusive Education, 7*(2), 175-192.

Marcia, J. (1966). Development and validation of ego identity status. *Journal of Personality and Social Psychology, 3*, 551-558.

Marcia, J. (1991). Identity and self-development. In R. M. Lerner, A. C. Pertersen, & Brooksgunn (Eds.), *Encyclopedia of adolescence*(vol. 1). New York: Garland.

Mare, R. D., Winship, C., & Kubitschek, W. N. (1984). The transition from youth to adult: Understanding the age pattern of employment. *American Journal of Sociology, 90*(2),

326-358.

Martin, A. J., & Dowson, M. (2009). Interpersonal relationships, motivation, engagement, and achievement: Yields for theory, current issues, and educational practice. *Review of Educational Research, 79*(1), 327-365.

Maslow, A. (1968). *Toward a psychology of being*. New York, NY: Van Nostrand.

Maslow, A. (1971). *The farther reaches of human nature*. New York: Harper & Row.

Matarese, M., McGinnis, L., & Mora, M. (2005). *Youth involvement in systems of care: A guide to empowerment*. Washington, DC: Technical Assistance Partnership.

Maton, K. I., Schellenbach, C. J., Leadbeater, B. J., & Solarz, A. L. (2004). *Investing in children, youth, families, and communities: Strengths-based research and policy*. Washington, DC: American Psychological Association.

Matthews, H. (2003). Children and regeneration: Setting an agenda for community participation and integration. *Children and Society*, *17*(1), 264-276.

McNeish, D. (1999). Promoting participation for children and young people: Some key questions for health and social welfare organizations. *Journal of Social Work Practice*, *13*(2), 191-203.

McNeish, D., & Newman, T. (2002). Involving children and young people in decision making. In D. McNeish, T. Newman, & H. Roberts (Eds.), *What works for children? Effective services for children and families*. Philadepphia, MA: Open University Press. pp. 186-204.

Mead, M. (1928). *Coming of age in Samoa*. New York, NY: Dell.

Mead, M. (1950). *Coming of age in Samoa*. New York: Morrow.

Mead, M. (1953). *Growing up in New Guinea*. New York: Mentor Books.

Melpignano, M., & Collins, M. E. (2003). Infusing youth development principles in child welfare practice: Use of a Delphi survey to inform training. *Child and Youth Care Forum*, *32*(3), 159-173.

Mendenhall, A. N. & Carney, M. M. (eds.) 2020. *Rooted in Strengths: Celebrating the strengths perspective in social work*. Lawrence, KS: The University of Kansas Libraries.

Merton, R. K. (1957). *Social theory and social structure*. New York: Free Press.

Mesch, G. S. & Coleman, S. (2007). New media and now voters: Young people, the Internet and the 2005 UK election campaign. In Brian D. Loader (Ed.), *Young citizens in the digital age: Political engagement, young people and new media* (pp.35-47). New York: Routledge.

Miller, W. B. (1958). Lower class culture as a generating milieu of gang delinquency. *Journal of Social Issues, 14*(Summer), 5-19.

Mitterauer, M. (1992) *A history of youth*. Oxford: Blackwell.

Montgomery, K. C. & Gottlieb-Robles, B. (2006). Youth as e-citizens: The Internet's contribution to civic engagement. In D. Buckingham & R. Willett (Eds.), *Digital generations: Children, young people, and new media* (131-147). Mahwah: Lawrence Erlbaum.

Montgomery, K. C. (2008). Youth and digital democracy: Intersections of practice, policy, and the marketplace. In W. L. Bennett (Ed.), *Civic life online: Learning how digital media can engage youth* (pp.25-49). Cambridge: The MIT Press.

Mrazek, P. J. & Haggerty, R. J. (1994). Reducing risks for mental disorders. Washington, D.C.: National Academy Press.

Nicola A. (2005). *Children, youth and development*. New York, NY: Routledge.

Nixon, R. (1997). What is positive youth development? *Child Welfare, 76*(5), 571-575.

Norris, P. (2001). *Digital divide: Civic engagement, information poverty, and the Internet worldwide*. New York: Cambridge University Press.

Northern, H. & Kurland, R. (2001). *Social work with groups*(3rd ed.), New York, NY: Columbia University Press.

OECD (2005). The definition and selection of key competencies. Definition and selection of Competencies Project. Organization for Economic Co-Operation and Development (2005).

OHCHR (2007). *Teaching Human Rights: practical activities for primary and secondary schools*. New York, NY: United Nation.

Parfrey, J., & Gasser, U. (2008). *Born digital: Understanding the first generation of digital natives*. Basic Books.

Percy-Smith, B. (2006). From consultation to social learning in community participation with young people: Creating "Space" for young people's participation in neighborhood development using dialogue and social learning. *Children Youth and Environment*, *16*(2), 153-179.

Peter, J., Valkenburg, P. M., & Schouten, A. P. (2006). Characteristics and motives of adolescents talking with strangers on the internet. *Cyberpsychology & Behavior*, 9(5), 526-530.

Piaget, J. (1952). *The origins of intelligence in children* (M. Cook Trans.). New York: International Press.

Pittman, K., & Irby, M. (1996). *Preventing problems or promoting development: Competing priorities or inseparable goals?* Takoma Park, MD: International Youth Foundation.

Pittman, K., & Irby, M. (1997). Promoting investment in life skills for youth: Beyond indicators for survival and problem prevention. In A. Ben-Arieh & H. Winterberger (Eds.), *Measuring and monitoring the state of children-Beyond survival* (pp. 239-246). Vienna: European Centre for Social Welfare Policy and Research.

Prell, C. (2003). Community networking and social capital: Early investigations. *Journal of Computer-Mediated Communication, 8*(3).

Prensky, M. (2001). Digital natives, digital immigrants. *On the Horizon, 9*(5), 1-6.

Putnam, R. D. (2000). *Bowling alone: The collapse and revival of American community*. New

York: Simon & Schuster.

Raynes-Goldie, K., & Walker, L. (2008). Our space: Online civic engagement tools for youth. In W. L. Bennett (Ed.), *Civic life online: Learning how digital media can engage youth* (pp. 161-188). Cambridge: The MIT Press.

Rheingold, H. (1993). A Slice of Life in My Virtual Community. Harasim, L. H. et al., *Global network: Computer and international communication*. The MIT Press, Cambridge, Mass.

Rheingold, H. (2008). Changing citizenship in the digital age. In W. L. Bennett (Ed.), *Civic life online: Learning how digital media can engage youth* (pp. 97-118). Cambridge: The MIT Press.

Rice, F. P. & Dolgin, K. G. (2008). *The adolescent: Development, relationships, and culture*(12th ed.). 정영숙, 신민섭, 이승연 (역). 청소년심리학 (12판). 시그마프레스.

Robbins, S. P., Chatterjee, P. C., & Canda, E. R. (2012). *Contemporary human behavior theory: A critical perspective for social work practice*. (3rd ed.). 손광훈 역(2018). 최신인간행동이론: 사회복지에 대한 비판적 관점과 적용. 경기: 공동체.

Robbins, S. P., Chatterjee, P. C., & Canda, E. R. (2019). *Contemporary human behavior theory: A critical perspective for social work practice*. (4th ed.). New York, NY: Pearson.

Rogers, C. R. (1974). In retrospect: Forty six years. *American Psychologist, 29*, 115-123.

Rosenthal, R., & Jacobson, L. (1968). Pygmalion in the classroom, *Urban Review, 3*, 16-20.

Roth, J., & Brooks-Gunn, J. (2000). What do adolescents need for healthy development? Implications for youth policy. *Social Policy Report, 14*(1), 3-19.

Saleebey, D. (Ed.). (2005). *The strengths perspective in social work practice* (4th ed.). Boston, MA: Pearson Education, Inc.

Sallah, M. (2011). Developing global literacy and competence in youth work. In J. Batsleer, & B. Davies (Eds.), *What is youth work?* (pp.104-115). Exeter, UK: Learning Matters Ltd.

Santrock, J. W. (1998). *Adolescence*. New York: McGraw Hill.

Seiter, E. (2008). Practicing at home: Computers, pianos, and cultural capital. In T. McPherson (Ed.), *Digital youth, innovation, and the Unexpected* (pp.27-52). Cambridge, MA: The MIT Press.

Sherrod, L. (2007). Civic engagement as an expression of positive youth development. In R. K. Silbereisen & R. M. Lerner (eds), *Approaches to positive youth development* (pp.59-74). Thousand Oaks, CA: Sage Publications.

Sherrod, L. R., & Lauckhardt, J. (2008). Civic engagement: The development of citizenship. In R. M. Lerner & L. Steinberg (Eds.), *Handbook of adolescent psychology* (3rd ed.). Hoboken, NJ: Wiley.

Sinclair, R., & Franklin, A. (2000). *Young people's participation, Research in practice and making research count.* London: Department of Health.

Small, S., & Memmo, M. (2004). Contemporary models of youth development and problem prevention: Toward an integration of terms, concepts, and models. *Family Relations, 53*(1), 3-11.

Smith, M. (1988). *Developing youth work*. Milton Keynes, PA: Open University Press.

Spence, J. (2005). Concepts of youth. In R. Harrison & C. Wise (Eds.), *Working with young people*. London: Sage.

Steinfield, C., Ellison, N. B., & Lampe, C. (2008). Social capital, self-esteem, and use of online social network sites: A longitudinal analysis. *Journal of Applied Developmental Psychology, 29*, 434-445.

Sullivan, H. S. (1953). *The interpersonal theory of psychiatry*. New York: Norton.

Sullivan, T. J. (2006). *Introduction to social problems*. New York: Pearson.

Sutherland, E., & Cressey, D. (1974). *Criminology* (9th ed). Philadelphia: Lippincott.

Tanner, J. L., & Arnett, J. J. (2009). The emergence of 'emerging adulthood': The new life stage between adolescence and young adulthood. In A. Furlong(Ed.), *Handbook of youth and young adulthood: New perspectives and agendas*(pp.38-45). London: Routledge.

Tapscott, D. (1998). *Growing up digital: Net generation*. McGraw-Hill, 허운나·유영만 역 (1999). N세대의 무서운 아이들. 물푸레.

Tapscott, D. (1998). *Growing up digital: The rise of the net generation*. New York: McGraw- Hill.

Tapscott, D., & Williams, A. D. (2006). *Wikinomics: How mass collaboration changes everything*. Toronto: Penguin Group.

Taylor, M., & Percy-Smith, B. (2008). Children's participation: Learning from and for community development. *International Journal of Children's Rights, 16*, 379-394.

Thoman, N. (2005). *Social work with young people in care*. New York, NY: Palgrave Macmillan.

Thomas, N. (2007). Towards a theory of children's participation. *International Journal of Children's Rights, 15*, 199-218.

Thorlacius, L. (2007). The role of aesthetics in web design. *Nordicom Review, 28*(1), 63-76.

Treseder, P. (1997). *Empowering children and young people*. London: Children's Right Office and Save the Children.

Tufecki, Z. (2008). Can you see me now? Audience and disclosure regulation in online social network sites. *Bulletin of Science, Technology, & Society, 50*(1), 20-36.

UN Centre for Human Rights 저, 이혜원 역 (2005). 인권과 사회복지실천. 학지사.

UNICEF (2008). *The stage of the world's children 2008: Child survival*. New York, NY: UNICEF.

Valkenburg, P. M., Peter, J., & Schouten, A. P. (2006). Friend networking sites and their relationship to adolescents' well-being and social self-esteem. *Cyber psychology & Behavior, 9*(5), 584-590.

Villarruel, F. A., Perkins, D. F., Borden, L. M., & Keith, J. G. (2003). *Community youth development: Programs, policies, and practices*. Thousand Oaks, CA: Sage Publications.

Walther, J. B., Van Der Heide, B., Hamel, L., & Shulman, H. (2009). Self-generated versus other-generated statements and impressions in computer-mediated communication: A test of warranting theory using Facebook. *Communication Research, 36*(2), 229-253.

Wang, F., & Van L., J. A. (1998). Citizen participation in the North Delta Mississippi community development block grants, empowerment zones and enterprise communities. *Planing Practices & Research, 13*(4), 443-451.

Watkins, S. C. (2009). *The young and the digital: What the migration to social-network sites, games, and anytime, anywhere media means for our future*. Boston, MA: Beacon Press.

Weick, A., Rapp, C., Sullivan, W. P., & Kisthardt, W. (1989). A strengths perspective for social work practice. *Social Work, 34*, 350-354.

Wellman, B., & Gulia, M. (1999). Virtual communications as communities: Net surfers don't ride alone. In M. A. Smith & P. Kollock (Eds.), *Communities and Cyberspace* (pp.167-194). New York: Routledge.

White, R. (Ed.) (2009). *Concepts and methods of youth work*. Hobart: Australia Clearinghouse for Youth Studies.

Wolfgang, M., & Ferracuti, F. (1967). *The subculture of violence: Towards an integrated theory in criminology*. Beverly Hills, California: Sage.

Wood, J., & Hine, J. (Eds.) (2009). *Work with young people: Theory and policy for practice*. London: Sage.

Xenos, M., & Bennett, W. L. (2007). Young voters and the web of politics: The promise and problems of youth-oriented political content on the web. In Brian D. Loader (Ed.), *Young citizens in the digital age: Political engagement, young people and new media* (pp.48-67). New York: Routledge.

Ybarra, M. L., & Mitchell, K. J. (2008). How risky are social networking sites? A comparison of places online where youth sexual solicitation and harassment occurs. *Pediatrics, 121*(2), 350-357.

Young, K. S. (2000). What is internet addiction. Center for On-Line Addiction. http://www.netaddition.com/whatis.htm

Young, K., O'Mara, J., & Buchanan, J. (2000). Cybersex and infidelity online: Implications for evaluation and treatment. http://www.netaddition.com/article/articles.htm

Zeldin, S., Kimball, M., & Price, L. (1995). *What are the day-to-day experiences that promote youth development? An annotated bibliography of research on adolescents and their families*. Washington, D.C.: Center for Youth Development and Policy Research, Academy for Educational Development.

찾아보기

인명

Anna Freud ············ 52
Apte ············ 81
Arnett ············ 24
Aubrey ············ 306, 311
Avram ············ 288

Bandura ············ 60, 170
Banks ············ 226
Becker ············ 178
Benard ············ 140
Benedict ············ 61
Bennett ············ 43
Bush ············ 196

Cairns ············ 244
Castells ············ 285
Checkoway ············ 256
Cicchetti ············ 130
Clinton ············ 196
Cloward ············ 175
Cohen ············ 175
Coleman ············ 44, 293
Collins ············ 143
Compas ············ 106

Dalton ············ 43
Delgado ············ 193
DeMause ············ 248
Deuze ············ 43
Durkheim ············ 171

Eglantyne ············ 206
Epstein ············ 195
Erikson ············ 54, 133

Finn ············ 132
Fitzpatrick ············ 261
Foot ············ 294
Fowler ············ 31
Fraser ············ 104, 129
Freud ············ 169
Frey ············ 142
Friedlander ············ 81, 84
Friedman ············ 308

Galbraith ············ 239, 264
Garmezy ············ 105, 129
Gerhardt ············ 106
Germain ············ 126
Gerodimos ············ 294
Gesell ············ 52
Gibson ············ 266
Gitterman ············ 126
Goldstein ············ 135
Gottfredson ············ 173

Hagan ············ 156
Hall ············ 17
Hastings ············ 261
Held ············ 308
Hinden ············ 106
Hirschi ············ 172
Hobbes ············ 249
Homan ············ 193

청소년복지론: 발전적 관점
Youth Welfare: A Developmental Perspective

Iverson ······ 142

Jacobson ······ 236
Jensen ······ 261

Kadushin ······ 85
Karpinski ······ 298
Kintrea ······ 261
Kisthardt ······ 133
Kohlberg ······ 28, 59
Kriby ······ 104

Larson ······ 186
Lemert ······ 178
Little ······ 193
Livingstone ······ 293
Locke ······ 249

Marcia ······ 54, 55
Maslow ······ 62
Matza ······ 174
Mead ······ 32, 61, 134
Melpignano ······ 143
Merton ······ 171, 172
Miller ······ 176
Mitterauer ······ 18

Ohlin ······ 175

Petr ······ 137
Piaget ······ 57
Prell ······ 284
Pretty ······ 262
Putnam ······ 287

Rapp ······ 133, 142
Rogers ······ 63
Rosenthal ······ 236

Saleebey ······ 136, 179
Scholte ······ 307
Seita ······ 142
Seiter ······ 297
Sigmund Freud ······ 52
Spence ······ 36
Sullivan ······ 54, 133
Sutherland ······ 177
Sykes ······ 174

Tapscott ······ 38, 265
Toth ······ 130
Treseder ······ 261

Waley ······ 49
Walst ······ 129
Walters ······ 60
Watkins ······ 142
Watson ······ 60
Weick ······ 133
Wellman ······ 284
Winter ······ 243

Xenos ······ 294

Young ······ 270

내용

가상공동체(cyber community) ······ 266
가상청중(imaginary audience) ······ 27
가상현실(virtual reality) ······ 266
가출청소년 ······ 219

가치관 ············ 56
갈등범죄(conflict crimes) ············ 157
갈등하위문화(conflict subculture) ············ 176
감정과 의미반영기술 ············ 108
감정반영기술 ············ 108
강박적 사고 ············ 54
강점관점 ············ 125, 132, 136
강점복지 ············ 147
강점중심 사례관리 ············ 142
강한 유대(strong ties) ············ 287
개발NGO ············ 318
개발적 복지 ············ 85
개별화 ············ 111
개별화의 원리 ············ 118
개인적 우화(personal fable) ············ 27
개인접근방법 ············ 107
개입과정 ············ 108
개체발생 ············ 50
거북목증후군 ············ 167
게임산업진흥에 관한 법률 ············ 22
결함관점(deficit perspective) ············ 132
결혼이민자 ············ 316
경로개척자(path-maker) ············ 105
경제 발전 시기 ············ 40
경제사회적 자립 ············ 86
경제적 지속가능성 ············ 323
경제협력개발기구(OECD) ············ 230
계통발생 ············ 51
고3증후군 ············ 160
고객맞춤(customization) ············ 291
고어 부통령 ············ 278
고차원적 수준 ············ 63
공간초월 커뮤니케이션
(anyplace communication) ············ 268
공감 ············ 161
공감능력 ············ 122
공감적 경청자 ············ 120
공격적 행동 ············ 60
공공선(public goods) ············ 290
공동모금회 ············ 114
과업과 위기 ············ 54
관습적 신앙단계 ············ 31
관여적 시민(engaged citizen) ············ 43
관점의 프리즘 ············ 147
관찰학습 ············ 60
교육기본법 ············ 213
교육복지 ············ 147
국민기본선(national minimum) ············ 314
국민의 정부 ············ 92
국제 아동의 해 ············ 208
국제개발협력 ············ 312
국제사면위원회(Amnesty International) ············ 205
국제사회복지(international social work) ············ 305
국제식량기구(FAO) ············ 20
국제아동의 해 ············ 214
국제인권규약 ············ 205
국제자유무역법 ············ 306
국제질서 ············ 313
국제협력 ············ 204
국제화(internationalization) ············ 307
굿네이버스(Good Neighbors) ············ 321
권익옹호(empowerment) ············ 18
권한부여(empowerment) ············ 257
귀화자 ············ 226
그리스 신화 ············ 53
근접성인기 ············ 25
글로벌 역량 ············ 319
글로벌 청소년업무(global youth work) ············ 311
글로벌라이제이션(globalization) ············ 306
글로벌복지 ············ 147, 309
글로벌시대 ············ 70
글로벌정의론

(global justice in youth work) ·········315
글로벌청소년복지 ·········316
글로벌청소년업무(global youth work) ·········315
글로벌청소년학(global youth studies) ·········15, 316
글로벌 리더십 ·········317
금단증상 ·········270
긍정적 발달(positive development) ·········42, 70
긍정적 자아개념 ·········119
긍정적인 자아관 ·········63
기능주의적 접근 ·········32
기운을 꺾는 행동
(spirit-breaking behaviors) ·········137

나눔복지 ·········147
나선식 발달 ·········52
나선형적 성장유형론 ·········52, 67
나이키 운동화 ·········310
낙인(stigma) ·········98
낙인효과 ·········227
남성호르몬 ·········18
내용반영기술 ·········108
내적자산(internal assets) ·········139
냉소주의 ·········40
네트워킹(networking) ·········292
네티켓(netiquette) ·········281
노동시장 ·········70
논리적인 사고 ·········59
논어 ·········20, 47
놀이문화 ·········163
늦은 청소년기(late adolescence) ·········24
닌텐도(Nintendo) 세대 ·········38

다국적 기업 ·········307
다문화복지 ·········147
다문화잠재력 ·········236
다문화청소년 ·········226
다문화청소년복지 ·········224
단체자율참여 ·········254
대리적(substitute) 서비스 ·········85
대면상담 ·········117
대안교육 ·········80
대인관계 ·········64
대인관계 기술 ·········117
대중매체 ·········78
대중문화(popular culture) ·········34, 293
대학등록금 문제 ·········283
대행자(agent)의 역할 ·········85
대화기술 ·········123
데모크라시 2.0 ·········303
도덕 발달 ·········60
도덕적 딜레마 ·········59
도덕적 상대주의 ·········28
도덕적 추론방식 ·········60
도덕적 판단 ·········59
도덕적 해이 ·········159
도박사이트 ·········274
도피하위문화(retreatist subculture) ·········176
동감 ·········122
동기와 기회(motivation and opportunities) ·········136
동몽 ·········17
동반자적 관계 ·········126
동시출생집단(코호트: cohorts) ·········33, 39
동아리활동 ·········188
동정 ·········122
동조(resonant) ·········43
디그스 ·········285
디지털 격리 증후군
(Dogital isolated syndrome) ·········167
디지털 문화 ·········43
디지털 소비격차 ·········146
디지털 원주민(digital native) ·········41

디지털 환경 ··· 38, 41
디지털기기 ··· 272
디지털문화 ··· 41
디지털세대 ··· 37
또래관계 ··· 77, 131
또래관계 형성 ··· 234
또래문화 ··· 16
또래상담 ··· 117
또래중심의 참여 ··· 253
또래집단 ··· 33, 64, 121

라이프스타일 ··· 19
레질리언스(resilience) ··· 125, 129, 137
로큰롤 세대 ··· 40
리셋 신드롬(reset syndrome) ··· 268
리스트서브(listserv) ··· 292
링키드인 ··· 285

매슬로우의 욕구이론 ··· 63
매체상담 ··· 117
멘토(mentor) ··· 105
면담기술 ··· 108
명료화 ··· 108
명분 마케팅(cause marketing) ··· 293
모방행동 ··· 120
몽(蒙) ··· 48
무의식 ··· 52
무임승차자 ··· 267
문명사회 ··· 50
문제로서의 청소년(youth as problems) ··· 131
문제중심적(problem-focused) 관점 ··· 99
문제해결 능력 ··· 117
문제행동(problem behavior) ··· 152
문제-색안경(problem-tinted spectacles) ··· 247
문화관련 3법 ··· 22
문화다양성 국제협약 ··· 224
문화다양성 선언 ··· 224
문화다양성(cultural diversity) ··· 224
문화부적응 문제 ··· 232
문화인류학 ··· 61
문화적 결손 ··· 158
문화적 결정주의(cultural determinism) ··· 62
문화적 상대주의(cultural relativism) ··· 62
문화적 조건화 ··· 61
문화적 환경 ··· 39
미국 사회복지교육협의회 ··· 83
미국화(Americanization) ··· 307
미디어 행동주의(media activism) ··· 300
미래세대 ··· 223, 323
미성년자보호법 ··· 89
미혼모 ··· 145
밀레니얼세대 ··· 40

바이러스 유포 ··· 165
박애주의자 ··· 204
반대집단 ··· 195
반문화(counter culture) ··· 174
발달경로 ··· 105
발달권 ··· 215
발달궤도(trajectories of development) · 106
발달심리학 ··· 125
발달자산(development assets) ··· 139
발달적 이슈 ··· 71
발전적 개념 ··· 97
발전적 관점 ··· 135, 147
방과후 시간(out-of-school time) ··· 298
방과후 활동 ··· 184
벌과 복종 ··· 59
범죄하위문화(criminal subculture) ··· 176
베이비부머 ··· 38
베이비붐 세대(Baby Boomers) ··· 40
보완적(supplementary) 서비스 ··· 85

보완적인 부모(supplementary parents) ··· 85
보편적 예방(universal prevention) ········ 102
보호권 ········ 215
보호요인(protective factor) ·········· 104, 217
복지적 지원 근거 ········ 86
부적응 ········ 63
부정적 정체감(negative identity) ············ 57
북한이탈주민 ········ 231
불량서클 ········ 156
불안정성의 시기(age of instability) ········ 70
불안정한 상태 ········ 51
브라가 청소년 실천 계획 ········ 211
브랜드 마케팅(brand marketing) ··········· 293
브리콜라주(bricolage) ········ 44
블로그(blogs) ········ 285
비구조화된 활동(unstructured activities) ····· 187
비동시성(asynchronism) ········ 268
비분석적 신앙단계 ········ 31
비정부기구(Non-Governmental Organization) ········ 320
비판적 의식(critical consciousness) ······ 291
빈 인권선언(Vienna Declaration) ·········· 205
빈곤의 악순환 ········ 164

사이버 따돌림 ········ 152, 273
사이버 스토킹 ········ 273
사이버 왕따 ········ 273
사이버네틱스(cybernetics) ········ 266
사이버문화 ········ 269
사이버범죄 ········ 273
사이버복지 ········ 147
사이버불링 ········ 272
사이버스페이스 ········ 144, 275
사이버에고(cyber ego) ········ 269
사이버일탈 ········ 165, 282
사이버참여 ········ 255, 276
사이버폭력 ········ 273
사이보그(cyborg) ········ 266
사회 케이스워크 ········ 136
사회개발 ········ 312
사회계약 ········ 59
사회기술 습득 ········ 119
사회문화적 접근 ········ 16
사회복지사 ········ 193
사회복지협의회 ········ 114
사회성 개발 ········ 229
사회유대(social bond) ········ 173
사회자본 ········ 289
사회적 관계 ········ 54
사회적 관습 ········ 225
사회적 빗나가기(social diversions) ········ 157
사회적 성숙 ········ 69
사회적 약자 ········ 324
사회적 역량 ········ 105, 139
사회적 역할 ········ 86
사회적 일탈(social deviations) ········ 157
사회적 제약 ········ 65
사회적 지속가능성 ········ 323
사회적 참여 ········ 86
사회적 활력(social agency) ········ 134
사회통제이론(social control theory) ······ 173
사회학습이론 ········ 60
사회행동 ········ 112
사회화 과정 ········ 80
삶의 목표 ········ 74
삼차적 예방(tertiary prevention) ·········· 100
상대적 박탈감 ········ 245
상호 행동적 접근(interactional approach ··· 136
상호원조(mutual support) ········ 120
상호작용성(interactivity) ········ 291
상황주의(contextualism) ········ 139
새천년개발목표(Millenium Developmental

Goals: MDGs) ······ 323
새터민 ······ 228
생리적 욕구 ······ 62
생물학적 결정주의 ······ 52
생산적인 시간활용 ······ 105, 139
생애구조 ······ 70
생애모델 ······ 136
생존권 ······ 215
생태적 모델(ecological model) ······ 136
생태학적 이론 ······ 68
생활기술(life skill) ······ 193
생활지도(guidance) ······ 115, 118
서구 문화권 ······ 62
서구화(westernization) ······ 307
서치연구소(Search Institute) ······ 105, 139
선별적 예방(selective prevention) ······ 102
성공적 성장(thriving) ······ 138
성인기 ······ 24, 69, 70
성인주의(adultism) ······ 280
성인중심주의(adultcentrism) ······ 137
성인진입기(emerging adulthood) ······ 24, 70
성행동 ······ 65
세계 청소년의 해 ······ 240
세계시민(global citizenship) ······ 317
세계시민교육 ······ 191
세계시민성 지표 ······ 191
세계시민의식 ······ 188, 191
세계인권선언 ······ 199, 200, 204
세계청소년관계장관회의 ······ 212
세계청소년학아카데미 ······ 141
세계화 ······ 322
세대론적 접근 ······ 32
세대차(generation gap) ······ 38
세분화 ······ 109
세이브더칠드런(Save the Children) ······ 321
소극적 자유권 ······ 201
소비자행동주의(consumer activism) ······ 293
소셜 네트워크 ······ 283, 296
소셜 미디어 ······ 41, 283
소셜 미디어복지 ······ 147
소셜 툴(social tools) ······ 284
소셜미디어 과몰입 ······ 152
소수자 인권 ······ 200
소자(少者) ······ 48
소자회지(少者懷之) ······ 48
손목터널증후군 ······ 167
쇼핑몰 ······ 41
수련활동 ······ 92, 110, 184
숙련 중인 시민(apprentice citizens) ······ 44
스마트폰 시대 ······ 283
스마트폰 중독 ······ 167
시간체계(chronosystem) ······ 64
시너지(synergy) 효과 ······ 322
시민 역량(civic competence) ······ 70
시민교육 ······ 70
시민권 ······ 217, 243
시민성(citizenship) ······ 18
시민성(citizenship) 함양 ······ 70
시민적 관여(civic engagement) ······ 42, 70, 88, 289
시민적 생활(civic life) ······ 41
시민청소년(civic youth) ······ 38, 41
시티즌십 ······ 316
신기술 ······ 41
신기술혐오자(technophobes) ······ 39
신앙발달 6단계 ······ 31
신자유주의적 지배구조 ······ 70
신체적 성숙 ······ 85
실제 자아 ······ 63
실현적 시민(actualizing citizens) ······ 43
심리·정서적 장애 ······ 115
심리검사 ······ 117

심리상담 ······ 118
심리적 결손 ······ 159
심리적 과정 ······ 61
심리치료(psycho therapy) ······ 115
심리치료적 접근 ······ 118
싸이월드(cyworld) ······ 283
싸이질 ······ 283
쌍방향적 참여 ······ 268

아노미(anomie)이론 ······ 171
아동 양육 ······ 65
아동·청소년권리조약 ······ 241
아동·청소년의 성보호에 관한 법률 ······ 21
아동복리법 ······ 89
아동복지 ······ 84
아동복지법 ······ 89
아동을 위한 세계정상회담
(Word Summit for Children) ······ 209
아동의 권리공약 ······ 212
아동의 특성 ······ 85
아동인권사 ······ 206
아르바이트 ······ 70
아해(兒孩) ······ 17
알파세대(generation alpha) ······ 39
약물치료 ······ 161
약한 유대(weak ties) ······ 287
어린이 헌장 ······ 212
언더클래스(underclass) ······ 244
엄지족(thumb generation) ······ 38
에스트로겐(estrogen) ······ 18
엔터프라이즈 2.0 ······ 303
엘렉트라 콤플렉스(electra complex) ······ 53
여섯 가지의 C ······ 290
여성호르몬 ······ 18
역기능적인 심리기제 ······ 123
역량(competence) ······ 290
역량개발(competence development) 42, 70
역량개발복지 ······ 147
역량분석틀(competence framework) ······ 136
역사적 변화 ······ 65
역할모델 ······ 56
역할실험 ······ 246
역할전이 ······ 73
역할혼미 ······ 67
연결적 사회자본(bridging social capital) ······ 289
영성(spirituality) ······ 30
영성복지 ······ 147
영양섭취 불균형 ······ 160
영화 및 비디오물의 진흥에 관한 법률 ······ 22
예기 ······ 20, 47
예방적(preventive) 관점 ······ 99
예방접근법(prevention approach) ······ 136
오이디푸스 콤플렉스(Oedipus complex) ······ 53
온라인 약탈자(predators) ······ 297
외국인 노동자 자녀 ······ 145
외적자산(external assets) ······ 139
욕구계층 모델 ······ 63
욕구이론 ······ 68
원주민 인권 ······ 200
원초아 ······ 53
월드비전(World Vision) ······ 321
월드포럼(World Forum) ······ 141
웹 2.0 ······ 303
웹브로그(weblogs) ······ 288
위기개입 ······ 161
위키스(wikis) ······ 288
위키피디아 ······ 292
위험요인(risk factor) ······ 104
위험집단 ······ 101
유니세프(UNICEF) ······ 321
유전생물학적 요인 ······ 61
유지(maintenance) 모델 ······ 103

유튜브(YouTube) ······ 283
응급구호 ······ 312
의무적 시민(dutiful citizen) ······ 43
의식세계 ······ 54
이데올로기 ······ 56
이상적 자기(ego-ideal) ······ 53
이상적 자아 ······ 63
이주노동자 ······ 316
이주노동자와 그 가족의 권리보호에
관한 국제협약 ······ 230
이주배경청소년 ······ 224, 227
이중 언어 ······ 236
이중적 정서 ······ 29
이차적 예방(secondary prevention) ······ 100
인간관계 ······ 56, 118
인간관계훈련 ······ 110
인간발달 ······ 69
인간의 발달단계 ······ 53
인권교육 ······ 220
인권복지 ······ 147
인권옹호활동 ······ 220
인권의 3세대 ······ 200
인권의 보편성 ······ 202
인권조례 제정 ······ 283
인습적 수준 ······ 59
인지발달단계 ······ 57
인지적 왜곡 ······ 160
인지적 접근 ······ 161
인지행동치료 ······ 167
인터넷 뱅킹 ······ 41
인터넷 중독 ······ 117
인터넷 행동주의(internet activism) 283, 300
일과 결혼 ······ 70
일반화 ······ 109
일자리 문제 ······ 324
일차적 예방(primary prevention) ······ 100
일탈행동(deviant behaviour) ······ 154
임금 상승률 ······ 24
임파워먼트(empowerment) ······ 127

자가실현적(self-actualizing) ······ 43
자극-반응(S-R)학습 이론 ······ 60
자기검증단계 ······ 56
자기결정 ······ 111
자기초월 ······ 63
자기초월의 욕구 ······ 68
자기효능감 ······ 117, 229
자립연령 ······ 25
자살생각 ······ 161
자아(ego) ······ 53
자아실현 욕구 ······ 62
자아정체감 ······ 27, 119
자아정체감 위기 ······ 54
자아정체성 ······ 86
자아존중감 ······ 117
자아중심성(ego-centrism) ······ 27
자연도태(적자생존) ······ 50
자유화(liberalization) ······ 307
자율과 참여 ······ 95
자치기구 ······ 190
잔여적 개념 ······ 97
잔혹사이트 ······ 276
잠재력 ······ 63
잠재적 역량 ······ 116, 118
재량활동 ······ 188
재정적 자립 ······ 73
재현이론(recapitulation theory) ······ 51
적극적 자유권 ······ 202
적응기술 ······ 118
전문적 활동 ······ 116
전의식 ······ 53
전인적 인성 함양 ······ 117

전자시민(e-citizen) ······ 38, 41, 43
전지구적 기본선(global minimum) ······ 314
젊은 성인(young adulthood) ······ 24
정보복지 ······ 147
정보수혜자 ······ 265
정보통신기기 ······ 273
정서적 유대감 ······ 119
정신보건(mental health) ······ 133, 143, 196
정신세계 ······ 52
정신장애 ······ 160
정책과정의 참여 ······ 254
정체감 성취(identity achievement) ······ 55
정체감 혼미(identity diffusion) ······ 55, 56
정체감 획득 ······ 55
정체성 위기(identity crisis) ······ 133
정치적 잠재집단 ······ 19
정치적 행동 ······ 84
제2차 청소년육성5개년계획 ······ 95
제도적 개념 ······ 97
조언 ······ 109
조작(operation) ······ 57
조정의 원칙 ······ 113
조직화된 활동(organized activities) ······ 187
종합적 신앙단계 ······ 31
준거집단 ······ 121
중간체계(mesosystem) ······ 64
지구공동체 ······ 317
지구시민교육 ······ 318
지구의식(global consciousness) ······ 306
지구촌사회복지(global social welfare) ·· 305
지구환경회의 ······ 240
지속가능발전 세계정상회담(WSSD) ······ 325
지속가능발전교육(Education for Sustainble Development: ESD) ······ 325
지속가능발전목표(Sustainable Developmental Goals: SDGs) ······ 323
지속가능한 미래 ······ 325
지역사회 청소년개발(community youth development) ······ 143
지역사회개발 ······ 325
지역사회복지 ······ 107
지역원조 ······ 112
지역중심의 참여 ······ 254
지위비행(status delinquency) ······ 152
지지적(supportive) 서비스 ······ 85
직면 ······ 109
직장 상사 ······ 64
진로활동 ······ 189
집단따돌림 ······ 126, 146, 162, 233
집단상담가 ······ 121
집단접근방법 ······ 107
집합적 인권 ······ 200

참여 사다리 ······ 256
참여(participation) ······ 18
참여권 ······ 215
참여복지 ······ 147
참여적 정책 의사결정 ······ 324
창의적 체험활동 ······ 188
첫 출산 ······ 73
청년 ······ 25, 151, 324
청년고용촉진특별법 ······ 22
청년기본법 ······ 22
청년문제 ······ 70
청년실업 ······ 70
청년의 청소년화 경향 ······ 25
청소년 강점 중심 ······ 85
청소년 개별상담 ······ 119
청소년 상담자 ······ 122
청소년 자율 프로그램 ······ 319
청소년 전략(UNDP Youth Strategy) ······ 325
청소년 행동 프로그램 ······ 211

청소년 행동주의(youth activism) ·············· 38
청소년 후기 ·············· 29
청소년개발(youth development) ····· 125, 131
청소년개발(youth development) 관점 ······ 99
청소년권리 ·············· 241
청소년기(adolescence) ·············· 116, 132
청소년기본법 ········· 21, 83, 94,144, 183, 213
청소년단체 ·············· 190
청소년단체활동 ·············· 188
청소년동아리 ·············· 191
청소년들의 힘(youth power) ·············· 280
청소년문제 ·············· 151
청소년문화 ·············· 34, 134, 277
청소년발달 ·············· 217
청소년보호법 ·············· 94
청소년복지실천가 ·············· 127
청소년복지지원법 ·············· 21, 86, 114
청소년복지학(youth welfare) ·············· 15
청소년비행 ·············· 151
청소년상담 ·············· 116, 221
청소년세대 ·············· 70
청소년쉼터 ·············· 146, 164
청소년시민관여(youth civic engagement) ···· 283
청소년실업 ·············· 158
청소년업무(youth work) ·············· 185
청소년업무개발교육(development education in youth work) ·············· 315
청소년역량개발 ·············· 192
청소년연구자 ·············· 247
청소년우대정책 ·············· 146
청소년운영위원회 ·············· 190
청소년육성법 ·············· 22, 86, 89, 90, 94
청소년의 내적 문제 ·············· 155
청소년의회 ·············· 191
청소년인권 ·············· 95
청소년일탈 ·············· 151
청소년전담 조직 ·············· 90
청소년정책 ·············· 23
청소년정책 연령 ·············· 21
청소년지도위원 ·············· 114
청소년지도자 ·············· 310
청소년참여 ·············· 95, 143, 324
청소년참여기구 ·············· 190
청소년참여운동 ·············· 241
청소년참여위원회 ·············· 190
청소년체험활동 ·············· 197
청소년특별회의 ·············· 190
청소년학(youth studies) ·············· 15
청소년행동주의(youth activism) ·············· 299
청소년활동진흥법 ·············· 21, 95, 113, 190
청소년후기 ·············· 86
청춘기 ·············· 16
체계적·조합적 사고 ·············· 58
초월의 욕구(transpersonal needs) ·········· 63
초자아(superego) ·············· 53
촛불집회 ·············· 283
치료(treatment) ·············· 103
치료적 접근모델 ·············· 126

캔사스대학교(University of Kansas) ······ 141
컴퓨터 매개 커뮤니케이션 ·············· 266
컴퓨터몰입 ·············· 271
컴퓨터중독 ·············· 270
코로나 블루 ·············· 80
크롬 태우기(Burning Chrome) ·············· 266
클라이언트 ·············· 115, 127
클린턴 대통령 ·············· 278

탁월한 인물 ·············· 63
탄력성 ·············· 129, 179
탈 공간성 ·············· 268
탈북청소년 ·············· 145, 316

탐색질문 ········· 108
테스토스테론(testosterone) ········· 18
텔레데모크라시 ········· 269
토인비 홀(Toynbee Hall) ········· 110
통신중독 ········· 271
트위터(Twitter) ········· 283, 285
특별활동 ········· 188

팝콘브레인(Popcorn Brain) ········· 167
패스트푸드 ········· 307
페이스북(Facebook) ········· 283, 306
평균기대수명 ········· 50
평화권 ········· 201
평화운동 ········· 252
포스트 밀레니얼(post millennial)세대 ········· 40
폭력예방교육 ········· 163
표적 예방(indicated prevention) ········· 102
프로이트 이론 ········· 53
플랫폼 ········· 40
피그말리온 효과(pygmalion effect) ········· 236

하위문화(subculture) ········· 174
하위문화적 접근 ········· 32
학교운영위원회 ········· 65
학교중퇴 ········· 132
학교폭력 ········· 324
한국청소년기본계획(1992-2001) ········· 89, 94
한국해외원조단체협의회 ········· 318
합의범죄(consensus crimes) ········· 156
합의의 원칙 ········· 113
해외자원봉사 프로그램 ········· 319
해외자원봉사활동 ········· 320
행동적 접근 ········· 161
행동주의(activism) ········· 299
헐 하우스(Hull House) ········· 110
헬리콥터 부모 ········· 40

현대문화연구센터 ········· 35
형식적 조작기 ········· 58, 67
호르몬 ········· 68
호르몬의 역할 ········· 60
홀로코스트 ········· 205
환경운동 ········· 252
환경적 요인 ········· 61
환경적 지속가능성 ········· 323
횡국가화(transnationalization) ········· 308
후기청소년 ········· 25, 70, 324
후생가외(後生可畏) ········· 49
희망을 가져오는 행동
(hopeinducing behaviors) ········· 137
히스테리적인 증상 ········· 54
히피 세대 ········· 40
힘부여 모델(empowerment model) ········· 136
2차 성징 ········· 18
3대 예방모델 ········· 100

adolescent ········· 16
adolescere ········· 17
AFL-CIO ········· 197

CCCS(Centre for Contemporary
Cultural Studies) ········· 35
COVID-19 팬데믹(pandemic) ········· 95

e-러닝 ········· 306
e-티칭 ········· 306

Facebook ········· 295

G8 정상회의 ········· 301

Hart의 참여 사다리 ········· 260
Hart의 참여모델 ········· 257

IMF 국가위기 ········· 91
IWGYP(Interagency Working Group on Youth Programs) ········· 21

MTV ········· 196
MySpace ········· 295

Net 세대 ········· 39
NGO활동 ········· 305, 312
N세대 ········· 265

SNS 콘텐츠 ········· 41

TV세대 ········· 39

UN 인권센터(UN Center for Human Rights) ········· 200
UNESCO ········· 207
UNICEF ········· 207
UN아동권리협약 ········· 199

WTO ········· 301

X세대(Generation X) ········· 40
X세대문화 ········· 35

YMCA ········· 110
YWCA ········· 110
Y세대(Generation Y) ········· 40

Z세대 ········· 38, 41

저자소개

천정웅(대구가톨릭대학교)

미국 캔사스대학교(The University of Kansas)에서 청소년전문가들(youth professional)의 관점에서 청소년분야 "강점기반실천(strengths-based practices)의 본질(nature)"을 분석한 논문으로 사회복지학 박사학위를 취득하였으며 한국 중앙대학교에서 환경레짐(environmental regime)에 관한 논문으로 정치학 박사학위를 받았다. 한국청소년정책연구원 기획조정실장, 한국청소년학회 사무총장, 미국 아이오와 대학교(University of Iowa) 방문학자, 미국 캔사스대학교(University of Kansas) 사회정책분석연구원 Research Manager 등으로 일한 바 있다.

현재 대구가톨릭대학교 사회복지학과 교수로 재직하고 있으며, 대구다문화가족지원센터 협회장 등을 역임하였다. 대구가톨릭대학교의 주요 보직으로 국제다문화대학원장, 다문화연구원장, 다문화교육원장, 청소년복지연구소장, 사회복지학과장, 대학원 사회복지학과장 등이 있다. 학부와 일반대학원 석·박사 과정에서는 청소년복지론을 비롯하여 주로 청소년인권과 참여, 사회복지정책론, 사회복지행정론, 지역사회복지론, 고급통계자료분석론, 질적연구방법론, 사회복지법제론, 국제사회복지론, 청소년활동론, 인간행동과 사회환경 등을 담당하고 있다.

1980년대 중반 이후 30여 년간 청소년학, 사회복지 및 영성복지 등과 관련한 이론과 실천, 양적/질적 연구방법론 등에 관한 연구, 강의 및 저작활동에 진력해오고 있다. 한국전통사상에 관해 특별한 관심을 갖고 있으며, "적극적 관점의 청소년개발", "차세대 청소년학총론", "청소년 인권과 참여", "청소년멘토링", "청소년복지론", "다문화청소년활동론", "지구환경레짐의 정치경제학" 등의 국·영문 50여 권의 저서와 "청소년참여의 유형화 연구", "청소년정책의 발전적 특성연구" 등 다수의 논문이 있다. 또한, "Best practices in community-based prevention for youth substance reduction", "Causal relationships between service outcomes and satisfaction, service utilization, and demographic characteristics: A path analysis" 등 단독저자로서 SCI, SSCI 등재 영문저널에 게재된 영문 논문을 여러 편 갖고 있다.

2003년 미국에서 "세계청소년학 아카데미(World Academy for Youth Studies)"를 창립했으며 2006년에는 한국 청소년복지의 발전을 위한 "청소년학 월드포럼(World Forum on Youth Studies)"을 제안하여 격년마다 세계 주요 국가를 순회하면서 국제콘퍼런스를 개최하고 있다. 한국사회복지질적연구학회 편집위원장, 글로벌청소년학회 편집위원장, 한국청소년연구 편집위원 등을 역임했으며, 최근에는 국제사회복지학회 회장, 글로벌청소년학회 회장을 맡고 있으며, 한국시민청소년학회 회장을 역임하였다. 한국과 미국의 연구기관에서 청소년관련 정책연구와 청소년 정신건강관련 데이터 분석 등을 통해 50여 종의 국·영문 보고서를 발간하였다.

세계청소년학아카데미(WAYS) 총서 3

청소년복지론: 발전적 관점 -제2판-

1판 1쇄 발행 2012년 1월 20일
1판 3쇄 발행 2016년 3월 10일
2판 1쇄 발행 2021년 8월 30일
2판 2쇄 발행 2023년 3월 10일

저　　자 | 천정웅
발 행 인 | 박철용
발 행 처 | 양서원
주　　소 | 경기도 파주시 직지길 522 파주출판도시
전　　화 | 031-955-8000(代)
팩　　스 | 031-955-8005
홈페이지 | www.yswpub.co.kr
이 메 일 | yswgroup@naver.com
출판등록 | 1987년 11월 24일 제 406-2003-037 호

ISBN 978-89-994-1188-5

정가 19,000원